INSTITVTION AV DROICT FRANÇOIS

PAR M. GVY COQVILLE,
SIEVR DE ROMENAY.

Chez .... au premier pillier
de la grand' Salle du Palais.

M. DCVII.

AVEC PRIVILEGE DV ROY.

INDICE
DES TITRES DE
CE LIVRE.

Nſtitutiou au a: ʒiſt des François.   page. 1.
Du droict de Royauté.   3
Des Pairs de France.   22
Des Ducs, Comtes, Barons, Seigneurs Chaſtelains.   24
Des droicts de Iuſtice en commun.   27
Des Fiefs.   45
Des Cens, Bourdelages, & autres redeuances qui emportent ſeigneurie di-
   recte.   96
De pluſieurs droicts communs aux teneures feodales, cenſuelles, Bourdelie-
   res, & autres.   116
De pluſieurs droicts ſeigneuriaux, ayans lieu en aucunes Prouinces, & en
   aucuns territoires, ou generalement.   122
Des ſeruitudes perſonnelles & main-morte.   134
Des ſeruitudes reelles & droicts prediaux és villes & champs.   142
Des bois & vſages en iceux.   164
Des communautez & ſocietez.   171
Des droicts des mariez.   181
De doüaire.   213
Quelles choſes ſont meubles, conqueſts ou propre.   229
Des donations.   241
De l'eſtat des perſonnes, tuteles & curatelles.   252
De retraict lignager.   263
Des teſtamens.   285
Des ſucceſſions & hereditez.   296
Des preſcriptions.   317
Des executions ſur biens meubles & immeubles, & perſonnes, reſpits, ceſ-
   ſion de biens, & hypotheques.   323
Des contracts & conuenances.   351
Des Baſtards & aubains.   359
De ſaiſine.   362
De chaptels de beſtes.   363

ã ij

TABLE

DES PRINCIPALES

MATIERES CONTENVES
en çe liure.

A

Age des mineurs pour faire foy & hommage. 51.52

Aage pour tefter, quel doit eftre. 287.288.

Achepteur des biens en iuftice, fi peut eftre contrainct par corps à payer. 325.326.332

Action de dommage de beftes dans quels lieux fe peut intenter. 162.163

Action perfonnelle en plufieurs cas peut eftre intétee pour immeubles. 190

Action reelle en plufieurs cas peut eftre intentee pour meubles. ibid.

Action pour immeuble ne peut eftre intentee, finon celuy qui a puiffance d'aliener. ibid.

Actions mobiliaires & poffeffoires. ibid.

Action pour eftre receu à racheter fuiuant la faculté octroyee. 353.

Action pour retraict lignager, où fe peut intenter. 266

Actions pour chofes mobiliaires font reputees meubles. 229

Actions perfonnelles & hypothecaires, quand fe prefcriuent 317.& 318.

Acquereur de bonne foy n'eft tenu à reftitution de fruicts, finon depuis conteftatió en caufe. 109

Acquereur noūueau des heritages tenus à tiltre de cens, doit exhiber au feigneur cenfier, les lettres de fon acquifition, offrir lods & ventes, & les arrerages, & requerir eftre inuefty par luy. 104.& 105.

Acquereur ne peut empirer l'heritage, dans l'an du retraict. 271.

Si l'acquereur a terme de payer le retrayant aura mefme terme, en baillant bonne feureté à l'achepteur. 183

Acquefts, fi font reputez immeubles. 238.239

A

Aduantages que les femmes vefues qui ont enfans voudroient faire à leurs seconds maris defendues. 196

Aduocat du corps de l'vniuerſité de Paris plaide au bâc des Princes du sang & Pairs. 21

Aiſné par pluſieurs couſtumes doit auoir le nom, le cry & les armes pleines de la maiſō. 81. 84

Aiſné de France porte ſeul les armes pleines de France. 81

Aiſné peut porter la foy pour luy & pour to⁹ ſes freres & ſœurs. 84

Aiſné ores que par le moyen de ſon droit d'aiſnesse il prenne plus, toutesfois ne paye des debtes non plus que les autres heritiers. 315

Droit d'Aiſneſſe eſt entre filles. 82 83

Aiſnez quels droits & aduātages doiuent auoir. 79. 80. 81. 82

Si droit d'aineſſe eſt en ſucceſſion collaterale. 84

Droit d'Aiſneſſe pour la ſucceſſion des fiefs, à qui eſt attribué. 78. & 79

Pour droit d'Aiſneſſe ce qu'appartient à l'Aiſné. 79. 80. 81 82

Pour alienation d'heritages en franc alleu n'eſt deu quint denier, ny rachapt ny autres profits. 121

Amende des beſtes priſes en dōmage à garde faite qu'elle eſt. 161. 162

Amende que payent les Pairs de France pour le fol appel, qu'elle eſt. 23. & 24

Amēde quelle pour n'auoir payé le cens dans le jour. 97

Amende deuë au Seigneur Cenſier, quand l'acquiſition nouuelle ne luy eſt pas ſignifiee. 98

Amortiſſement que pouuoient anciennement faire les Comtes de Neuers des terres tenues par l'Egliſe. 62

Anglois quand chaſſez hors de France. 2

Annales abolies par le Concile de Baſle, ſont reſtablies par les Concordats. 10

Annoblis ont permiſſion de tenir fiefs & Iuſtices. 79

Annobliſſement combien paye en Chancellerie. 16

Appanage des enfans de France eſt de deux ſortes. 8

Appanage des filles de France eſt originairement en deniers. 8

Appel comme d'abus contre vn reſcript du Pape cōme ſe fait. 13

Appel comme d'abus contre iugement fait par vn Eueſque ou Official comme ſe fait. 13

Appellations des Pairs de France reſſortiſſent ſans moyē en Parlement. 23

Appellations criminelles vont droit au Parlement de quelque bas Iuge que ce ſoit. 24

Arbres qui ne doiuét eſtre plantees dās ny pres les vignes. 160

Armes ne peuuent eſtre prinſes pour les ſubiets ſans commandement du Roy, ſans pecher. 6

Armes de France ſont portees pleines par le ſeul aiſné, les autres les portent auec quelques differences. 81

Armes deſtinees pour la deffence de quelque place forte ſi ſont meubles. 232. & 233

Arrerages doiuét eſtre payez par

le detenteur cenfier ou bordelier auant que quitter & delaiffer l'heritage.   107.108
Arrerages de redeuances font reputez meubles.   229
Arrerages de rêtes reputez meubles.   ibid.
Arrerages des redeuáces fócieres
de cóbien d'annees fe peuuent
demander.   111
Si pour arrerages le feigneur cenfier peut faifir par fon auctorité, ores qu'il n'ait Iuftice, les
meubles & outils trouuez en
l'heritage tenus de luy.   110
Arreft ne peut eftre faict de cheuaux, armes & bagage des Gen-
tils-hômes, gens d'ordonnance, ou de ban & arriere-bá, &c.
332. 333
Arriere-ban.   45
Arriere-fief faifi.   61
Artillerie deftinee à la tuition &
defence d'vn chaftel & place
forte, fi eft meuble.   232.233
Afcendans en ligne directe, combien qu'ils ne fuccedent és anciens heritages, neantmoins
ont l'vfufruict des heritages
procedez de leurs eftocs.   303
Affeurement que c'eft. 37. à qui
appartiét donner affeuremét.
37. peine de l'affeurement enfraint quelle.   ibid.
Affeuremét quand eft enfraint. 37
Affeuremét quand s'applique. 38
Affignation premiere fur le retraict quand doit eftre faicte.
267. à cefte affignation doiuét
eftre offerts deniers defcouuerts.   268
Affignaux que les maris font à

leurs femmes pour les deniers
dotaux d'elles. 190.191. doiuét
fortir nature d'heritage propre pour elles.   ibid. & 192
Aubains font eftrágers nais hors
le Royaume, & quand ils decedent leurs biens appartiennent au Roy.   362

B

BAil nouueau peut eftre faict
par le beneficié d'vn fief ou
emphytheofe qui retourne à
l'Eglife.   78
Si pour bail à rente par le detenteur cenfier, feigneur vtil, font
deubz lots & ventes au Seigneur direct cenfier.   101.102
Bail qui eft faict en forme d'adminiftration doit eftre tenu par la
femme.   188
Baux à loyer peuuent eftre faicts
par le mary pour fix ou neuf ans
fans fraude.   188
Baux à ferme des heritages faifis
par criees, doiuent eftre faicts
pardeuant le Iuge des criees. 345
Baux excedans neuf ans fi peuuét
eftre faicts par la doüairiere. 224
Des baux perpetuels à cens ou
rente, que font les vaffaux de
leurs fiefs, entiers ou de partie
d'iceux, & la diuerfité des
Couftumes en ce faict. 74. 75.
& 76
Ban à vin que c'eft.   133
Bannalité quel droict c'eft.   125
Bannalité comme doit eftre limitee.   ibid.
Bannalite s'entend pour le bled
& pain que le fubjet veut manger és fins & limites de la bannie.   126

TABLE.

Bannis à perpetuité ne succedent. 309

Bannis à temps retiennent leurs biens, & le droict de succeder. 309.

Bannis sont reputez comme morts. 309

Baron pour vraye marque de Baronie, ce qu'il doit auoir. 15. & 26

Barrage que c'est. 133.134

Basse iustice que c'est. 44. dequelle chose cognoist. ibid.

Bastards estans decedez qui leur succede. 359

Bastards peuuent se marier, & leurs enfans leur succedét. 360

Bastards ne peuuent succeder à leurs parens en ligne directe ou collaterale. 360

Bastards si peuuent receuoir donations entre vifs. 360. 361

Bastards peuuent acquerir toutes sortes de biens, & peuuent disposer de leurs biens entre vifs, & pour derniere volonté. ibid.

Bastards peuuent estre legitimez par rescript du Roy, ou par mariage sequent. 361

Bastiment fait en l'heritage propre à l'vn des communs, si est propre à luy, comme est le fóds. 177. s'il n'y a que reparation ny gist remboursement. 177

Benediction est defenduë és secondes & tierces nopces. 185

Benefices consistoriaux. 12

Bestial comme peut estre mené en vaines pastures. 152.153. en terre d'autruy. 154.155

Bestial en quel nombre peut estre enuoyé és pascages communs, & de vaine pasture, par chacun laboureur. 154.155

Bestes qui font dommage en l'heritage d'autruy, respódent pour le dommage. 160.161. quelle amende doiuent. 161

Bestes qui sont en dommage, & qui ne peuuent facilement estre apprehendees, pour les rendre en iustice, comme il s'y faut gouuerner. 162

Bestes prises en dommage, peuuent estre menees par personne priuee en iustice. 163

Bestes si peuuent estre enuoyez en bois taillis. 167

Bestes de charruë ne doiuent estre prises par execution. 333

Bestes qui peuuent estre donnees à Chaptel. 267

Biens se trouuent vacquans en diuerses sortes. 31.32.33.34.35

Biens vacans appartiennent au seigneur haut iusticier, & non au seigneur censier. 106

Biens vacans comme seuremét doiuent estre vendus par le seigneur haut iusticier. 106. & 107 88

Biens paraphernaux. 189

Biens de ceux qui font profession en religió à qui appartiénét. 308.

Blairie. 166

Blasme que le Seigneur donne cótre le denombrement donné par le vassal. 88

Bleds quand reputez meubles. 230

Bois de trois sortes. 164.165.167

Bois de couppe quand peut estre reputé bois de haute fustaye. 166

Bois qui reputez de haute fustaye quels bois sont. 165

Bois de haute fustaye sont defensables & de garde en certain téps. 165. 166.

Bois mort & mort-bois comme different. 167. 168

Bois taillis dans quel temps a accoustumé d'estre couppé. 167

Bois taillis en quelle saison doit estre couppé. 167

Bois taillis si est meuble. 232

Si en bordelage on ne peut succeder si il n'y a communauté de biens auec le deffunct lors de son deceds. 114. & 115

Bordelage dictió d'où est deriuee. 113

Bordelage que c'est. ibid.

Des Bordelages & autres redeuances qui emportét Seigneurie directe. 96. & seqq.

Bourdelier qui a recogneu ou payé deux ans, cesse apres de payer par trois ans, il perd son heritage par commise. 113. 114

Borne. 147. quand on doute que la pierre a esté mise pour borne ce que faut faire. 147

Si Boulágers publics sont subiets au four bannal. 127

Bourse des amoureux est liee de fueilles de pourreau. 196.

C

Cas de commise. 90. 91

Causes d'opposition & productió de tous opposans doiuét estre communiquees au demádeur poursuiuát, & au proprietaire. 347.

Cautió fidejussoire pour douiaire. 215. 216. 220. 221.

Cens diction d'où prend son origine. 96. 97

Cens est le plus ancien debuoir deub au Seigneur direct. 96. est fort petit, & pourquoy, ibi. se paye ordinairement en deniers. 97. y a amende contre celuy qui ne paye au fur. ibid.

Des Cens, & autres redeuances qui emportent Seigneurie directe. 96. & seqq.

Cens ny autre redeuance emportant Seigneurie directe, ne peut estre mise sur le premier cens au prejudice du Seigneur premier. 110

Cens second est reputé rente. ibi.

Si Cens est diuisible. 120

Droict de Cens si se prescript par le detéteur contre le Seigneur. 318.

Cession pourquoy inuentee. 332.

Cession de biens faicte par vn debteur, les biens sur luy pris seront vendus à l'encant sans garder solemnité de Iustice. 350. 351

Cession de biens n'est receuë en certains cas, 331. 332

Chambellage que le vassal doit au Seigneur que c'est. 51

Chambres des Cóptes de quelles choses cognoissent. 5 & 6

Champenois pourquoy payent double seel lorsqu'ils impetrét Remissions. 15 & 16

Chaptels de bestes. 363

Charrois à volonté comme sont limitez, 141

Chasseur en garenne d'autruy comme est puny. 128. & 129

Chastellain quelle marque de Iustice a. 27

Chastellain quel droict a. ibid.

Cheminee comme doit estre bastie. 148

Cheualiers que font les Roys ou Lieutenans generaux du Roy en vne armee, apres ou deuant le combat, quel tiltre ont. 132

Pour cheuaux vendus, si le védeur est tenu des vices d'iceux. 357.

Cheures ne doiuét estre nourries és villes. 150

Cisternes comme doiuent estre basties. 148

Clerc quand peut estre pris par le Iuge seculier. 42

Clerc, mary de femme serue l'affranchit durant son mariage & viduité. 140

Colombier à pied & en fonds de terre, ne peut estre edifié de nouueau en Iustice d'autruy sans congé du Seigneur. 127

Colombier à pied par qui peut estre edifié. 127.128

Commise. 62. 63

Commise de fief se faisoit en plusieurs cas anciennement. 90

Commissaire à biens criez doibt payer les cés deubz sur les heritages criez durāt les criees. 346

Commissaire doit estre estably quand on veut proceder aux criees d'vn heritage saisi. 343.344

Octroyer Commissions est vn droict royal. 18

Si communauté est acquise tacitement pour demeurance, que aucunes personnes font ensemble, s'il n'y a conuenance expresse. 171.172.173.174.175

Si durant la communauté est acquis ou retraict par lignage vn heritage qui soit de l'estoc de l'vn des communs, si l'heritage luy appartient. 178

Si durant la communauté est fait bail d'heritage à rente ou autre charge, à vn parent en degré plus proche, habille à succeder au bailleur, si tel heritage est propre au preneur. 178

Si communauté expresse ou tacite comprend les meubles faits auparauant & durant icelle : & les conquests faicts durant icelle. 175

Communauté est entre mariez. 185.186.& 187.

Cómunautez layes ou Ecclesiastiques ne peuuét acquerir ny tenir aucuns heritages ou droits temporels sans permission du Roy. 122.123.124

Communautez combien payent de seaux. 16. & 17

Compensation quand a lieu. 351

Complainète en cas de saisine & nouuelleté. 19

Complainètes n'ont lieu pour chose mobiliaire seule. 362

Comtes estoient anciennement preposez és villes Episcop. 25

Comtez anciennemét n'estoient hereditaires. 14. quelle estoit leur charge. ibid.

Concile de Basle. 10

Concile de Trente pourquoy n'est receu en France. 13

Concordats entre le Roy & le Pape quand furent faicts. 10

Conducteur d'vne maison, si la peut bailler à vn autre. 355

Conducteurs de domaines & metayers quand peuuent estre expulsez. 355

Conducteur de maison qui n'a dequoy payer côme peut estre expulsé. ibid.
Confiscation des biens de ceux qui sont executez à mort est de l'ancien droict François. 29
Confiscation qui appartient au Roy au prejudice des Seigneurs hauts Iusticiers. 30
En confiscation n'y a point d'heritier. 31
Confiscatiô prise par le Seigneur payement des debtes doit estre faict. 38.39
Confiscation faicte par vne femme, ce que confisque. 40.41
Confiscatiô que fait vn Clerc. 42
De Confiscations. 38.39.40.41. 42. & 43
Conseil. Voyez grand Conseil. 6
Conseillers naiz des Roys de France quels sont. 3
Conseillers faicts des Roys quels sont. ibid.
Consignation si est necessaire en faculté de rachapt pour gaigner les fruicts. 353
Contestatiô en cause quäd est.109
Constitutions des Papes receuës en France.11.& 12.celles qui ont esté refusees. 12
Par côtract de mariage si est conuenu que les mariez payeront separément leurs debtes faites parauant leur mariage,ce qu'il conuient faire. 195
Contract passe soubs le seel de la Cour Ecclesiastique ne porte hypotecque ny execution. 352
Si contract porte faculté de rachapt, l'achepteur prendra à luy tous les fruicts cueillis de-

puis le iour de l'acquisitiô iusques au rachapt. 353
Contracts d'alienatiô quels sont permis à gens serfs. 139.140
Contracts que la femme fait sans auctorité,tant à l'esgard de son mary que d'elle, ou ses heritiers, sont nuls. 181.182
Contracts receuz par Notaires côme doiuent estre faicts pour estre valables. 351.352
Contracts que peut faire la féme sans auctorité de son mary. 182
Contracts faits par fils de famille & mineurs quand sont nuls.256
Pour contracts & transactions,si est deub profit aux Seigneurs directs. 121
Contrelettres faictes à part, & hors la presence des parens qui ont assisté aux côtracts de mariage sont nulles. 195.196
Contre-mur quand doibt estre basty. 247.& 148
Conuenance qui est accordee à la femme par le traicté de mariage pour choisir, contre qui vaut. 211.& 212
Conuenance de succeder. 180
Coruee deuë sur heritage certain 320
Coruees à volonté comme sont limitees. 141
Cours ne doiuent entreprendre la cognoissance d'autres affaires que de son attribution. 6
Cours souueraines pourquoy establies. 4
Coustumes des Prouices de Frãce depuis quel temps ont esté redigees par escrit. 2
Toutes coustumes sont reelles 95

Couſtumes lient les volontez des perſonnes qui ſont domiciliez au territoire deſdites Couſtumes. 240

Courtiers à vendre marchandiſe d'autre peuuét eſtre contraints à rendre le prix de la vente. 335

Creancier qui premier faict ſaiſir meubles valablement doit eſtre preferé & premier payé. 326.327

Creancier ſaiſiſſant les biens hereditaires ce que doit faire. 334

Creanciers en la diſcuſſion des biens de celuy qui confiſque, ſont preferez aux peines & amendes adjugees aux fiſque. 39. 40

Creanciers oppoſans à criees qui n'ont aucun droit d'hypotheque comme doiuét eſtre payez 350.

Criees comme doiuent eſtre faites. 344. 345

Criees à quels iours & en quel lieu doiuent eſtre faictes. 344

Criees nulles quand il n'y a commiſſaire eſtably. 343

Criees d'vne rente fonciere comme doiuent eſtre faictes. 345

Crime de fauſſe monnoye eſt cas royal. 14.

Crime de port d'armes eſt cas royal. 6

Curatelles quand finiſſét. 261. 262

Cnües d'vn preſſeoir ſi ſont reputees meubles. 233

D

Debtes d'vn qui decede ſans enfans & deſcendans, par qui doiuent eſtre payees. 299. & 300

Debtes du deffunct doiuent eſtre payees par les heritiers. 313. 314

Si debtes ſont communes entre mary & femme. 209. 210

Debtes des mariez àqui ſe doiuét payer ſaparémét par contract de mariage, ce qu'il eſt beſoin de faire. 195

Debtes priuilegiees qu'elles ſont ſur meubles. 327.328.329.330.331. & 332.

Decedant ſans enfans & deſcendans de ſon corps qui ſuccede en ſes meubles & côqueſts. 299

Decedant ſans heritier de l'vne ou de l'autre ligne, qui ſuccede. 316

Deception d'outre moictié de juſte prix quand n'eſchet. 353. 354

Deception d'outre moictié de juſte prix en la vente d'heritage auec faculté de rachepter, quand eſt. 357. 358

Decret quand doit eſtre adjugé. 347. 348

Decrets ne peuuent eſtre decernez par les Generaux ny par les gens des Comptes. 6

Degradation des gens d'Egliſe en quel cas ſe doibt faire par les Eueſqres. 41. 42

Deniers dotaux & leur nature. 192. 193. & 194

Deniers dotaux qui ſont deſtinez pour ſortir nature d'heritage pour la femme, & ſont aſſignez ou premis d'aſſigner, sót cenſez immeubles & heritages pour la femme, ſes heritiers & ayans cauſe. 192. 194. 195

Deniers procedez de racbaprs des rentes appart.nans à mineurs durant leur minorité de quelle nature ſont. 235. 236

Deniers

Deniers royaux emportent obligation par corps. 21.& 22

Denombrement que doit faire le vaſſal,que doit contenir.86.87 Faute de denombrement le Seigneur peut ſaiſir le fief ſouz ſa main. 87. Le Seigneur a 40. jours pour blaſmer le denombrement. 87. & 88. eſt tenu pour recogneu s'il n'eſt blaſmé dans les 40. jours. 88

Denombrement eſt vne obligation qui monſtre que le vaſſal doit inſtruire ſon ſeigneur. ibi.

Deſaducu que c'eſt. 90

Deſaducu eſt cas de commiſe. ibi.

Deſcendans quand ſuccedent à leurs aſcendás en ligne directe, repreſentation a lieu en infiny. 303.

En deſcófiture, chacun creancier vient à contribution au ſol la liure, ſur les biens meubles du debteur. 326

Deſcófiture n'a lieu au preiudice du creancier trouué ſaiſi du meuble àluy baillé en gage par ſon debteur.327. n'a lieu auſſi en matiere de deſpoſt. ibi.

Deſpens d'hoſtellage ſont priuilegiez. 332

Si detenteur cenſier ou bordelier peut quitter & delaiſſer l'heritage au ſeigneur direct, en payant les arrerages & droits. 107.108

Detenteur qui a eſté obligé perſonnellement à payer la redeuance, demeure obligé pour les arrerages & reparations, ores qu'il ait alicné, juſques à ce qu'il ait nommé le noueau detenteur, & exhibé le côtract d'alienation. 117. & 118

Deueſt en quel cas n'eſt requis. 105

Diſcuſſion de meubles abrogee. 341.342

Diſcuſſion en quelle choſe retenuë. 341

Diſmes de leur qualité comme ſe preſcriuent. 321

Diſmes Eccleſiaſtiques ſont le vray patrimoine de l'Egliſe. 129

Diſmes comme ſont deuës à l'Egliſe. 129

Diſmes que l'ô leue auiourd'huy d'où procedent. 129. 130

Diſmes que tiennent les laiz. ibid.

Diſmes infeodees. 130

Si diſmes ſont faicts purement ſpirituels. ibid.

Diſmes des terres nouuellement deffrichees appartiennent aux Curez,combien qu'ils ne ſoiét diſmeurs du territoire. 130

Diſpenſes de regrés. 12

Domaine de la Couronne de France eſt vn droict royal 7. 8

Domaine eſt inalienable ſinon en deux cas. 8

Domaine du Roy eſtant alicné eſt perpetuellement racheptable, &n'y peut auoir preſcriptió.ibi.

Don mutuel comment permis entre gens mariez. 197.198.199. & 200

Don mutuel, ores que les mariez de ſoient eſgaux, ſont approuuez. 200

Donataire entre vifs, & heritier collateral ſi peut eſtre d'vne meſme perſonne. 291.292

Pour donation faiſte par liberalité & bonne amitié, ou pour
ſeruice & recompenſe, ſi lots
& ventes ſont deues au Seigneur cenſier. 99

Donation reuoquee par la ſurue-
nance d'enfans. 251

Donation faite en faueur de mariage reuoquee. 251

Donation quand eſt cenſee & reputee à cauſe de mort. 243.244

Donation teſtamentaire ou pour
cauſe de mort comme eſt limitee. 243

Donation pour cauſe de mort &
legs teſtamétaires ſont de meſme nature. 243.& 244

Par donation entre vifs chacune
perſonne habile à aliener, peut
diſpoſer de tous ſes biens. 2.3

Donations quand ſont valables.
241. 242

Toutes donatiõs hor ſmis le don
mutuel faiéctes conſtant le mariage ſont reuocables. 200

Donations à cauſe de mort ſont
reuocables, encore qu'il y ait
clauſe d'irreuocabilité. 244

Donations & aduantages que les
femmes veſues ayans enfans
de leur premiers maris voudroient faire à leurs ſeconds
maris defendues. 196. 197

Donatiõs en faueur de mariage au
profit des mariez fauorables. 250

Donations faiétes au Notaire ou
aux reſmoins du teſtamét, ſont
nulles. 295

Donations qui peuuent eſtre faites aux baſtards. 360.361

Donations ne peuuét eſtre faites
par les pere & mere qui ont en-

fas, que ce ne ſoit à la charge de
la portiõ legitime enuers leurs
enfans. 309

Si donations de pere & mere à
leurs enfãs ſõt permiſes. 245.246

Si donations remuneratoires des
ſeruices, ou pour recompéſes
faites ſans fraude, ne ſont ſubjettes à retraict. 283. 284

Si donations teſtamétaires entre
mariez ſont valables. 197. 198

Donations entre vifs, ores qu'elles ſoient mutuelles, remuneratoires, en faueur de mariage
doiuét eſtre inſinuees. 251. 252

Si donner & retenir vaut en mariage & en aſſociation vniuerſelle. 241

Donner & retenir ne vaut, que
c'eſt. 245

Dot d'vne femme conſtituee en
deniers ſeulement, ce qui a accouſtumé d'eſtre cõuenu. 192.193

Dot des filles de France eſt originairement en deniers. 8

Dot que l'vn des mariez donne à
ſon enfant d'autre lict durant
le mariage, la moiétié de ce qui
a eſté baillé doit eſtre rébourſé
apres le mariage diſſolu, à celuy de qui l'enfant n'eſt pas
yſſu. 201. 202

Pour dot non payee au mary ſi les
intereſts peuuent eſtre deman-
dez. 193 & 194

Doüaire quãd peut eſtre demãdé
durant la vie du mary. 212. 226

Doüaire attribué aux femes veſ-
uesque c'eſt. 213. ſõ anciéneté. ibi.

Si doüaire correſpond à ce qui eſt
du droiét Romain, donaſio pra-
pter nuptiis. ibid.

Doüaire de combien eſt ou de la

moictié ou du tiers des immeubles du mary. 213. 214
Doüaire peut estre prefix. 114.115 peut estre plus grand que le coustumier. ibid.
Si doüaire constitué en deniers ou chose mobiliaire par conuenance, n'est qu'à la vie de la vefue par vsufruict. 115
Doüaire subjet à caution fidejussoire. 215.216.220.221
Doüaire de la féme où est puremét en vsufruit pour la vefue.216
Doüaire pris par l'enfant, si doit rendre ou precópter les aduantages qu'il a eu de son pere. 216
Doüaire est propre aux enfans. 217. 218.
Si doüaire eschet par la mort naturelle & ciuile. 219
Doüaire eschéant, la vefue en est saisie, & peut pour iceluy intérter remedes possessoires.219.220
Doüairiere pour joüyr de son doüaire, doit bailler cautió. 220
Doüairiere doit payer les charges reelles & foncieres deües sur l'heritage de son doüaire. 221
Doüairiere quelles reparations doit faire és heritages de son doüaire. 221. 222
Si doüairiere cóme ayát l'vsufruit peut perceuoit tous les fruicts de l'heritage dont elle joüyst par doüaire. 222.223
Doüairiere si peut receuoir les hommages des fiefs dependás de son doüaire, si peuuent receuoir denombremens, & si peuuét bailler souffrances. 223
Doüairiere si peut exercer le droict de retenuë des heritages vendus mouuant de la seigneurie dont elle joüyt. 223.224
Doüairiere si a droit de prédre les commises d'heritages mouuás de la seigneurie directe. 224
Doüairiere si peut faire baux excedans neuf ans. ibid.
Doüaire cóparé à l'vsufruict. 225
Doüaire quand n'est attribué à la féme. 227 [féme.227. 228
Doüaire quand est perdu par la
Doüairiere si peut abbatre bois de haute fustaye. 224.225
Droict ciuil des François sont les Coustumes. 17.28.95.240
Droict coustumier peut & doit estre entédu & extédu au large, auec benigne interpretatió. 95
Droict François en quel temps redigé par escript. 2
Droict des Romains ne sert que de raison en France.17.28.95.240
Droict des Romains pourquoy n'est leu à Paris. 17.28
Droicts royaux quels sont. 3.6.7. 9. 11.14.15.18. 21. & 22.
Droicts de Seigneurs en cas de mutatió est deu profit de bourse 63. [ne. 7.8.
Duché d'Orleans vny à la couró-
Duchez anciennement n'estoient hereditaires. 24. quelle estoit leur charge. ibid.
Ducs anciennemét estoient preposez és villes Episcopales ou Archiep. 25.auoiét chacun 12. Cótez souz leur obeyssáce.ibi.

E.

Ecclesiastiques ne peuuét acquerir ny tenir aucuns heritages ou droicts temporels sans permission du Roy. 122.123.124
Edifices quels reputez meubles. 233.234.

Eglise doit vuider ses mains dans an & jour apres qu'elle a retenu. 68

Eglises qui sont en la protection & garde speciale du Roy. 14

Eglises de France sont en la protection du Roy. 11. & 13

Election des Eglises qui ont priuilege d'eslire n'a esté abolie par les Concordats, ains par l'Indult que le Pape conceda au Roy François I. 10. quels monasteres sont exempts de ceste election. 10. & 11

Elections abolies par les Concordats. 10

Elections aux Royaumes engendrét souuét des guerres ciuiles. 1

Emancipation des enfans quand est presumee. 254. 255

Emancipation quand & commét peut estre faicte par le pere de son enfant. 255

Emphytheose diction d'où est dicte. 115

Encheres pour l'adiudication par decret où doiuent estre attachees. 348

Encherisseurs receus iusques à ce que le decret soit signé. ibid.

Enche risseurs doiuent declarer les lieux de leurs demeurances. ibid.

Dernier encherisseur peut estre contrainct par emprisonnement de sa personne & vente de ses biens à consigner le prix de son enchere. 349

Enfant quand est tenu pour emäcipé. 254. & 255

Enfant procreé de pere noble, en mariage est noble, ores que la mere soit roturiere. 253

Enfäs nezd'vn de conditió seruile & d'vn autre qui est frác, quelles conditions suiuent. 138.139

Enfans du premier mariage ce que prennent. 196. 197

Enfans mariez sont tenus pour emancipez. 252. ne peuuent aliener leurs immeubles auant l'aage de 25. ans accomplis sans decret. ibid. & 253

Enfans si peuuent estre aduantagez par leurs pere & mere. 244 245. 292

Enfans de diuers licts succedét à leurs pere & mere par testes. 298

Enfäs mariez par eschäge. 298.299

Eschange frauduleux pour empescher les lots & ventes, ou la retenuë, ou le retraict lignagier, doit double lots & ventes. 100

Si pour eschange proffits sont deubs au Seigneur césier. 99.100

Eschange d'heritage propre à vn autre, de quelle nature sera celuy qui est donné en contr'eschange. 237 [281

Eschäge si e't subiet à retraict. 281.

Eschange d'heritage à meubles si est subiet à retraict. 284

Eschoite d'heritage ancien ne monte point en succession collaterale. 302

Espaue trouué par aucun doit estre reuelee. 34

Espaues que c'est. 30.31.34

Estang que le Seigneur haut justicier peut faire de nouuel. 128

Estats de Fráce sont trois, quatre quand doiuét estre assemblez. 4

Euesché estant vacquant le Roy

prend en sa main les fruicts &
reuenus de l'Euesché.   9. & 10
Euesques nouuellemēt instituez
doiuent prendre l'inuestiture
du Roy, en luy presentant serment de fidelité.   9
Euesques à cause de leur iurisdiction ecclesiastique n'ont aucun territoire ny droict de prehension reelle.   42
Euiction n'a lieu en heritages vē-
dus & adiugez par decret. 350
Examen a futur.   18.19
Executeurs des testaments nommez par les testateurs sont saisis des biens meubles delaissez
iusques à concurrence de l'e-
xecution testamentaire par
eux faict.   288. & 289
Executeurs testamentaires & leur
charge.   289. & 290
Executeurs des testaments sont
saisis des conquests.   289
Executeur peut prendre par ses
mains les deniers ou meubles
à luy leguez. 289. comme doit
prendre l'immeuble.   ibid.
Executeurs peuuent dedans l'an
& iour receuoir sans l'heritier
les debtes actifs du deffunct,
dont les obligations luy aurōt
esté baillees par inuétaire. 290
Pouuoir des executeurs combien
de temps dure. 290. doiuent
rendre compte, & pardeuant
qui.   ibid. & 291
Execution des iugemens donnez
contre les garends.   351
On ne peut proceder par execu-
tiō, si la somme ou espece deuë
n'est liquide & claire.   335
Execution pour quelles choses

peut estre faicte.   ibid.
De commencer par execution
est defendu par le droit Romain.   325
Executions iniurieuses.   332.333
Executions en biens meubles
cessent par la mort du debteur
obligé.   333
Executions qui se peuuent faire
sur les biens du debteur ou de
son heritier.   333. & 334
Exheredation permise és cas de
droict.   295
Exheredation de l'enfant se faict
par le pere pour 14. causes. 390
& 510
Experts nommez & non accordez par les parties peuuēt estre
reprochez.   150
Experts doiuent prester serment
deuant le Iuge auant que de vi-
siter.   150.

F.

FActeurs comme peuuēt estre
contraincts à rendre le prix de
la chose venduë.   335
Faux adueu que c'est.   90. 91
Felonnie commise par le vassal
que c'est.   90
Felonnie est cas de commise.   90
Femme confisquant ce que perd.
40. 41
Femme marice, apres les paroles
de present est en la puissance de
son mary.   181
Femme en quels cas peut ester
en iugement, & contracter sans
auctorité de son mary.   182
Femme peut estre conuenuë non
pas agir sans auctorité.   183
Femme n'estant auctorisee par le
mary és cas où l'auctorité est re-

quife,comme peut eftre auctorifée par Iuftice. 184

Si femme peut tefter fans l'auctorité de fon mary. ibid.

Si femme peut aliener les biens dotaux. 389

Féme peut pourfuiure fes droits reels auec l'auctorité de fon mary, & à fon refus par auctorité de Iuftice. 189

Femme renonçant à la communauté ce qu'elle prend. 210. 211

Si femme durant le mariage peut repeter fes droits & biens, fi le mary vient à pauureté. 212. 226

Femme prenant la communauté de fon mary fi eft tenuë des rentes côftituees par le mary, tant pour le principal qu'arrerages. 212

Femme quand perd fon doüaire & fa dot. 227. 228

Féme roturiere mariee à vn noble, ou eftant venue du noble, eft noble tât qu'elle eft en mariage ou en viduité. 253

Femme noble mariee à vn roturier durant le mariage. 253. 254

Femme ne doit eftre mife en prifon pour debte ciuile, ny pour la debte de fon mary, ores que elle s'y fuft accordee. 333

Féme fi fe peut obliger pour autruy. 356

Femmes non admifes à la fucceffion du Royaume de France. 1

Femmes peuuent renoncer à la communauté apres le decez de leurs maris. 209

Fief cheant en rachapt plufieurs fois en vne mefme annee, fi eft deub vn feul rachapt. 73

Fiefs de danger & fubiets à commife. 64

Fiefs efcheant en fucceffion collaterale ce que doit eftre payé. 46. fucceffion aux fiefs. 46

Fief eftant faifi fouz la main feodale, & les creanciers voulant pourfuiure l'executió de leurs hypotheques par cries ce que faut faire. 55. & 56

Fief & iurifdiction n'ont rien de commun. 57. 95. 131

Fiefs qui releuét de toutes mains en quelques couftumes. 71

Fief feruant felon quelle couftume fe gouuerne, ou de la Prouince en laquelle il eft aflis, ou de la Prouince en laquelle eft aflis le fief dominant. 95

Fiefs & de fon inftitutió anciéne. 45. 46. leur origine. 57

Fiefs font faicts patrimoniaux & hereditaires. 61. 63

Fermier qui a employé fon labeur à faire venir les fruicts de quelque terre a fur iceux & dedans iceux hypotheque & droict auec priuilege au prejudice de tous autres. 59

Fermier eftant en demeure de payer comme peut eftre contrainct. 339

Si fille du fils aifné reprefente fon pere. 83

Fille non mariee de quelque grãd lieu qu'elle foit eft nommee Madamoifelle. 132

Si entre filles y a droict d'ainefle. 82. & 83

Filles mariees par pere & mere, ou l'vn d'eux, & dotees, comme viennét à la succeſſion de leurs pere & mere ou de l'vn d'eux. 296. 297. 298

Fils de famille & celuy qui eſt en puiſſance de tuteur ou curateur ſi peut eſter en iugement ſans auctorité de pere ou tuteur. 255. 256. ſi peuuent contracter vaillablement. 256

Fils de famille ſont en la puiſſance de leurs peres iuſques à ce qu'ils ſoient emancipez. 254

Finance que le Roy prend des roturiers pour les fiefs qu'ils tiennent. 62

Fiſque que les Seigneurs ont. 24. & 25

Flandres eclipſée de la ſouueraineté de France par le traicté de Madril. 23

Forge comme doit eſtre baſtie. 147. 148

Formariage que c'eſt. 135

Foſſé eſtant entre deux heritages à qui appartient. 163

Foſſes de cuiſine comme doiuent eſtre baſties. 148

Foüages comme ſe payent en la Duché de Bourgongne. 21

Four comme doit eſtre baſty. 147. 148

Four és metes de la bannie côme peut eſtre conſtruy. 116

Fours bannaux. 125

Fourneau comme doit eſtre baſty 147. 148

Foy & hommage que doit faire le vaſſal. 46

Foy & hommage que doit faire le vaſſal à ſon Seigneur, & la forme d'iceluy. 49

Foy & hommage quand peut eſtre faict par mineurs. 51. 52

Franc de rente fonciere & perpetuelle combien eſt eſtimé. 357

Franc en rente conſtituee combien eſt eſtimé. ibid.

Franc heritage pourquoy ainſi appellez 120

Francs alleus ſont de deux ſortes. 120. 121

Si francs ſuccedent à leurs parés ſerfs. 139

Si franc peut acquerir du ſerf. ibid.

Frãce depuis quel temps eſt gouuernee par Monarchie. 1

Si franchiſe ſe peut acquerir par homme ou femme de mainmorte. 141. 142

Franchiſe ne ſe perd pour auoir exercé droict de ſeruitude ſur vn homme franc. 142

Frãchiſe ne peut eſtre preſcripte par gens de condition ſeruile. 320.

François anciens eſtoient grands guerriers & bons politiques, & s'adonnoient plus à faire & bien faire, qu'à dire ny eſcrire. 2

Frere ayant les biens communs auec ſa ſœur & auant le partage, promet à ſa ſœur ſomme de deniers en dot moyennant qu'elle renôce à tous les droits qu'elle a en commun au proffit de ſondit frere, ſi ſont deuz au Seigneur direct, cenſier ou bordelier quelques droicts. 117

frere aifné qui a porté la foy pour luy & fes fœurs, fi les ga-rentir du rechapt pour leur premier mariage. 72

Freres germains qui sôt côioints des deux coftez, en fucceffion l'vn de l'autre quant és meu-bles & conquefts, fi font pre-ferez à freres paternels ou vterins. 306

Fruicts naturels & induftriaux font perceus par le Seigneur faififfant le fief de fon vaffal faute de deuoirs. 60

Fruicts ciuils ou cafuels appar-tiennent au Seigneur faififfant le fief de fon vaffal. ibid.

Fruicts deubz en cas de rachapt ou relief. 73

Fruicts que gaignét les Seigneurs par la faifie à faute d'hôme. ibi.

Fruicts entrât en la communauté pour le temps qu'elle dure. 175

Fruicts du doüaire depuis quel téps font deubz à la vefue. 210

Fruicts comme font pris par l'v-fufruictier & par le proprietai-re. 225

Fruicts de terre quand font repu-tez meubles. 229.230.231

Fruicts perceus par l'acquereur auant l'adiournement en re-traict, à qui appartiennent. 272

Fruicts qui ne font perceus tous les ans quand font meubles. 232

Fruicts d'vn domaine ou d'vn he-ritage peuuent eftre faifis & ar-reftez pour les loüages, fermes, accéfes & rétes foncieres. 338

Fuye par qui peut eftre baftie de nouueau. 128

G.

Garde noble ou bail des en-fans. 257.258

Garde noble des enfans quand fi-nit. 258

Gaing des fruicts fi appartient au pere & mere iufques à la liber-té de leurs enfans defquels ils font tuteurs. 259

Garenne que c'eft. 128.164.165

Garennes nouuelles deffendues. 128. & 129.

Garnifon ou prouifion de la cho-fe deuë és mains du creancier pour eftre ordónee par le Iuge parties ouyes, en baillant cau-tion. 324

Gens de condition feruile en Ni-uernois font taillables par leur Seigneur à volonté raifonna-ble vne fois l'an. 135

Gens de condition feruile font mainmortables, s'ils decedent fans hoirs commûs tous leurs biens appartiennent au Sei-gneur qui en eft faifi. 135 136

Gens de condition feruile quand font reputez eftre partie. 137

Si entre gens de condition feruí-le vn party tout eft party, quất au feigneur, & ne peuuent a-pres fe r'affembler pour fucce-der, fans le confentement du feigneur. 137.138

Gens de condition feruile peu-uent marier leurs filles ferues en lieu franc, & comme deuié-nent franches. 137

Si gens de condition feruile fuc-cedent à leurs parens francs. 139

Gens de condition feruile deue-nans francs par priuilege, ma-numif-

numiſſion , ou autrement , ſi
les heritages mouuans de feruitude ſont acquis au ſeigneur
140. 141

A gens d'Egliſe ſuccedent leurs
prochains lignagers. 308

Gens de main-morte ne peuuent
acquerir ny tenir aucuns heritages ou droits temporels ſans
permiſſion du Roy.122.123.124

Gens de main-morte ne peuuent
confiſquer. 125

Gens ſerfs quels contracts peuuent faire. 139.140

Graces expectatiues. 12

Grand Conſeil eſt ambulatoire.6
quelle eſt ſa ionction. ibid.

Guerre que les Seigneurs de Fráce ſe faiſoient anciennement
les vns aux autres abolie. 7

Guerre commandee par le Roy
eſt vn chef de la Maieſté, auctorité & dignité Royale. 6

Guerres que ſe faiſoient anciennement les Seigneurs les vns
aux autres. 45

Droit de guerre que les ſeigneurs
ont. H. 132. & 133.

Haute Iuſtice & la cognoiſſance qui luy appartient.
28.29

Hereban. 45

Si heritage habandonné par le
detenteur cenſier, le ſeigneur
cenſier peut de ſon auctorité
reprendre en ſa main cet heritage, le faire valoir, & en prendre les fruicts. 105.106

Heritage acquis conſtant le mariage des deniers procedez de
la vente de l'heritage ancien
de l'vn des mariez eſt propre

à luy. 206. 207

Heritages anciens appartiennét
aux plus prochains de la ligne
&eſtoc, dont ils ſont procedez
ſans diſtinction de germanité.
306

Heritage tenu en bordelage eſtát
alienéce que le ſeigneur bordelier prend pour ſes droicts
& proffits. 113. & 114

Heritage cómun qui eſt en ruyne
comme doit eſtre reparé.148.149

Si l'heritage à l'vn des communs
a eſté vendu & rachepté, il ne
deuient conqueſt. 178.179

Heritage dóné par pere ou mere
à ſon enfant en mariage, ores
que ce ſoit conqueſt au donateur, eſt propre audit enfant
& ſubiet à retraict, s'il eſt aliené. 284

Heritage en franc-aleu. 120

Si heritage peut eſtre delaiſſé
par le detenteur cenſier ou
bordelier au ſeigneur direct en
payant les arrerages & droicts.
107. 108

Heritage que le pere ou la mere
donnét à leur enfant en faueur
de mariage ou autrement, ſortit nature de propre audit enfant. 149. & ſi le donataire
meurt ſans enfans, l'heritage
retourne au donateur. ibid.

Heritage ſi doit eſtre preſumé
franc & allodial en cas que le
ſeigneur ne monſtre le cótraire: ou s'il eſt preſumé eſtre tenu du ſeigneur au territoire
duquel il eſt. 111.112

Heritage propre à l'vn des deux
mariez vendu durant le mariage

le prix de la vente eſt repris ſur
le bien de la cómunauné, par
celuy à qui appartenoit l'heritage. 200
Heritages propres paternels à
qui appartiennent. 301
Heritages propres maternels à
qui appartiennent. ibid.
Heritage qui n'eſt de la ligne eſcheu en partage à l'vn des heritiers, de quelle nature ſera. 238
Heritages propres pour eſtre affectez à la ligne, quand ils aduiennent par ſucceſſion de parent, ſi ſont reputez immeubles. 238
Heritage propre eſchanché à autre heritage, l'heritage donné
en contreſchange ſortiſt meſme nature d'heritage propre
que celuy qui eſt eſchãgé, tant
en ſucceſſió qu'en retraict. 237
heritage qu'aucũ a eu par eſchãge
d'autre heritage ſortit meſme
nature pour le retraict, comme
auoit l'heritage qu'il a baillé. 279
Heritage reputé propre pour n'eſtre ſubiet à retraict. 265
Heritage ſubiet au doüaire vẽdu
par le mary du conſentement
de ſa femme, comme doit eſtre
recompenſée. 328. 229
Heritages eſtans ſur les grands
chemins & à l'yſſuë des villes
& villages, doiuent eſtre deuëment boulchees. 163
Heritier du donateur eſt tenu faire tradition au donataire. 242
Heritiers du vendeur qui ſe trouuét dedãs l'an du retraict apres
le deceds, ſi peuuét retirer l'heritage vendu qui eſt de leur ligne. 279

Heritier collateral & donataire
entre vifs ſi peut eſtre d'vne
meſme perſonne. 291. 292
Heritier & legataire d'vne meſme
perſonne ſi peut eſtre. ibid.
Inſtitution d'heritier n'a point
de lieu. 293
Heritier quel temps doit auoir
pour declarer s'il eſt heritier. 310. 311
Heritier ſoubs benefice d'inuentaire, quel benefice c'eſt. 311
Heritier par benefice d'inuentaire ce que doit faire. 311. 312. 313
Heritier ſimple ſi exclut l'heritier
par benefice d'inuentaire. 312
Heritiers ſont tenus perſonnellement payer les debtes du deffunct. 313. 314
Heritier qui ſe declare tel en jugement, ou declare n'eſtre pas
heritier, ceſte declaration profite à tous. 315
Heritier par contumace. ibid.
Faire acte d'heritier que c'eſt. 315. 316
Hermes que c'eſt. 34
Hoir cómun que c'eſt en la couſtume de Neuers. 136
Hommage comme doit eſtre fait
au ſeigneur par le vaſſal. 49. 50
Hommage ne ſe faict par Procureur ſi le ſeigneur ne le cõſent. 52
Hommage quãd ſe peut faire par
Procureur. ibid.
Hommages à cauſe du nouueau
ſeigneur, ou autre mutation,
doiuent eſtre renouuellees par
les vaſſaux, & comme les vaſſaux doiuent eſtre conuoquez. 93. 94
Hypotheques ſur heritages ſont
indiuidus. 119. 120

I.

Immeubles du debteur saisi par le creancier comme doit estre vendu. 341.342.343

Immeuble saisi comme se font les criees. 343.344

Si immeubles escheans par succession à l'vn des comuns personniers, sont propres à celuy auquel ils escheent. 175.176

Immeubles quelles choses sont immeubles. 229.230.231.232.233. 234.235

Si immeubles sont reputez toutes choses de maison tenans à icelle auec cloud, cleuille, ou par matiere. 234

Immeubles se reglent par la coustume des lieux où ils sont assis. 240

Indult octroyé au Roy François I. pour pouuoir nommer aux prelatures ayans priuilege d'election. 10

Information par turbes. 2

Insinuations des donatiõs pourquoy se font. 252

Institution ny substitution d'heritier n'a point de lieu. 293

Interests pour la dot non payee quels sont. 193.194

Inuentaire si doit estre faict par pere & mere tuteurs de leurs enfans. 259

Isles & accroissements de terres appartiennent aux seigneurs. 35

Iuge peut juger & faire executer en vn arbre. 38

Iuges centeniers de quelles causes auoient cognoissance. 26.45

Iuges de diuerses sortes du téps de Charlemagne. 26

Iuges royaux seuls cognoissent des matieres possessoires, beneficiales, & possessoires decimales. 19. cognoissent des tiltres & capacitez de ceux qui plaident possessoirement pour benefices. ibid.

Iugement de prouision contre le debteur. 345

Iugemens donnez contre les garents sont executoires contre les garentis. 351

Iurisdiction & fief n'ont rien de commun. 57.95.131.

Iurisdictions en France sont patrimoniales comme s'entend. 24. & 25

Iustice du Baron quelle marque a. 25

Iustice Comtale quelle marque a. ibid.

Iustice Ducale quelle marque a. ibid.

Iustice fóciere quel pouuoir a. 110

Iustice, haulte, moyenne & basse. 27.28

Iustice des Seigneurs Ducs, Cótes, Barons & Chastellains d'où a prins son origine. 24.25

Iustices en France sont patrimoniales comme s'entend. ibid.

L.

Laboureur si peut labourer terres d'autruy non labourees par le proprietaire, sans autre requisition. 156

Laboureur qui a employé son labeur à faire venir les fruicts de quelque terre, a sur iceux & dedans iceux hypotheque & droict auec priuilege, au prejudice de tous autres. 59

Latrines comme doiuent eftre
bafties. 148

Legataire & heritier d'vne mefme perfóne fi peut eftre. 291. 292

Legataire eft fubiet aux debtes
du deffunct *pro rata* des biens
qu'il prend. 287

Legataires ne fót faifis & ne peuuent prédre par leurs mains ce
qui leur eft legué. 291

Legitime que c'eft , comme &
quand fe prend. 246

Legitime que c'eft. 309. comme
peut eftre demandee par les
enfans. ibid. en quels cas ne
peut eftre demáder. 309. & 310

Legs teftamentaires & donation
pour caufe de mort font de mefme nature. 243. 244

Legs faicts au Notaire ou aux tefmoins du teftament font nuls.
295

Lettres qui doiuent plufieurs
feaux. 16. 17

Lettres de l'alienation du domaine doiuent eftre verifiees en la
Cour de Parlement à peine de
nullité. 8

Lettres de garde gardienne con-
cedees par les Roys à quelques
Eglifes. 14

Lettres de legitimations combié
couftent en Chancellerie. 16

Lettres de main fouueraine en
quels cas peuuent eftre obtenuës. 57. 58

Lettres de naturalité combien
couftent en Chancellerie. 16

Libertez de l'Eglife de France,
quels priuileges font. 11. 13

Pour licitation fi font deubs profits. 85. 86

Si lignager pour retraict en con-

currence de feigneur feodal ou
cenfier pour la retenuë eft pre-
ferable. 272

Si plufieurs lignagers fe prefen-
tans au retraict, lequel doit eftre
preferé. 273. 274

Ligne de Huges Capet combien
y a de temps qu'elle dure en ligne mafculine. 1

Locateur d'vne maifon ou d'autre heritage peut faire proceder par execution fur les biens
meubles du conducteur, eftans
en la maifon & fur les fruicts
de l'heritage baillé à loüage.
337. 338. 339

Locateur de maifon fi peut eftre
expullé de fon loüage. 353

Lots & ventes font deubz au feigneur cenfier par l'achepteur,
quand l'heritage tenu à tiltre
de cens eft vendu, & comme
fe payent. 97

Lots & ventes deuës pour toutes
alienations. 97. 98

Lots & ventes ne font deuës en
efchange, donatió & autres có-
tracts. 98

Si lots & ver. tes font deuës au feigneur cenfier pour donation
faicte par liberalité & bonne
amitié, ou pour feruices & re-
compenfe. 99

Lots & ventes pourquoy font
deuës. 100

Si pour lots & ventes non payez
le feigneur cenfier peut faire
faifir l'heritage. 101

Si lots & ventes font deuës au feigneur direct cenfier, pour bail
à rente par le detenteur cenfier, feigneur vtil. 101. 102

Si lots & ventes font deuës au fei-

gneur cenfier, pour rente conftituee à prix d'argent , & affignee fpecialement fur vn heritage tenu à cens. 102.103
Si lots & ventes font deuës pour
tranfactions & autres tels contracts. 121
Lots & ventes comme font en
retraict. 270
Loy ne fe peut donner à foy mefme. 195
Loy qui blafme quand l'on marchande les mariages. 196
Loix par lefquelles les anciens
François ont efté gouuernez. 2
Loix qui reiglent les baftimens
& autres œuures de chacun au
voifinage d'autruy. 144.145
Loix importâtes à l'Eftat du Royaume comme fe font. 4
Loix pour le mefnage des châps
introduicte par les Couftumes.
152.153. 153.154. 155. 156.157. 158.
159.160.161.162.163.& 164.
Loix & Ordonnances des Roys
de France doiuët eftre publiees
& verifiees en Parlemêt pour
lier les fubiects. 3
Loix Romaines comme font ob-
feruees en France.17.28.95.240
Lots doiuent eftre faits par celuy
qui demande partage. 179.180

M.

MAin-morte que c'eft. 136
Maifon dont le bas appar-
tient à l'vn & le haut à l'autre,
comme doit eftre entrenuë. 151
Maifons abbatuës pour arrefter
& appaifer le feu , comme doiuent eftre rebafties. 151
Si le maiftre d'vne communauté
peut fans procuration de fes cô-

muns , agir & eftre conuenu
pour le fait de la communauté
en actions perfonnelles &pof-
feffoires. 176
Maiftre d'vne communauté ne
peut faire fon perfonnier heritier outre fon gré. ibi.
Maiftre eft tenu ciuilement des
delits cômis de fes feruiteurs, en
la charge qui leur a cômife. 183
Marchandife mobiliaire deliuree
argue payement. 353
Marchandife vendue fans terme,
la chofe vendue peut eftre pour-
fuyuie pour eftre payee. 332
Marefchaux de France, & leur
charge. 3. cefte dignité eft à
vie. ibid.
Mariage de Reneé de France
auec le Duc de Ferrare, & quel
dot & appanage elle eut. 8
Mariage des enfans par efchâge.
298. & 299
Pour mariages des filles & fémes
quand tachapt eft deub au feigneur. 72
En mariant enfâs les peres & meres peuuent leur dôner ce que
bon leur femble de leurs biens
pour leurs droicts fuccefifs,
& les faire renoncer à leur
fucceffion. 310
Mariez font cômuns. 185.186.187
Mariez durant leur mariage ne
peuuent donner l'vn à l'autre
ny eux à l'auantager par contracts entre vifs. 197
Mary quant eft tenu du fait de fa
femme. 182
Mary peut difpofer à fon plaifir
des meubles & conquefts faits
durant le mariage fans le con-

fentement de fa femme. 187.188

Mary ne peut aliener les doüaires affignaux & heritages propres de fa femme fans le confentement d'elle. 188

Mary durãt le mariage peut agir, & eftre cõuenu és actions perfonnelles poffeffoires de fa fẽme, fans mandemẽt d'elle. 189

Mary eft adminiftrateur des immeubles de la femme. 188 gaigne durant le mariage les fruicts de tous les immeubles & propres de la femme. 189

Mary durant le mariage eft reputé comme feigneur des biens dotaux de fa femme, hors mis qu'il ne peut aliener. 190

Si mary eft feigneur de actiõs. ibi.

Mary mauuais mefnager, & que la femme a doubte de perdre fa dot, quels remedes a la femme. 208

Mercenaires, ouuriers, & autres, peuuent faifir fruicts, marchãdife, ou ce qui eft reuenu ou a efté conferué par leur labeur pour eftre payez de leurs falaires. 337

Mere tutrice voulant fe remarier cõme doit pouruoir de tuteurs à fes enfans. 259.260

Mefnage des champs, & des reigles & vfances qui font introduites par les Couftumes. 152 153.154.255.156.157.158.159.160. 161.162.163. & 164

Si meuble ou ce qui eft reputé meuble fe gouuerne & reigle par la Couftume du domicile. 240

En meuble n'y a point hypotheque. 326

Meubles confifquez. 29

Meubles comme peuuent eftre vendiquez. 350

Si meubles qui efcheent par fucceffiõ à l'vn des communs perfonniers, font communs à toᵘ les autres. 175.179

Meubles, quelles chofes font reputees meubles. 229.230.231. 232. & 233

Meubles n'ont fuitte par hypotheque, quand ils font hors de la poffeffion du debteur. 327 cõme s'entend ce brocard. 328

Pour meubles vendus n'efchet refciffion de contract pour deception d'outre moictié de jufte prix. 354

Meubles vacquans. 33. & 34

Mex. 135.139. & 141

Mineur fi peut efter en jugemẽt fans l'auctorité de fon tuteur ou curateur. 255.255. fi peut contracter valablement. 256

Mineur nõ ayant curateur fi peut contracter fur fon meuble & le bailler à loüage. 354

Mineurs ne peuuent donner ny tefter au profit de leurs tuteurs & curateurs. 251

Mineurs quand doiuent faire foy & hommage au feigneur. 51.52

Si contre mineurs temps de retenuë court. 69

Minieres d'or, d'argent & autres mineraux trouuez, à qui appartiennent. 36

Moines profez ne fuccedent. 307.308

Moiffon eft deuë lors de la perception des fruicts. 60

Monarchie est le gouuernement le plus asseuré. 1

Monarchie combié y a de temps qu'elle dure en France. ibid.

Monnoye que les seigneurs de France auoient puissance de faire. 14

Mort saisit le vif, que c'est. 295

Mort ciuile que c'est. 29

Mort bois que c'est. 167. 168

Droict de moulage que c'est. 126. 127

Du Moulin trop grand sectateur des docteurs vltramontains. 65

Moulin és metes de la bannie comme peut estre construit. 126

Moulins bannaux. 125

Moulins posez sur paux fichez ou qui ont fondement en terre sont immeubles. 234

Moulins à vent si sont reputez meubles. ibid.

Moulins sur batteaux & à bras si sont reputez meubles. ibid.

Moulnier qui tient moulin bânal dans quel temps doit rendre la farine moluë. 127

Moyenne Iustice que c'est. 44 de quelles choses cognoist. ibid.

Mur moitoyen & commun entre deux voisins. 145. comme on en doit vser. ibi. & 146. peut estre haussé sans congé de l'autre voisin. 146

Mur quand est reputé commun & moitoyen. 146. 147

N.

N Antissement que c'est. 358

Nobles exerceans fait de marchandise sont contribuables aux tailles, & peuuent reprendre l'exemption, en cessât le fait de marchandise. 254

Noblesse quand se perd. ibid.

Noblesse n'est ostee par le mariage du roturier, ains seulement est obscurcie tant que le mariage dure. ibid.

Noblesse des enfans en la Coustume de Troyes. ibid.

Si nepueu exclut l'oncle en succession collaterale. 302

Nepueu en ligne directe venant à la succession de son ayeul, de son chef doit rapporter ce qui a esté donné à son pere, ores qu'il ne soit heritier de son pere. 248. 249

Nomination du Roy aux Benefices Ecclesiastiques, depuis quel temps a commencé. 10

Noms pour choses mobiliaires sont reputez meubles. 229

Nopces secondes & tierces ne reçoiuent la ceremonie de la benediction. 185

Normandie alienee de la Couronne. 9

Notaires Eccl. siastiques si peuuent receuoir contracts entre lays. 352. 353

Notaires ne peuuent receuoir aucuns contracts hors les fins du lieu où ils ont esté instituez. 311.

Notaires du Chastelet de Paris & d'Orleans, & du petit seel de Montpellier, ont pouuoir de receuoir contracts par tout le Royaume. ibid.

Notaires en receuant contracts & autres inſtrumens comme ſe doiuent comporter, tant en leur charge, qu'enuers les parties. 312

O.

Obligation perſonnelle de payer rentes, arreragcs, bourdelages & autres droicts pour detention d'heritages combien de temps dure. 107. 108. 117. & 118

Obligations ſans ſeel royal ou autre ſeel authentique emportēt executió ou garniſon de main 323.

Obligé par corps peut eſtre empriſonné ſans faire auparauant diſcuſſion de ſes biens. 336

Obligez pour vne meſme debte, chacun d'eux ſeul peut eſtre contrainct. ibid.

Office venal eſt reputé immeuble, & ſuitte par hypotheque, & peut eſtre adjugé par decret. 239. 240

Office venal peut eſtre ſaiſi & vendu par decret. 346

Office venal eſt reputé immeuble. ibid.

Offices generaux de la couronne quels ſont. 3. aſſiſtoiēt & ſouzſignoient à toutes les expeditions d'importance que les Roys faiſoient. ibid.

Offres qui doiuent eſtre faictes en retraict. 268. 269

Opinion d'Azo receuë en la Cour. 65

Oppoſant à criees quand ſe peut faire ſubroger. 347

Oppoſans à criees doiuent eſlire domicile au lieu où ſont les criees pourſuiues. ibid.

Oppoſitions afin de diſtraire & autres, quand doiuent eſtre formees. 346

Ordonnances des Roys de Fráce doiuent eſtre publiees & verifiees en Parlement pour lier les ſubiets. 3.

P.

Pair diction d'où prend ſon origine. 26

Pairs des Seigneurs Chaſtellains. ibid.

Pairs ne ſont tenus de plaider ailleurs qu'en Parlement. 23 deuoient anciennement reſpondre des jugemens donnez par leurs Iuges de Pairrie. ibi.

Pairs de France & leur nombre ancien. 22. leur fonction. 23 quels droicts ont. ibid.

Pairries Eccleſiaſtiques ſont demeurees en leur entier & en leur nombre, mais non les laïcales. 22. & 23

Papes ſe ſont attribuez la ſuperiorité ſur la temporalité des Royaumes. 12. 13

Pardons combien couſtent en Chancellerie. 16

Parlement de Paris plus ancien. 5 eſt nōmé la Cour des Pairs. ibi.

Parlemens de France. 5. comme ſont eſtablis par le Roy. ibid. ſont fondez en iuriſdictió ſouueraine de toutes ſortes de cauſes. 5

Partage de la choſe feodale ne preiudicie au Seigneur & demeure chacun des partageans vaſſal pour ſa part. 86

Celuy

Celuy qui demande partage doit faire les lots. 179. 180

Partage que les pere, mere & autres, qui ont à laisser heredité, peuuent faire entre ceux qui leur doiuent succeder. 307 tel partage est ambulatoire iusques à la mort. ibid.

Partage de chose feodale entre coheritiers n'est deub quint denier. 85

Partage peut estre fait sans decret par le mineur estant prouoqué. ibid.

Partage comme se reforme. ibid.

Partage est vne permutation de choses & droicts pour separer la communion. 238

Si par partage d'vne succession entre heritiers de diuerses ligne, eschet à l'vn des heritiers vn heritage qui ne soit de sa ligne, de qu'elle nature sera. ibi.

Pascages pour le bestial. 152. 153. 154

Passage comme est permis par l'heritage d'autruy pour bastir ou cueillir fruicts. 152. 164

Pastureaux que c'est. 159. en quel temps sont defensables. ibid.

Pastures vaines que c'est. 153

Patrimoines diuers d'vne mesme personne. 229

Patrimoines de diuerses sortes en France. 287

Peage & Barrage que c'est. 133. 134

Peine du subiet qui va cuire ou mouldre autre part, quelle. 127

Personnes publiques ne peuuent dóner terme ny faire credit. 326

Qui pesche en riuiere bannale, ou en estangs & fossez d'autruy comme est puny. 128. 129

Petitoire si peut estre poursuiuy pendant le possessoire. 19. 20

Petitoire ne doit estre cumulé auec le possessoire. 20

Poisson d'vn estang si est meuble. 232

Porcs ne doiuent estre nourris és villes. 150

Porcs de l'auge de Mars quels porcs sont. 169

Porcs qui peuuent estre menez par les vsages aux bois. ibid.

Porcs en quel téps peuuent estre menez à la glandee. 166

Port d'armes est cas royal. 6

Port d'armes quand se faict. 7

Portion de l'vn des habiles à estre heritier, qui repudie, accroist aux autres heritiers. 316

Possession immemoriale est requise és seruitudes qui n'ont cause continuelle. 170

Celuy qui est vaincu au possessoire, n'est receu à se rendre demandeur en petitoire iusques à ce que le possessoire soit satisfaict en principal, & en liquidatió & payemét de fruits, dommages & interests. 19. 20

Poursuiuant cries decedant, ou delaissant la poursuite, l'vn des opposans se peut faire subroger. 347

Pragmatique Sanctió abolies. 10

En prairie on ne peut mettre de nouuel pré en reuiure. 158

Prescription n'est entre le vassal & le seigneur, ny au contraire. 91. 92

Prescription de dix ans entre presens & de 20. ans entre absés. 317

D

Prefcription de 30. ans, quand le poffeffeur n'a tiltre. 317

Prefcription des actions perfonnelles & hypotecaires. 317.318

Prefcription de la quotité ou maniere de payer le cens, & des arterages. 318

Prefcription de fe dire feigneur cenfier. 319. *Tantum præfcriptum quantum poffeffum.* ibid.

Prefcription de franchife ne peut eftre acquife par l'homme de main-morte. 320

Prefcription des tailles, corvees & redeuances, deuës fur heritages. ibid.

Prefcriptiõ de la faculté octroyee pour rachepter vn heritage vendu. ibid.

Prefcription de la maniere de leuer difme, & de la quotité. 321

Interruption de prefcription cõtre l'vn des freres ou commûs poffedans par indiuis, aucun heritage, nuit aux autres freres ou communs. 322

Prefcription ne court contre la femme durant le mariage, és biens propres à la femme, & qui ne font de la cõmunauté, & dont le mary a l'adminiftration. 321

Prefcription ne court durant le mariage fi le mary aliene les biens dotaux de fa femme fans fon confentement. ibid.

Prefcription n'a cours quand aucunes chofes font tenuës en commun & par indiuis. 322

Prefcription ne court contre le mineur, foit qu'on la vueille cõmencer contre luy, ou qu'elle foit commencee contre fon predeceffeur. ibid.

Pour prefcrire eft befoin qu'il y ait quelque acte contraire. 91

Prefloir fi eft reputé meuble. 233.

Prefloirs bannaux. 125. [234

Preuentiõs dont le Pape vfe pour conferer les benefices qui ne font electifs. 11

Prez quelles reigles ont. 158. 159

Prez font defenfables pour les porcs en toutes faifons. 157. 158

Prez en prairie fõt abandõnez en vaine pafture depuis que l'herbe fauchee eft dehors, finõ les prez qui portent reuiure. 158

Prez quand font reputez meubles. 230

Profeffiõ des Moines, Religieux & Religieufes à quel âge fe doit faire. 307. 308

Poffeffion n'eft acquife par joüyffance & exploicts faicts en chofes cachees & latentes. 363

Preftres ne peuuent eftre Notaires en cour laye. 352

Proprietaire demeure poffeffeur tant de temps qu'il eft payé par fon color. 363

Proprieté qui ne peut eftre acquife, ny hothequee conftituee fur heritage, fans realization. 358

Prouifion en faueur de la femme pour auoir fon doüaire du viuãt de fon mary. 226

Proxenetes comme peuuét eftre contraincts à rendre le prix de la chofe venduë. 335.

Puiffance du mary fur la féme. 181

Puiffance paternelle des Romains quelle. 255

Puiffance paternelle quand ceffe. 252. 253. 254. 255

Puiffãce du tuteur & curateur. 261

Q.

Qvint denier deu au seigneur
pour la vente d'vn fief à prix
d'argent. 63
Quint denier si est deub au seigneur quand le fief est donné à
rente racheptable. 64
Quint denier est deub de vente
par decret sur criees. 64. 65
Quint denier est deub pour fief
vendu à faculté de rachapt. 65. 66
Quint denier n'est deub par plusieurs Coustumes, sinon en cas
de vente. 69
Quint denier n'est deub au seigneur pour donation de fief en
faueur de mariage de parent à
autre parent. 71
Quint denier est deub pour la
soute de deniers. 71. 72
Quint denier si est deub en eschange. 72
Quint n'est deub quand les coheritiers ou communs partagent
la chose feodale. 85
Quint denier, lots & vétes pourquoy se payent au seigneur. 117
Quint denier n'est deub pour
alienation d'heritages en fanc
aleu. 121
Quint cóme est deub en retraict.
270
Quittement d'heritage hypothequé. 107. 108

R.

RAchapt. 66
Rachapt diction depend de
l'ancienne vsance de fief, selon
laquelle les fiefs en plusieurs
cas, retournoient au seigneur
feodal. 69. 70

Rachapt de reuersion de fief est
le reuenu d'vn an. 69. 70
quand est deub au seigneur.
ibid.
Rachapt est deub au seigneur
feodal quand le vassal meurt
sans enfans, & que la succession vient en ligne collaterale.
70
Droict de rachapt par plusieurs
Coustumes est deub au seigneur quand dame du fief seruant se marie. 72
Au rapport quelles choses sont
subiettes. 247. 248. 249
Rapports qui doiuent estre faicts
par les enfans qui ont esté aduantagez plus que les autres
par leurs pere & mere. 246
247. 248. 249
Au rapport quelles choses ne
sont subiettes. 348
Rapport a lieu en succession directe, non en succession collaterale. 306. 307
Rachapt estant escheu au seigneur, ce que doit faire le vassal. 72. 73
Plusieurs rachapts escheuz en vn
an si sont deubz au seigneur.
73
En faculté de rachapt comme les
fruicts sont pris par l'achepteur. 353
En rachapt si consignation est
necessaire pour gaiger les
fruicts. ibid.
Recompense d'heritage vendu
qui estoit propre à l'vn des deux
mariez. 100. 101
Reconuention en cour laye si a
lieu. 351

Si redeuãce doit eſtre recogneuë par le detenteur pardeuaut Notaire. 118

Redeuance payee. 356

Redeuance qui ſe paye pour la blairie. 166

Redeuances ſur heritages ſont indiuiduës, & peut eſtre pourſuiuy pour tout le detenteur de chacune piece obligee & hypothequee. 119. 120

Regale & les differents qui en ſourdent ſe cognoiſſent par le ſeul Parlement de Paris. 10

En Regale le Roy préd les fruicts *pro rata* du temps que l'ouuerture a duré. 59

En Regale le Roy non ſeulement prend les fruits, qui ſont vrays fruits de l'Eueſché, mais auſſi confere les prebendes & autres benefices qui n'ont charge d'ames. 60

Reigles introduites par les Couſtumes pour le reiglement des champs. 152. 153. 154. 155. 156. 157. 158. 159. 160. 161. 162. 163. 164

Regiſtre des inſinuatiõs eſt communicable à toutes perſonnes. 252

Regrés. 12

Droict de relief que c'eſt. 69. 70 quand eſt deub au ſeigneur. ibi.

Relief eſt deub au ſeigneur feodal quand le vaſſal meurt ſans enfans, & que la ſucceſſion vient en ligne collaterale. 70

Religieux lays mis és Monaſteres eſleus par le Roy. 22

Religieux profez ne ſuccedent. 307. 308

Religieux ne peuuent eſtre No-

taires en cour laye. 352

Remiſſions combien couſtent en Chancellerie. 16

Renoncer à la communauté que c'eſt. 209

Pour renoncer à la communauté quel temps eſt requis. 211

Réte fonciere admortie par l'vn des debteurs. 356. 357

Rente conſtituee au denier vingt ſur heritage ſi eſt racheptable. 236.

Si pour rente conſtituee à prix d'argent, & aſſignee ſpecialement ſur vn heritage tenu à cens, lots & ventes ſont deuës au ſeigneur cenſier. 102. 103

Si pour rente aſſignee ſur heritages ſont deubz proffits au ſeigneur cenſier. 102. 103. 104

Rente fonciere miſe en criees, comme les criees doiuent eſtre faictes. 345

Rente propre à l'vn des deux mariez racheptee, le prix du rachapt eſt repris ſur le bien de la communauté, par celuy auquel appartenoit la rente. 200

Rente racheptee durant le mariage par l'vn des mariez, dont l'heritage de l'vn d'eux fuſt ſpecialement chargé auant le mariage, ſi telle réte eſt eſteinte, ou ſi elle demeure en ſa nature ancienne. 202. 203

En rente combien eſt eſtimé le franc. 357

Rentes conſtituees comme doiuent eſtre reduites au denier quinze. ibid.

Si rentes conſtituees à prix d'argét ſont immeubles. 235. 236. 237

Rêtes creées par bail d'heritage,
par partage en suplément, ou
par licitation d'heritage font
censees foncieres, ores qu'il y
ait faculté de rachapt.   237
Rentes foncieres.   236
Si rentes à prix d'argent font racheptables à roufiours. 235.236
Reparations quelles doiuét eſtre
faites par l'acquereur de quelque heritage dedans l'an du
retraiſt.   270. 271
Reparations côme peuuent eſtre
faiſtes par le côducteur, & eſtre
rabatuës fur les loüages.   355
Repreſentatiô quand a lieu en infiny.   303. 304. 305
Repreſentation en collateral. 304
Repriſe de fief.   46
Reſciſion de contraſt pour deception d'outre moiſtié de juſte prix.   353.354
Reſeruations que les Papes faifoient à eux, de la collation de
certains benefices.   12
Reſtitution en entier.   354
Reſtitutions en entier qui font
miſes entre les droits royaux. 17
Retenuë de fief.   63.64
Retenuë de fief en cas de vente.
67. 68
Retenuë de fief pourquoy
octroyee aux feigneurs.   67
Si retenuë peut eſtre tranſportee
par le feigneur à vn tiers. 67.68
Retenuë peut eſtre cedee par
les Egliſes & corps de main-
morte.   68
Retenuë dans quel temps doit
eſtre faite par le feigneur. 68.69
Retenuë permiſe à l'Egliſe. 68
Si retenuë a lieu fur heritage vé-

du par decret.   69
Si temps de retenuë court côtre
mineurs & abfens.   ibid.
Retenuë qu'à le feigneur cenfier
fur l'heritage vendu.   98.99
Retenuë dans quel téps doit eſtre
faite par le feigneur cenfier. 99
Retraiſt ſi eſchet és biens vaccãs
vendus par decret fur le curateur aux biens vaccans.   33
Retraiſt faiſt durant le mariage.
203. 204. 205
Si retraiſt lignager eſt conqueſt
à celuy des mariez qui retire. 204
Retraiſt lignager eſt vn droiſt
propre des Frãçois, pourquoy
introduit.   263. 264
Retraiſt pour quelles perſonnes
peut eſtre faiſt.   264
Retraiſt dans quel téps doit eſtre
faiſt.   265. 266. 267
Pour retraiſt lignager où ſe peut
intenter l'action.   266. 267
Retraiſt comme doit eſtre demandé.   267
En retraiſt à la premiere affigna-
gnation doiuent eſtre offerts
deniers à defcouuert.   268
Au retraiſt ſi pluſieurs lignagers
ſe prefeutent, lequel doit eſtre
preferé.   273. 274
Pour retraiſt lignager ſi sôt deuz
quint & proffits feigneuriaux.
274
En retraiſt le temps court fans
remede de reſtitution contre
mineurs ignorans, abfens, furieux, & autres perfonnes priuilegiees.   275
Ceux qui ne peuuent venir au retraiſt lignager.   276
Si à retraiſt eſt fubiet l'heritage

vendu par decret fans cries. 276.277

Si eft fubiet à retraict l'heritage propre & ancien baillé à vn eftráger fous charge de cés, réte, ou autre preftation. 277.278

Droict de retraict lignager ne peut eftre cedé à vn eftráger. 278

Retraict comme fe faict, fi en la vente y a donation de plus de valuë. 281

Retraict fi eft en efchange d'heritages. 279

retraict fi eft en efchäge où y a retour de deniers. 279.280.281.282

Retraict cóme fe faict fi pluficurs heritages de diuers lignages font vendus par vne feule vête, & vn feul prix. 278

Retraict comme peut eftre fait fi l'acquereur fe trouue abfent de la Chaftellenie où l'heritage eft aflis, & il n'ait domicile. 282.283

Si retraict efchet en véte de coupe de bois de haulte fuftaye ou taillis. 284

Retraict peut eftre requis par le mary au proffit de fa femme, fans qu'il ait mandement fpecial d'elle. ibid.

Retraict fi efchet entre gens de condition feruile, & en bourdelage. 285

Retrayant decedant laiffant vn heritier des cóquefts, & autre heritier des propres, lequel des deux aura l'heritage retiré. ibi.

Retraict comme fe faict en faculté de rachapt. 253

Retrayant doit affermer fi le retraict qu'il faict eft en fon nom

& proffit. 268

Retrayât de quel temps doit gaigner les fruicts. 271

Retrayant, quand l'acquereur a depuis fon rachapt vendu l'heritage à vn autre, à qui fe doit addreffer. 273

Retrayant fi peut payer le prix en autres efpeces de monnoye que celles contenuës au contract de vente. 275.276

Enuers le retrayant, celuy, fur lequel eft faict le retraict n'eft tenu d'euiction. 281

Retrayant aura mefme terme en baillant feureté a l'achepteur, fi l'aquereur a terme de payer. 283

Reuerfion de fief anciennement fe faifoit en plufieurs cas. 90

Reünion de fiefs. 77. 78

Reuocation de donations. 151

Riuiere en garenne. 164

Riuiere en garenne ne peut eftre tenue par aucun fans en auoir titre ou prefcriptió fuffifáte. 128

Roturiers donnét finâce au Roy pour les fiefs qu'ils tiennent. 62

Roturiers difpenfez de tenir fiefs ibid.

Roturiers ne pouuoient anciennement tenir fiefs. ibid.

Roy de France eft Monarque & n'a point de compagnon. 3

Roy de France & les principaux droicts de fa Majefté & auctorité quels font. 3.6.7.9.11.14.15. 18.21. & 22

Roy de France eft protecteur des libertez de l'eglife gallicane. 11.13

Le Roy eft Iuge en la caufe qu'il a contre les fubiets. 15

Le Roy ne plaide iamais defaifi. 57

S.

S Aillies fur ruë deffenduës. 150
Saifis peut eftre faicte des heritages en vertu d'vn jugemét de prouifion contre le debteur obligé ou condamné. 345
Saifie que peuuent faire mercenaires & autres ouuriers pour leur labeur. 337
Saifie feodale quand fe peut faire & pour quelle caufe. 46.47
Saifie feodale & fa forme. 53.54
Saifie feodale eft neceffaire pour attribuer au feigneur le gain des fruicts. 54
Saifie feodale & fa principale caufe. 54.55
Saifie feodale, faicte à faute d'hôme, & foy non faicte, eft preferee à la faifie que les creanciers du vaffal pourroient faire pour les hypotheques, & à l'aquifition qui pourroit eftre faicte au feigneur haut jufticier & non feodal, par confifcation. 55
Saifie feodale & fes priuileges. 55.56
Saifie de l'heritage pour les lors & ventes non payez. 101
Saifie d'immeubles. 342.343
Saifine. 362.363
Saifine ou veftement de quelque heritage comme fe faict. 105
Scedule recogneuë ou veriffiee deuëment emporte garnifon de main. 323
Scedule recogneue emporte hypothecque. 324
Plufieurs feaux deubz pour lettres obtenues en Chancellerie. 16.17

Seigneur prenant les biens vacquans accomplit le teftament du deffunt & paye les frais funeraires. 39
Seigneur joüyffant en quelque façon que ce foit du fief de fon vaffal en doit vfer comme bon pere de famille. 47.48.& 73
Seigneur qui faifit à faute d'homme, droicts & deuoirs nô faits, non payez, gaigne les fruicts du fief faifi en pure perte du vaffal. 58.59. doit rembourfer le laboureur ou fermier qui a employé fon labeur. 59.60
Seigneur prend le quint denier, ou retiét le fief pour le mefme prix à fon choix, en cas de vente du fief. 67.68
Si le feigneur peut vfer de retenue fur l'heritage vendu par decret. 69
Si le feigneur doit inftruire fon vaffal, en cas que le vaffal afferme n'auoir aucuns enfeignemens, & auoir fait deuoir d'en chercher. 88.89
Seigneur ne prefcript contre fon vaffal par quelque temps que le feigneur ait joüy en vertu de fa faifie feodale. 91
Si feigneur peut cômettre autre perfonne à la reception de fes hommages, pourueu que ce foit perfonne qualiffiee de nobleffe, office, au autre charge notable. 95
Seigneur auquel eft deub la redeuance fonciere peut contraindre le detéteur de recognoiftre icelle redeuance pardeuant Notaire en bonne forme. 118

Seigneur préd les heritages main-
mortables, le serf estant decedé sans heritiers cómuns. 135. 136
Si Seigneur contre Seigneur peut
prescrire la seigneurie directe.
319
Seigneur bannier a priuilege de
vendanger le iour deuant l'ouuerture du ban.   157
Seigneur censier est reputé auoir
seigneurie directe.   96
Si seigneur censier en cas de vente a le choix de prendre les lots
& ventes, ou l'heritage pour
le prix qu'il a esté vendu. 98. 99
Si le seigneur censier peut de son
auctorité reprédre en sa main
l'heritage abandonné par le
detenteur célier, le faire valoir
& en prédre les fruicts. 105. 106
Seigneur censier est reputé auoir
Iustice fonciere.   110
Seigneur direct si est receu à retirer.   281
Seigneur feodal quand peut retenir.   67
Si seigneur feodal peut contraindre son vassal d'entretenir le fief
en bonne nature.   115
Seigneur iusticier inferieur perd
sa Iustice s'il offence le Sergent
de son seigneur.   38
Si seigneur iusticier qui a censiue
peut auoir colóbier à pied auec
boulins, iusques à rez de terre
127
Seigneur hault iusticier peut faire proceder par executió pour
ses droicts domaniaux anciens
& accoustumez.   341
Seigneur vtil tenant heritages
doit estre soigneux de ne rien

faire au prejudice du seigneur
direct.   116
Seigneur vtil n'est tenu de la réte
que le vassal, detenteur censier
ou bordelier a cóstitué, ou autre hypotheque, sinó que pour
le droict tel qu'il y a.   116. 117
Seigneurs de France anciennement auoient droict de faire
la guerre les vns aux autres.   7
Seigneurs n'estoient anciennement tenus de receuoir toutes
sortes de personnes pour vassaux.   62
Seigneurs du fief dominant estát
plusieurs, si le nouueau vassal
doit aller les rechercher tous. 94
Seigneurs Iusticiers qui n'ont dignité de Duché, Comté, Baronnie & Chastellenie, sont
de trois sortes.   27
Seigeurs en quelques Prouinces
de France ont droict de tailler
leurs subiets en quatre cas. 131
132
Seigneurs prenans les biens vaccans ne payent les debtes, sinó
iusques à la concurrence de la
valeur des biens.   39
Separation de biens entre mary
& femme quád est practiquee.
208. doit estre insinuee & publiee en jugement. ibid. & 209
Si le serf peut acquerir du franc.
139
Serf de plusieurs Seigneurs, les
meubles & conquests qui ne
sont de la seruitude comme
sont acquis aux seigneurs. 140
Serf affrachy par le vassal. 140. 141
Serf à Rome dans quel temps ac-
querroit liberté.   142
                                  Serfs

Serfs ne pouuoient estre en iugement ny contracter. 134
Serfs de Niuernois portent auec eux leur seruitude, & en quelque part qu'ils aillét sont pour touious pour leurs tailles. 135
Serfs qui sont en quelques Prouinces de France d'où ont pris leur origine. 134.135
Serfs, voyez gens de condition seruile. 136
Serfs affranchis du vassal doiuent prendre confirmation de leur manumission du seigneur superieur feodal. 141
Estre Sergét en sa cause si est permis. 163
Sergent executeur d'obligation ou sentence doit estre accompagné de tesmoins, à qui doit donner en garde les meubles saisis. 314
Sergens ne peuuent estre gardiés ny achepteurs de gages pris par execution. 316
Serment de fidelité que prestent les nouueaux Euesques au Roy. 9
Sermét de fidelité que doit le vassal à son seigneur est personel. 46
Serment que le Roy fait à son sacre de faire Iustice à ses subiets ne se reitere. 15
Serment doit estre faict par le tuteur deuant le Iuge. 261
Sermét deferé, si doit estre referé ou non. 357
Seruices vulgaires estimables en deniers. 284
Droict de seruitude comme s'acquiert. 142.143. comme sont limitees. 143
Seruitudes colonaires. 134
Seruitudes qui sont en France ne

sont semblables à celles qui estoient chez les Romains. 134
Seruitudes comme doiuent estre reiglees. 144.145
Es seruitudes qui n'ont cause côtinuelle la possession immemoriale est requise. 170
Souffrace que le seigneur est tenu bailler au tuteur de mineurs. 51
Souffrance en quels cas se doit accorder par les seigneurs feodaux à leurs vassaux. 52
Si pour soulte en partage est deub proffit. 85
Pour soulte de deniers si sôt deubs proffits. 71.72.85.86.& 100
Subiet offencé par son seigneur doit estre exépté de sa Iustice. 58
Subiet qui va mouldre ou cuire autre part comme est puny. 127
Subsides anciennement n'estoiet ordinaires. 21
De la succession des fiefs en ligne directe. 78.79.80
Si en succession collaterale y a droict d'ainesse. 84
Successiô aux heritages tenus en bordelage. 114. 115
Successiô n'est deferee aux ascendans ny aux collateraux tant qu'il y a descendans du corps du deffunct. 296
En succession collaterale le frere forclost la sœur, &c. 305
En succession de fiefs, si les sœurs & autres femelles, en faueur de leurs freres ou autres masles en pareil degré. ibid.
Supplément de legitime quand ne peut estre demandé. 309
Suruiuant qui a don mutuel dequoy est chargé. 200

E.

R.

TAille abofnee quelle forte de taille c'eft. 135

Taille fe leue en quatre cas fur les fubiets par les feigneurs. 131.132

Taille fe leuoit anciennemét par le Roy fur les fubiets de fon domaine, lors qu'il faifoit fon premier fils Cheualier. 132

Temps de retraict court fans remede de reftitution. 2-5

Si temps de retraict court quand il y a faculté de rachapt par la vente. ibid.

Terre nulle fans feigneur. 112

Terres d'autruy non labourees par le proprietaire fi peuuent eftre labourees fás requifitió.156

Terres tenues en fief de l'Eglife par les Roys. 30

Terre main-mortable. 155

Te moins quand peuuent eftre examinez auant conteftation en caufe. 18.19

Tefmoins nómez par le Notaire en l'inftrument de quelle qualité & aage doiuent eftre. 352

Teftamét ne peut & ne doit eftre fubiet à auctorité, ny aucunement dependre de la volonté d'autruy. 184.

Teftamens comme doiuent eftre faits pour faire preuue entiere. 293.294.295

Difpofitions teftamétaires comme limitees. 285.286.287

Teftateurs comme peuuét difpofer de leurs propres. 283

Puiffance de tefter cóme limitee. 283.285 [287.288

Pour tefter quel aage eft requis. Threfor trouué a qui appartient 35.& 36

Pour tranfactió fi eft deub profit

Pour tranfactió fi eft deub profit aux feigneurs directs. 121

Tranfport & ceffion d'vne debte ne peut eftre executé fur le debteur, finon apres l'auoir certioré de la ceffion. 334.335

Tiltres doiuent eftre exhibez par les detéteurs d'heritages. 118.119

Turbes, informatió par turbes. 2

Tutele teftamentaire defaillant, la tutele legitime a lieu. 257

Tutele legitime a qui eft deferee ibid.

Tutele datiue que c'eft, & quand a lieu. 160

Tuteles fi font fubiettes à eftre confirmees par le Iuge. 160.261

Tuteles quand finiffent. 261.262

Si Tuteles teftamétaires ordonnees par les peres des mineurs font vallables, & preferables à autres tutelles. 257

Tuteur doit prefter ferment deuant le Iuge. 261

Tuteurs font tenus de faire inuétaire par auctorité de Iuftice. 262

V.

BIens vacquans fe trouuét en diuerfes fortes. 31.32.33.34.35

Vaines paftures que c'eft. 155

Vaffal tenát fief doit faire la foy, & prefter le ferment de fidelité 45

Vaffal qui veut auoir main-leuee de fon fief faifi, ou veut preuenir la faifie pour faire la foy & hómage, où doit aller trouuer fon feigneur. 48.49

la forme de la foy & hommage que doit faire le vaffal. 49.50.51

Vaffal qui ne doit à fon feigneur que la bouche & les mains, que c'eft. 50.51

Vaffal veille quand le feigneur

dort, que c'eſt.　54. 61
Vaſſal ne peut hypothequer à ſes creanciers ny tranſmettre par confiſcation au ſeigneur juſticier, ſinõ le droict de ſeigneurie vtile, tel qu'il l'a, & aux chargẽs qu'il la tient.　55
Vaſſal ne pouuoit anciennement aliener ſans congé du ſeigneur, à peine de commiſe　62
Vaſſal peut ſe jouer & eſbatre de ſon fief, que c'eſt.　74. 75
Vaſſaux ores qu'ils ſoiét ſeigneurs vtils proprietaires, touteſfois ils n'ont pas la diſpoſition libre.77
Vaſſal ne peut demẽbrer ſon fief ſans le cõſentemét du ſeigneur, ſinon par partage.　86
Vaſſal doit fournir au ſeigneur feodal le denombrement & deſcriptiõ de tout ce qu'il tient de luy en fief, dedans 40. jours apres qu'il eſt receu en foy & hommage.　85. 87
Vaſſal doit inſtruction à ſon ſeigneur.　88. 89
Si le vaſſal eſt cõtraint d'aduoüer ou deſaduoüer apres auoir affermé par ſerment, auoir faict diligence d'équerir, & qu'il n'a trouüé aucune inſtruction. 89
Vaſſal recelant par dol aucun heritage ou droict à ſon ſeigneur ne le comprenant en ſon denombrement, eſt cas de commiſe.　90. 91
Vaſſal ne preſcrit contre ſon ſeigneur par quelque temps que le ſeigneur ait dormy.　91
Si le nouueau vaſſal, lors qu'il y a pluſieurs Seigneurs du fief dominant, doit aller les rechercher tous.　94

Si vaſſal qui enfrainct la main ſeodale miſe au fief commet & perd ſon fief.　94
Vaſſal, detenteur cenſier ou bordelier conſtituans rente ou autre hypotheque ſur leurs biẽs, le ſeigneur vtil n'en eſt tenu ſinon pour le droict tel qu'il y a.　116. 117
Vendication de meubles.　350
Vẽdeur doit payer les lots & ventes ou le quint denier.　105
Vẽdeur des heritages doit ſe deſſaiſir és mains du ſeigneur direct, en luy notifiant la vendition.　105
Premier vendeur quand peut retirer l'heritage vendu à vn eſtranger.　278. 279
Vente par decret ſur criees eſt ſubiette à quint denier. 64.65
Vente ſelon le droict Romain eſt dite parfaite en deux ſortes.66.67
Si en cas de vẽte le ſeigneur cenſier a le choix de prẽdre les lots & ventes, ou l'heritage pour le prix qu'il a eſté vendu.　98. 99
Si vente & rachapt ſont durant la communauté n'y giſt rembourſemẽt.　179
Vente des meubles ſaiſis par le Seigent quãd le doit faire.324 325
Vente faicte ſans terme, comme la choſe vẽduë peut eſtre pourſuiuie.　332
Veſt n'eſt requis en ſucceſſion, legs teſtamentaire, &c.　105
Veſt ny deveſt n'eſt requis en frãc aleu.　ibid.
Veſtement d'heritages comme ſe faict.　ibid.
Vetue d'vn homme ſerf comme eſt doüée.　140

E ij

Veufue renonçât à la cómunau-
té ce qu'elle prend.   210.211

Veufue quâd n'eft receuë à renó-
cer a la communauté.   211

Veufue ayant renôcé de quelles
debtes eft tenuë.   212

Vignes font de defenfe en tout
temps, & eft interdict d'y mener beftes pafcager. s.   157

Vignes fubiectes à bânie ne peuuent eftre vendangees auant
l'ouuerture du ban.   157

Pres les vignes quels arbres ne
doiuent eftre plantez.   160

Vignes quand reputees meubles
230

Villes fimples clofes combien
payent de leaux.   17

Vin vendu remply & marqué demeure aux perils & fortunes
de l'achepteur.   557

Vol du chappon qui appartient à
l'aifné, que c'eft.   79

Voliere par qui peut eftre faite.
127

Volerie diction, que c'eft.   156

Corps de l'Vniuerfité de Paris a
fes caufes cómifes droit en Parlemét. 21. fon Aduocat plaide
au banc des Princes du fang &
Pairs.   21

Vfage de bois cóme s'aquiert.170

Vfage de chofe commune & in-
diuife.   179

Vfage commun des bois quel eft.
167.168

Vfages pour prédre bois à baftir,
comme doit eftre pris par les
viagers.   168.169

Vfager qui peut prendre bois à
baftir doit declare. quel baftiment il veut faire.   169.
peur prendre bois aprés le re-
tus comme s'entend.   ibid.

Vfagers ne peuuent vendre ny
donner bois, herbe, ou autre
chofe croiffant aux bois, ny
mener beftes d'autray auec
leurs beftes.   169

Vfagers ayans droict de paiffon
ne peuuent en temps de garde
mener au bois autres porcs
que de leur nourriture, & qui
foient de l'auge de Mars.   169

Vfagers comme fe peuuent feruir du bois. 168. fi peuuent
vendre leur droict d'vfage. 168
comme doiuent eftre reiglez
s'ils deuiennent plus riches.
ibid.

Vfufruict.   225

Vfufruict de propre heritage
vendu à eftranger ne chet en
retraict.   281

Vfufruictier fi peut abbatre bois
de haute fuftaye.   224. 225

Vfufruictier comme prend les
fruicts.   225

Vfures defendues.   558.

FIN.

INSTITVTION
AV DROICT DES
FRANCOIS.

LA France eft gouuernee par Monarchie dés le commencement que les François fe firent feigneurs d'vne partie des Gaules. Qui eft le gouuernement le plus affeuré, tant par l'experience du paffé, que par la comparaifon & exemple des corps fuperieurs: entre lefquels eft le Soleil commandant à tous les autres & loge au milieu d'eux : & de l'œconomie & mefnage, qui eft comme vn petit Royaume: & de ces petits animaux les plus induftrieux de tous, les moufches à miel. De faict cefte Monarchie dure font ja vnze cent ans & plus : a receu des afflictions, mais n'a eu de fubuerfion : a toufiours efté gouuernee par hômes, fans y admettre la fucceffion ny commandement des femmes. A efté attribuee par lignage & non par election: qui eft vne marque de bon-heur, pource que les elections fouuent engendrent des guerres ciuiles & fe gouuernent ordinairement par menees & brigues où les plus fins, les plus forts, les plus riches & puiffans ont ordinairement la faueur pardeffus les plus genereux & plus gens de bien. Nous voyons encores auiourd'huy la lignee du Roy Hugues dict Capet, qui dure font fix cens ans en ligne mafculine, qui eft vn tefmoignage tres-certain de la benediction de Dieu, pource que peut-eftre n'aduint iamais en Royaume que la ligne mafculine duraft fi long temps. Lequel Hugues fut Roy par vocation legitime, qui fut le confentement des Princes & Seigneurs, & du peuple des trois Ordres de France, lors que ceux qui reftoient de la

A

lignee de Charles le Grand eſſayerent par tous moyens de
rendre la France ſubiecte aux Alemans, & mettre à neant
ceſte coronne, & qu'on euſt moyen de recognoiſtre l'vſur-
pation que Charles Martel bas Alemand & ſa poſterité,
auoit faite de ladite coronne ſur les vrais François, & s'en
venger auſſi en remettant icelle coronne ſur la teſte dudit
Hugues, deſcendu en droicte ligne maſculine des anciens
ſeigneurs de Saxe, autheurs & anceſtres des Roys de France, de la premiere lignee qui auoient par vraye conqueſte
eſtably ceſte Monarchie. Ceſte Monarchie donc eſtablie
par les anciens François Saxons, a eſté gouuernee par certaines loix qui pour la pluſpart n'ont eſté eſcrites, pource
que les anciés François grands guerriers & bons Politiques,
s'adonnoient plus à faire & bien faire, que à dire ny à eſcrire. Aucunes deſdites loix ſe trouuent eſcrites és conſtitutions anciennes de nos Roys. Les autres ſe trouuent auſſi
eſcrites és liures couſtumiers des Prouinces, qui ont eſté re-
digez & arreſtez depuis le temps du Roy Charles ſeptieſme, qui ainſi le commanda en l'an mil quatre cens cinquante trois, apres auoir chaſſé les Anglois de France, &
s'eſtre rendu Roy paiſible de tout ce Royaume: à la Coronne, duquel il eſtoit arriué auec le ſurnom de petit Roy de
Bourges, auſſi à bon droict il acquiſt le tiltre de victorieux.
Et par ladite ordonnance eſt defendu apres la redaction des
couſtumes d'alleguer & prouuer autres couſtumes, comme auſſi la Cour a blaſmé les Iuges inferieurs qui appointét
les parties a informer par turbes ſur la maniere d'vſer des
couſtumes redigees. Et y en a vn iugé entre de Sauigny &
d'Anglure à la prononciation ſolemnelle du 5. Auril 1541.
auant Paſques. Toutesfois ſi on pretend que la couſtume
ait eſté de nouuel introduite, & preſcripte depuis la redaction du cayer couſtumier, les parties peuuét eſtre receuës
à en informer par turbes de teſmoins. Ainſi fut iugé és Arreſts de ſainct Matthias 1528. entre de Chaſteau-vilain &
Monſtrauel au rapport de M. Deſmier. Aucunes deſdites
loix ſont non eſcrites, qui ſont appriſes par long vſage &
experience. De toutes ces ſortes de loix principalement

de celles qui font par les couftumes i'entends parler fommairement en ce traicté.

Du droict de Royauté.

E Roy eft Monarque, & n'a point de compagnon en fa Majefté Royale. Les honneurs exte-
rieurs peuuent eftre communiquez par les Roys à
leurs femmes ; mais ce qui eft de Majefté, reprefentant fa
puiffance & dignité, refide infeparablemét en fa feule perfonne. Auffi en l'affemblee des Éftats à Orleans, les gens du
tiers eftat n'eftimerét raifonnable que le tiltre de Majefté
fuft attribué à la Royne, vefue & mere de Roy. Vray eft
que felon l'ancien eftabliffement il a des Confeillers les
vns naiz, les autres faits, fans l'affiftence defquels il ne doit
rien faire, puis qu'en fa perfonne il recognoift toutes les in-
firmitez qu'ont les autres hommes. Les Confeillers naiz
font les Princes de fon fang, & les Pairs de France, tãt laiz
que Ecclefiaftiques. Les Confeillers faits font les Officiers
generaux de la couronne, comme Conneftable Grand
Chambellan, Grãd Maiftre, Grand Efchançon, Chance-
lier, & les quatre Marefchaux de Frãce: la charge defquels
Marefchaux eft aide ou compagne de celle du Conneftable. Ces dignitez font à vie, & ne font pas hereditaires ny
adherentes à Euefchez, Duchez & Comtez, comme font
les Pairries. Au temps de Philippe Augufte Roy, & iufques au Roy Philippes le Bel, lefdits Officiers generaux de
la Coronne, affiftoient & foubsfignoient à toutes les expeditions d'importãce que les Roys faifoient, mefme quand
ils ordonnoient quelques loix.

L'vn des principaux droicts de la Majefté & auctorité
du Roy, eft de faire loix & ordonnances generales pour la
police vniuerfelle de fon Royaume. Les loix & ordonnances des Roys, doiuent eftre publiees & verifiees en Parlement, ou en autre Cour fouueraine, felon le fubiect de l'affaire : autremét les fubiects n'en font liez, & quãd la Cour
adjoufte à l'acte de publication, que ce a efté de l'expres
mandement du Roy. C'eft vne marque que la Cour n'a

pas trouué l'Edict raisonnable. Et combien que selon les
decisions du droict Canonique & des Docteurs, il soit loisible à tous Colleges & communautez approuuées, de faire statuts, concernans les affaires communs: toutesfois la
Cour de Parlemēt a accoustumé de les reprouuer & mettre au neant. Ainsi elle iugea le Mardy 3. May, 1552. C'est la
premiere partie de la Iustice, consistant à si bien regler les
actions des hommes, qu'ils soient aduisez de rendre à chacun le sien, & ne faire tort à autruy. ce qu'estant ne se trou-
ueroient aucuns procés ny noises. Quand les Roys veulent ordonner loix perpetuelles importantes à l'Estat du
Royaume, ils ont accoustumé de conuoquer les trois
ordres de leur peuple, qu'on appelle Estats. & sont l'E-
glise, la Noblesse, & les Bourgeois, dits le tiers Estat. En
chacune Prouince sont esleus aucuns personnages desdits
trois ordres, ausquels tout le peuple desdits trois ordres,
donne pouuoir de representer le corps dudit peuple és
Estats generaux, y proposer les articles, dont les cayers
leur sont donnez, & accorder ce qu'ils verront bon estre.
Esdits Estats generaux le Roy propose la cause pour laquelle il a appellé son peuple: commāde aux deputez de
s'assembler, conferer entr'eux, & dresser des cayers generaux, sur lesquels il promet faire responce, & ordōner loix
salutaires à l'Estat En cette asséblee d'Estats generaux, le
Roy seant en son throsne de Majesté Royale, est assisté des
Princes de son sang, des Pairs de France tant laiz que Ecclesiastiques, & des Officiers generaux de la couronne: oit
les propositions qui luy sont faites de viue voix, par les
Orateurs de chacun ordre, & apres auoir receu les cayers
ordonne loix, qui sont dites loix faites par le Roy tenant
ses Estats. qui sont loix stables & permanentes, & qui par
raison sont irreuocables, sinon qu'elles soient changees en
pareille ceremonie de conuocation d'Estats: toutesfois plu
sieurs Roys s'en sont dispensez.

L'autre partie de la Iustice, pource que les hommes yssus
d'Adam ne sont pas assez sages pour toujours bien faire,
consiste à rendre Iustice & faire raison à ceux qui ont receu
tort d'autruy. Auquel effect sont establies les Cours sou-

ueraines, mesmes les Parlemens, lesquels d'ancienneté
estoient souuerains pour toutes causes.

De plus grande ancienneté estoit vn seul Parlement
celuy de Paris, qui est le vray consistoire du Roy, où il a
accoustumé de seoir & tenir son lict de Iustice, auec les
Princes du sang Royal & Pairs: & encores auiourd'huy
ledit Parlemēt est nommé la Cour des Pairs. Depuis a esté
erigé le Parlement de Tholose pour le Languedoc: celuy
de Bourdeaux pour la Guyenne: celuy de Roüen, qui souloit estre eschiquier pour la Normandie: celuy de Dijon
pour la Bourgongne, apres que le Duché de Bourgongne fut re-uny à la Couronne: celuy de Grenoble pour
le Dauphiné: celuy d'Aix pour la Prouence: celuy de
Renes, que l'on souloit nommer Grands-jours, dits Parlement en Bretagne, pour la Bretagne. Ces Parlemens
sont establis par forme de contracts faits par le Roy auec
le peuple, & pour le soulagement d'iceluy, pourquoy és
commissions extraordinaires que le Roy octroye, la clause
y doit estre mise, nonobstant l'establissement de nos Parlemens, sans laquelle les procés seroient nuls, à cause des
clauses & decrets irritans. En ces Parlemens ressortissent
les appellations des Iuges Royaux des Prouinces. Car les
appellations interjectees des Iuges des Seigneurs, doiuent
passer par l'estamine des Iuges Royaux, chefs desdites Prouinces auant que venir en Parlement, horsmis des Iuges
de Pairries, dont les appellations vont droict au Parlemēt,
& au seul Parlemēt de Paris; iaçoit que les Pairries soient
assises en-dedans le territoire d'autre Parlement. Les Parlemens sont fondez en Iurisdiction souueraine de toutes
sortes de causes. Vray est que les Roys par occasions ont
eclipsé aucuns articles & sortes de causes & affaires, dont
ils ont attribué la cognoissance souueraine à autres Cours
establies à cet effect. Comme les Cours des Aydes, où se
traictent en souueraineté les causes des Tailles, Aydes, Ga-
belles, & Finances extraordinaires qui ne sont du domaine
du Roy: Les Chambres des Comptes où se traictent en
souueraineté, les comptes que doiuent rendre tous Offi-

ciers manians les finances du Roy, tant du domaine & ordinaires que extraordinaires, qui s'entend de tout ce qui
paſſe en ligne de compte. Et ſi aucune deſdites Cours en-
treprend de cognoiſtre d'autres affaires que de ſon attribution, on en peut appeller, & le Parlemét en reçoit les appellations & les iuge. Ainſi fut fait en vne plaidoyrie du
17. Mars 1543. & fut dict mal decreté par les generaux, con
tre vn qui eſtoit accuſé d'auoir offencé le general du Mont
eſtant en commiſſion, ſans auoir exprimé par le decret, le
cas priuilegié, qui eſtoit que l offence auoit eſté faite au cô-
tempt de ſa commiſſion. Et le 12. Decembre 1544. fut dit
nullement procedé par les gens des Comptes, qui auoient
entrepris cognoiſſance d'vn appel interiecté de l'empri-
ſonnement par eux decerné. Car leur pouuoir ſouuerain
n'eſt qu'en ligne de compte. Le grand Conſeil eſt ambulatoire & ſuit la Cour, & le ſejour du Roy. Sa principale
fonction eſt pour iuger les debats qui ſont entre deux Parlemens, quand chacun d'eux pretéd la cognoiſſance d'vne
cauſe, le grand Conſeil iuge auquel elle doit appartenir.
Cognoiſt auſſi des debats meus pour raiſon des Prelatures,
qui ſont à la nomination du Roy, & des benefices ſubjects
aux indults des Cardinaux.

L'autre chef de la Majeſté, auctorité & dignité Royale,
eſt d'indire & commander la guerre contre autres ſeigneurs ſouuerains, qui eſt vne forme de Iuſtice. quãd vn ſeigneur ſouuerain refuſe de faire raiſon à l'autre ſouuerain, il
eſt loiſible de le contraindre à ceſte raiſon par la force des
armes. Et comme quãd les Iuges ſedentaires condamnent
aucun à mort & le font mourir pour ſon forfaict, ils ne ſont
pas reputez homicides: ainſi quand la guerre eſt commandee par le Roy, ſes ſujets, qui tuent les eſtrangers en guerre
ne ſont pas coulpables d'homicide. Dont reſulte que les
ſujets du Roy ne peuuent prendre les armes, & s'aſſembler
armez ſans pecher contre le commandement de Dieu, qui
defend de tuer. De là reſulte auſſi qu'en France par loy ancienne, le crime de port d'armes eſt cas Royal ; duquel les
ſeuls Iuges Royaux cognoiſſent: Le port d'armes n'eſt pas

pour eſtre garny de harquebuzes, halebardes, cuyraſſes ou
autres armes offenſiues & defenſiues : mais eſt quand aucuns s'aſſemblent en nombre de dix ou plus, eſtans armez
auec propos deliberé pour faire inſult & outrage à autruy.
Ainſi le crime de port d'armes, cas Royal, implique en ſoy
l'aſſemblee illicite d'hommes en armes. De grande ancienneté les ſeigneurs de Frãce auoiét droict de faire guerre les
vns aux autres, & faire confederations à offenſe & defenſe
pour la conſeruation de leurs droicts & reparation des tors
& iniures : & à ceſt effet employoient leurs vaſſaux, qui à
cauſe de leurs fiefs deuoient leur faire ſeruice en leurs
guerres. Philippe IIII. Roy dit le Bel, fut le premier qui
esbranla ce droict, & du temps de Loys X. ſon fils dit Hu-
tin, les nobles de Niuernois & Donziois, firét grande inſtã-
ce, à ce que ce droict leur fuſt reſtably & conſerué; ſurquoy
leur fut reſpondu par le Roy, qu'il feroit enquerir commé
on en auoit vſé auparauant . ce fut en l'an 1316. dont y a
Charte en la Chambre des Comptes à Neuers. Mais en la
fin ce droict s'eſt trouué aboly de tous poincts. Les marques de ceſte ancienneté ſont que pluſieurs Baronnies
mouuans de Duché ou Comté, retiennent encores le tiltre
de Mareſchal ou Senechal de Prouince, & par leurs anciés
adueuz denombroient auoir droict de mener la premiere
bataille en l'armee du Duc ou du Comte, comme eſt le Baron de la Ferté Chauderon en Niuernois.

L'autre droict Royal eſt le Dom aine de la Coronne, &
ainſi s'appellent les Duchez, Comtez & autres ſeigneuries,
qui de toute ancienneté ſont vnies à la Couronne, comme
Paris, Orleans, Tours. Auſſi ſont du meſme domaine les
Duchez, Contez & autres ſeigneuries, qui par reuerſion
& droict de fief ſont eſcheuës aux Roys tant par felonnie
que par defaillãce de ligne maſculine, & par mariages comme Bourgongne, Normandie. Guyenne, Champagne,
Languedoc, Bretaigne, Poitou. Auſſi ſont du Domaine
Royal, les Comté de Blois & ſeigneurie de Coucy, qui fu-
rét acquis par Loys fils du Roy Charles V. Ducd'Orleans,
& eſtoiét vrais propres hereditaires en la maiſond'Orleans

auec pouuoir d'aliener. Mais apres que les Rois Loys XII.
& François I. naiz en la maison d'Orleans, sont venus à la
Coronne , ils les ont vnis pour estre du Domaine de la
Coronne. Ce Domaine est non alienable , sinon en deux
cas: l'vn pour appanaige des enfans de France, l'autre pour
les necessitez vrgétes des guerres. L'appanaige est de deux
sortes, aux enfans masles de Rois, pour leur estre propre &
hereditaire à eux, & aux descédans d'eux en ligne masculi-
ne, seulemt, & à defaut des masles est subiect à reuersion: &
au preiudice de ceste reuersion ne peut estre alienee: & aux
filles de Rois pour estre racheptable en deniers à tousiours
sans aucune prescription. Car la dot ou appanage d'vne
fille de France est originairement en deniers. Ainsi fut allegué par M. Lizet Aduocat du Roy le 30. Iuillet 1528. sur la
publicatiõ des lettres patentes du Roy, par lesquelles Char-
tres auec Montargis & Gisors furent erigez en Duché, pour
estre appanaige de France, & baillez à Madame Renee de
France mariee au Duc de Ferrare, pour deux cents cinquāte mil escus; & apres la publication, la Cour ordonna que
ce seroit par engaigement seulement: & de mesme fut iugé
contre François de Tardes, pour la terre de sainct Laurens
du Pont, le 2. Iuin 1534. L'alienation du Domaine pour les
necessitez vrgétes de la guerre, est aussi à rachapt perpetuel
sans prescription. En tous ces cas d'alienation, les lettres
patentes du Roy doiuent estre verifiees en la Cour de Parlement à peine de nullité. Ainsi fut iugé par Arrest le Lundy
5. May May 1544. en plaidant, & le 27. Iuin audit an; & encores en la Chambre des Comtes. Lon tient communément que le rachapt ne se peut faire sinon pour consolider
& reunir au Domaine : toutesfois à cause de la grande deception, fut receu le rachapt pour en faire bail nouueau par
Arrest en plaidant du vendredy 12. Iuin 1551. Toutesfois selon mon aduis , que l'euenement de plusieurs inconueniens m'ont fait prendre, les gens du Roy ont esté
trop exactes obseruateurs en ce point de Domaine non
alienable. La verité est que le droit de souueraineté , qui
represente la Majesté Royale, & est le vray droict de la Co-
ronen

ronne eſt non alienable. Mais ce qui eſt de la Seigneurie
vtile pour les profits & honneurs, ſemble eſtre alienable,
pourueu que la directe ſeigneurie la ſouueraineté & le reſſort demeurent au Roy: & eſt plus expedient que les Roys
par cet expedient recompenſent les grands, & excellens
ſeruices des Princes & grands Seigneurs, que par deniers:
Car les deniers ne ſe leuent ſans l'oppreſſion du peuple &
n'eſtanchent iamais la ſoif d'vn auaricieux, & le benefice
n'apparoiſt pas à la veuë de tous, pour ſemondre tous gē-
tils cœurs à faire ſeruice à leur Roy, ains tels biens-faicts
demeurent couuerts, & ordinairement font peu de profit
à ceux qui les reçoiuent. Nos hiſtoires teſmoignent que
la Normandie fut ainſi alienee de la Couronne, pour vn
grand bien du Royaume, retenu au Roy la ſouueraineté
& le reſſort. Et euſt eſté mieux de ainſi iuger, au faict du
Comte de Dreux, contre la maiſon de Neuers: car les merites de la maiſon d'Albret ſont bien remarquez par l'Arreſt. Et ainſi ſe doit dire du Comte d'Auxerre qui aida à faire le traicté d'Arras, qui a remis ſus la Couronne.

C'eſt auſſi droict Royal l'inueſtiture que tous Eueſques
nouuellemēt inſtituez doiuent prendre du Roy, en luy pre-
ſtant ſerment de fidelité, ayans l'vne des mains ſur la poitri-
ne, & l'autre ſur les ſaincts Euangiles: ledit Eueſque ayant
l'eſtole au col, & le Chambellan du Roy luy dict la forme
du ſerment, & le ſerment faict, l'Eueſque baiſe le liure. Ce
droict d'Inueſtiture fut premierement concedé à Charles
le Grand, à cauſe de ſes grands merites enuers l'Egliſe du
temps du Pape Adrian, ainſi qu'il eſt recité au grand Decret en la ſoixante troiſieſme diſtinction, *in can. Adrianus.*
2. En conſequēſe de ceſte inueſtiture, & ſerment de fidelité, quand vn Eueſché vient à vacquer de fait ou de droict.
Le Roy prend en ſa main & gaigne tous les fruicts & reuenus de l'Eueſché, horſmis les fruicts puremēt ſpirituels. Les
fruicts purement ſpirituels, ſont les collations des Egliſes
parrochiales ayans charge des ames, & l'emolument du ſeel
Epiſcopal. Les autres fruicts que le Roy prend, ſont le reuenu des ſeigneuries, & autre reuenu temporel, la collation

B

des prebendes & autres benefices non ayans charge d'ames,
& des offices, les difmes annexees à l'Euefché & autres tels.
Ce droiét eft appellé vulgairement, Regale & des differens
qui en fourdent le feul Parlement de Paris cognoift & iuge, & ce priuatiuement à tous autres Parlements & Cours
Royales.

Depuis foixâtedix ans en ça les Roys de Frâce ont obtenu
vn autre droiét és benefices Ecclefiaftiques, qui eft la nomination qu'ils peuuent faire au Pape , pour la prouifion &
inftitution de perfonnes qualifiees aux Prelatures eleétiues,
foiét Archeuefchez, Euefchez, Abbayes, Priorez, & autres
quâd vacatiô en aduiét, pourueu qu'elles n'ayent priuilege
d'eflire. Ce droiét fut oétroyé par le Pape Leon dixiefme, au
nom du fiege Apoftolique au Roy François premier & fes
fuccefleurs Roys. Et furce furent faits les Côcordats en l'an
1516. & la Pragmatique Sanétion abolie qui auoit efté tant
odieufe aux Papes, comme tiree du Concile de Bafle , auquel fut arrefté conformément au Concile de Conftan-
ce œcumenique, que le Concile vniuerfel legitimement af-
femblé tient fa puiffance & auétorité immediatement de
Dieu, & que ledit Concile a droiét de reformer l'Eglife au
chef, & és membres, enquoy eft compris le Pape. Et par le
mefme Concile de Bafle furent abolies les annates & vacans des Benefices confiftoriaux. Par les mefmes Concordats furent reftablies lefdites annates , & abolies les ele-
étions, que les Ecclefiaftiques faifoient de perfonnes pour
eftre pourueuës defdites Prelatures, fauf comme dit eft ,
quant aux Eglifes ayans priuilege d'eflire. A l'efgard defquelles le Pape oétroya vn indult perfonnel à la vie dudit
Roy François premier, pour pouuoir nommer aufdites prelatures ayans priuilege d'eleétion , & les Roys fuccefleurs
à leur aduenement ont fait renouueller ledit Indult pour
leur vie. Vray eft qu'on en a excepté les monafteres qui
font chefs d'ordre comme Cluny, Premonftré, Citeaux, &
Grâdmont, le Val des Efcolliers, Sainét Anthoine de Vié-
nois, la Trinité diéte des Mathurins, & le val des Choux, &
cinq Abbayes de la reformation de Chezau-Benoift, qui

font Chezau-Benoiſt. Sainct Sulpice de Bourges, Sainct
Vincent du Mans, Sainct Martin de Seez,& Sainct Allire
de Clermont: auſquelles Abbayes a eſté conſerué le droict
d'eſlire : Auſſi a eſté conſerué le droict d'eſlire aux quatre
premieres filles de Citeaux, qui ſont les Abbayes de Pon-
tigny, la Ferté, Cleruaux,& Morimont.

L'autre droict de Royauté eſt, que le Roy eſt protecteur
& côſeruateur des Egliſes de ſon Royaume, non pas pour y
faire loix en ce qui concerne le faict des conſciences & la
ſpiritualité, mais pour maintenir l'Egliſe en ſes droicts, &
anciennes libertez. Ce droict de protection & conſerua-
tiô eſt teſmoigné en la Pragmatique-Sanction, qui à ceſt eſgard recite le Decret du Concile de Conſtance, par lequel
eſt attribué au Roy & à ſa Cour de Parlemêt de faire garder
les ſaincts Decrets. Ces libertez qu'on dict vulgairemêt les
libertez de l'Egliſe de Frâce, ne ſont pas priuileges qui ayêt
eſté octroyez par les Papes à icelle Egliſe, comme ſe figu-
roit vn deputé du tiers Ordre és ſeconds Eſtats de Blois,
qui en vne Conference particuliere d'aucuns choiſis des
trois Ordres au nombre de douze de chacun Ordre ; oſa
dire que ces libertez, qu'il appelloit priuileges eſtoient
comme chimeres, ſans ſubſtance de corps, pource diſoit-
il qu'il n'y en a rien eſcrit: ains la verité eſt que ces libertez conſiſtent en ce que l'Egliſe de France, en s'arreſtant
aux bien anciens Decrets n'a pas admis & receu beaucoup de conſtitutions Papales faictes depuis quatre cens
ans, qui ne concernent l'entretenemêt des bonnes mœurs,
& de la ſaincte & loüable police de l'Egliſe, mais tendent à
enrichir la Cour de Rome & les Officiers d'icelle,& à exal-
ter la puiſſance du Pape ſur les Empereurs, Roys, & Seigneurs temporels : aucunes deſquelles conſtitutions par
ſimplicité d'obeiſſance ont eſté receuës en France, les autres refuſées. Celles qui ont eſté receuës ſont les preuentions dont le Pape vſe pour conferer les Benefices, qui ne
ſont electifs concurremment auec les collateurs ordinaires. De conferer les Benefices vacans en Cour de Rome
priuatiuement à tous collateurs. De creer penſions ſur Be-

nefices. De receuoir des refignations *in fauorem*. De bailler Benefices en commandes perpetuelles. Les reigles de Chãcellerie Romaine qui femblent eftre inuentees pour donner caufe aux difpenfes qui fe font contre icelles. Ces conftitutions & inuétions font depuis les decretales anciennes auétorifees par le Pape Gregoire IX. Celles qui ont efté refufees, font les preuentions és caufes ciuiles non feulement des Ecclefiaftiques, mais auffi des laiz, dont les Papes ont autrefois vfé, côme fe cognoift par la lecture des Decretales antiques. La cognoiffance que les Papes ont prife, & qu'ils ont attribuee aux Ceurs Ecclefiaftiques de cognoiftre de caufes laïcales entre laiz fous pretexte du ferment qui a efté prefté en faifant contraéts: difans que l'obferuation du ferment eft faiét de confcience, dont à l'Eglife appartient la cognoiffance: jaçoit que tel ferment foit feulement acceffoire, qui fe doit regler felon la mefme nature du contraét principal. *l. vlt. C. de non numerata pecu. l. non dubium. C. delegib.* La cognoiffance de l'execution des teftamens. La cognoiffance, fur-intendence, & commandemét precis fur les Hofpitaux, maladeries, fabriques des Eglifes & autres lieux pitoyables. La cognoiffance de toutes caufes d'immeubles, meubles, & droiéts appartenans aux Eglifes *etiam* par aétion petitoire & reelle. Les graces expeétatiues par lefquelles les impetrans prenoient affeurance d'obtenir certains Benefices, quand ils viendroient à vacquer. Les referuations que les Papes faifoient à eux de la collation de certains Benefices, mefme des Euefchez, Abbayes, & autres gras benefices, en oftant les voyes ordinaires des eflections & collations, qu'ils declaroient nulles par la claufe du decret irritant: lefquelles referuations eftoient colorees d'vn beau pretexte, pour conferer tels benefices par le Pape, felon le confeil & aduis des Cardinaux fes freres, affemblez en Confiftoire, pourquoy on les a appellez benefices confiftoriaux. Les difpenfes des regrés, qui font quand aucun refigne fon benefice, & luy eft referué de le reprendre, fi le refignataire meurt auant luy. La fuperiorité que les Papes ont dit auoir fur

la temporalité des Royaumes, mefme de les ofter & donner felon les occurrences, fur quoy eft la decretale *Ad Apo-
ftolicæ de fentent. & re Iudic. in vj.* La puiffance fouueraine
abfoluë, qu'on appelle plenitude de puiffance, que les Papes ont dit auoir en toute l'Eglife Chreftienne, ne fe con-
tentans de la puiffance fouueraine ordinaire, reiglee felon
les anciens Conciles œcumeniques & fainéts Decrets. Aucunes de ces conftitutions refulces en France, ont efté re-
petces & confirmees par le Concile de Trente : qui a efté
caufe en partie, que ledit Concile n'a efté receu en France
comme dérogeant aux droiéts du Roy, & aux libertez de
l'Eglife de France. Ces conftitutions faites ou introduites
depuis quatre cens ans en ça, n'ont efté receues en France;
mais ouuertement contredites , fe retenant l'Eglife de
France aux anciens decrets, & refufant ces nouueaux
grandement fufpeéts d'auarice & d'ambition, par lefquels
le nerf de la difcipline Ecclefiaftique eftoit affoibly & corrompu. Cette retention d'obeïffance aux decrets anciens,
& refus de s'affubjeétir à ces nouuelles inuentions & conftitutions plus burfales que fainétes, eft ce qu'on dit, les Libertez de l'Eglife Gallicane, defquelles le Roy eft prote-
éteur & conferuateur, & quand il y a quelque entreprife
contre ces libertez par les Superieurs ou Iuges Ecclefiaftiques, on a recours au Roy, en fes Cours de Parlement, par
appellations comme d'abus : dont lefdits Parlemens cognoiffent. Et quãd l'abus eft en l'impetration d'aucun refcript du Pape, par honneur on ne fe dit pas appellant de
l'oétroy du refcript, ains feulement de l'execution, comme pour blafmer feulement l'impetrant, fans toucher au
concedant. Et quand l'abus eft en l'oétroy ou iugement
fait par vn Euefque ou fon Official, on fe declare appellãt
de l'oétroy, du iugement, & de l'execution. Et fi le Parlement iuge qu'il y ait entreprife contre lefdits anciens decrets, aufquels l'Eglife de France s'eft retenuë, il dit que
mal & abufiuement a efté oétroyé, executé & procedé, re-
uoque tout ce qui a efté fait, & par ce moyen fait iouïr l'E-
glife, les Ecclefiaftiques, & le refte du peuple de France,

de l'ancienne liberté de l'Eglise. Dont depéd qu'ores que ce soient causes pures spirituelles, dont sans contredit la cognoissance appartient aux Euesques ou leurs Officiaux: toutesfois ceux d'vn Parlement ne sont pas tenus d'aller plaider en la Cour d'Eglise, dont le siege est en autre Parlement, & doit l'Euesque donner Vicaire ou Official, en dedans du Parlement duquel sont les parties. Ainsi fut iugé par Arrest à l'esgard de l'Archeuesque de Bordeaux, le 27. May, 1544. & à son refus permis de s'addresser à autre metropolitain. Aucunes Eglises sont en la protection & garde speciale du Roy, comme celles qui sont de fondation Royale. Et celles que les Roys de grande ancienneté ont cheries & aimees, & leur ont octroyé priuilege de n'estre tenuë de plaider pardeuãt aucun Iuge sinon Royal, & leur sont deputez Iuges par lettres du Roy, qu'on appelle lettres de Garde-gardienne.

Faire monnoye d'or, d'argent, ou de metaux meslez & alloyez est aussi droict de Royauté: iaçoit que d'ancienneté plusieurs Seigneurs de France eussent droict de faire monnoye autre que d'or, lequel droict ils tenoient en fief du Roy, & estoit leur monnoye reiglee par certaines loix. Peu à peu les Seigneurs ont perdu ce droict qui est demeuré au Roy seul, & à cette occasion on a faict le crime de fausse monnoye cas Royal. Mesme les gens du Roy ont estendu si auant ce droict, que par aucunes coustumes les confiscations des cõdamnez pour fausse monnoye sont attribuees au Roy. Et cõbien que d'ancienneté fust loisible au commun peuple d'entrer en la cõsideration de la bonté intrinseque des monnoyes, quand les marchez se faisoient à forte & à foible monnoye, ce qui semble bien raisonnable, mesme à l'esgard de ceux qui ont à trafiquer auec les estrãgers: toutesfois depuis soixãte ou quatre vingts ans en ça, on a voulu que le peuple se contentast de recognoistre le coing du Roy, & tenir la monnoye pour bonne & loyale, qui seroit de ce coing: qui a esté cause d'augmenter la licence de ceux qui ont voulu profiter sur l'affoiblissement de monnoyes. Mesme fut fait vn Edict, de ne faire mar-

chez autres que à fols & à liures , fans les faire en or pour
payer en or. Depuis a efté faict l'Edict de faire toutes conuenances excedans vn efcu à efcus , & non en liures : mais
l'experience nous fait voir qu'il y a grande empirance &
diminution de bonté és efcus qui fe font de prefent.

L'autre droict Royal eft que le Roy eft Iuge en la caufe
qu'il a contre fon fubject: ce qui eft contre la reigle commune, felon laquelle nul ne doit eftre iuge en fa caufe.
Et fuiuant ce eft obferué en plufieurs Prouinces, quand la
propriété de la chofe eft contentieufe entre le feigneur &
fon fubject, que le fubject peut decliner la iurifdiction de
fon feigneur: ce qui femble bien raifonnable. Et ainfi eft
dit par la couftume de Bretagne, art. 30. 50. 51. & 52. & excepté le Roy & le Duc de Bretagne. Mais l'excellence de
cette Majefté & dignité Royale eft le ferment que le Roy
prefte à fon facre és mains des Pairs, qui eft de faire Iuftice
à fes fubjects, apres lequel fermét il n'en prefte plus d'autre,
ores qu'il fuft appellé en tefmoignage. Et l'affiftance ordinaire qu'il a de confeil & confeil choify, font caufes
fuffifantes, pour croire qu'il ne iugera rien que iufte-
ment.

Il y a vne autre forte de droict Royal, qui confifte en
octroy de graces, & difpenfes contre le droict commun.
Comme font les legitimatiös des baftards, naturalizations
des aubains & eftrangers : annobliffemens de roturiers:
admortiffemés, remiffions pour homicides, conceffions de
priuileges à villes, communautez & vniuerfitez: cöceffions
de foires & marchez : conceffions de faire ville clofe, auec
fortereffes, & d'auoir corps & communauté. A quoy fait
l'ordonnance du Roy Loys XII. de l'an 1499. art. 70.
Aucuns defdits droicts appartiennent d'ancienneté aux
grands feigneurs, comme des remiffions que le Comte de
Champagne fouloit octroyer. Et pource que les gens du
Roy ne laiffoient de pourfuiure les homicides, on fouloit
outre la remiffion du Comte, obtenir remiffion du Roy,
& à tous les deux eftoit payé l'émolument du feel. Quand
le Comté de Champagne a efté vnȳ à la Couronne, on a

fait payer en la Chancelerie du Roy double émolument de seel aux impetrans de remissions en Champagne, & encores est obserué auiourd'huy en Chancelerie. Aucuns dient que les Champenois payent double seel és remissions, pource qu'ils sont chauds & prompts à frapper ; qui est mauuaise raison. Car lors de la cholere on ne pense pas à tous ces inconueniens : aussi y auroit plus grande raison d'ainsi dire à l'esgard des Picards & Gascons, qui en menassant de frapper, frappent quant & quant. D'amortir au profit des Eglises, & permettre aux roturiers de tenir fiefs-nobles : lequel droict fut declaré appartenir aux Comtes de Neuers, pourueu qu'il n'en prist finance, par Arrest du Roy donné en son Parlement de Pentecoste, l'an 1290. L'Arrest porte ces mots, *pourueu que ce soit par charité, sans en prendre finance* : & par le mesme Arrest fut permis au Comte de Neuers, de permettre aux non nobles de tenir fiefs, pourueu que ce fust pour remuneration de seruices ou autre grace, sans reception de deniers. Toutes ces graces & priuileges sont expediees en Chancellerie par lettres en forme de Charte, qui sont seellees sur cire verte, pendante à las de soye rouge & verte, & sur le reply d'icelle est escrit *Visa*, de la main du Chancellier, outre la signa-ure du Secretaire, & au dessous du *Visa* la quittance de l'audiencier de France, qui est le Receueur de l'emolumét du seel de Chancelerie, par ce mot *Contentor*. lequel émolument & pour les legitimations, souloit estre de huict liures huict sols parisis, qui est le seau de Charte, & par l'Edict de l'an 1570. est augmenté à quatorze liures huict sols parisis, lettres de naturalité payent vingt liures huict sols parisis : Annoblissement souloit payer vingt liures huict sols parisis, est augmenté à trente-huict liures huict sols parisis : Remissions qui estoient de huict liures huict sols parisis, sont augmentez à quatorze liures huict sols parisis : Les pardons ne sont en forme de Charte ; mais à double queuë, estoient à cinquante-sept sols parisis, & de present doublent. Pour les simples communautez, & de plusieurs personnes particulieres, au nombre de quatre ou plus, de

quatre

quatre feaux: des fimples villes clofes de fix feaux: des villes Epifcopales ou Prefidiales huict feaux: des villes Parla-
mentaires, douze feaux, & de Paris vingtquatre feaux. Et
doiuent telles lettres eftre verifiees és Cours fouueraines,
felon le fubject, mefme en la Chambre des Comptes,
quand il y a finance de compofition à payer, comme és legitimations, annobliffemens, admortiffemens, naturalifa-
tiõs. Comme auffi tous octrois faits par le Roy qui font de
dix ans ou plus ou perpetuels, doiuét eftre verifiez és Cours
fouueraines, de Parlement, des Comptes ou des Aydes, felon le fubject. Ordonnance du Roy Charles VII. fur le
fait des finances du 10. Feurier: 1444. art. 18. Si au deffous
de dix ans fuffit la verification des genetaux des finances.
Auffi on a mis entre droicts Royaux, les reftitutions en entier, fondees fur minorité, fur dol, fur crainte ou force, &
à caufe du Velleïan, ou à caufe de iufte erreur, ou pour
promeffe faite indeuëmét & fans caufe, ou pour deception
d'outre moitié de iufte prix: jaçoit que les lettres foient de
Iuftice fans grace, dont le remede par raifon deuft eftre
demandé pardeuant le Iuge ordinaire felon fon office de
iurifdiction. Mais ie croy que l'introduction de tel droict
eft fondee fur ce que les remedes de reftitution dependent
du droict ciuil des Romains, qui n'a force de loy en France,
& pour authorifer & faire valoir l'allegation qui s'en fait,
on a recours à la Chãcellerie du Roy, pour obtenir lettres.
Car en France, nous n'obferuons pas les loix Romaines,
comme vrayes loix; mais pour la caufe qui y eft. Dont viét
qu'à Paris, ville capitale de France il n'y a eftude public de
droict ciuil Romain, dont eft parlé *In cap. fuper fpecula. extra. de priuileg.* Et quand les priuileges des Vniuerfitez de
loix font verifiez en Parlement, on y met la modification,
fans recognoiftre que ledit droict ait force de loy en France. Ce qui n'eft requis pour faire refcinder ou declarer
nuls les contracts ou difpofitions qui font interdicts par les
conftitutions de nos Roys, ou par nos couftumes, qui font
noftre droict ciuil, efquels cas le feul office du Iuge fuffit:
comme en obligation de femme mariee non authorifee,

C

en donation faite à tuteur, en fait d'vsures.

Aussi par ancienne vsance au Roy seul en sa Chancelerie appartient d'octroyer commissions & autres expeditions generales , & en est deffendu l'octroy *etiam* aux Iuges Royaux, ores que ce soit en purs termes de Iustice,
comme la commission en forme de terrier, pour contraindre les subjects d'vn seigneur à venir recognoistre les redeuances qu'ils doiuent, commission pour   ecuter tous debteurs , qu'on appelle *Debitis*, sauuegardes ,maintenuës &
gardes generales. Et sans difficulté telles commissions &
expeditions peuuent estre faites par les Iuges ordinaires,
ores qu'ils ne soient Royaux , pourueu qu'elles soient particulieres & non generales.

A la sauce de ceste vsance,la Cour de Parlement par Arrest du 13.May 1530. entre Maistre Augustin de Thou &
François de Môtereau, declara nulle vne saisie feodale faicte en vertu d'vne commission octroyee par le Lieutenant
d'Estampes en termes generaux. A quoy faict l'ordonnance du Roy Loys 12. de l'an 1512. art. 60. qui defend à tous
Iuges Royaux d'octroyer *Debitis* & sauue-gardes en termes
generaux,& autant en est dit par l'Edict de Cremieu, parce que le Roy n'addresse ses lettres de Chancellerie sinon
àofficiers Royaux. Les Iuges Royaux ausquels sont addres-
sees les lettres de terrier pour la commission d'vn Notaire,
prênent cognoissance de tous les differens qui suruiennent
sur l'execution des terriers : En quoy & en plusieurs autres
cas, ils ont esté fauorisez par les gens du Roy en Parlemêt,
qui ont estimé faire grand seruice aux Rois de deprimer &
affoiblir la Iurisdiction & auctorité des seigneurs,pour augmenter la Royale. L'experience a fait cognoistre que le seruice a esté plus specieux en apparence , que profitable en
effect.

Comme aussi a esté practiqué en plusieurs cas qui ne sont
pas ordinaires d'auoir recours à la Chancellerie du Roy,
jaçoit qu'ils soient de Iurisdiction ordinaire, & dont l'addresse est tousiours aux Iuges Royaux. Comme pour faire
examiner tesmoins auât qu'il y ait contestation & appoin-

ctement d'informer quand les tefmoings font de grand
aage,font valetudinaires,&font en voye de f'abféter qu'on
dict en Latin *abfuturi*,dont vient le mot d'examen à futur,
pource que c'eft vne regle de practique de ne faire examiner tefmoings auant conteftation en caufe, *In rubrica extra
vt lite non conteftata non recipiantur teftes*. Comme pour eftre
par le ceffionnaire fubrogé au procés au lieu de fon cedät,
foubs pretexte de la difpenfe du vice de litige. Cöme pour
addreffer vne complaincte en cas de faifine & nouuelleté
au Iuge Royal , furquoy foubs pretexte de la maintenüe &
garde,pour laquelle d'ancienneté tous fubjects auoient recours au Roy,on prenoit lettres en Chancellerie , & en fin
l'vfage a emporté que fans lettres Royaux,les Iuges Royaux cognoiffent des matieres poffeffoires par preuention,
qui eft à dire fi premierement on s'addreffe à eux,ils retiennent.

Les Iuges Royaux feuls,priuatiuement à tous autres Iuges, cognoiffent des matieres poffeffoires beneficiales , &
poffeffoires decimales quäd les difmes font purement Ecclefiaftiques:&ce droict a efté recogneu aux Rois par la cö-
ftitutiö du Pape Martin cinquiefme , inferee en la premiere decifion de Guido Papé. Et cöbien que ladite conftitution femble parler des poffeffions de faict, afin que le Roy
par fa main de Iuftice forte,puiffe empefcher les violences
& voyes de faict : toutesfois les Iuges Royaux cognoiffent
des tiltres & capacitez de ceux qui plaident poffeffoiremët
pour benefices, par ce pretexte que la poffeffion de benefice fans tiltre n'eft pas reputee poffeffion *cap. 1. de regul. iur.
in 6*. Et ne peuuent les parties fe pouruoir pardeuant le Iuge Ecclefiaftique pour le petitoire du benefice,ou du difme
(où ledit petitoire fe doibt traicter comme matiere pure
fpirituelle)iufques à ce que le poffeffoire foit iugé & executé,non feulement en principal,mais auffi és acceffoires.Ce
qui a lieu non feulement en matieres Ecclefiaftiques, mais
auffi és profanes. Car celuy qui eft vaincu au poffeffoire,
n'eft receu à fe rendre demandeur en petitoire iufques à ce
que le poffeffoire foit fatisfaict en principal , & en liquida-

tion & payement de fruicts, dommages & interests, & en tels cas, à ce que le petitoire ne soit trop retardé, est enjoint par le Iuge à celuy qui a vaincu en possessoire liquider dans certain temps qui luy est prefix, autrement le temps passé, est dict qu'il passera outre au petitoire. Ou bien si la liquidation est longue à faire, il est dict que le demandeur en petitoire baillera caution de payer apres la liquidation, & à defaut de payer dans la huictaine apres la liquidation, que l'instance petitoire surserra. Ainsi fut dit par Arrest en plaidant du Lundy 26. Ianuier 1550. & du 13. May 1544. suyuãt la *l. statulib. 5. ff. de statulib.* Et par l'Ordonnance du Roy Charles 7. art. 72. est defendu de cumuler le petitoire auec le possessoire, contre les decisions du droict Canonique. Et quant aux dismes, si l'action est petitoire & le demandeur pretende que le disme soit pur Ecclesiastique, & le defendeur die que c'est disme laïcal infeodé, & que le debat se face seulemẽt à l'effect de la declinatoire pour estre iugé, si le Iuge Ecclesiastique ou Lay en doibt cognoistre; le Iuge Ecclesiatique n'en cognoistra pas, combien qu'ordinairement au Iuge appartienne de cognoistre si la iurisdictiõ est sienne ou non. Ainsi fut iugé par arrest sur vn appel comme d'abus de l'Official de Pontoise, le Lundy 18. Ianuier 1551. Tant a esté fauorisee la iurisdiction laïcale, & l'Ecclesiastique affoiblie, qui autresfois par certains pretextes auoit voulu tout embrasser, comme a esté dit cy dessus.

Aussi les Iuges Royaux cognoissent par delegation des causes de ceux qui ont priuileges octroyez par les Roys, comme des domestiques officiers de la maison du Roy & de la Royne, & officiers generaux de la Coronne, officiers des Cours Souueraines qui tous ont leurs causes personnelles & possessoires commises és Requestes du Palais, laquelle iurisdiction est exercee par aucuns Conseillers du Parlement commis en ceste partie. Et lesdits Conseillers commis pour les causes qu'ils ont, plaident pardeuãt Messieurs des Requestes de l'Hostel, commis en ceste partie, qui ont leur auditoire au Palais à Paris : comme des Docteurs, Regens, Escholliers & officiers des vniuersitez d'estude qui

ont leurs caufes commifes pardeuant le Iuge Royal de la
ville où eft eftablie l'Vniuerfité: Mais le corps de l'vniuerfité de Paris, a fes caufes cõmifes droit en Parlement auec
ce tiltre de fille aifnee de la maifon &Coronne de France.
Et auec ce mefme tiltre fon Aduocat plaide au banc des
Princes du fang,& Pairs. L'autre grand droict Royal n'eft,
qu'au Roy feul appartiét leuer deniers & efpeces fur fes fu-
jets, dont eft venuë l'indiction des tailles : l'impofition du
huictiefme, du vingtiefme & du quart de vin : l'impofition fur les marchandifes & denrees, qui font venduës en
gros ou en detail, au lieu de laquelle en plufieurs prouinces, a efté mife la taille qu'on appelle l'equiualent: la ga-
belle du fel: l'entree de vin és villes. D'ancienneté noz bõs
Rois ne mettoient fus les fubfides, fans le confentement
du peuple, que le Roy affembloit par forme d'Eftats generaux , & en iceux propofoit la neceffité des affaires du
Royaume, & en cefte ancienneté lefdits fubfides n'eftoiét
ordinaires, comme ils font de prefent. Ceux du Duché de
Bourgongne ont retenu fagement leur liberté,& ne payét
les tailles qu'on appelle fouaiges, finõ en trois ans vne fois,
apres que lefdits fouaigesfont accordez par les Eftats du
pays,qui font tenus de trois en trois ans. Et fouloiét en cefte anciéneté les Rois promettre à leur peuple,fi toft que le
befoin feroitceffé,de fairecefler lefdits fubfides. Se void par
vne ordonnance du Roy Philippe fixiefme dict de Valois,
de l'an 1348.art.1.qui eft mal quottee és liures imprimez de
l'an 1318. car en l'article fecond le Roy nomme fon fils le
Duc de Normandie,qui depuis fut le Roy Iean. Le peuple
de France,qui toufiours a efté bien obeiffant à facilement
enduré la continuation,& les Rois fe font auancez à mettre & à croiftre tous ces fubfides,felon qu'il leur a pleu; &
iufques à ce que le peuple accablé n'a plus moyen de fournir. Les deniers Royaux, foient du domaine, foient de fes
finances extraordinaires font tellement priuilegiez,que le
feul maniement defdits deniers,apres qu'ils font receus du
peuple vaut obligation par corps, & emporte hypotheque
deflors qu'on les manie, encores que ce ne foit pas vn offi-

C iij

cierRoyal.I'ay dit apres qu'il est receu du peuple,car le particulier pour son taulx des tailles,ou pour sa quottité d'autres subsides,ne peut estre contrainct par corps,&doit estre
poursuiuy par les voyes & remedes ordinaires, dont la raison dépend de l'ancienneté, selon laquelle le Roy n'auoit
droict de par soy, d'indire & leuer, ains luy estoit accordé
par le peuple.Qui fait que ce ne sont deniers Royaux,ius-
ques à ce qu'ils soient receus,& que la reigle de droict,que
le donataire ne peut estre contrainct, outre ce que bonnement il peut faire. Et quant aux deniers deus par les particuliers, l'ancienne reigle estoit que le receueur ou le fermier n'estoit receuable à demander apres les six mois sequens a l'annee en laquelle ils estoient deus.

Autre droict du Roy, est que le Roy a droict de mettre
és Monasteres electifs vn soldat estropié aux guerres pour
estre nourry comme religieux lay. Ce qu'on a entendu aux
Monasteres collatifs,qui sont conuentuels & opulens:ain-
si fut allegué par l'Aduocat du Roy,en vne plaidoyerie du
Lundy 14.Iuin 1568. L'ancien droict estoit qu'és Monasteres de la garde du Roy,le Roy auoit droict de mettre vn religieux ou vne nonain. Es arrests de la Chandeleur en l'an
1274.

DES PAIRS DE FRANCE.

Ar l'ancien establissement sont en France douze
Pairs,six Ecclesiastiques & six lais. L'Archeuesque & Duc de Reims,l'Euesque & Duc de Lan-
gres , l'Euesque & Duc de Laon, l'Euesque &
Comte de Beauuais,l'Euesque&Comte de Chaalons,l'E-
uesque & Comte de Noyon. Le Duc de Bourgongne
Doyen des Pairs,le Duc de Normandie,le Duc de Guyenne , le Comte de Champagne,le Comte de Flandres , le
Comte de Tholose. Les pairries Ecclesiastiques sont demeurees en leur entier & en leur nombre. Les pairries laïcales ont receu changement.Car Bourgongne, Norman-

die, Guyenne, Champagne & Tholofe, ont efté reünies à
la Corone : Flandres a efté eclipfee de la fouueraincté de
France par le traicté de Madril, quand l'Empereur Charles cinquiefme tenoit prifonnier le Roy François premier.
Les Roys au lieu defdites anciennes pairries laïcales en
nombre de fix, ont erigé autres pairries en beaucoup plus
grãd nõbre, tant en tiltre de Duché que Comté, entre autres Niuernois: Oeu: Guife: Aumale: Mayenne : Vendof-
mes: Rethelois : Montmorency : Montpenfier : & autres.   L'vne des principales functions defdits Pairs , eft
d'affifter le Roy à fon facre à Reims, où chacun d'eux à fon
office & deuoir particulier. Ils reçoiuent le ferment
folénel que le Roy faict d'eftre protecteur de l'Eglife & de
fes droicts, eftre protecteur du refte de fon peuple , le garder d'oppreffion & luy faire Iuftice. Et les Pairs au nom
du peuple, promettent obeiffance & feruice au Roy. L'autre fonction eft d'affifter le Roy , & le confeiller quand il
tient fes Eftats generaux pour faire loix à la conferuation
vniuerfelle du Royaume. L'autre fonction eft d'affifter le
Roy, & le confeiller quand il fied en Parlement tenant fon
lict de Iuftice. Les Pairs ont ce droict que les appellations
interiettees de leurs Iuges de Pairrye vont droict en Parlement fans paffer pardeuant les Iuges Royaux des Prouinces: Pource que les Pairs ne font tenuz de plaider ailleurs qu'en Parlement, qui s'entend du Parlement de Paris, qui à caufe de ce eft nommé la Cour des Pairs, & felon
l'ancienne obferuance les Pairs deuoient refpondre des iugemens donnez par leurs Iuges de Pairrie, & s'il eftoit dict
mal iugé, les Pairs payoient l'améde au Roy. Et à ce moyen
par les reliefs d'appel prins en Chancellerie le Roy adiour-
noit en cas d'appel les Pairs, & leur enjoignoit d'auoir auec
eux leurs Iuges qui auoient donné le iugement. L'eftat des
chofes eftoit tel. Il eftoit bien raifon puis que les Pairs n'a-
uoient autre Iuge fuperieur que le Parlement, que les appellations interiettees de leurs Iuges reffortiffent droict en
Parlement. Et eft obferué quãd il eft dict mal appellé, que
l'appellant ne paye l'amende ordinaire de foixante liures.

parifis,mais la paye telle qu'il euft payé au fiege Royal, qui
eft de foixante fols parifis. Les appellatiōs interjettees des
Iuges d'autres Seigneurs doyuent paffer au fiege Royal
auant que venir en Parlement , fi ce n'eft és matieres criminelles quand il y a appel de iugement de mort, de banniffement , de fuftigation ou autre peine corporelle, de
queftion auec tourmens, d'amende honnorable à Iuftice,
efquels cas l'appel va droit en Parlement de quelque bas
Iuge que ce foit, par Edict du 20. Nouembre 1542.

DES DVCS, COMTES, BARONS,
Seigneurs Chaftellains.

AV temps de la grandeur de la maifon & lignee
de Charlemagne Roy de France, les Duchez
& Comtez n'eftoient hereditaires, ains eftoient
dignitez à vie , comme font auiourd'huy les
gouuernemens en France, ou bien eftoient enuoyez par
les Prouinces pour y exercer leurs charges durant certain
temps. Les Ducz & Comtes auoient droict d'adminiftrer
Iuftice tant en ciuil que criminel : mais c'eftoit foubz le
nom & auctorité du Roy. Comme ladicte lignee cōmen-
ça à decliner & s'affoiblir, à l'exemple de ce qui au mefme
temps fut faict en Allemagne, les Duchez & Comtez furent faicts hereditaires & patrimoniaux, & leur fut attribué le droict de faire & adminiftrer Iuftice qui fut annexé,
& vny infeparablement aufdicts Duchez & Comtez: &
par mefme moyē leur furent attribuez plufieurs droicts de
fifque, comme le droict des biens vacans, des efpaues, des
confifcations, des amendes, des peages, les gardes des Eglifes, hors-mis des Euefchez. Car les gardes des Euefchez
font toufiours demeurees vnies à la Corōne en confequéce
du droict de Regale. Et à la fuitte defdites grādeurs & dignitez, les Barons, les Seigneurs Chaftellains & autres Seigneurs eurent la mefme attribution de droict de Iuftice &
droict de fifque hereditaires & annexez aux Seigneurs: de
telle

telle forte, que à quiconque venoit la proprieté de la Seigneurie, fuſt par heredité ou acquiſition: Il auoit le meſme
droit de Iuſtice & de fiſque, d'où vient qu'en France on
dict les Iuriſdictions & Iuſtices eſtre patrimoniales: qui ne
s'entend pas pour en tirer profit, cóme de ſon patrimoine
(car les autres grands droicts & reuenuz attribuez aux Seigneurs, leur ont eſté donnez, afin qu'ils euſſent meilleur
moyen de faire faire Iuſtice) Mais pource que le droict eſt
hereditaire comme des autres biens que chacun à en ſon
patrimoine. Aucuns s'abuſent, diſans ſimplement que le
Roy ſeul à fiſque, & que le droict de fiſque eſt inſeparable
de la Coronne. Le Roy de vray ſeul à le vray droict de foncier & direct de fiſque: Mais les Seigneurs en fief de luy, &
comme procureurs de luy en leur propre affaire exercent
les droicts de fiſque vtilement, pource qu'ils en prennent
les profits, & pour cauſe d'iceux font ſeruice au Roy de
leurs perſonnes. Les Comtes par l'ancien eſtabliſſement
eſtoient prepoſez és villes Epiſcopales, & les Ducs auſſi és
villes Epiſcopales ou Archiepiſcopales qui eſtoient ſuperieures, quant à la temporalité, de pluſieurs autres villes
Epiſcopales, & ſe diſoit que le Duc auoit douze Comtez
ſoubz ſon obeiſſance. Ceſt ordre à depuis eſté inuerty, &
ont eſté eſtabliz Duchez & Comtez en villes non Epiſcopales. Les Ducs ſont ornez en la teſte de chapeaux ou Co-
ronnes à gros fleurons : Les Comptes ont leurs chapeaux
ornez de rang de perles toutes de ſuitte. Les marquis qu'õ
eſtime eſtre plus que Comtes, ont leurs chapeaux auſſi ornez de perles qui ont en ſurhauſſement autres perles. La
marque de Iuſtice Ducale, qui eſt le gibet où ſe font les
executions à mort, eſt à douze pilliers, trois par rang, &
quatre rangs, quand ce ſont Duchez ſuperieures de toute
vne prouince. La marque de Iuſtice Comptable quand le
Comte eſt Seigneur d'vne Prouince entiere, eſt à neuf pilliers. Si c'eſt vn Comte de moindre qualité, la marque de
Iuſtice eſt à ſix pilliers. La marque de Iuſtice du Baron eſt
à quatre pilliers, qui peuuét eſtre à lyens dedans & dehors:
Et le Baron a droict de porter banniere à ſes armes en car-

D

ré, les autres Seigneurs moindres, portent leurs armoiries
en escusson. Le Baron par vraye marque de Baronnie, le
doit auoir soubs luy & en son ressort deux ou trois Chastellenies, vne ville close, Abbaye ou Eglise collegiale. Ce qui
n'est perpetuel, mais pour le plus commun. Le Seigneur
Chastellain à droict d'auoir chastel auec forteresse entiere,
qui est de chastel auec fossez & pont-leuiz, basse-court
fermee & fortifiee, & donjon dans le chastel. A droict d'a-
uoir seel authétique à contractz, & de créer Notaires pour
le destroit de sa Iurisdiction. A droict de Bailliage qui emporte ressort & cognoissance des causes d'appel : & à cest
effect de tenir assises, esquelles les Iuges inferieurs doiuent
comparoir : Et par ancienne obseruance le Seigneur en son
Assise souloit prendre pour con-Iuges ses vassaux, qui
estoiét nommez Pairs de sa Court : lequel mot *Pair* n'emporte pas parité & égalité auec son Seigneur : mais ainsi
sont dicts, pource qu'entr'eux ils sont pareils. Et encores
auiourd'huy est obserué, qu'au téps que le Seigneur superieur tient son Assise, les Seigneurs inferieurs par ressort ne
peuuent tenir leurs plaidz & iours ordinaires. Qui est vne
obseruáce generale, qui est rapportee en particulier par la
Coustume de Bourbónois, art.6.& Poictou art.73.Du téps
de Charlemagne & Louys Empereur son fils, estoient diuers sortes de Iuges, les centeniers qui iugeoient de causes
ciuiles & des criminelles, sauf de la mort ou liberté. Les
Comtes iugeoient des causes arduës mesme de la v.e & de
la liberté, & de fonds d'heritage. lib.4. cap.26. Et par chacun an en chacune Prouince, estoient deleguez vn Euesque & vn Comte, pour ouyr & iuger les plaintes qui estoiét
à faire contre les Iuges ordinaires. Les deleguez ou enuoyez, tenoyent vne forme d'Assise ou grands-Iours, és
moys de Ianuier, Auril, Iuillet, & Octobre. Ainsi qu'il se
void és Capitulaires desdits Charlemagne & Louys. lib.2.
cap.25. & lib.3.cap.79.& 83. Les grands-Iours de la Pairrie de Niuernoys, sont aussi departiz, Mardy apres les Roys,
apres Quasimodo, apres S. Iean, apres S. Denys, qui se rap-
portét au susdit departemét. Et par la mesme cósequence,

ledit Seigneur Chaſtellain a droit d'auoir en ſa terre deux
degrez de iuriſdictiõ, l'vn pour la premiere Iuſtice, l'autre
pour les cauſes d'appel. Mais par l'Edict de Roſſillon de
l'an 1564. art. 24. a eſté ordonné qu'en chacune ville, bourg
ou lieu, n'y auroit qu'vn degré & ſiege de Iuriſdiction , &
que les Seigneurs qui auoient Iuges de deux degrez opte-
roient. Ce qui a eſté executé à l'eſgard des Seigneurs: mais
le Roy n'a executé la loy en ſes Iuſtices , combien qu'elle
fuſt generale. Qui faict que les Ducs, Comtes, Barons,
Chaſtellains, n'ont plus deux degrez de Iuriſdiction, à l'eſgard de leurs ſubjects immediats: Et leur droict de Bailliage & reſſort n'eſt plus que pour les Iuriſdictions des Seigneurs inferieurs ſur leſquelles ils ont droict de reſſort.
Auſſi le Seigneur Chaſtellain à droict d'auoir la marque
de Iuſtice à trois pilliers , auec lyens dehors & dedans.
A droict d'auoir Prioré , Maladerie Foires & Marchez,
qui ſont les droicts communs de **Chaſtellenie**: mais non
pas tous neceſſaires. Le ſeel authentique , & le droict de
reſſort pour cognoiſtre de cauſes d'appel , ſont les plus
communs & preſque neceſſaires.

DES DROICTS DE IVSTICE
en commun.

L Es ſeigneurs Iuſticiers qui n'ont dignité de Duché, Comté, Baronnie & Chaſtellenie , & ſont
ſimples iuſticiers, ſont de trois ſortes, hauts iuſticiers, moyens iuſticiers, bas iuſticiers. En pluſieurs lieux les ſeigneurs ont les trois ſortes de iuſtice ſous
vn ſeul tiltre. En d'autres lieux en meſme territoire y a haut
iuſticier, moyen iuſticier , & bas iuſticier , les droicts de
moyenne & baſſe iuſtice , ayans eſté eclipſez & tirez de la
iuſtice entiere. Nos Couſtumes ont accommodé ce qui eſt
de la moyenne iuſtice aux meſmes fonctions, que le droict
ciuil Romain attribuë à ce qu'il y eſt nõmè *miſtum imperium*
qui ſemble eſtre mal à propos. Car à Rome n'y auoit aucun

magiſtrat ny office ou dignité, à laquelle fuſt attribuee ceſte puiſſance qu'ils appellolét *miſtum imperium*, ains par ces mots eſtoit ſignifiee la function du Magiſtrat, auquel competoit & *merum imperium*, & *miſtum imperium & iuriſdictio*. Comme eſtoient les Recteurs des prouinces, dont les vns eſtoient nommez Proconſuls, les autres de nom general, Preſidens des Prouinces, leſquels en leurs prouinces auoiét ſemblable pouuoir, comme auoient à Rome les Conſuls, les Prefets de la ville de Rome, les Preteurs, les Ediles. Cõme que ce ſoit, puis que nos couſtumes ont ainſi diſtribué les pouuoirs & fonctions des hautes, moyennes & baſſes iuſtices, il s'y faut arreſter, car nos couſtumes ſont noſtre droict ciuil, de meſme force & vigueur, comme eſtoit à Rome le droict ciuil des Romains, & ſelon mon aduis ceſte erreur de comparer nos couſtumes aux ſtatuts dont parlent tant les Docteurs Italiens, car en Italie le droict commun eſt le droict ciuil Romain, & ſi és villes & territoires ſe trouuent quelques loix particulieres qui ſoient contraires ou diuerſes au droict ciuil Romain, ce ſont ſtatuts qui ſont interpretez eſtroittement, pource qu'ils ſont contre ou outre le droict cõmun. Mais en la France Couſtumiere le droict ciuil Romain, n'eſt pas le droict commun, il n'a pas force de loy, ains ſert ſeulement pour la raiſon, & nos couſtumes ſont noſtre vray droict ciuil, pourquoy n'eſt beſoin d'y faire l'interpretation à l'eſtroit, comme les Docteurs Italiens font à leurs ſtatuts.

Toutes les Couſtumes de France s'accordét qu'à la haute iuſtice appartient la cognoiſſance, iugement & punition des crimes ſubiects à perte de vie naturelle, à perte de vie ciuile, comme eſt le banniſſement perpetuel, ou condemnation aux œuures publiques à touſiours, le banniſſement à temps, peine de mutilation de membres, ou affliction corporelle, ou peine exemplaire, ou publicque : comme de fouetter, eſtoriller, expoſer à l'eſchelle, au pilory ou au carcan en public, marque du corps par fer chaud, amande honorable, qualifiee & publique. Selon pluſieurs couſtumes il y a diſtinction és iuſtices hautes, car à aucunes eſt permis

le iugement & execution de tous crimes capitaux, horſmis
de certains priuilegiez, comme d'homicides commis par
inſidiation, qu'on appelle de guet à péd, de femme forcee,
& de boutefeu, leſquels cas ſont reſeruez au ſeigneur ſuperieur du ſimple haut iuſticier. A autres hauts juſticiers appartient ſeulement la marque du pilory, des ceps & du carcan & non droiĉt d'auoir marque de iuſtice à deux piliers.
Ce qui eſt ordinaire és iuſtices qui n'ont grand & ample
territoire, ou qui ſont iuſtices violentes, eſpanchees ſelon
les heritages qui ſont tenus des ſeigneurs en direĉte ſeigneurie, ou qui ſont en leurs domaines: & qui n'ont pas limites certaines de grands chemins, riuieres & autres apparentes. Mais à tous hauts iuſticiers appartient la confiſcation des biens meubles & immeubles de ceux, qui ſont cõdamnez à mort naturelle ou ciuile, (mort ciuile eſt banniſſement perpetuel, ou condamnation à œuures publiques à
touſiours, ou condamnation de priſon perpetuelle, ou re-
truſion à perpetuité en vn Monaſtere) La confiſcation des
biẽs de ceux qui ſont executez à mort eſt de l'ancien droiĉt
François, ainſi qu'il eſt rapporté és Capitulaires de Charlemagne, *lib. 3. cap. 47.* ſ'entend des biens immeubles aſſis au
territoire de leur haute iuſtice, & des meubles qui y ſont
trouuez lors de la condamnation, car en ce cas les meubles
ne ſuiuent la perſonne, de tant qu'ils ne ſont acquis aux
ſeigneurs, par le moyen ou miniſtere de la perſonne con-
dãnee, mais ſont pris par le ſeigneur, comme biẽs vacquãs,
qui ne ſont en la proprieté d'aucun, ainſi dient les couſt. de
Niuernois des confiſc. art. 2. Troyes art. 120. Laon art. 86.
qui dit par exprés que les meubles ne ſuiuẽt le domicile en
ce cas, Reims ar. 343. 346. Aucunes couſtumes, cõme Vitry,
donnent les meubles quelque part qu'ils ſoiẽt au ſeigneur
du domicile: Toutesfois à l'eſgard de ceux qui ſont executez à mort, le geollier de la priſon a droiĉt de prẽdre la ceinĉture du condamné, ores qu'elle ſoit d'argent, non excedant le poix d'vn marc, & ſa bourſe, & ſon argent monnoyé
iuſques à dix liures, & ce qui eſt au deſſus de la ceinĉture appartient au boureau. Par aucunes couſtumes n'y a confiſca-

tion des biens de ceux qui font iu gez à mort , finon en certains crimes , comme en Berry, en Touraine, Bretaigne.
Berry excepte le crime de leze majefté humaine au premier chef. Touraine, excepte le crime de leze majefté diuine & humaine,& crime de faulfe monnoye. Bretagne ,
octroye la confifcation des meubles & fruicts des immeubles,durant la vie du condamné,quand il eft banny par cô-
tumace , & fi apres le banniffement , il commettoit crime
capital lors il confifque la proprieté des immeubles . Et ef-
dits païs où par les couftumes la confifcation a lieu, au profit des Seigneurs hauts Iufticiers, font exceptez en aucuns
feulement, le crime de leze-Majefté humaine,en autres de
leze-Majefté diuine & humaine, & és autres eft adioufté le
crime de fabrication de faulfe monnoye: Efquels crimes la
confifcation appartient au Roy au preiudice des haults
Iufticiers. Au crime de leze-Majefté humaine, fi le fief du
condamné eft mouuant immediatement du Roy , il ne
viêt au Roy par côfifcation,mais par reuerfiô & vnion à la
Coronne,fans charge de debtes ny hypothecques .Si pour
autres crimes Royaux, les biens appartiennent au Roy,à
charge des debtes,comme fera dict cy apres des confifcations: & audict cas fi le fief eft mouuant du Roy,immedia-
tement il le peut vnir à la Coronne:ou bien le mettre hors
de fes mains, comme conqueft & fruict & emolument de
fa Iuftice.Et fi le fief ou autre heritage acquis au Roy par
confifcation, eft mouuant d'autre Seigneur que de luy, il
en doibt vuider fes mains:car il ne peut eftre vaffal de fon
vaffal, ny redeuancier de fon fubject. On a excepté fi le fief
confifqué au Roy eftoit tenu de l'Eglife:car les Roys n'ont
pas defdaigné,de tenir terres en fief de l'Eglife par deuotion.

Auffi aux Seigneurs haults Iufticiers appartiennent les
biens vacans qui fe trouuent fans proprietaire. Quand ce
font meubles on les appelle efpaues. Selon le droict des
Romains,les chofes meubles & immeubles eftans en commerce,qui fe trouuoient fans proprietaire , eftoient acqui-
fes au premier qui les occuppoit & en prenoit la iouyffan-

ee.l.1.ff. pro derelicto. Mais selon le droict des François telles
choses sont acquises aux Seigneurs haults Iusticiers: & si au
mesme territoire y a vn bas Iusticier, il prendra sur lesdites
choses la somme de soixante sols pour son droit de Iustice.
Les biens se trouuent vacquans en diuerses sortes comme
quand aucun meurt sans heritiers habiles à succeder, soit
d'vne ligne ou d'autre. Quand aucune chose est abandon-
née par le proprietaire, que les Latins dient, tenuë pour derelicte: car deslors il perd la proprieté de la chose abandon-
née.*d. l.* Quãd aucune beste ou autre chose mobiliaire est
esgarée, & dedans certain téps le proprietaire ne la vient reclamer. Quand aucunes terres hermes & sans culture ny
soing ne sont recogneuës par aucun proprietaire. Quand
les riuieres publiques par amas de terre que les Latins appellent *alluuion*, sont vne isle ou mothe de nouuel. Quand
vn thresor caché de si long temps, qu'il n'y a memoire de la
deposition d'iceluy, est descouuert. Au premier cas, pource
que, peut-estre y aura heritier demeurant en lointain pays,
& ne sera aduerty de la mort de son parent, le seigneur haut
iusticier doit faire inuétaire des meubles, auec appreciatiõ,
& les donner en garde à quelque personne notable , doit
faire proclamer & bailler en accésé & ferme les heritages,
au plus offrant, auec cautions , pour conseruer le bien de
l'absent, & à qui il appartiendra. Et fera bien de tempori-
ser pour vn an , & n'appliquer à luy lesdits biens, en attendant si aucun heritier se presentera. Aucunes coustumes
mettent vn temps certain dedans lequel l'heritier est receuable à venir demander les biens de l'heredité, comme celle de Vermandois à Laon , qui donne dix ans pour recouurer par l'heritier les meubles & fruicts des immeubles. A-
pres dix ans, iusques à vingt ans pour recouurer les immeubles, & perdre les meubles & fruicts des immeubles. Apres
les vingt ans que le Seigneur haut iusticier gaigne tout, &
ne rend rien. Autres coustumes mettent moins de temps,
pourueu que les proclamations ayent esté faictes. Es prouinces esquelles les coustumes sont arrestees, il les faut suiure: Et quand il n'y a point de coustume particuliere pour

ce faict me semble que l'expedient mis par la Couſtume
d'Orleans, art 474. eſt conſonant à la raiſon qui ſe peut tirer du droict des Romains, & à la raiſon du ſens commun :
aſſauoir que le procureur du ſeigneur de la iuſtice, face
creer vn curateur auſdits biens, dont nul ne ſe preſente proprietaire, & ſur luy face faire la ſaiſie & les criees deſdits biés
par la forme introduicte par l'Edict des cryees : Et apres les
criees rapportees en iuſtice, ſi aucun ne ſe preſente pour
vendiquer leſdits biens, & les reclamer comme à luy appartenans, ils ſoient adiugez en proprieté au ſeigneur haut
iuſticier, comme biens vrayement vacquans, ou comme
delaiſſez & abandonnez par les proprietaires. Les loix Romaines & le droict canonique, & les Docteurs qui ont me-
dité, ſur ce ont donné la reigle, quand on veut s'aſſeurer côtre vn tiers qui peut pretendre droict, ſi on ſçait qui il eſt,
il faut nommément & particulierement l'appeller & ſemondre pour venir faire demãde de ſon droict dedans certain téps, auec declaratiõ que le temps paſſé il en demeure-
ra decheu ſelõ la pratique de la *l.diffamari.C. de ingenuis manu.* Si on ne ſçait qui il eſt, il ſuffit de l'appeller auec proclamation & cry public en mettant le terme aſſez long : & les
iugemens donnez apres telles proclamations & ſemonces,
ont forces de choſes iugees contre toutes perſonnes qui
ne ſont apparuës. Ainſi eſt dit par Bart. *Inl.ſi eo tempore.C.de
remiſſ.pig.* Et les Canoniſtes *in ca.vl.extra de electione in 6.* Et ſi
ladite forme de criees n'a eſté obſeruee, le proprietaire ſera
receu dedans les trente ans à recouurer ſon bien, ſi ce n'eſt
que les couſtumes abregent le temps. Il y peut auoir diffe-
rerce quand les heritages ſont acquis au ſeigneur haut iuſticier à faute d'heritiers apparens ſimplement, ou quãd ils
ſont acquis par confiſcation, car au premier cas il y a heredité qui eſt cenſee proprietaire, & repreſente la perſonne
du defunct. *l.non mihus.§.vlt.ff.de hered.inſt.l.legat. queſt.* 159.
§. ſeruo. ff. de legatis primo. Mais quand il y a confiſcation,
il n'y a point d'heritier car le fiſque prend les biens
& non l'heredité. *l.eius qui.ff.de teſtam.l.ſi quis filio. §. irritum.
ff.de iniuſto rupto.* Pourquoy au premier cas ſi les heritages
ſont

font vendus par decret fur le curateur à biens vacans , il y
efchet retraict , car c'eft le curateur de l'heredité jacente.
Ainfi dit Paris art. 151.153. Mais au fecōd cas n'y efchet retraict , car il n'y a aucune heredité , & les biens font acquis
au Seigneur iufticier par tiltre, qui n'eft fubject à retraict :
car l'acquifition ne fe fait pas moyennant deniers. *Vide in-
fra*. En tous les cas fufdits faut excepter les mineurs,& ceux
qui font abfens pour les affaires publiques par commandement du Roy:aufquels par raifon doit eftre octroyee la reftitutiō en entier felō le droict Romain. L'autre cas de biēs
vacquans eft quand aucun proprietaire d'vne chofe mobiliaire ou immobiliaire,fe fent chargé de l'auoir , & aime
mieux la quitter & abandonner : dont eft parlé au droict
Romain fous le tiltre *pro derelicto*:car celuy qui abandonne,
deflors perd la propriété, *l. 1.ff. pro derelicto*, & en eft parlé en
la nouuelle couftume de Paris art 153. L'autre cas eft des efpaues, qui eft vn mot François, fignifiant les chofes mobiliaires efgarees, defquelles on ne fçait le maiftre & proprie-
taire.Ce mot a donné occafion à aucuns Chreftiens de facile crea nce,de s'addreffer par prieres à fainct Anthoine de
Padoüe, de l'ordre de fainct François, pour recouurer les
chofes efgarees, parce que en ancien lāgage Italien,que les
contadins retiennent encores,on appelloit Paua,ce qu'aujourd'huy on appelle Padoüa,en laquelle ville repofe & eft
grandement veneré , le corps de fainct Anthoine dict de
Padoüe ou de Pade:que d'ancienneté on appelloit fainct
Anthoine de Paue. Les couftumes prefque toutes s'accordent que telles chofes efgarees apres que la proclamation
en eft faicte en l'Eglife parrochiale & és marchez , fi aucun
ne les vient reclamer , demander & prouuer eftre fiennes,
font adiugees aux feigneurs hauts iufticiers des lieux, où elles font trouuees & apprehendees, dedans quarante iours
apres la premiere publication,qui eft le terme prefix prefque par toutes les couftumes.Et la raifon eft que le proprietaire eft reputé,d'auoir tenuë fa chofe pour derelicte &
abandonnee, qui a demeuré tant de temps fans la rechercher,& par la raifon de ladite loy *fi cō tempore*. Et fi cefte ef-

E

paue eſt choſe mouuante, paſturable ou periſſable, le iuge
peut ordonner apres la premiere ou ſeconde publication,
qu'elle ſera venduë au plus offrant, & les deniers depoſez
pour eſtre deliurez à celuy, qui dedans les quarante iours &
auant l'adjudication au ſeigneur, viendra recognoiſtre la
choſe venduë:ledit prix en ce cas tenant le lieu de l'eſpaue:
Ainſi dit la loy Romaine, quand la choſe a eſté venduë de
bonne foy, par le non proprietaire, qu'il eſt quitte en rendant le prix.*l.vlt.§.vlt.ff.de lega* 2. Aucunes couſtumes ont
donné à celuy qui a trouué l'eſpaue, le tiers du proufit qui
en vient quand il a reuelé à iuſtice de bonne heure, comme
Bretagne art.60. Autres couſtumes quant aux mouſches à
miel en abeillō, qui ſont eſpaues, & ne ſont pourſuiuies par
le proprietaire, ont donné à l'inuenteur & reuelateur la
moictié du proufit, comme Bourbonnois.art.337. Auuergne art. 7. chap. 26. & Touraine art. 54. Mais auſſi quand
aucun trouue vne eſpaue, & ne la reucle pas à iuſtice dans
les 24.heures ou autre temps ordonné par la couſtume, il
eſt condamné en l'amende, qui par la plus-part des couſtumes eſt arbitraire, & par aucunes eſt de ſoixante ſols. De
vray c'eſt delict correſpondant à furt, car ores que l'inuenteur ne ſçache pas à qui l'eſpaue appartient, qui eſt l'excuſe
vulgaire, il ſçait bien qu'elle ne luy appartient pas,& en retenant le bien d'autruy, il commet larcin, ſelon la loy Romaine, *in l.falſus. §. qui alienum.ff. de furt.* L'autre ſorte de
biens vacquans eſt des terres, paſturages & autres heritages
qui ſont hermes, incultes &non recogneuës en la proprieté
d'aucun:vray eſt que les gens des villages les appellent vul-
·gairement communes, comme ſi elles appartenoient à l'V-
niuerſité d'vn village en commun. Ce qui ne ſe peut dire
ſinon qu'ils en ayent tiltre, ou que particulierement ils
payent redeuance pour leſdites terres:car la redeuáce qu'ils
payent pour la blairie és lieux où la blairie a lieu à cauſe des
vaines paſtures, n'eſt pas pour certains heritages:mais con-
fuſément pour le paſcage de leur beſtail, és heritages qui
ne ſont defenſables. Le cinquieſme cas eſt d'accroiſſe-
ment de terre, que les Latins appellent *alluuion*, que font les

riuieres publicques, en augmentant les riuages & les isles
qui se font au milieu, desdites riuieres, lesquels accroisse-
mens & isles appartiennent aux seigneurs hauts iusticiers
côme terres vacquantes & sans seigneur:enquoy nous ne
suyuons pas le droict Romain, qui donne le droict *d'alluuion*
aux proprietaires des terres, ausquelles les riuieres adjoustent,& donne les isles aux proprietaires des terres qui sont
sur la riue pl⁹ proche desdites isles. Vray est que ledit droict
Romain *in l. in agris, ff. de acquir. rer. dom. & l. 1. §. si insula. ff. de
fluminib.* n'attribuë lesdits droicts d'isle & de *alluuion* aux
proprietaires,ausquels ont esté baillees terres limitees,c'est
à dire auec vne mesure d'arpens certaine & arrestee, ainsi
que l'on auoit accoustumé d'en donner aux vieux soldats
qui auoient acheué leur seruice de guerre,& estoient distri-
buez *verbi gratia*,à chacun soldat dix ou vingt arpens de territoire conquesté sur les ennemis. La coustume de Bour-
bonn.art.340.341.342. dône les isles & accroissemés au seigneur haut iusticier auec vn temperamét que la motte fer-
i. e, conserue au proprietaire ce qui y accroist, comme si la
riuiere inonde partie d'vne terre,& l'autre non : & quelque
temps apres la riuiere abandonne ce qu'elle auoit inondé,
& me semble bien raisonnable d'ainsi l'obseruer quand il
n'y a coustume contraire, & ce selon le droict Romain, qui
presume que ce soit l'ancienne forme restablie en son estat,
qu'vne forme nouuelle par les raisons de la *l. & attilicinus. ff.
de seruit. rust. præd. & l. si vnus. §. quod in specie. ff. de pact.* La
sixiesme sorte de biés vacquás est des thresors cachez en ter-
re:surquoy le droict Romain disoit, que si aucun trouuoit
thresor en son heritage qu'il le prenoit comme sien. S'il le
trouuoit en heritage d'autruy:la moictié estoit au proprietaire de la terre, l'autre moictié à l'inuenteur. En chacun
cas estoit excepté si le thresor auoit esté trouué par art ma-
gique,auquel cas il estoit appliqué au fisque. Selon la reigle ordinaire de nostre droict François, si par la vision des
pieces d'or ou d'argent,ou autres choses trouuees en thresor, il ne se peut cognoistre de quel temps elles ont esté cachees, pour iuger si audit temps les predecesseurs du pro-

prietaire eſtoit ſeigneur de la terre: car ſi c'eſt monnoye, on cognoiſt par eſcriture de quel temps elle a eſté faicte, & ſi les predeceſſeurs des proprietaires du lieu, eſtoient lors ſeigneurs. En ce cas d'incertitude les ſeigneurs hauts iuſticiers deuroient auoir les threſors, deſquels n'eſt certain à qui ils appartiennent. On allegue vn Arreſt dõné en Parlement à la prononciation de Natiuité Noſtre Dame, l'an mil deux cens cinquante neuf, entre l'Abbé de ſainĉt Pierre le Vic de Sens, & le Procureur general du Roy, par lequel fut dit que ce qui eſt d'or, que ledit Arreſt appelle fortune d'or, appartient au Roy ſeul: les autres pieces du threſor appartiennent au ſeigneur haut iuſticier. Et és arreſts de la feſte ſainĉt Martin 1261. Le Roy ordonna que le threſor trouué à Loches, en baſtiſſant fuſt rendu au proprietaire, & neantmoins ordonna, quand en apres aucun threſor ſeroit trouué, qu'il luy fuſt rapporté, auant que d'en rien faire. Aucunes Couſtumes cõme Bourbonnois, Sens, Auxerre ont mis vn temperament qui ſemble tres-equitable, aſſauoir que des threſors trouuez, le tiers ſoit au proprietaire du lieu : le tiers à l'inuenteur, le tiers au ſeigneur haut iuſticier : & ſi aucun trouue en ſon heritage : Il ſoit par moitié a luy & au Seigneur hault-Iuſticier. C'eſt autre droiĉt des minieres d'or, d'argent, & autres metaux & mineraux: car ce ſont matieres puremẽt naturelles, eſquelles n'y a rien eu de main ny de miniſtere d'homme, ſinon pour les chercher & trouuer: Car tels mineraux ſont portion de la terre, & ſont diĉts cõme entrailles de la terre, *l. In lege fundi. ff. de contrah. empt. l. fructus. §. ſi vir in fundo. ff. ſoluto matri.* Ainſi ſe diĉt de l'eau viue qui eſt en terre. *l. Is qui in puteum. ff. quod vi aut clam.* Pourquoy ie croy que le Seigneur proprietaire de la terre, au fonds de laquelle ſont les mineraux, eſt Seigneur d'iceux mineraux, ores qu'il ne ſoit Seigneur Iuſticier: pouruẽu qu'il ſoit vray proprietaire, tenant ou en fief ou en cenſiue, ou allodialement. Ie voudrois excepter le detẽteur ſuperficiaire, comme l'emphyteote, le bourdeſier, le conduĉteur à longues annees: car tels ayans le droiĉt de la ſuperficie, n'ont pas droiĉt de muër & changer la forme d'icelle, & doyuent

seulement prendre les profits qui apparoiſſent en la ſuperficie, & non prendre les minieres dedans terre. Si ce n'eſtoit
que la miniere ou perriere, euſt eſté ouuerte de long temps
auparauant le bail, où depuis iceluy trente ans durant, le
Seigneur direct le ſachant bien: Car en ce cas les mineraux
& pierres ſeroient iugez au rang des fruicts. *l. fructus vel. l.*
diuert. §. *ſi vir in fundo in fine. ff. ſoluto matri.*

Aux Seigneurs haults Iuſticiers & non à autres, appartient donner aſſeurément, Niuernois Iuſtice art. 15. Sens
art. 8. Meleun. 3. Auxerre 12. Sens art. 171. L'aſſeurément
eſt quand aucun doubte d'eſtre offenſé par autruy, apres
qu'il a iuré la doubte, le iuge contrainct celuy duquel on ſe
doubte, de promettre toute ſeureté à celuy qui ſe doubte:
& outre le Iuge met ce doubteux en la ſauue-garde de Iuſtice, & faict defenſes à l'autre de luy meffaire en ſa perſonne & biens, à peine de la hart, qui eſt à dire de la corde. Et
d'ancienneté telle eſtoit la peine de l'aſſeurement enfraint,
comme eſt rapporté par les Couſtumes de Sens, art. 171.
Auuergne, chap. 10. art. 4. Troyes, art. 125. L'vſage & aucunes Couſtumes, ont temperé ceſte peine rigoureuſe,
pour arbitrer la peine, ou corporelle ſans mort, ou pecuniaire, ſelon la grauité de l'offenſe. Bourbonnois, art. 57.
Et preſque toutes ſont d'accord que l'aſſeurement n'eſt
pas enfraint par iniures verbales, ains ſeulement par voye
de faict. Bourbonn. art. 57. Auuergne, chap. 10. art. 6. met
vne notable preſomption, qui a grande apparence de raiſon. Que ſi celuy qui a eſté aſſeuré ſe trouue mort ou bleſ-
ſé, celuy qui a donné aſſeurement, ſoit tenu purger ſon in-
nocence. Autres-fois a eſté practiqué en donnant aſſeurement, que le Iuge commettoit la perſonne du doubteux, à
la garde de celuy duquel il ſe doubtoit: Qui faict que l'aſſeurement ne ſe donne, ſinon auec ſommaire cognoiſſance
de cauſe: enquoy l'on a practiqué de ſe contenter du ſerment, hors-mis quand l'aſſeurement eſt requis par le ſubject contre le Seigneur Iuſticier, par le Moyne contre ſon
Abbé, par le Clerc contre ſon Eueſque, par le vaſſal contre
ſon Seigneur, par le parent plus ieune, contre ſon parent

plus aagé. Efquels cas & autres femblables, on n'applique affeurement, finon qu'il y ait information de pleine creance des menaces & occafions de doubter, pource que l'affeurement touche aucunement l'honneur de celuy duquel on fe doubte : & pource que la prefomption n'eft pas que le fuperieur vueille employer fa grandeur, pour offenfer celuy qui eft fon fubject. Quand au Seigneur Iufticier, il eft obferué pour loy generale en France, que s'il faict iniuftice par malice, ou s'il offence fon fubject en fa perfonne, ou en fon hôneur fâs caufe, ou f'il luy dénie faire droit : Le fubject peut & doibt eftre exempté de fa Iuftice, pour eftre fubject à la Iuftice fuperieure. Comme auffi fi vn Seigneur ayant Iuftice, offenfe le fergent de fon Seigneur qui exploicte en fa terre : Ce Seigneur Iufticier iuferieur perd fa Iuftice, qui eft reünie à la Iuftice fuperieure. Pour la denegation de droict, y en a rapport en particulier par la Couftume d'Auuergne chap. 30. art. 10. 12. Et Bretagne art. 37. 38. Et s'obferue en general. Cefte rigueur anciéne de la peine de la hart qui eft capitale, a efté caufe d'attribuer la cognoiffance des affeuremés aux hauts Iufticiers. Prefque toutes les Couftumes de France interdifent au Seigneur hault Iufticier de releuer les pilliers da la marque de fa Iuftice, quâd ils font verfez & cheuz par terre y a plus d'vn an, fans côgé du Seigneur fuperieur ; côme fi par fa negligence d'an & iour, il auoit perdu fa poffeffion d'auoir telle marque de Iuftice. Mais pourtant n'eft pas decheu de fa poffeffion, en l'exercice de la haute Iuftice : car le Iuge peut iuger à mort, & faire executer en vn arbre. Niuernoys, Iuftice, art. 9. 10. 11. Meleun, 1. 2. Bourgongne, art. 8. Sens, art. 3. Troyes, art. 123. Côme auffi interdifent aux Seignrs quelque degré de Iurifdiction qu'ils ayent, de n'eriger de nouuel la marque de la Iuftice, fans le congé du Roy, ou du fuperieur de la Prouince, auquel appartient d'enquerir & cognoiftre fi le Seigneur a droict de Iuftice, & en quel degré de dignité, & de quelle marque doibt eftre le figne patibulaire.

Le Seigneur haut Iufticier qui prend la confifcatiô paye

les debtes de celuy qui a confifqué, tant des deniers dotaux & droiects de la femme, qu'enuers autres creanciers:
Niuernoys, Iuftice, art. 12. Rheims, art. 348. Orleans, art.
331. Bourbonnoys, art. 350. Et s'il y a des biens en plufieurs
Iuftices, chacun Seigneur paye les debtes felon la valeur
des biens qu'il prend. Poiectou, art. 202. Laon, art. 87.
Rheims, art. 347. *Alexand. Confil. 31. vol. 1.* Sans que pource il foit derogé au droiect du creancier, lequel nonobftant
cefte proportion, peut s'addreffer à tels biens du defunct.
qu'il aduifera pour fa commodité, fauf au Seigneur leur
recours à l'vn contre l'autre. Et femble impertinente la diftinction d'aucunes Couftumes, comme Poiectou, art. 300.
Senlis, art. 199. qui chargent le Seigneur prenant les meubles, de payer les debtes mobiliaires: qui depéd de l'ancienne opinion erronee, qui chargeoit ainfi l'heritier mobilier, dont fera parlé cy apres au tiltre des fucceffions, Dieu
aydant. Comme fe dict de la confifcation, ainfi fe dict quád
les Seigneurs prennent les biens vacquans de celuy qui
meurt fans heritiers pour payer les debtes ; Mais il y a de
plus en ce cas cy, que le Seigneur qui prend les biens vacquans, accomplit le teftament du defunct, & paye les fraiz
de fes exeques & funerailles, felon la dignité & eftat du defunct. Rheims, art. 347. Laon, art. 87.   Ce qui ne fe dict
pas en la confifcation: car le teftamét de celuy qui eft condamné à mort, deuient à neant. *l. fi quis filio. §. Irritum. ff. de
iniufto, rupto & irrito, l. fi dliquis ff. de mortis caufa donat.* Et en
tous les cas fufdicts, faut entendre que les Seigneurs ne
payent les debtes, finon iufques à la concurrence de la valeur des biens, & non pas precifément, comme font tenuz
les heritiers fimples. Ainfi dict le droict Romain. *In l. 1. §.
in bona ff. de iure fifci.* Ainfi dict Poiectou art. 202. Niuernoys
Iuftice, art. 12. Auffi nous obferuons ce qui eft dict par le
droict Romain. *In l. in fumma. l. quod placuit. ff. eodem titulo,*
que les creanciers en la difcuffion des biens de celuy qui
confifque, font preferez aux peines & amendes adiugees
au fifque. Ce que ie voudrois entédre, quand telles amendes font vrayes & pures peines. Car fi vn financier eftoit ac-

cuſe de peculat & confiſquaſt : ie croy que le quadruple
qui par les ordonnances doibt eſtre adiugé au fiſque n'eſt
pas pure peine, mais eſt le vray intereſt public, entant que
les functions & affaires publiques, ont eſté retardees par
l'interuerſion de la pecune fiſcale:& a ce moyë auec grande raiſon ſe peut dire, que le fiſque a ſon hypothecque du
iour, que le financier eſt entré en charge.*l.2.C. In quib.cauſ.
pig, vel hypoth.* Et ce, non ſeulement pour le ſort principal
interuerty: mais auſſi pour les dommages & intereſts du
fiſque, qui ſont arbitrez & liquidez par le quadruple. Leſquels dommages & intereſts ſont deubs comme ſomme
principale, & comme ſubrogez,*per l. ſi àb alio.In fine.ff.de re
Iud.* Aucunes Couſtumes, comme Senlis, art. 200. dient
que les fraiz de Iuſtice faicts pour faire declarer la confiſcation,ſont preferez aux creanciers.   Ce qui ſemble non
raiſonnable:car les Seigneurs doibuent Iuſtice à leurs propres fraiz,ſans recompenſe: bien croy-ie que les Seigneurs
Iuſticiers,qui prennent part aux biens confiſquez,doiuent
contribuer aux frais que l'vn d'eux a faicts pour faire lepro-
cez & le iugement, & ainſi le monſtre la Conſtume de Niuernois au tiltre des c õfiſcations art. 5. & la raiſon y eſt bié,
car de tels frais reſulte le profit, que les hauts Iuſticiers
prennent, qui eſt la confiſcation ,qui ne ſeroit,ſi le procez
n'auoir eſté faict par la raiſon de la *l.quantitas.ff.ad leg.falcid.
& l.quod priuilegium.ff.depoſ.* Mais ne reuient aucun profit
au creancier, à cauſe de tels frais, car ſoit que ſon debteur
confiſque,ou qu'il eſchappe,le droict du creancier eſt touſiours pareil.Bien croy-ie que le creancier eſt tenu aux frais
faits par la cõſeruatiõ des biés,par la *l.ſoror.ff.ſi pars hered.pet.*
Au faict des confiſcations pluſieurs Couſtumes de France,
ont eſté auec raiſon fauorables aux maris , à cauſe de Seigneurie qu'ils ont és biens meubles & cõqueſts, de la communauté d'eux & de leurs femmes : Entant qu'elles ont
ordonné que la femme confiſquant perdiſt ſeulement ſes
propres, & ne perdiſt ſa part des meubles & conqueſts,qui
doiuent demeurer au mary comme ſeigneur d'iceux.Ainſi
dient,Niuernois, tiltre des confiſcations.art. 4. Sens, art.
26.27.

26.27. Laon, art. 12.13. Auxerre, art. 28.29. Troyes, art.
155. Meleun, art. 10.11. de mesme adioustant la modification, si la femme est executee par mort naturelle. Orleans,
art. 209. modifie aussi disant que la part des meubles &
conquests de la femme, viennent aux heritiers d'elle. Ce
qui semble bien raisonnable, quand les enfans sont les heritiers.   Mais quand sont heritiers autres qu'enfans, il y a
plus de raison que le mary ait les meubles & conquests:
parce qu'il en est seigneur en effect, ayant pouuoir de les
aliener sans le consentement de sa femme durant le mariage: & comme la femme par paction & volonté expresse ne peult empescher ce droict de son mary: ainsi par son
delict elle ne luy peut oster. Autres Coustumes dient que
la femme confisque sa part des meubles & conquests: comme Bourbonnois art. 266. & Touraine, art. 255. Aussi quãd
vn homme ou femme de condition seruile confisque, il ne
s'en acquiert rien au Seigneur hault Iusticier: mais tous les
biens viennent au Seigneur de la seruitude, cõme en main-
morte, pource que le serf en delinquant ne peut faire perdre à son Seigneur le droict qu'il a en ses biens. Ainsi dict
Niuernois, tiltre des cõfiscations, art. 5. Sens, art. 23. Bourbonnois, art. 349. Quand c'est vn serf de main-morte ou
mortaillable, Bourgongne, art. 11. donne au Seigneur de
main-morte les heritages main-mortables. Si vn homme
d'Eglise seculier est és termes de confiscatiõ, cõme si pour
l'atrocité & grande enormité du delict, il est degradé &
deposé de l'ordre Ecclesiastique, & delaissé à la Cour secu-
liere qui le condamne à mort: La degradation & tradition
au bras seculier, doibt estre non seulement quand le clerc
se trouue incorrigible, qui est le cas mis *in cap. cum non ab
homine extra de iudic.* qu'aucuns Cononistes dient estre cas
special, comme ils dient de la falsificatiõ des lettres Apo-
stoliques, *cap. ad falsariorum. extra de crimine falsi:* En cas
d'heresie, *cap. ad abolendam. extra de heret.* mais aussi en tous
cas de grande enormité & atrocité.   Ainsi qu'il est dict *In
can. istud. 11. quest. 1.* De faict, les Parlemens contraignent
les Euesques Diocesains par saisie de leur temporel, à de-
grader les gens d'Eglise cõuaincus de tels delicts tres-atro-

F

ces & enormes , combien qu’ils ne soient du nombre de
ceux que les decretales specialement ont renduz subjects
à degradation. Du Molin en l’annotation sur le conseil 8.
d’Alexandre. *vol.* 1. dict qu’és delicts tres-attroces, le Iuge
seculier peut prendre le clerc, luy faire son procez, & l’executer à mort, & allegue, *Ioan. and. in c. cum non ab homine. ex-*
tra de iudic. Gemin. en c. 1. *de homicid. in* 6. Audict cas de de-
gradatiõ, celuy qui est cõdãné par le Iuge lay, sans difficulté cõfisque tous ses biẽs meubles & immeubles au seigneur
hault Iusticier, parce qu’il est priué de tous droicts de Cle-
ricature. Mais quand le Iuge d’Eglise iugeant Ecclesiasti-
quement, condamne vn Prestre à chartre ou prison perpetuelle : ou le cõdamne d’estre retrus en vn monastere pour
toute sa vie : il est certain que la confiscation y est. Car tel
condamné perd sa liberté & les droicts de cité , qui le faict
tenir comme mort ciuilement. *l.* 2. *l. tutelas* §. *Item. ff. de ca-*
pite minutis. l. 1. §. *hi quibus. ff. de lega.* 3. Mais aucunes Coustumes ont dit qu’en ce cas les meubles du Clerc ainsi condamné, appartiennent à son Euesque, comme la nostre de
Niuernois au tiltre des confiscations , art. 8. qui semble
auoir esté introduict par erreur, soubs pretexte de l’ancienne ordonnance du Roy Philippe le Bel, qui faict les meubles des Ecclesiastiques exempts de la iurisdiction seculie-
re, comme leurs personnes en sont exemptes. Es Capitulaires , liu. quatriesme article 15. la composition du Prestre
meurtry appartient à l’Eglise, pour en estre la moitié employee pour l’Eglise : l’autre moitié à l’aumosne de l’Euesque. Mais quãd le Clerc perd sa liberté & toute cõmunion
du droict ciuil, le fisque qui est represẽté par le Seigneur
hault Iusticier, prend ses biens comme vacans, à cause de
sa Iurisdiction, entant que les biens se trouuẽt en son territoire. Or les Euesques à cause de leur Iurisdictiõ Ecclesiastique, n’ont aucun territoire ny droict de prehension reelle : dont s’ensuit qu’ils n’ont aucun droict esdicts meubles
de Clercs, pource que ce ne sont plus meubles appartenãs
à Clercs, ains se trouuent vacans : qui faict que le priuilege
de la personne n’est considerable.

Au faict des confiscations, si le Seigneur hault Iusticier

prend l'heritage qui ne sera tenu de luy, ains d'aultre Seigneur soit en fief, soit en cens, ou autre redeuance emportant Seigneurie directe aucunes Couſtumes dient
que ledict Sieur hault Iuſticier doibt mettre tel heritage
hors de ses mains dans l'an & iour. Comme Niuernois, tiltre des confiscat. art. 6. Meleun, art. 75. & toutes deux di-
sent la cause de vuider ses mains, afin que de telle alienation le Seigneur feodal reçoiue profit, car il ne luy en est
point deub pour la confiscation. Niuernois met la peine
de commise & perte du fief, à faute de vuider dans l'an &
iour de la confiscation acquise. Orleans, art. 21. dict l'an &
iour à compter de la requisition faicte au Seigneur, & ne
met autre peine que le gaing des fruicts. Vitry, art. 36. &
Orleans art. 21. dient que le Seigneur hault Iuſticier peut
retenir à luy le fief en payant droict de rachapt. Sens, art.
207. & Auxerre, art. 74. dient que ledict Seigneur hault
Iuſticier en fera hommage au Seigneur feodal. Mais il
semble bien raisonnable, puis qu'il y a mutation d'homme, autrement que par succeſſion & heredité, que le Seigneur feodal ou censier en ait proufit, pour l'approbation
de ce nouuel homme. Car les proufits du quint denier de
rachapt, & de lots & ventes, sont attribuez aux Seigneurs
directs par leur indemnité, & recompense de la mutation
d'homme. *l. vlt. C. de iure emphyth.* Auſſi peut aduenir, comme plus communément aduient, que le Seigneur hault
Iuſticier, soit superieur feodal du Seigneur feodal de ce
fief confisqué, ou qu'il soit Seigneur en plus hault degré de
grandeur : parquoy est l'intereſt du Seigneur feodal immediat de n'auoir vn vaſſal plus grand que soy : & d'aultre
part est mal-seant au Seigneur hault Iuſticier d'eſtre vaſſal
d'vn moindre que soy, & peut-eſtre de son vaſſal. Pourquoy les Couſtumes semblent plus raisonnables, qui commandent au Seigneur hault Iuſticier precisément de vuider ses mains. Vray est que la commise du fief est bię rude,
le gain des fruicts est vne peine plus tolerable. Semblable
raison est si l'heritage tenu à cens, ou à bourdelage est confisqué au seigneur haut Iuſticier. Et ainsi de Niuernois des
confiscations, art. 6.

La moyenne & la baſſe Iuſtice n'ont pas les reigles certaines & communes, comme a la haulte Iuſtice: hors-mis
que preſque toutes les Couſtumes attribuent au moyen
Iuſticier, le droict de bailler & confirmer tuteurs & curateurs, faire main-miſes & ſaiſies, ſeeller huys & coffres,
faire inuentaires, faire ſubhaſtations, criees, & adiudications par decret, faire emancipations. Ainſi dient les
couſtumes de Niuernois tiltre de iuſtice art 14. Sens art 13.
15. Auxerre art. 16. Bourbonnois art. 3. Senlis art. 112. Poictou art. 16. Touraine, art. 51. Aucunes couſtumes attribuёt
au moyen iuſticier la cognoiſſance de toutes cauſes ciuiles
dont l'amande n'excede ſoixante ſols. Ainſi dit Touraine
art. 69. Blois, art. 21. Meleun, art. 1.5 Valois art. 4. & Poictou
ar. 16. Et quant aux cauſes criminelles, aucunes couſtumes
attribuёnt au moyen iuſticier de cognoiſtre de crimes autres que capitaux, & qui ne ſont commis par inſidiation:
les autres reſtraignent aux crimes dont l'amande ne doit
exceder ſoixante ſols. Poictou, Touraine, & Troyes, attribuёnt au moyen iuſticier le droict d'adiuſter meſures. Auſſi les couſtumes varient au faict de la baſſe iuſtice, les vnes
y attribuёnt la cognoiſſance de toutes matieres ciuiles, cōme Bourbonnois & Sens: les autres des cauſes ciuiles iuſques à ſoixante ſols. Et des cauſes criminelles, dont les a-
mendes n'excedent ſoixante ſols, & les autres iuſques à
ſept ſols ſix deniers d'amande: auſſi preſque toutes les couſtumes octroyёt aux moyen & bas iuſticiers de prendre les
delinquans meſmes en flagrant delict, & les reſſerrer, non
pas pour les iuger, ſi le crime excede le pouuoir de leur iuriſdiction: mais pour les rendre és mains du haut iuſticier
dedans les xxiiij. heures, ou pour le moins luy denoncer dãs
vingt-quatre heures. Aucunes couſtumes dient qu'apres
la denonciation, le haut iuſticier doit enuoyer querir le
priſonnier, cōme Niuernois, tiltre de iuſtice, art. 17. Bourbonnois, art. 4. Blois, art. 29. Autres couſtumes dient que
les moyen ou bas iuſticiers, doiuent mene, le priſonnier
audit haut iuſticier, comme Meleun, art. 16. Touraine, art.
46. Auuergne chap. 7. art. 5. dit que le ſeigneur haut iuſti-

cier, demandant le renuoy du prifonnier, doit payer les frais faits en la iuftice inferieure.

Cefte diftinctiõ de haulte, baffe & moyenne Iuftice, a pris fa fource dés le temps de Charlemagne, auquel les Iuges, dicts Centeniers, ne cognoiffoient des caufes de mort ou liberté: mais en cognoiffoient les Comtes, ou les enuoyez de l'Empereur. Es capitulaires, lib. 3. c. 78.

DES FIEFS.

A plus commune inftitution des fiefs a efté du temps que plufieurs droicts Royaux ont efté octroyez aux feigneurs inferieurs, non pas pour les exercer en fouueraineté, & de leur propre droict: mais vtilement pour en receuoir le profit, & comme procureurs des Seigneurs fouuerains. Auparauant eftoit bien quelque forme de fiefs, mais c'eftoit directement pour les tenir du fouuerain, & pour luy faire feruice en fes guerres, quand il cõuoquoit fon hereban, que depuis par nom corrompu on a appellé arriere-ban. De cet hereban, auec ce nom, eft parlé és capitulaires de Louys Empereur, fils de Charlemagne, *lib. 4. cap. 70. & lib 3. cap. 14.* où eft mife la taxe que chacun doit porter felon la valeur de fon bien. Depuis ces droicts Royaux octroyez aux feigneurs hereditairement, lefdits feigneurs commencerent à mouuoir & faire guerre les vns aux autres pour la conferuation de leurs droicts, & à cet effect bailloient des feigneuries ou domaines en fief, ou bien à prix d'argent, ou par autre compofition acqueroient le droict de feudalité, pour eftre feruis par leurs vaffaux en leurs guerres: & nonobftant ce, deuoient feruice à leur fouuerain en fon hereban, pour lequel faire ils delaiffoient le feruice de leurs feigneurs immediats. Cefte inftitution ancienne des fiefs, eftoit caufe que les fiefs ne pouuoient eftre tenus que par mafles: & au commencement les fiefs eftoient concedez feulement pour les defcendans, & eftoit interdit de les aliener fans permiffion du feigneur à peine de commife. La frequence & l'vtilité publique & commune des fiefs, ont efté caufe d'introduire certains remedes contre ces rigueurs anciennes , qui sont compositions arrestees & certaines par consentement cō-mun de tout le peuple, à sçauoir de payer le quint denier du prix,ou le reuenu d'vn an , quand aucun aliene son fief , aussi il peut l'aliener sans le congé du seigneur. En plusieurs prouinces: payer le reuenu d'vn an quand le fief eschet en succession collaterale : que les femelles soiēt receuës à suc-ceder aux fiefs , mais les masles en succession directe ayent aduantage,& en succession collaterale les excluent. Et par ces moyēs les fiefs qui estoient presque personnels & mas-culins , ont esté faicts patrimoniaux auec quelques reigles & modifications particulieres, dont sera traicté cy-apres. De ceste tres-ancienne vsance est venu le mot de *reprise*, qui signifie le renouuellement d'hommage , comme si le fief estoit failly,& retourné au seigneur par le deceds du vassal , & que le vassal le reprist du seigneur, comme par nouuelle concession.

Tout vassal tenant fief doibt faire la foy,& prester le ser-ment de fidelité à son seigneur feodal. Ce serment est si exactement personnel,qu'il doit estre renouuellé à chacu-ne mutation de personne, & fust de pere à fils. Et si le vassal auquel est escheu le fief par succession, ores que la succes-sion soit telle qu'il n'en doiue proufit , & doiue seulement la bouche & les mains , il doit venir rechercher son sei-gneur feodal, pour luy faire la foy & hommage , & s'il ne le faict, le seigneur peut saisir le fief ouuert à faute d'hom-me,& faire les fruicts siens en pure perte du vassal. La plus-part des coustumes dient que le seigneur ne peut saisir , si-non quarante iours apres le deceds du vassal ancien,& in-continent par la saisie fait les fruicts siens. Ainsi dient Ni-uernois des fiefs art. 1. Paris, art. 1. & 7. Orleans, art. 50. Troyes, art. 24. Auxerre, art. 42. Touraine, art. 22. Blois, art. 53. 76. Reims, art 99. Autres coustumes permettent de saisir incontinēt apres le deceds, mais ne faire les fruicts siens sinon apres quarante iours, comme Melcun, art. 22. Auuergne, chap. 22 art. 1. 2. 3. Senlis, art. 159. Laon, art. 183. Autres Coustumes octroyent au vassal quarante iours apres la saisie pour faire la foy, & empescher le gain des

fruicts, comme Berry, chap.des fiefs.art.9.Auuergne, art.
45.Vitry art.41.Bourgongne art.12.n'octroye au ſieur feodal de ſaiſir pour gaigner les fruicts,ſinon apres l'an & iour
du deceds.   Quand le fief change de main par autre voye
que de ſucceſſion, aucunes Couſtumes donnent vingt
iours à l'acquereur pour faire ſon deuoir, comme Niuernois,Des fiefs.ar.1.Blois,art.53.A utres dient quarãte iours
par tout,comme Meleun,art.21.eſtampes,art.11.   Les autres permettent de ſaiſir incontinent apres l'alienation,Or-
leans,art.43.Troyes,art.28.Reims,art.99.Ce ſont droicts
particuliers.Mais la reigle generale eſt qu'en cas d'ouuerture de fief, qui eſt quand le fief change de main, ſoit par
ſucceſſion ou alienation, le ſeigneur feodal peut ſaiſir &
mettre en ſa main feodale le fief mouuant de luy,à faute
d'homme,droicts & deuoirs,non faits,non payez, & par le
moyen de ſa ſaiſie,gaigner à luy les fruicts en pure perte du
vaſſal,iuſques à ce que ledit vaſſal ait fait ſon deuoir. Peut
ledit ſeigneur, ayant ſaiſy, iouyr par ſes mains, s'il veut,
pource qu'il prend le fief comme ſien, & comme à luy re-
tourné.Ce qui depend de la tres-ancienne vſance és fiefs,
ſelon laquelle la conceſſion eſtoit finie par la mort du vaſſal, & le ſeigneur mettoit en ſa main ſon fief. Ce qui a eſté
aboly, quant à la proprieté : mais eſt demeuré en vſage
quant au gain des fruicts. La couſtume de Touraine. art.
22.permet au ſeigneur leuer par ſes mains,ou bien s'il veut,
il y fera eſtablir vn commiſſaire comptable, duquel il ſera
reſponſable, ou bien apres auoir ſaiſy realement,& notifié
ſa ſaiſie au vaſſal, il peut temporiſer pour cognoiſtre ſi le
vaſſal continuëra ſa iouyſſance, & ſi le vaſſal continuë à
iouyr,il ſe rẽd comptable à ſon ſeigneur, parce qu'en apres
le vaſſal ſe preſentant à ſon debuoir, le ſeigneur n'eſt tenu
de le receuoir ny luy faire mainleuee,ſinon en reſtabliſſant
les fruicts que le vaſſal a perceus depuis la ſaiſie. Et non ſeulement par voye d'execution,comme deſſus:mais auſſi par
voye d'actiõ,le ſeigneur pourra contraindre ſon vaſſal à luy
rendre les fruicts par la condiction generale, dont eſt parlé
in l. ſi & me, & Titium.ff.ſi certum petatur. En quelque façon
que le ſeigneur iouyſſe,il doit vſer du fief comme bon pere

de famille, comme *verbigratia*, ne doit moiſſonner ny vendanger, ſinon en temps de maturité competente, ne doit
peſcher les eſtangs, ny couper les bois taillis, ſinõ en ſaiſon
deuë, doit empoiſonner ou laiſſer l'alleuin és eſtangs peſ-
chez, garder le bois couppé, labourer & façonner les terres
& vignes en temps deu. Ainſi dient les couſtumes. Paris, ar.
1. Poictou, art. 119. Auxerre, art. 64. Orleans, 70. Laon, art.
211. Et par l'ordonnãce du Roy Philippe le Bel, de l'an 1302.
art. 3. 4. 5. où eſt parlé de la regale qui eſt, *ad inſtar* de ſaiſie
feodale, & d'autres ſaiſies feodales. Vray eſt qu'il préd les
fruicts en l'eſtat qu'il les trouue, & fuſſent ils preſts à cueillir, ſans eſtre tenu de payer les labeurs, ſemences, & autres
amendemens, en ce qui touche l'intereſt du vaſſal. Mais
ſi vn metayer, laboureur ou autre y employe ſon labeur &
ſes ſemences ou autres frais, le ſeigneur ne leuera les
fruicts, au preiudice de tel laboureur ou mercenaire. Car il
ne doit prendre, ſinon ainſi que le vaſſal euſt pris, s'il n'y
euſt eu ſaiſie. Ce qui depend & de la raiſon du ſens cõmun,
& du droict Romain, qui dit que les fruicts ſont entendus
ce qui reſte apres les frais du labourage, ſemence, & conſeruation deduits & precomptez, & que nul cas ne peut
interuenir qui empeſche ceſte deduction. *l. ſi à domino. §. vlt.
ij. de petitione hered. l. fũndus qui. ff famil. erciſc.*

Le vaſſal qui veut auoir mainleuee de ſon fief ſaiſy, ou
qui veult preuenir la ſaiſie en faiſant ſon deuoir, doit aller
trouuer ſon ſeigneur feodal au lieu du fief dominant, pour
en faire la foy & hommage, & n'eſt tenu de l'aller chercher
ailleurs. Aucunes couſtumes dient que le vaſſal eſt tenu
d'aller trouuer ſon ſeigneur à ſa perſonne, s'il eſt en la meſme prouince, comme Niuernois, art. 1. Poictou art. 110.
Bourgongne, art. 12. Orleans art. 45. dit quand le fief eſt
ſaiſy que le vaſſal doit aller chercher le ſeigneur iuſques à
dix lieuës. Sil n'y a point de ſaiſie, il ſuffit d'aller au fief dominant: mais puis que le deuoir de fief eſt à cauſe de la
choſe, le plus commun eſt d'aller au lieu du fief dominant:
car auſſi bien le ſeigneur n'eſt pas tenu de receuoir ſon vaſſal ſe preſentant en autre lieu, ainſi dit Paris, art. 64. &
Bourbonnois, art. 378. Poictou, art. 111. met vne limitation

qui

qui sēble raisónable, que si le vaisal a vne fois fait só deuoir
au lieu de fief dominār en l'absence du seigneur, qu'apres
il peut faire la foy à la personne du seigneur quelque part
qu'il la trouue. Ce qui se rapporte au droict Romain, quād
il est question desdroicts d'vn heritage, de s'adresser au lieu
où il est assis. *l. dies. §. toties ff. de damno infecto.* Le vassal doibt
s'enquerir si le seigneur y est, ou s'il y a aucun commis pour
luy à receuoir les hommages. S'il ne trouue à qui s'addresser, il doit requerir les officiers ou entremetteurs des affaires du seigneur, sur le lieu d'assister au debuoir qu'iceluy
vassal entēd faire. Et soit qu'ils y cōparent ou nõ, ou que le
vassal ne trouue personne de ceste qualité, ledict vassal fera au deuant la porte de la maison ou lieu seigneurial le deuoir tel qu'il feroit au seigneur s'il estoit present: a sçauoir
estre nuë teste, mettre vn genoüil en terre, oster son espee
& ses esperons, & en cest estat, declarer & recognoistre que
tel fief luy est escheu par succession de tel, ou qu'il la acquis
ou luy a esté donné: qu'à cause dudict fief il est vassal dudit
seigneur, luy en faict l'hommage, iure & promet luy estre
fidele, & d'accomplir tout ce à quoy par la nature de son
fief il est tenu. La Coustume de Touraine, art. 115. faict
vne distinction qui semble raisonnable, pour estre generale, Que si l'hommage est simple, il se fera par le vassal, nuë
teste, les mains joinctes auec le baiser. Si l'hōmage est lige,
il se doibt faire les mains joinctes sur les Euangiles, nuë teste, espee desceinte, auec le baiser. A quoy se rapporte Bretagne, art. 328. 329. & Poictou, art. 113. Si le vassal à acquis
le fief ou luy a esté dōné, il doit exhiber le cōtract. Si aucūs
profits sont deubs, soit de quint ou de rachapt, il en doibt
faire offre à descouuert auec vne sōme de deniers pour les
frais de la saisie, s'il y a eu saisie, & pour l'estimatiō desfruicts,
si le vassal les a perceuz depuis la saisie, & à parfaire. Et du
tout requerir acte par escript au Notaire qu'il doibt auoir
auec luy en presence de tesmoings. Et ores qu'il n'ē soit requis, doit laisser coppie du tiltre si aucun il exibe, & de l'a-
cte contenant son deuoir, parce que le vassal doit instruire
son seigneur, & le seigneur doibt estre asseuré, & auoir

tefmoignage deuers luy de la recognoifsãce que fon vaffal
a faicte. Ainfi dict Bourb. art. 380. Auuergne art.50.Paris,
art.63.Eftampes,art. 11. Berry,des fiefs, art. 20. Laon, art.
187.Rheims, art.110. Et ie tiens pour reigle , que toutes &
quãtes fois qu'õ ne parle à la perfonne à qui on a affaire, &
qu'õ veut auoir acte de fon deuoir,il faut laiffer copie ores
qu'elle ne foit requife: car autrement ce feroit vn deuoir
faict par acquit,& en telle forte que celuy à qui on a affaire
ne pourroit eftre certioré. Qui eft autãt que fi on ne faifoit
rien.*l.ait qui aliter.ff.quod vi aut clam.* Si le vaffal ne trouue
perfonne à qui parler & delaiffer copie, il la delaiffera au
proche voifin, ou bien l'attachera à la porte du lieu Seigneurial s'il eft habitable, ou à la porte de l'Eglife parrochiale du lieu. Mais apres, le feigneur eftant de retour, il
peut fignifier fa venuë au vaffal,&luy affigner iour competent,pour venir faire fon deuoir:& s'il y defaut le feigneur
pourra faifir. Ainfi dict Niuernois des fiefs,art. 2.Sens, art.
182. Et Poictou,art. 112.dict que le Iuge ou Officier du feigneur, en fon abfence pourra donner furceance au vaffal
iufques au retour du feigneur : & luy de retour, le vaffal
doit venir à peine de la faific,& perte des fruicts. Touraine,art. 110. dict que le vaffal eftant aduerty du retour, doit
venir trouuer le feigneur.Orleans, art. 46.dict que fi le feigneur faifit derechef, le vaffal aura quarante iours apres la
faifie.Il a efté dict cy deffus , que s'il eft deu profit de bourfe par la mutation que le vaffal le doibt offrir , foit en abfence ou prefence:Car l'offre doibt eftre fi accomplie, que
fi celuy à qui elle eft faicte eftoit prefent , & vouluft accepter,il deuft à la mefme heure receuoir,ores qu'il y euft demeuré de la part de celuy à qui l'offre eft faicte.*l. feruus fi he-
redi. §. Imperator.ff.de ftatulib.l. vlt.ff. de lege commifforia.* S'il
n'y a point de profit,lors fe practique le mot vulgaire obferué par tout , que le vaffal ne doit , & ne doit offrir que la
bouche & les mains : aucuns ont eftimé que la bouche fignifie la parole du vaffal qui fe recognoift tel,& faict le ferment de fidelité:Mais la verité eft,que la bouche fignifie le
baifer,& telle eftoit l'vfance ancienne, que le feigneur en
receuant fon vaffal l'honoroit du baifer en figne d'amitié..

Ce qui eſt repreſenté par la Couſtume de Bretaigne , art.
322.327.& Touraine,art.115. Les mains ſignifient que le
vaſſal doibt ioindre les mains,& le ſeigneur les préd & ſer-
re entre les deux ſiennes , & en cet eſtat le vaſſal fait la foy,
& preſte le ſerment. Audict cas,quãd le vaſſal ne doibt que
la bouche & les mains ,   il doibt chambellage qui eſt vne
piece d'or que le vaſſal donne aux officiers ou ſeruiteurs du
ſeigneur feodal:& ainſi dict Laon,art.158.& eſt general en
France.

  Si le vaſſal eſt pupille & n'eſt en aage de faire la foy , &
preſter le ſerment de fidelité,preſque toutes les Couſtumes s'accordent , que le ſeigneur eſt tenu de bailler ſouffrance au tuteur iuſques à l'aage accomply des mineurs.
Ainſi dient,Paris,art.41.Meleun,art.34. Auxerre, art.78.
Orleans,art.23 24. Laon,art.170.Rheims,art.112. Niuernois,art. 3. 4. dict que le tuteur doit faire recognoiſſance
de fief & non l'hõmage.Autres Couſtumes permettent au
tuteur de faire l'hommage.Sens,art.157.Orleans,23.Tou-
raine, art. 343.Mais Bourbonnois, art. 379. donne au ſeigneur le choix,ou de receuoir le tuteur à la foy , ou bailler
ſouffrance.Orleans,art.34. Eſtampes,art.18.19. dient,s'il
n'y a tuteur, qu'vn parent des mineurs peut demander la
ſouffrance.Paris,art.41. adiouſte vne ſeureté, qui eſt raiſonnable par tout,que le tuteur demãdant ſouffrance,doit
declarer les noms &aages des mineurs:afin que le ſeigneur
ſoit aſſeuré en quel temps ils deuront l'hommage. Aucunes Couſtumes diffiniſſent l'aage des maſles à quatorze
ans,& des femelles à douze , qui eſt l'aage de puberté declaré par le droict Romain,cõme Niuernois,art.5.Rheims
art.113.Betry,des fiefs,art.37.Troyes,art.18.Laon,art,260.
Blois,art.8.Bourgongne, entre nobles,art.54.Autres couſtumes diẽt des maſles à vingt ans, & quinze ans aux filles.
Paris,art.32. Eſtampes,art.19.Montfort,art.21.Laon, art.
171.Les autres dient à dix-huict & à quatorze ans.Meleun,
art. 31.Sens,art.219.Touraine,art.346. Les autres à vingt
& quatorze ans.Orleans,art.24. Selon la raiſon de l'antiquité & la vraye doctrine , l'aage doibt eſtre au maſle de

porter les armes, qui eſt le deuoir des fiefs , & à la femelle
d'eſtre nubile, afin que ſon mary face le ſeruice pour elle.
Ainſi ſeroit bien par tout à dix-huict & à quinze ans. Dix-
huict ans eſt la pleine puberté ſelõ le droict Romain. *l. me-
la.ff.de alim.leg.l. arrogato.ff. de adopt.*

Les ſeigneurs feodaux accordent ſouffrance, ou ſurſeance de faire la foy non ſeulement au cas ſuſdict de pupilla-
rité: mais auſſi en cas d'abſence, maladie ou legitime empeſchement du vaſſal. Car le ſeigneur n'eſt tenu de receuoir l'hõmage de ſon vaſſal par procureur s'il ne luy plaiſt.
Et audict cas d'empeſchement bien teſmoigné, le ſeigneur
doibt faire l'vn des deux, ou receuoir l'hommage par procureur, ou accorder ſouffrance iuſques apres l'empeſchement ceſſé. Ainſi dient preſque toutes les Couſtumes. Niuernois, des fiefs, ar. 44. Paris, art. 67. Meleun, ar. 26. Sens,
art. 181. Poictou, art. 114. Auxerre, art. 43. Berry, des fiefs,
art. 19. Orleans, art. 65. Bourbonnois, art. 378. Auuergne,
chap. 22. art. 26. Troyes, art. 40. Touraine, art. 115. Laon,
art. 217. Blois, art. 57. Rheims, art. 111. & Laon, art. 220.
mettent vne exception qui a grande apparence de raiſon.
Que ſi le ſeigneur feodal n'eſt en perſonne à la reception
de ſes fiefs, & y ait commis, le vaſſal peut faire deuoir par
procureur. Auſſi les ſeigneurs quelquesfois par grace, accordent ſouffrance à leurs vaſſaux. Et tant que ceſte ſouffrãce dure, elle equipolle à foy à ceſt effect que le ſeigneur
ne face les fruicts ſiẽs, & que le vaſſal iouyſſe. Ainſi dict preſque toutes les Couſt. Eſtápes, art. 22. adjouſte vne belle
limitation, qui a ſa raiſon generale pour eſtre obſeruee par
tout, que ſi le pupille de ſõ chef eſt tenu à quelque profit de
bourſe, le ſeigneur n'eſt tenu de bailler ſouffrance ſinon en
payant: Vray eſt que ceſte Couſtume dict apres. Que ſi le
profict eſt deu d'autre chef que du mineur, le ſeigneur
neantmoins doit donner ſouffrãce, ſans eſtre payé, ſauf au
ſeigneur de pourſuiure par action ſon droict. Ce qui ne me
ſemble pas raiſonnable: car le ſeigneur de ſõ droict, & plein
droict, ayant ſaiſi a faute d'homme, peut retenir en ſa main
le fiefiuſques a ce qu'il ſoit payé des profits, & n'eſt tenu de

receuoir la foy,& faire main-leuee du fief,sinon en payant:
côme dit Niuern.art.62. Meleun.26.Orleans, art. 2. & est
general.Or la suruenance du mineur, heritier du majeur,
ne doibt riē immuer du droict d'autruy.*l.sol.a.C. de ys quib.
et ind. l.11.ff. de verb.oblig.*

Aucunes coustumes ont prescripte la forme de la saisie
feodale. Et combien que ce soient loix particulieres, elles
sont fondees en raisons generales, pour estre estendues par
tout. Asçauoir si le seigneur feodal a droict de iustice au
fief dominant,& il ne l'a pas au fief seruant ; il peut faire
saisir le fief mouuant de luy en autre iustice, en demandant permission au seigneur d'icelle : s'il n'a iustice,il doit
faire saisir par le sergent de la iustice du lieu où est le fief. Et
en tous cas le sergent doit auoir commission particuliere
du seigneur : car les commissions generales sont interdites
aux seigneurs & aux iuges Royaux, comme il a esté dit
cy-dessus,& est declaré par la coustume de Touraine ar.19.
La saisie doit estre realisee, c'est à dire, faicte sur le mesme
lieu du fief, au principal manoir, s'il y en a, sinon en quelque lieu apparent du fief. Touraine, art.20. dit qu'il faut
apposer vn brandon pour marque de saisie, ce qui semble
auoir raison generale : ou apposer quelque autre marque
apparēte. Ce qui est conforme au droict Romain,qui veut
les pignorations en forme iudiciaire, estre faites en la mesme chose, & non par paroles seulement *l. non est mirum. ff.
de pignor.act.* Et n'est assez d'auoir faicte la saisie sur le lieu,
ains conuient la notifier au vassal, & luy en bailler coppie,
ensemble de la commission : & se doit faire à sa personne,
ou à son domicile : s'il en a au lieu du fief saisy : Sinon en
parlant à quelqu'vn de ses officiers, ou entremetteurs d'affaires. Au lieu & à defaut d'iceux, par affixe au lieu public
du fief, ou à la porte de l'Eglise parrochiale. Ce qui a quelque conformité au droict Romain.*l.aut qui aliter.§.1.ff.quod
vi aut clam.l. dies.§.toties.ff.de damno infecto.l.sed et i. § de quo
palam.ff.de insti.act.* Et suiuant ce, sont les Coustumes de
Niuernois, des fiefs,art.7.Paris,art.30.Blois,art.101.Bour-
bonnois, art. 371. Auuergne,chap.22.art.4.Touraine, art.

&c.Paris,art. 31. met vne belle limitation, qui semble bien raisonnable, pour estre generale , à sçauoir que les saisies soient renouuellees de trois en trois ans, autrement n'ayēt effect que pour trois ans. Autant en dit Orleans,art. 51. La raison, est tant en faueur du cōmissaire, pour estre perpetuellement obligé, qu'en faueur du vassal, an que la longueur du temps, qui apporte oubliance, ne soit captieuse.

Or est la saisie necessaire pour attribuer au seigneur le gaing des fruicts:car presque toutes les coustumes s'accordent à vne reigle brocardique, tant que le seigneur dort, le vassal veille, comme aussi se dit au contraire, tant que le vassal dort, le seigneur veille, qui est à dire, tant de temps que le seigneur n'a saisy, le vassal iouyt & gaigne les fruicts: aussi du temps que le seigneur tient le fief saisy , le vassal qui ne fait son debuoir, perd les fruicts: horsmis qu'Estampes, art. 17. dit que le seigneur apres les quarante iours du deceds du vassal, gaigne les fruicts de la premiere annee, sans saisie:pour les autres annees, doit saisir. La raison du brocard, est que le seigneur en temporisant fait assez entendre qu'il se contente de son vassal, & le vassal apres la saisie, ne faisant debuoir, monstre par effect, qu'il mesprise son seigneur,& auec iuste cause perd les fruicts.

La principale cause de saisie feodale, est quand le fief est ouuert par defaillance du vassal decedé, ou qui a aliené. Le commun vsage ès saisies, est que l'on y cumule trois cas, à faute de foy & hommage non faicts, droicts & denoirs non payez , & denombrement non baillé. La saisie au premier cas, sans difficulté , attribuë les fruicts au seigneur. Mais les coustumes, ne sont d'accord au second cas, quand le vassal est receu à foy, si le seigneur peut saisir & faire les fruicts siens, à faute des profits non payez, Niuernois des fiefs, art.8. Auxerre, art. 61. Troyes, art 42. permettent la saisie & le gain des fruicts en ce second cas: mais Meleun, at. 26. Sens, art. 22. Laon art. 223. Reims, art. 125. Blois, art. 97. n'octroyent au seigneur la saisie ny le gain des fruicts, si par expres, il n'en a fait reseruation , en receuant le vassal à hōmage, & dient qu'il doit demander ses profits par action.

Berry, des fiefs, art. 38. dit de mesme, & excepte encores s'il
y auoit quelque ouuerture auec profit que le vassal eust
cachee. Auquel cas, selon le droict Romain, se peut dire
que par dol il a extorqué du seigneur, la reception en foy,
qui partant ne luy doit seruir, par la raison, *l. si qu.si. f. de pignor. act.* La saisie pour denombrement non baillé, n'attribuë les fruicts au seigneur, mais punit seulement la contumace du vassal, par sequestration des fruicts de son fief, afin
qu'estant ennuyé & molesté, il se contraigne à son deuoir,
qui est la raison mise *in cap. 2. extra de dolo & contu.* Pourquoy
apres que le vassal a satisfaict à bailler son denombrement,
le commissaire luy doit rendre comte, & payer le reliqua,
à quoy presque toutes les coustumes s'accordent, horsmis
Troyes, art. 30. qui dit si le vassal apres le temps prefix demeure plus d'vn an, sans bailler son denombrement que le
seigneur gaigne les fruicts, & Poictou, art. 85. donne les
fruicts au seigneur, si le vassal condamné par iustice a bailler son adueu, dans certain temps ne le fournit.

La saisie feodale, qui est à faute d'homme, & foy non faite est tellement priuilegiee, qu'elle est preferee à la saisie
que les creanciers du vassal feroient pour les hypotheques,
& à l'acquisition qui pourroit estre faicte au seigneur haut
iusticier, & non feodal, par confiscation. Et la raison y est en
ce que le droict du seigneur est focier, precedant de la premiere & originaire concession : & le vassal ne peut hypothequer à ses creanciers, ny transmettre par confiscation
au seigneur iusticier, sinon le droict de seigneurie vtile, tel
qu'ill'a, & aux charges qu'il l'a tiét *l. lex vecti. f. de pig. l. si finit.
§. si de vecti. ff. de damno infect.* A quoy s'accordent aucunes
coustumes, Meleun, art. 78. Berry des fiefs, art. 82. Laon, ar.
207. Vray est quand vn fief est saisi sous la main feodale, &
les creanciers du vassal veulent poursuiure l'execution de
leurs hypotheques par criees. La Cour de Parlement a dõné remede : premierement par vn Arrest donné en plaidant le premier Decembre, 1544. qui porte que le seigneur
& les creanciers nommeront vn curateur qui fera la foy,
payera les profits, si aucuns sont deus, & par son deceds y

aura ouuerture de fief, en attendant qu'il y ait homme certain par l'adiudication par decret. Et depuis la nouuelle couſtume de Paris, art. 34. en a dit autant en effect. Et aparauant celle de Berry, des fiefs. art. 82.83. qui adiouſte que tel curateur payera les profits, à prendre ſur les fruicts des heritages criez. Orleans, art. 4. parle auec plus de temperament, diſant que le ſeigneur eſt tenu de bailler ſouffrace à ce curateur, ſauf au ſeigneur à ſe pouruoir ſur les deniers de l'acceſſe, que fait le commiſſaire pour eſtre payé de ſes profits, ou ſur les deniers du decret. Cet expedient ſemble eſtre fondé en raiſon plus iuridique. Autre priuilege y a en la ſaiſie feodale, que le ſeigneur ne doit plaider deſſaiſy, & quelque oppoſition ou appellation qu'il y ait, ſa main feodale doit tenir. Ce qui eſt repreſenté és lettres royaux de terrier, que l'on prend en chancellerie, eſquelles la clauſe eſt ordinaire telle, & en cas d'oppoſition, la main-tenant quant aux heritages tenus noblement. L'exception eſt ſi le vaſſal deſaduoüé à ſeigneur celuy qui a fait ſaiſir. Car en ce cas le deſaduoüant à main-leuee par prouiſion durant le procez. Touraine, art. 22. met vne autre exception, ſi le vaſſal monſtre promptement le deuoir par luy faict. A quoy s'accorde Orleans, art. 80. & Laon de Vermandois, article 218.

De ce que deſſus depend autre reigle, miſe par pluſieurs couſtumes, qui porte que le vaſſal ne ſe peut dire ſaiſy du fief contre ſon ſeigneur, par contraire ſaiſine à celle dudit ſeigneur, qui a ſaiſy, quelque debuoir qu'il ait faict enuers iceluy ſeigneur, ſinon apres qu'il a eſté receu en foy par luy, ou qu'il ait eſté receu en main ſouueraine par le ſeigneur ſuperieur. Ainſi dit Niuernois des fiefs, article cinquante, Sens, article 183. Troyes, article 41. Autres couſtumes dient apres que le vaſſal a faict ſon deuoir entier qu'il peut ſe dire ſaiſy contre le ſeigneur feodal, & iouïr de ſon fief, ſans offence: & aucunes deſdites couſt. dient qu'il peut former complainte côtre le ſeigneur qui l'empeſche de iouyr, côme Auxerre, ar. 46. Orleans, ar. 45. 68. & 88. Meleun, ar. 23. Berry des fiefs. art. 23. Laon art. cent quatre-vingts ſix:

Mais

Mais Poictou,art.92.permet au vaſſal qui a fait ſon deuoir,
d'appeller du refus que fait ſon ſeigneur de le receuoir.
Mais cela depend de la couſtume particuliere de Poictou,
qui donne la iuriſdiction au ſeigneur feodal ſur les fiefs
mouuās de luy,art.108.Pourquoy l'appel eſt à propos quād
celuy qui a iuſtice refuſe faire iuſtice. Mais preſque toutes
autres couſtumes dient que fief & iuriſdiction n'ont rien
de commun,comme ſera dit cy-apres.En tout ce que deſſus eſt à excepter quand le fief eſt ſaiſy ſous la main du Roy,
qui ſe pretēt ſeigneur feodal immediat.Car luy qui eſt fondé de droict commun, & qui eſt la ſource originaire des
fiefs,ne plaide iamais deſſaiſy. Le temperament,à l'eſgard
des autres ſeigneurs que du Roy,eſt de s'addreſſer par lettres Royaux au iuge Royal, ou au ſeigneur ſuperieur du
ſeigneur feodal,pour apres cognoiſſance de cauſe ſommaire du deuoir que le vaſſal,a faict receuoir ledit vaſſal, comme en main ſouueraine : & y en a formulaire en Chancellerie non ſeulement quand il y a contention de la ſuperiorité feodale entre deux ſeigneurs : mais auſſi quand le ſeigneur ſans iuſte cauſe refuſe d'admettre ſon vaſſal à ſa foy,
& luy faire mainleuee,& y en a article. Niuernois des fiefs,
art.50.

Les lettres & la prouiſion de main ſouueraine , comme
dit a eſté , peuuent eſtre obtenuës eſdits deux cas, aſçauoir
pour la contention de deux ſeigneurs:& quand le ſeigneur
ſans iuſte cauſe refuſe. Au premier cas parlent les couſtumes de Paris,art.60.Meleun, article 87. Eſtampes, article 36.Montfort, article 38. Orleans,article 87. Bourbonnois,article 385.Laon, article 202.Reims,art.124. Maiſtre
Charles du Molin, dit qu'il n'eſt beſoin d'obtenir lettres
Royaux , ny de s'addreſſer au iuge Royal, ſi ce n'eſt que
l'vn des pretendans ſoit vaſſal du Roy immediatement.
Car,dit-il, ſi tous les deux ſeigneurs pretendans la feudalité ſont vaſſaux d'vn Duc, d'vn Comte, ou autre ſeigneur:
ce ſeigneur ſuperieur de tous deux, cognoiſtra de la main
ſouueraine,& receura le vaſſal en main ſouueraine,com-
me eſtant ſuperieur des deux ſeigneurs pretendans la feu-

H

dalice.Celuy qui requiert eſtre receu par main ſouueraine
au premier cas, doit offrir & conſigner pardeuant le iuge
de la cauſe, les profits, ſi aucuns ſont deus, & les fruicts, s'il
en a perceus depuis la ſaiſie:ce fait, il eſt receu à faire & cõ-
ſigner la foy par prouiſion, en forme de ſequeſtre és mains
du iuge qui cognoiſt de la cauſe, lequel octroye main-leuee du fief ſaiſy. Et à la charge de reſtablir ladite foy & l'hõmage à celuy des deux ſeigneurs, qui en fin de cauſe ſera
vainqueur. Et le vaſſal qui ainſi eſt receu, doit ſe ſubmettre
à ce faire. Au ſecõd cas, auant que receuoir le vaſſal, le iuge
doit cognoiſtre de la ſuffiſance de ſon deuoir, qu'il a pre-
ſenté, & s'il le trouue ſuffiſant, il le receura comme par
main ſouueraine, ſans le renuoyer au ſeigneur feodal.

Le ſeigneur qui ſaiſit à faute d'homme, droicts & deuoirs
non faits, non payez, gaigne les fruicts du fief ſaiſy, en pure
perte du vaſſal (comme dit eſt). Les couſtumes s'accordent
qu'il prend les fruicts en tel eſtat qu'il les trouue lors de la
ſaiſie, & tels que le vaſſal les deuroit prendre, ores que ce
ſoient les fruicts de pluſieurs annees, comme s'il ſe trouue
vn bois taillis preſt à coupper, eſtang preſt à peſcher:& n'eſt
pas comme quand le ſeigneur prend les fruicts d'vn an
pour ſon droict de relief ou rachapt:car en ce cas il prendra
les fruicts du bois taillis, ou de l'eſtang, pro rata des temps.
Quand il prend à faute d'homme, il n'entre point en ceſte
raiſon de proportion:vray eſt que le ſeigneur ne les gaigne,
ſinon qu'il ait fait ſeparer les fruicts du fonds, iaçoit qu'il
ne les ait encores enleuez, ou quant à l'eſtang qu'il ait leué
la bõde. Ainſi dient Niuernois des fiefs, art. 57. Meleun, ar.
79. Orleans, art. 5. Montfort, art. 35. Berry des fiefs, art. 42.
où il fait diſtinction, telle que deſſus, ſi le ſeigneur prẽd les
fruicts à faute d'homme, ou s'il les prend pour ſon droict
de relief, Bourbonnois, art. 374. Blois, art. 106. & ſera pris
pour general ce que dit Orleans, art. 71. que ſi le ſeigneur
prẽd les fruicts, à faute d'hõme, il n'en precompte rien ſur
les fruicts à luy deus pour le rachapt:toutesfois en la regale,
qui eſt *ad inſtar* des matieres feodales, quãd le ſeigneur feodal ſaiſit. Le Roy ne prend pas les fruicts, ſelon qu'ils ſe pre-

sentent à prendre, mais les prend pro rata du temps que l'ouuerture a duré. Ainsi fut iugé par Arrest, en la regale de Meaux, du 9. Iuin, 1557. ou 1567. Prēdra le seigneur, dis-ie, les fruicts, sans rébourser au vassal les frais qu'il aura faicts: mais si vn metayer, laboureur ou autre mercenaire y auoit employé son labeur, ses grains à semer, ou autres frais, le seigneur deuroit le rembourser, ou bien se contenter de prendre la part & droict, que le vassal y eust pris. Et si le domaine ou autre reuenu auoit esté baillé à ferme, & accensé à petit nombre d'annees, & sans fraude : le seigneur feodal deuroit se contenter de prendre la ferme ou moison. Ainsi lit la coustume de Paris, art. 56. Auxerre, art. 64. Orleans, art. 72. Reims art. 101, 102. Ce qui est bien raisonnable, & non pas aucunes coust. anciēnes & aucunes nouuelles: permettans au seigneur de leuer la despouïlle entiere, en rendant au labourer ou au fermier ses labeurs & semences: car puis que le vassal a administré par bon mesnage à la maniere accoustumee, celuy qui vient en son lieu, ores qu'il n'ait droict, & cause de luy, doit ester au marché que le vassal a fait, ainsi est dit *in l. in vendittone.* §. 1. *ff. de bon. aut ind. possid.* Aussi le laboureur ou fermier qui a employé ses moyens & son labeur à faire venir ses fruicts, a sur iceux & dedans iceux hypotheque & droict auec priuilege, au preiudice de tous autres, par la raison de la *l. interdum. l. huius enim. ff. qui pot. in pig. hab.* Et il n'est pas recompensé suffisamment quand il est remboursé en deniers, car son attente & esperance, pour sa prouision y est couchee, dōt il n'est recompensé, en luy payant ses iournees & semences, car deniers ne sont pas du bled, & n'est raison que le seigneur qui prend en pur gain, soit enrichy auec le dommage d'autruy: *Multo magis*, puis que toutes les coustumes s'accordent que le seigneur doit vser comme bon pere de famille, en quoy est compris d'obseruer la coustume & viance. *l. si fine.* §. *Lucius. ff. de administ. tut.* Et quand le seigneur prend la ferme ou moison, qui se paye *verbi gratia* à la feste sainct Martin, si les fruicts ont esté separez du fonds au tēps de la saisie, le seigneur prendra la moison ou

ferme, iaçoit que lors du terme eſcheu, le ſieſſoit remply, &
la ſaiſie leuee. Car de vray la moiſon eſt deuë deſlors de la
perception , & le terme eſt pour la commodité du debiteur. A quoy s'accorde ce qui eſt dit *in l. defuncta.ff.de vſufr.*
Et ſi le ſeigneur doit prendre les meſmes corps des fruicts,
la preuention & commencement de cueillir attribuë le
droict pour tous les fruicts de la meſme piece d'heritage,
pourueu que ce ſoit en maturité raiſonnable & accouſtumee, & de meſme à l'eſtang ſi la bonde eſt leuee. Ainſi dit
Niuernois des fiefs, art. 57. Bourbonnois art. 374. mais
Blois, art. 100. & Orleans, art. 69. ſemble donner les fruicts
au ſeigneur ou au vaſſal, ſelon qu'ils ſe trouuent pendans
ou ſeparez du fonds lors du deuoir faict par le vaſſal à ſon
ſeigneur vaſſal. Reims, art. 102. adiouſte vne limitation ,
que ſi le fermier a payé par anticipation au vaſſal, il ne laiſſera de payer derechef au ſeigneur. Ce qui ſemble dur, veu
que le fermier a payé à celuy qui lors eſtoit proprietaire:
mais auſſi eſt à conſiderer que ſi le ſeigneur vouloit *ſummo*
iure, il prendroit les fruicts qui ſont pendans lors de ſa ſaiſie.
Et c'eſt par temperamēt qu'on fait cōtenter le ſeigneur de
prēdre la ferme. Pourquoy ie penſe que ſi le fermier aimoit
mieux de laiſſer prendre les fruicts que de payer la ferme,
le ſeigneur deuroit s'en contenter. Audit cas d'auance
faicte le ſeigneur ayant ſaiſy, prēd nō ſeulement les fruicts
naturels & induſtriaux qui corporellement ſe perçoiuent:
mais auſſi les fruicts qu'on appelle ciuils ou caſuels. Comme la preſentation de benefices, & collation d'offices qui
ſont comptez en fruicts, depuis la conſtitution d'Honoré
III. Pape. *in cap. illa. extra ne ſede vacante,* ſelon la gloſe. *in ca.*
cum olim. extra de maior. & obed. A ce tiltre , durant l'ouuerture de regale, le Roy non ſeulement prend les fruicts, qui
ſont vrais fruicts de l'Eueſché: mais auſſi confere les prebē-
des, & autres benefices qui n'ont charge d'ames : les quints
deniers, les lots & ventes, & autres tels droicts, ſi les vacations eſcheent, & les alienations ſont faites du temps
de la ſaiſie. Ainſi dit Niuernois des fiefs, art. 58. qui doit

valoir en general. Par la mefme confequence, fi l'arriere-
fief foubs le fief faifi, fe trouue ouuert au temps de la faifie,
le feigneur du plain fief faifi, pourra faifir l'arriere-fief, & y
exploicter & gaigner les fruicts, tout ainfi que de fon plain
fief, mefme receuoir l'hommage de l'arriere-vaffal & les
profits. Ainfi dient les Couft. de Niuernois, des fiefs, art.
59. Paris, art. 54. 55. Meleun, art. 81. Sens, art. 197. Eftapes,
art. 32. Senlis, art. 259. Troyes, art. 45. Rheims, art. 131.
Blois, art. 77. Mais ie croy quant aux profits, qu'il fe doibt
entendre, s'ils efcheent durant le temps de la faifie du feigneur fuperieur. Car s'ils font efcheuz auparauant, ils ont
appartenu au vaffal qui iouyffoit & veilloit quand le feigneur dormoit. Et fi le vaffal auoit faifi cet arriere-fief
auant que fon feigneur du plain fief euft faifi le fien, ledict
feigneur de plain fief pourra s'aider de la faifie de fon vaffal, & prendre les fruicts & profits efcheans durant fa faifie.
Ainfi dict Bourbonnois, art. 373. Il a efté dict cy deffus, que
le feigneur feodal exploictant fon fief, doibt en vfer comme bon pere de famille. Doibt eftre auffi entendu qu'il
doibt fe comporter felon l'amitié & denoir reciproque
d'entre le feigneur & le vaffal. Pourquoy felõ que la Cour
auoit de long temps ordonné par aucuns arrefts, mefme le
dernier Decembre, 1537. & en plaidant le douziefme Ianuier 1551. entre les feigneurs de Brouillier & Sauigny ; en
certaines prouinces a efté accordé pour Couftume, que le
feigneur faififfant ne deflogera fon vaffal ny fa famille, &
fe contentera d'auoir à fon vfage les caues, granges, & autres baftimens feruans à recueillir les fruicts, auec vne chã-
bre pour loger ledict feigneur feodal, quand il y voudra aller. Ainfi dict Paris, art. 58. Orleans, art. 73. qui adioufte,
que fi la maifon eft loüee, le feigneur feodal prendra les
loüages, ou bien le dire de preuds-hommes, quand au fief,
n'y a autre heritage qu'vne maifon. Et Touraine, art. 134.
qui vfe de plus grande ciuilité: car il ne dict pas vne chambre pour loger le feigneur feodal: mais pour loger fon fer-
uiteur ou commis auec cefte conditiõ, fi le logis peut commodément porter. Poictou, art. 158. dict que maifons ne

H iij

tombent en rachapt:mais que le vassal doibt bailler hostel
pour loger les fruicts. Bretagne, art. 77. en dict autant en
cas de rachapt,de ne desloger le suruiuant des mariez , ny
les enfans,ny les heritiers du defunct , dont resulte, que si
le fief est baillé a ferme de bonne foy,&que le seigneur soit
tenu de ester à la ferme,ledict seigneur n'a que faire de rien
retenir.

En la grande ancienneté,les seigneurs feodaux n'estoiét
tenuz de receuoir toutes sortes de personnes pour vassaux.
Mesmes n'estoient tenuz de receuoir à leur hommage les
roturiers,pource que selon ceste mesme ancienneté les roturiers ne pouuoient tenir fiefs. Ce qui est rapporté par la
Coustume de Vitry,art.46.& de Troyes,art.16.Bretagne,
art.345.ne permet au roturier de tenir fief sans en payer rachapt,qui est la composition qui se faict auec le seigneur
feodal pour le souffrir.Pour le iourd'huy l'on tiét que c'est
au Roy seul à dispéser le roturier de tenir fief,&pour la sou-
france du passé, de n'auoir contrainct le roturier à mettre
le fief hors de ses mains. Le Roy en vingt ou en trente ans
vne fois, prend finance des roturiers , qu'on appelle des
francs-fiefs & nouueaux acquests. Les Comtes de Neuers
par ancien droict,pouuoient dispenser les roturiers à tenir
fiefs, & les Eglises à tenir heritages par amortissement,
pourueu que ce fust sans prendre finance. Se void és regi-
stres de Parlement vn arrest donné au profit d'Amaury de
Meudon,de l'octaue de Chandeleur, de l'an 1260. par lequel fut iugé que le vassal Cheualier n'estoit tenu de faire
hommage au seigneur feodal roturier, qui auoit acquis le
fief dominát. En la plus grande ancienneté,les fiefs estoiét
encores plus à l'estroict : car nul ne les pouuoit tenir, sinon
les masles qui peuuent faire seruice en guerre. Le vassal ne
pouuoit aliener sans congé du seigneur , à peine de commise. Mais en fin les fiefs ont esté faicts patrimoniaux &
hereditaires pour y succeder indistinctement , pour estre
tenuz par femelles,& pouuoir estre alienez libremét soubs
les modifications des Coustumes.Ainsi dict Niuernois des
fiefs,art.17.18.Poictou,art.29.Berry,des fiefs, art.2.Bour-

bonnois art. 365. art. 367. Auuergne, chap. 21. art. 3. chap.
22. art. 33. Troyes, art. 37. 48. Blois, art. 46. 60. La Couſtume de Bourgongne, art. 19. attribuë la cõmiſe au ſeigneur
ſi l'acquereur prend la poſſeſſion ſans le conſentement du
ſeigneur: Art. 16. 17. dict qu'autrement eſt en ſucceſſion
& partage : pourquoy on dict qu'en Bourgongne les fiefs
ſont de danger.

Cy apres eſt traicté des droicts des ſeigneurs en cas de
mutation d'homme, quand par ladicte mutation eſt deub
profit de bourſe. Preſque toutes les Couſtumes s'accordẽt,
que quand le fief eſt vendu à prix d'argent, le ſeigneur feodal a droict de prendre le quint denier ou la retenuë. Qui
eſt la compoſition, qui autres-fois a eſté faicte par conſentement commun des Eſtats, afin de ſe redimer du droict
de commiſe, qui eſtoit quand le vaſſal vendoit ſans congé
du ſeigneur, & ſans l'en faire le premier refuſant. Par aucunes Couſtumes, la charge de payer le quint eſtoit au
vendeur, parce que ſelon la nature du contract de vente le
vendeur ores qu'il n'en ſoit rien dict eſt, tenu de garentir à
l'achepteur, & le faire iouyr de la choſe vẽduë. Ainſi dict le
droict Romain. *In l. nõ dubitatur. C. de euict.* Et pource que
ſelon ceſte tres-anciẽne vſance, la vente du fief ne pouuoit
cõſiſter ſans le conſentement du ſeigneur feodal, c'eſtoit à
faire au vendeur de compoſer auec luy pour la valider. Aucunes Couſtumes ont retenu ceſte vſance, que le vendeur
d'euſt payer le quint, comme Senlis, art. 135. Meleun. art.
67. Sens, art. 191. Vitry, art. 51. Laon, art. 174. Rheims, art.
93. Blois, art. 80. Eſquelles Couſtumes, ſi le vendeur ne ſe
chargeoit du quint, & il ſtipulaſt d'auoir francs deniers : en
ce cas l'achepteur doibt quint & requint : c'eſt à dire, le quint
denier du ſort principal, & encores le quint du quint. Cõme s'il y a Cent eſcus, le quint eſt de vingt eſcus, & le requint de quatre eſcus. Paris, art 23. & Orleans, art. 1. ont
abandonné ceſte vieille vſance, & ont voulu que l'achepteur payaſt ſans requint. Autres Couſtumes d'ancienneté,
dõnent la charge du quint à l'achepteur. Niuern. des fiefs,
art. 21. Eſtápes, art. 7. Auxerre, art. 61. Mais Troyes, art. 27.

donne la charge du quint au vendeur, & a l'achepteur par
moitié. Bourbonnois & Bourgongne,n'ont en Couftume
le quint denier:Bourbonnois attribue au feigneur la retenuë, & en Bourgongne les fiefs font de danger, & fubjects
à commife, fi les acquereurs entrent en iouyffance fans le
confentement du feigneur. En Berry, des fiefs. art. 3. en
vente de fief n'y a quint denier,mais droict de rachapt.Ni-
uernois attribuë le quint denier en toutes alienatiõs, hors-
mis en certains cas de donations,& faict le quint denier en
montant,c'eft a dire, que le prix que le vendeur reçoit, &
la part que le feigneur doibt reccuoir:comme faifant portion du prix, tout cela eft compté au prix, tout ainfi que fi
le feigneur feodal , & le vaffal , vendoient par enfemble
par vn feul prix.Qui faict que quand le vendeur doibt receuoir cent francs,le feigneur a vingt-cinq francs, comme
fi le vray prix eftoit de fix vingts'cinq francs.Et quant l'a-
lienation n'eft à deniers,le prix fe prend felon l'eftimation
de l'heritage. La plufpart des autres Couftumes attribuët
au feigneur le rachapt, qui eft le reuenu d'vn an , és autres
alienations,qui ne font à prix d'argent,comme fera dict cy
apres. Paris,art.23. a attribué le quint denier quand le fief
eft baillé à rente racheptable, *etiam*, deuant que le rachapt
foit fait : & y a bien raifon,car le prix eft certain en deniers.
Autant en voudrois-ie dire,quand vne rente conftituee à
prix d'argent eft baillee en contre-efchange d'vn fief,parce
que le prix de cefte rente eft certain,& la rente eft racheptable à toufiours , & le debiteur de la rente la conuertira
en deniers quand il voudra: & partant reçoit fonction en
fon genre : comme il fe dict de l'efpece qui eft baillee auec
eftimatiõ.*l.fi pro mutua.C.fi cert.pet.*mais ceux de Paris le pra-
ctiquent autrement,& le reputent vray efchange.

Non feulement la vente de gré à gré, mais auffi la vente
par decret fur criees eft fubjecte à quint denier: Et Paris,
art.83.dict,que fi le decret eft adiugé à la charge d'vne rente, qui de foy foit racheptable, comme fi c'eft rente conftituee à prix d'argent,que le fort eft compté au prix,& en
eft deu quint denier. C'eft fuiuant vn retentum de la Cour
fur

ſur vn arreſt donné le dixieſme May, 1557. ſur la reformation du 58. Article de l'ancienne Couſtume de Paris. Lequel arreſt eſt imprimé au grand Couſtumier, adnoté par
du Molin, & eſt à la fin du procez verbal de ladicte Couſtume de Paris. Et ſi la vente ſe faict de gré, à la charge que
l'heritage ſera decreté pour purger les hypothecques, il en
eſt deu vn ſeul profit: au choix du ſeigneur, ou de prendre
ſon profit ſur le prix conuenu entre les contrahans, ou ſur
le prix du decret. Ainſi dict Paris, art. 84. Ainſi s'il aduient
que l'achepteur apres auoir payé le profit, ſoit euincé par le
moyen des hypotheques conſtituees par ſon aucteur, &
l'heritage ſoit vendu par decret en ſera deu vn ſeul quint:
au choix du ſeigneur côme deſſus. Ainſi dict, Paris, art. 79.
Et Orleans és cês. art. 115. Ce qui doit eſtre tenu pour general en France, pource que la raiſon eſt generale: & de ceſte opinion a eſté du Molin auant la redaction deſdictes
deux Couſtumes, diſant que des deux ventes n'y en a que
l'vne auec effect & efficace. Ledict du Molin eſtoit tres-
docte au droict Romain & au droict François, autant ou
peut eſtre plus qu'aucun autre Docteur, qui ait eſté durant
ceſte centaine d'annees. Et és Couſtumes qui ont eſté redigees de nouuel, depuis trente ans en ça, les articles nouueaux ont eſté pour la pluſpart tirez des opinions qu'il a tenuës: côme auſſi en ont eſté tirez pluſieurs Arreſts ſeruans
de loy. Vray eſt que quelquesfois ledict du Molin s'eſt rendu trop grand ſectateur des opinions communes des Docteurs vltramontains, comme ſur la ſucceſſiõ des nepueux,
enfans de diuers freres, à leur oncle contre l'opiniõ d'Azo,
approuuee par ladicte Cour, & par la pluſpart des Couſtumes, & en quelques autres cas.

Si le fief eſt vendu à faculté de rachapt. Niuernois, art. 23.
donne le quint denier, tant pour la vente que pour le rachapt s'il eſt faict. Ce qui eſt fort dur, & non bien conſonãt
auec la raiſon du ſens commun, & de droict Romain, qui
dict que la paction de rachapt faict portion du prix, & que
le rachapt n'eſt que l'accompliſſement des conuenances
faictes lors du côtract : & de faict pour iceluy on agit *actio-*

ne ex eo contractu, pource que la paction faict portió du contract. *l. 2. C. de pact. inter empt. & vend. l. Iurisgentium. §. adeo*
ff. de pactis .l. fundi partem. ff. de contrah. empt. Ce qui s'entend
quand la faculté de rachapt est accordee au mesme traicté
de la vente. Auquel cas plusieurs Coustumes n'attribuent
qu'vn quint denier pour la vente, & rien pour le rachapt,
comme Meleun, art. 122. Sens, art. 236. Auxerre, art. 99.
Orleans, art. 12. Bourbonnois, art. 406. en cens, & Auuergne, chap. 16. art. 11. Mais si la faculté de rachapt estoit accordee apres le contract de vente du tout accomply, seroit
deu profit pour la véte & pour le rachapt. Ainsi dict Sens,
art. 236. Orleans, art. 12. Bourbonnois, art. 406. Aucunes
Coustumes, n'attribuent aucun profit au seigneur, ny pour
la vente, ny pour le rachapt quand la faculté est pour trois
ou cinq ans, ou moins de dix ans, & le rachapt est faict
dedans le temps. Ainsi dict Berry des fiefs. art. 49. Touraine, art. 148. Troyes. art. 34. Vitry, art. 22. Rheims, art. 91.
Blois, art. 82. Bretagne, art. 63. 66. Ces Coustumes sont
fondees en grande equité & douceur, pource que le brief
temps, & le rachapt monstrent que le vassal n'a eu volonté
de védre, mais seulement de s'accommoder en ses affaires
par forme d'engagement.

La véte selõ le droict Romain est dicte parfaicte en deux
sortes, l'vne deslors que les parties sõt d'accord dela chose
venduë, & du prix certain. L'avtre, quand il y a tradition:
auãt la tradition, le védeur demeure proprietaire, en sorte
que s'il véd à vn autre, & luy faict tradition, le secõd achepteur sera preferé au premier. *l. qui tibi. C. de hered. vel act.*
vend. l. quoties. C. de rei vend. vray est qu'auant la tradition,
les profits & le peril de la chose venduë, sont à la charge de
l'achepteur. *l. 1. C. de periculo & commodo rei vend.* Aussi les
Coustumes se trouuent diuerses en cas que les contrahans
se departent de la vente incontinét, ou peu de temps apres
qu'elle est cõclue s'il y a quint denier. Niuernois des fiefs,
art. 23. dict s'ils se departent dãs le mesme iour, sans fraude
n'é est deu profit. Auxerre, art. 73. pour les fiefs, & art. 90.
pour les cens dedans vingt-quatre heures. Autres dient,

s'ils se desistent auant que partir du lieu. Les autres si auant
les lettres passees. Les autres si auant la possession prise.
Ainsi Sens. 206.273.234. Troyes, art. 77. Bourb. art. 367.
Touraine, art. 149. qui semble estre fondees sur la *l. ab emp-
tione.ff. de pact.* Mais Laon, art. 138. & Rheims, art. 157.
donnent huict iours. Bourbonnois, art. 397. y met vne limitation qui a grande apparence, pourueu qu'ils se departent pour cause raisonnable, comme pour euiction immi-
nente. Orleans, art. 112. met vn cas presque semblable. Si
l'achepteur n'ayant moyen de payer, remet l'heritage és
mains du vendeur pour le mesme prix, il en est deu vn seul
profit, qui est de la vente & non du desistement. Mais si en
passant la vente auoit esté accordé par expres, qu'à faute
de payer le prix dans certain temps, l'heritage seroit pour
non achepté: ie croy qu'il ne seroit deu profit, ny de la
vente, ny de la resolution, pource que la resolution se fait
en vertu de la paction originaire & essentielle: Comme il
est dict par Bart. *in l. si ex duobus.* §. *sed & Marcellus. ff. de in
diem addict.* Et au cas de la Coustume d'Orleans, la resolution se faict par nouuelle volonté hors le contract contre le gré du vendeur qui desiroit de receuoir deniers, &
ne pouuant ce faire, est contrainct de reprendre son heritage.

Comme dict a esté, en cas de vente du fief, le seigneur
prend le quint denier, ou retient le fief pour le mesme prix
à son choix. Les Coustumes d'Orleans. art. 49. & Blois, art.
18. octroyent la retenuë aux seigneurs Chastellains, & non
à inferieurs. Aucunes Coustumes dient, que le seigneur
feodal ne peut retenir, sinon pour reünir à son fief. Vitry,
art. 38. Touraine, art. 188. & art. 181. dict que ce droict ne
peut estre cedé à vn autre. Mais Bourbonnois, art. 457. &
Auuergne, chap. 21. art. 20. dient que la retenuë peut estre
cedee. Meleun, art. 164. semble en dire autant, mesme à
l'esgard des Colleges & corps de main-morte, Du Molin
tient ceste opinion, que la retenue n'est octroyee aux seigneurs, sinö pour reünir, partant ne peut estre cedee. Mais
la commune opinion des Palais est auiourd'huy, que la re-

tenuë peut estre trâsportee par le seigneur à vn tiers, pource que la retenuë est droict domanial & profitable, entant que le seigneur desire auoir pour luy le profit du bon marché, pourquoy est cessible. Peut estre n'a-il pas agreable d'auoir pour vassal l'acquereur, & ayme mieux auoir vn autre. Peut estre ne luy est commode de reünir, & il void que l'heritage est vendu à vil prix en fraude de luy. Quant aux Eglises & corps de main-morte, sans difficulté ils peuuent ceder la retenuë. Car le Procureur du Roy peut les contraindre, à en vuider leurs mains: & semble qu'il y en a decision formelle. *In cap. 2. in tertio capite. extra de feudis.* Aucunes Coustumes a ceste occasion, ont osté la retenuë aux Eglises & corps de main-morte : Comme Niuernois en cens. tit. des cês. ar. 8. Bourb. ar. 479. Berry, de retenuë, art. 4. Estampes, art. 26. commande à l'Eglise precisément de vuider ses mains dans an & iour apres qu'elle a retenu, autrement le fief retourne au premier acquereur. Et Poictou, art. 33. & Touraine, art, 38. concedent à l'Eglise le droict de retenuë, à la charge d'en vuider ses mains dedans l'an s'ils en sont requis. Le Parlement de Paris par vn Arrest de la Chandeleur, l'an 1526. pour de l'Anglee Prieur de Pontneuf, adiugea à l'Eglise droict de retenuë, sans preiudice au Procureur du Roy de la contraindre à vuider ses mains. Et depuis iugea sans ceste charge au profit du Chapitre de Neuers en faict de Bourdelage, contre Maistre Iean Marigot, par Iugé du 24. Ianuier 1573. Le temps octroyé au seigneur pour retenir, est pour le plus commun de quarante iours apres l'exhibition à luy faicte par l'acquereur du contract d'acquisition. Ainsi dient Niuernois des fiefs, art. 16. 35. Paris, art. 20. Sens, art. 186. Auxerre, art. 49. Berry, des prescriptiôs, art. 7. Vitry, art. 54. Laô, art. 257. Rheims, art. 220. La forme de ceste exibition & notification au seigneur, qui est mise par la Coustume de Niuernois, est fondee en grâde raison: & est à propos de la tenir pour generale, à sçauoir de faire veoir au seigneur la lettre d'acquisitiô, & luy en bailler coppie signee de Notaire (car le mot de *Vidimus* emporte cela) aux despens de l'acquereur: de vray le

feignenr a intereſt d'auoir teſmoignage certain par eſcript
de laverité de la vente,pour euiter les fraudes qui luy pourroient eſtre faites,s'il croyoit en ſimple parole, & à ce qu'il
ait moyen de contraindre l'acquereur de luy payer ſes profits,à la raiſon de vray prix & ſçache auſſi en cas qu'il vueille retenir,quelle ſomme de deniers,il doit offrir. Vitry,art.
45.dict de meſme. Touraine, art.34. dit que le ſeigneur
peut garder le contract quinze jours,ſinon que l'acquereur
luy en baille coppie collatiõnee. Les autres couſtumes dĩct
ſimplement exhibition & notification. Bourbonn.ar.424.
& Auuergne, chap.22.art.29.& chap.21.art.1.2. donne
trois mois pour la retenuë:partant eſt à excepter ſi l'acquereur eſt lignager du vendeur,du coſté & ligne,dont meut
l'heritage : car le ſeigneur n'a retenuë ſur le lignager:le retraict lignager eſt preferé à la retenuë, *imo*, & ſi le ſeigneur
auoit retenu, le lignager retraira de luy. A quoy s'accordent toutes les couſtumes. Auſſi eſt à excepter de la retenuë,ſi le ſeigneur auoit pris le quint denier:& par aucunes
couſtumes eſt excepté ſi le ſeigneur auoit donné ſouffrance. Paris,art. 21.& Troyes,art.27. Aucunes couſtumes
dient que le temps de retenuë court contre mineurs,& abſens,ſans reſtitution, Auuergne,chap.21.art.1.2.Touraine,
ar.197.Mais Berry, de retenuë,art.10.ditque le ſeigneur ne
peut vſer de retenuë ſur l'heritage vendu par decret, ſinon
dãs les huict iours,qui ſont octroyez à l'adjudicataire pour
conſigner.Et Touraine,art.80.oſte du tout la retenuë,ſur
decret,ſinon qu'auparauant y euſt eu pris conuenu : ce qui
peut eſtre fondé ſur le droict ancien, ſelon lequel il falloit
rendre le ſeigneur le premier refuſant,quaʼid le vaſſal vouloit vendre, & le ſeigneur eſt aſſez ſemons de venir achepter,ſi bon luy ſemble, quand l'heritage eſt en criee.

Il a eſté dit,que par pluſieurs couſtumes, n'eſt deu quint
denier, ſinon en cas de vente : & pour autres alienations,
qui ne ſont à prix d'argent, eſt deu droict de relief ou rachapt,qui eſt le reuenu d'vn an. Le mot de rachapt depend
de la tres-ancienne vſance des fiefs, ſelon laquelle les fiefs,
en pluſieurs cas, retournoient au ſeigneur feodal : comme

ſi le vaſſal mouroit ſans enfans, ou s'il alienoit ſans congé
de ſon ſeigneur feodal. Et pour rachepter ceſte reuerſion,
fut par compoſition generale des eſtats de chacune prouince, accordé aux ſeigneurs, le reuenu d'vn an, qui s'appelle rachapt, comme en cas de vente, on paye le quint denier. En aucuns lieux, on l'appelle droict de relief, comme
ſi de nouueau on reprenoit le fief: & qu'on releuaſt le fief
eſtant tombé en caducité par la reuerſion. Doncques par
pluſieurs couſtumes eſt deu au ſeigneur feodal relief ou
rachapt quand le vaſſal meurt ſans enfans, & que la ſuccef-
ſion vient en ligne collaterale. Paris, art. 33. Meleun, art. 58.
Sens, art. 193. Eſtampes, art. 24. Auxerre, art. 61. Orleans,
art. 22. Senlis, art. 157. Troyes, art. 26. Vitry, art. 29. Laon,
art. 166. Reims, art. 78. Blois, art. 84. Touraine, art. 133. dit
qu'il n'y a rachapt en ſucceſſion de freres & de ſœurs: mais
en autres collaterales y a rachapt. En Niuernois n'y a aucun profit au ſeigneur, pour ſucceſſion de lignage : & ne
doit l'heritier que la bouche & les mains.   Auſſi par pluſieurs couſtumes eſt deu droict de relief ou rachapt, quand
le vaſſal donne ſon fief: ſauf quand l'aſcendant donne au
deſcendant, en auancement d'hoirie, ou en faueur de mariage, auquel cas n'eſt deu aucun profit. Ainſi dit Paris, art.
26. Meleun, art. 52. 53. Sēs, art. 200. 221. Auxerre, art. 70. 79.
Berry, des fiefs, art 16. & 41. Orleans, art. 14. Touraine, art.
151. 190. Blois, art. 87. Troyes, art. 33. Vitry, art. 30. Laon, art.
179. Reims, art. 81. Mais Orleans, audit article 14. dit qu'il
n'eſt deu rachapt, ſi la donation eſt faicte pour Dieu, & en
aumoſne. Auſſi Eſtampes, art. 2. Montfort, art. 17. Reims,
art. 75. exceptent ſi le deſcendant donataire ſe tient à ſon
don ſans eſtre heritier, qu'il doit rachapt, en ce que ſon don
excede la portiō hereditaire, qu'il euſt priſe s'il euſteſtéheri-
tier.   Dont la raiſon peut eſtre en ce que cet excez n'eſt
pas auancement d'hoirie; mais eſt comme ſi on donnoit à
vn eſtranger. Mais Laon, art. 179. dit qu'il n'eſt deu relief,
ores que le don excedaſt le droict, qui viendroit par la voye
d'*inteſtat*. Bretagne, art. 78. dit quand aucun vaſſal decede
auec hoirs, en quelque aage que ce ſoit, le ſeigneur prend

le reuenu d'vn an, qui est le droict de rachapt. Et fut ainsi ordonné par le Duc Iean, en muant le bail en rachapt: & art.
81. est dit que celuy qui decede, delaisse la garde de ses enfans à qui bon luy semble. Sera consideré qu'en quelques
prouinces, mesmes en Normandie le seigneur feodal a le
bail de ses vassaux pupilles, & à cause du bail, fait les fruicts
siens. Il est à croire qu'au lieu dudit bail, ledit Duc Iean, mit
sus le droict de rachapt. En aucunes coustumes, mesmes
à Pontoise les fiefs releuent de toutes mains, c'est à dire
qu'à chacune mutation y a droict de relief. Aussi Senlis,
art. 214. & Vitry, art. 30. dient que si la donation est recom-
pensatiue, qu'il en est deu quint denier, pource que la recompense est estimable, & peut estre faicte en deniers, &
Vitry 39 si la donation est faicte pour estre nourry le donateur par le donataire. Mais Niuernois des fiefs, art. 31. 33. 34.
dit que pour donation, en faueur de mariage, de parent à
autre parent, ores qu'il ne soit de la ligne, n'est deu quint
denier. Aussi n'est deu quint denier de donation simple de
parent à parent de la ligne: sauf si elle est à charge ou pour-
recompense. Encores audit cas, n'en est rien deu si le donataire est au proche degré pour succeder. Et sera consideré qu'en Niuernois n'y a droict de relief ou rachapt, ains le
seul profit est de quint denier, selon le pris, ou selon l'estimation de la chose.

Par lesdites coustumes où le droict de rachapt est pra-
tiqué, en eschange n'est deu quint denier : mais droict de
rachapt. Aucunes coustumes dient simplement qu'en eschange est deu rachapt. Paris, art. 33. Sens art. 213. Meleun,
art. 56. Orleans, art. 13. Senlis, art. 257. Troyes, art. 32. Blois,
art. 87. Mais autres coustumes adjoustent modification,
quand les fiefs eschangez sont de diuerses mouuances, &
s'ils sont de mesme mouuance, n'en est rien deu : ainsi dit
Estampes, art. 6 Berry des fiefs, art. 41. Touraine, art. 43.
Laon, art. 178. dont la raison est que le seigneur ne change
de vassaux, & a tousiours les mesmes vassaux qu'il souloit
auoir. Or le profit est deu aux seigneurs pour l'approbation
qu'ils font d'vn nouueau vassal, au lieu de l'antien. Aussi

l'exception y eſt quand il y a ſoulte de deniers, qu'il eſt deu
quint denier pour la ſoulte. Reims, art.84. Laon, art.177.
Meleun, art. 66. Auxerre art. 80. En Niuernois y a quint
denier en eſchange, qui eſt pris ſelon l'eſtimation du fief.
des fiefs, art. 21. Soit veu ce qui ſera dit cy-apres au chapitre de retraict lignager, quand l'eſchange eſt preſumé frauduleux, auquel cas on le tient pour vente ſubjette à retenuë ou retraict.

Selon pluſieurs couſtumes eſt deu au ſeigneur droict de
rachapt, quand la dame du fief ſeruant ſe marie. Aucunes
dient que pour le premier mariage d'vne fille, à qui le fief
eſt eſcheu en ligne directe, n'eſt deu rachapt, comme Paris,
art. 37. Orleans, 36.37. Meleun, ar. 64. Sens, art. 211. Troyes,
ar. 46. Vitry, ar. 27. Laon, art. 168 & par les meſmes couſt.
elles doiuent rachapt, quand elles ſe remarient en ſecon-
des ou tierces nopces. Par autres couſt. elles doiuent rachapt de premier, & autres mariages. Senlis art, 132. Poictou, art. 116. quand elle eſt Dame d'vn fief ſeparé. Meleyn,
art. 64. Les autres dient que ſi le frere aiſné a porté la foy
pour luy & ſes ſœurs, qu'il les garentit de rachapt pour leur
premier mariage. Ainſi Paris, art. 35.36. Meleun, art. 60.
Eſtampes, art. 5. Mont-fort, art. 23. Et ſi le frere n'a fait la
foy elle doit rachapt.

Le droict de rachap ou relief eſt le reuenu d'vn an. Et
quand tel droict eſchet, le vaſſal doit aller vers ſon ſeigneur
luy faire trois offres, pour par le ſeigneur en accepter l'vne,
A ſçauoir de iouyr par le ſeigneur du reuenu du fief, vn an
durant par ſes mains, ou ce que deux preud'hommes
arbitreront, ou vne ſomme de deniers. L'an commence du iour des offres deüement faictes, & a le ſeigneur quarante iours pour choiſir. Ainſi dit Paris, art. 47. 49. Sens,
art. 193. Eſtampes, art. 12. Auxerre, article 62. Orleans,
article 52. Mais Senlis, article 158. Troyes article 26.
Laon, article 166. Reims, article 76. ne dient pas ſimplement le reuenu d'vn an: mais l'annee, commune des
trois annees precedentes, c'eſt à dire, qu'on fera amas
du reuenu de trois annees, & le tiers de cet amas ſera reputee

tee l'annee commune. Ce qui eſt biẽ raiſonnable, àfin que
ny le ſeigneur, ny le vaſſal ne ſoiẽt endommagez ſi l'annee
courante ſe trouuoit, ou grandement fertile, ou grandement ſterile. Et quant aux fruicts qui ſe perçoiuent à vne
fois pour pluſieurs annees, comme de peſches d'eſtangs,
ou couppe de bois taillis, le ſeigneur ne prendra que *pro rata* d'vn an. Et ſi le fruict eſt tel qu'il ſe perçoiue deux fois
en vn an : comme ſi vendanges ſont tardiues ou auancees
de trois ſepmaines ou vn mois, le ſeigneur ne prẽdra qu'vn
fruict. Auſſi ſi le ſeigneur trouue les terres emblauees, ou
autre façon faicte pour les fruicts, il laiſſera les heritages
en pareille façon, & laiſſera auſſi les pailles & ourrages, ſelon qu'il eſt accouſtumé : car il doit vſer en bon pere de
famille & ſelon la couſtume & vſance. Et ſi les heritages
ſont baillez à ferme de bonne foy, le ſeigneur tiendra la
ferme, pour les raiſons cy-deſſus. Et afin que le ſeigneur
qui voudra iouyr par ſes mains, ſçache quel eſt le reuenu,
le vaſſal deura luy cõmuniquer ſes terriers & papiers de re-
cepte, & endurer qu'il en prenne copie. Ainſi dit Eſtampes,
art.13. Montfort, art.31. Poictou, art. 157. Orleans, art. 56.
Et ſi le ſeigneur a ſaiſy à faute d'homme, quand y a rachapt, pour la mutation, les fruicts que le ſeigneur gaigne
en vertu de ſa ſaiſie, à faute d'homme, n'acquittent & ne
deſchargent en rien le rachapt. Berry, des fiefs, ar.33. & Orleans, art.71. Car quand le ſeigneur gaigne les fruicts, par
la ſaiſie à faute d'homme, c'eſt pour la peine de la contumace de ſon vaſſal : & les fruicts deus en cas de rachapt ou
relief, ſont pour l'approbation du nouuel homme. Ainſi
dient les loix Romaines, quand il y a peine ſtipulee pour
punir le contemnement, on peut demander les deux, la
peine & l'intereſt. *l. non diſtinguemus. in princip. ff. de arbit. &
not. in l. ſi quis a ſocio. ff. pro ſocio.* Sil aduient qu'en vne
meſme annee le fief chee en rachapt pluſieurs fois par
mort, en eſt deu vn ſeul rachapt. Ainſi dit Orleans, article dix-ſeptieſme. Touraine, article cent trente ſept, dit
que tous rachapts eſcheus en vn an, auront lieu : mais le
premier finira par l'offre reelle du ſecond. Blois, article

quatre-vingts douze, semble expofer bien clairement en
cefte forte. Si en vne mefme efchoite, y a double profit,
comme fi à femme mariee, efchet vne fucceffion collaterale , fera deu vn feul profit. Si durant l'annee que le fieur
iouït aduient autre profit, la iouïffance de la feconde an-
neecommencera au temps, de l'efchoite dudit fecond profit, & le premier ceffera.

Les couftumes font fort diuerfes au faict des baux perpetuels à cens ou rente, que font les vaffaux de leurs fiefs , entiers, ou de partie d'iceux.   Niuernois, article vingt-fept,
vingt-huict , vingt-neuf, a traicté cet affaire bien ciuilement, que le total du fief noble, ny le principal manoir,
ny la iuftice ne peuuent eftre baillez à cens, ou fous autre
preftatió , difant eftre fief noble celuy auquel y a iuftice, ou
maifon fort, ou notable edifice, ou mote auec foffez, ou autre marque de nobleffe & ancienneté. Et que le fief rural ,
qui n'a pas ces marques de noble , ou partie du fief noble,
peuuent eftre baillez à cens, ou à bourdelage, fans qu'il foit
deu quint denier : finon que le bailleur euft pris argent
d'entree , qui fuft de plus grande valeur que la redeuance , auquel cas eft deu quint de l'entree, quand au fief
noble , il y a raifon d'honneur, pource qu'il n'eft pas
bien feant , que ce qui eft marque de grandeur , comme
la iuftice , & le chaftel foient profanez par redeuance roturiere & mefnagement , qui eft en vfage aux plus viles
perfonnes.   Et eft l'intereft du feigneur feodal ; que ce
qu'il a baillé noblement , foit exercé & mefnagé noble-
blement.   Quant au fief rural ou partie du fief noble,
qui confifte en pur mefnagement de labeur. Il y a bien
raifon , que le vaffal, qui n'a pas moyen ou volonté de
mefnager par fes mains , reçoiue le profit par percep-
ton de redeuance , qui correfpond à plus prés au reuenu des fruicts. Plufieurs couftumes permettent au
vaffal fe ioüer & efbatre de fon fief, fans qu'il fe de-
mette de la foy , c'eft à dire , qu'il demeurera toufiours
chargé de l'hommage enuers fon feigneur. Efbattre &

ioüer s'entend d'en faire bail , pourueu qu'il ne baille
pas plus des deux tiers , & en ce cas n'eſt deu aucun profit au ſeigneur. Ainſi dient Paris, article cinquante &
vn, Meleun , article ſeptante-neuf, cent. Eſtampes , article trente quatre. Les autres dient en gros, bailler le tout,
ou partie, ſans demiſſion de foy:comme Sens, article deux
cens neuf. Auxerre, article quatre-vingts deux, Senlis, article deux cens cinquante & vn , Reims , article cent dix-
ſept. Autres permettent iuſques à la tierce partie, comme Blois, article ſoixante & vn. Du Molin dit quelque part en vne annotation que leſdites couſtumes doiuent eſtre entenduës , pourueu qu'il retienne en ſes
mains , partie de ſon fief en ſuffiſance pour maintenir le
debuoir de vaſſal , & l'honneur du fief : car retenir la
foy nuëment , ſans auoir ſubſiſtance d'aucun corps ,
pour la manutention du vaſſal, ſeroit pluſtoſt irriſion que
meſnage.

Mais en tous les cas ſuſdits, & ſelon toutes leſdites
couſtumes , ſi le ſeigneur feodal vient à exploicter ſon
fief en cas d'ouuerture ou de reuerſion, il n'aura aucun
eſgard auſdites rentes , ſinon qu'elles ſoient infeodees,
c'eſt à dire que ledit ſeigneur les ait approuuees. Reims,
article quatre-vingts dix, dit que s'il y a bail à plus de neuf
ans, auec bourſe deſliee, qu'il en eſt deu quint: & s'il n'y a
bourſe deſliee , eſt deu relief. La meſme couſtume, article cent dix-ſept , permet au vaſſal ſe ioüer de ſon fief,
ſans demiſſion de foy, en le baillant à cens & rente , mais
à la charge ſuſdite, que le ſeigneur exploictant le fief,
n'y a eſgard. Orleans, article ſept , permet au vaſſal bailler ſon domaine , ſous charge de preſtation, retenant à
luy la foy, & ſous la meſme charge , de ne preiudicier
au ſeigneur Bourbonnois , article trois cents trente trois,
defend au vaſſal , de charger rente ſur le chef fief : mais
ſi le ſeigneur en eſtant aduerty demeure trente ans ſans
ſe plaindre la charge demeurera , & permet de ſurchar-
ger les membres du fief: Auuergne chapitre vingt-deux,

article quatorze, dit que le vaſſal ne peut charger le fief,
de cens ou preſtation. Touraine, article cent dix-neuf,
& 122. dit qu'il eſt deu hommage, qui ſignifie profit, quand
le vaſſal tranſporte partie de ſon fief, ſans retention de deuoir, ou tranſporte plus du tiers en retenant deuoir. Vitry,
article vingt-trois, met vne belle modification, qui merite
d'eſtre priſe pour generale: àſçauoir que le vaſſal peut bailler à cens partie de ſon fief, pourueu que le cens ou preſtation ſoit raiſonnable, & qu'il n'ait pris argent pour la
faire plus petite: car de vray tel bail giſt plus en meſnage-
ment & adminiſtration, qu'en alienation ou diminution:
parce qu'il n'aduient pas touſiours que les gentils-hommes ſuyuans les armes, ou eſtans au ſeruice des Rois &
Princes, ayent la commodité de faire valoir par leurs
mains, les domaines qu'ils ont, & la preſtation qu'ils
recueillent, quand il n'y a point d'argent d'entree, vray-
ſemblablement rapporte ce que le vaſſal pourroit parceuoir par ſes mains, tous frais faits. Et ce que le vaſſal
fait en bonne adminiſtration, ſans apparence de mauuais
meſnage, ne peut eſtre contredict par le ſeigneur, puis
que le vaſſal, ores qu'il ſoit ſeigneur vtil, toutesfois eſt
proprietaire, & plus que ſuperficiaire: mais ie ne trouue
pas que ce remede, introduict par aucunes couſtumes d'en
prendre quint denier ou relief, ſoit de bon meſnage. Car
en ce faiſant le ſeigneur approuue la charge, & cela vaut
infeodation. Pourquoy eſt meilleur au ſeigneur de re-
jetter entierement ceſte ſurcharge ſi le fief en eſt diminué
notablement: & ſi la preſtation eſt raiſonnable, ſans entree de deniers, de l'endurer, comme acte de meſnage-
ment.

Noſtre couſtume de Niuernois des fiefs, article vingt-
ſept, a temperé ceſte conſideration, diſant, s'il y a argent
d'entree, excedant l'eſtimation & valeur pour vne fois,
de la redeuance, qu'il eſt deu quint denier de cet entrage, comme preſuppoſant à cauſe de la preualence, que ce ſoit pluſtoſt vente que bail, comme
ſe dit en eſchange. Mais ſembleroit raiſonnable de

dire, quand il n'y a autre charge que la redeuance, que
ce foit acte de vray mefnagement, dont ne foit deu profit.
S'il y a entrage, qu'il foit reputé pour auoir autât diminué
le reuenu annuel, & en fuft deu profit indiftinctement, *ad
inftar*, de ce qui eft dict des cens, art. 23.

Les vaffaux, ores qu'ils foient feigneurs vtils proprietaires, toutesfois ils n'ont pas la difpofition libre. Car de ce
qu'ils tiennent en leur domaine, qui eft incorporé en leur
fief, ils n'en peuuent faire arriere-fief. Mais bien peuuent
en acquerant l'arriere-fief ou autre heritage tenu d'eux
foubs charge, le reünir à leur fief pour eftre plain fief. Ainfi
dict Niuernois des fiefs, art. 30. Sens, art. 189. Vitry, art. 24.
permet aux Barons & Chaftellains, bailler partie de leur
heritage à gentils-hommes en fief, & art. 25. dict pour autres, que le vaffal ne peut de fon fief faire fon arriere-fief, finon en mariant fes enfans : & retenant à luy de fon fief à
fuffifance. Et quant au fecond chef de la reünion. Orleans,
art. 18. 19. dict que le vaffal acquereur de l'arriere-fief, n'eft
tenu de le reünir, mais fon heritier y eft tenu: & par le decedz dudict acquereur, il eft tenu pour reüny. Laon, art.
260. &. Rheims, art. 221. dient que l'arriere-fief retenu par
puiffance de fief, n'eft tenu pour reüny, finon que le vaffal
en baillant fon adueu l'ait employé auec fon plain fief. Et
n'eft tenu le reünir s'il ne veut : mais le peut tenir arriere-
fief. Blois, art. 67. dict qu'auant que d'en auoir faict la foy à
fon feigneur: il peut en difpofer en arriere-fief. Bourb. art.
388. dict que le vaffal acquiert ce qui eft tenu de luy, qu'il
deuient plain fief: mais il le peut aliener, retenu à luy le fief.
Ainfi dict Meleun, art. 49. ores qu'il ait reüny, que fi apres il
vêd retenât la foy qu'il n'en doit rié au feigneur fuperieur:
Mais, art. 74. Meleun dict qu'il doit le mettre en autre
main, ou l'vnir à fon fief. Et fi le plein fief eft tenu du Roy.
Sens, art. 205. dict que le vaffal doit vnir l'arriere-fief, ou le
mettre hors de fes mains. Auxerre, art. 72. en dict autant.
Et quant à ce qui eft en roture, fi le vaffal acquiert ce qui
eft tenu de luy en cenfiue: il eft tenu pour reüny à fon fief, fi
par exprés il ne declare qu'il le vueille tenir en roture.

Ainſi dict Paris, art. 53. Orleans, art. 20. deſire que la declaration en ſoit faicte en l'acquerant. Dont reſulte que pour euiter toutes difficultez le vaſſal ayant acquis, ce qui eſt mouuant de luy en fief ou en roture, doit declarer auāt l'an & iour paſſé de ſon acquiſition, qu'il entend le tenir en arriere-fief ou en roture, ſans le reünir & ſignifier ſa declaration à ſon ſeigneur feodal: car la iouyſſance d'an & iour faict preſumer la reünion. Ainſi dict Niuernois, art. 30. Ainſi dient les Canoniſtes, quand vn beneficié acquiert de ſes deniers ce qui eſt mouuant de ſon Egliſe. Par l'Edict du Roy Charles IX. ſur le faict du domaine Royal, du mois de Feurier, 1566. eſt dict que les heritages & droicts qui ont eſté tenuz & adminiſtrez par les receueurs du domaine, par l'eſpace de dix ans, & ſont entrez en ligne de compte: ſont reputez eſtre du domaine du Roy. Et au chap. 2. *extra de feudis*, eſt dict, quand vn fief ou vne emphyteoſe, retourne à l'Egliſe, que le beneficié en peut faire bail nouueau, ſous les charges anciennes, & que tel bail n'eſt pas alienation, & n'y eſt requis le decret du ſuperieur.

Quant à la ſucceſſion des fiefs en ligne directe: preſque toutes les Couſtumes de France donnent droict d'aiſneſſe: qui n'eſt pas proprement le droict de primogeniture: car ce mot regarde le premier ordre de naiſſance: mais l'aiſneſſe regarde le plus grand aage, qui eſt lors que la ſucceſſion eſt deferee combié qu'il ſoit nay le troiſieſme ou quatrieſme, les autres eſtans decedez auant le pere. Et s'il y a des filles plus aagees, le plus aagé entre les maſles aura droict d'aiſneſſe. Ainſi dict Laon art. 152. & Rheims, art. 41. Ains en l'ancien lāgage François ſignifie AVANT, le Latin *Ante*: Comme puis repreſente le Latin, *poſt vel poſtea*. Aiſné *ante natus*, Puiſné, *poſtea natus*. Aucunes Couſtumes en petit nombre ne donnent le droict d'aiſneſſe, ſinō entre nobles. Ainſi dict Niuernois de droict d'aiſneſſe, art. 1. & adiouſte la modification, ſi la cheuance du defunct vaut cent liures de reuenu. Bourbonnois, art. 301. Troyes, art. 14. Poictou, art. 289. Auuergne, ch. 12. art. 51. Mais Touraine, art. 297. dict que ſi l'heritage noble, acquis par roturiers, eſt en tier-

ce foy,c'eſt à dire,que par ſucceſſion il a continué iuſques
au tiers,dont l'acquereur faict le premier:il doit eſtre par-
tagé noblement: à quoy s'accorde Poictou , art. 280. Les
autres Couſtumes attribuent le droict d'aiſneſſe au partage de l'heritage noble,combien que ce ſoit entre roturiers.
Sera conſideré , que d'ancienneté , nul ne pouuoit tenir
fief qui ne fuſt noble:dont vient que le Roy faict payer aux
roturiers tenans fiefs , la finance des francs-fiefs & nouueaux acqueſts. Et l'vne des clauſes des lettres d'ãnobliſ-
ſement eſt la permiſſion de tenir fiefs & Iuſtices.Commu-
némentpour le droict d'aiſneſſe appartiẽt à l'aiſné en precipu & hors part,le chaſtel ou manoir principal,auec tout
ce qui eſt clos de murailles & foſſez, compris leſdicts foſ-
ſez.Et outre luy appartient le vol du chapon , qu'aucunes
Couſtumes dient eſtre vn arpent de terre, les autres vne
ſexteree,les autres trois ſexterees, les autres quarante toi-
ſes à prẽdre du bord du foſſé en dehors. Touraine,art.260.
donne à l'aiſné le cheze qui eſt de deux arpens , outre le
principal manoir & pourpris.Aucunes adjoutent la baſſe
court. Iaçoit que le foſſé ou chemin fuſt entre-deux. Si ce
qui eſt hors le foſſé,& qui eſt enclos de murs,autres foſſez,
ou hayes viues,contient plus d'vn arpent, ou des meſures
ſuſdictes, l'aiſné pourra l'auoir en recompenſant ſes freres
ou ſœurs en autres heritages à leur commodité, ſelon l'aduis de leurs parẽs,ou de preud'hõmes.Ainſi dict Niuern.de
droict d'aiſneſſe.art.5. Paris, art. 13. Meleun,art. 88. Sens,
art.201. Eſtãpes,art. 8. Poictou, art. 289. Auxerre, art. 53.
Orleans,art. 89. Blois,art.143.Laon,147. Vitry,art.55. 56.
Rheims,art. 44. Berry, des ſucceſſions,art. 31. Senlis, art.
127.128. Auuergne,chap. 12. art.51.Et ſi dedans ledict enclos d'vn arpent,qui eſt hors le principal manoir, y a moulin,four, ou preſſoir bannaux,le corps des baſtimẽs appartient à l'aiſné par la reigle de droict, que l'edifice cede au
ſol:mais le profit eſt commun , & à partir comme le reſte
du fief,& toutesfois l'aiſné pourra auoir ledict profit en recompenſant ſes puiſnez.Paris,art.14. Sens art. 201. Auxerre,art. 54. Orleans,art. 92.Laon, 149. Rheims, art. 43.

Berry, des successions, art. 31. adiouste, que si dedans l'arpent y a garenne, colombier, grange, l'aisné l'aura iusques
à la concurrence de l'arpent: mais non pas l'estang, moulin
ou four bannal. Bourbonnois, art. 302. 303. dict simplement, si dedans l'enclos, ou les quarante toises, qui sont en
lieu de l'arpēt, sont moulin, pressoir ou four bannaux, l'aisné pourra les auoir dedans l'an, en recompensant : s'ils ne
sont bannaux, sont à luy sans recompense. Niuernois, art.
6 dict, si ioignant la maison sans interposition d'autres heritages estoient, grange, vergier, colombier, pré ou autre
chose: l'aisné peut les auoir en recompensant : car en Niuernois n'est attribué à l'aisné, ny l'arpēt, ny le vol du chapon. Et Touraine, 261. dict que si dedans le cheze qui est de
deux arpens, entour le chastel, y a estang, pescherie, moulin, fuye, qui est colombier, garenne, clos de vigne, l'aisné
pourra l'auoir en recompensant. Paris, art. 14. veut que le
moulin, ores qu'il ne soit bannal, soit subject à recompense. La raison de la bannalité est , pource que ce droict regarde l'vniuersel de la seigneurie, & non le seul corps du
chastel, ny du pourpris. Et quant au moulin non bannal,
pource qu'on en tire profit autre que de la moulture, pour
la prouision de la maison. Il y a bien raison qu'il ne soit reputé du corps essential de la maison. Mais bien sembleroit
raisonnable qu'à l'aisné demeurast en precipu , sans entrer
en partage, ou recompense le droict de moulture , franc
pour la prouision de sa maison. En toutes ces appartenan-
ces y auroit grande raison de dire, que ce qui est pour le
seul vsage & commodité du seigneur, & de sa famille, comme le jardin , le verger, le colombier , la garenne à conils,
pource qui est de la prouision domestique , d'alimens, &
iusques à la concurrence appartinst à l'aisné , sans aucune
recompense: comme estans accessoires , destinez specialement & directement pour les personnes. Mais en ce que le
pere de famille auroit accoustumé de mesnager, pour vendre ou bailler à ferme , comme d'vn tres-bon colombier,
d'vne bonne garenne, d'vne basse-court, fructueuse comme i'ay veu celle de Choisy aux Loges en la forest d'Orléás.

Ie

Ie croy que le profit venant outre la prouifion ordinaire
de la maiſon viendroit en partage.Blois, art. 143. diƈt, que
ſi endedans l'arpent y a four bannal, moulin, ou chauſſee
d'eſtang ſeparez du manoir,qu'ils ne ſont compris au precipu de l'aiſné,& y a bien raiſon:car le reuenu n'eſt direƈte-
ment deſtiné pour la prouifion de la maiſon.

Outre leſdiƈts droiƈts,l'aiſné par pluſieurs Couſtumes,
& croy que l'obſeruance en eſt generale,doit auoir le nom,
le cry,& les armes pleines de la maiſon.Ainſi diƈt Sens,art.
201.& adjouſte le tiltre de ſeigneur Auxerre,art.54.Bour-
bonnois 301. Auuergne, chap.12. art. 51. Troyes, art. 14.
Mais Bretagne,art. 522. adjouſte,que les harnois de guerre,& l'eſlite des cheuaux auec les harnois,appartiennent à
l'hoir principal. Niuernois, art. 5. adjouſte au precipu de
l'aiſné le meilleur fief mouuant de la ſeigneurie,& le meilleur homme de condition ſeruile. Touraine, art. 260. adjouſte auec le precipu, vne foy & hommage, ſi elle y eſt:ſi-
non vn arpent de terre,ou cinq ſols de rente. Ainſi voyons
nous en la maiſon de France,que le ſeul aiſné , qui eſt le
Roy,porte les armes pleines de Frãce.Les autres enfans de
Roy & leurs deſcendans , portent les fleurs de Lis , auec
quelque charge & difference. Les vns d'vn bord , & bord
de diuerſes façons:les autres de l'ambeaux d'argent ou de
gueulles:les autres d'vn baſton ſur les fleurs de Lis,comme
Bourbon. Et ainſi ſe praƈtique en toutes maiſons nobles.

Aucunes Couſtumes attribuent à l'aiſné le droiƈt d'aiſneſſe en chacune ſucceſſion de pere & mere:cõme Blois,
art.143. Rheims,art.42. Senlis,art.127. Vitry ,art.53. Paris,art. 15.16. Meleun,art. 88. Sens, art. 216. Autres attribuent ce precipu en chacune Prouince ou Bailliage.
Rheims,art. 49. Vitry,art. 53. Niuernois.art 2. diƈt qu'en
ſucceſſion de mere n'y a droiƈt d'aiſneſſe. Bourbonnois,
art. 301. donne à l'aiſné la maiſon, ſoit paternelle ou ma-
ternelle,Vitry,art. 69. diƈt, que ſi la mere eſt noble, le fils
aiſné auroit droiƈt d'aiſneſſe en la ſucceſſion d'elle. Autres
diƈt que l'aiſné ne préd precipu ſinó en l'vne des ſucceſſiõs

L

de pere ou de mere. Auxerre, art. 55. Orleans, art. 97. Rheims, art. 42.

Selon aucunes Couſtumes, l'aiſné n'a autre aduantage pour ſon droict d'aiſneſſe, que le principal manoir & pourpris, le nom & armes pleines, le meilleur fief: & le reſte ſe part également comme Niuernois, Bourbonnois, & Auuergne. Selõ autres Couſtumes, outre ſon recipu du principal manoir, pourpris & vol de chappõ. L'aiſné a les deux tiers de tout le reſte des heritages & droicts feodaux, quãd ils ſont ſeulement deux enfans. Et s'ils ſont pluſieurs enfans, il a la moitié. Ainſi dict Paris, art. 15. 16. Meleun. art. 88. Eſtampes, art. 8. Orleans, art. 89. 90. Blois, art. 143. 144. Laon, art. 150. Rheims, art. 42. 47. Laon, Rheims & Vitry, art. 57. dient, que d'eux filles ne prennent que telle part qu'vn ſeul puiſné. Poictou, en tout nombre d'enfans, donne à l'aiſné les deux tiers. art. 290. ainſi ſemble dire Touraine, art. 260. Bretagne, art. 567. dict que tous les iuueneurs, qui ſont les puiſnez en ſucceſſion noble gouuernee noblement, ne prennent qu'vne tierce partie, & la part des maſles eſt à leur vie durant, & la part des femelles en heritage propre. Les principales raiſons du grãd aduantage des aiſnez, ſont à l'eſgard des nobles, pour la conſeruation de la dignité des maiſons: car la nobleſſe eſt bien ſouuent abaiſſee par pauureté, & quand il faut partir également, la part de chacun eſt bien petite. Les puiſnez qui n'ont point d'attenduë aux grands biens de leurs maiſons, pourchaſſent de s'aduãcer aux armes ou autrement, & ſouuent aduient qu'ils deuiennent plus valeureux, & leurs maiſons durent d'auantage.

Preſque toutes les Couſtumes dient, quand il n'y a que filles venans à ſucceſſion il n'y a droict d'aiſneſſe, ains ſuccedét toutes égalemẽt. Ainſi Paris, art. 19. Meleun, art. 66. Sens, art. 203. Eſtampes, art. 10. Auxerre, art. 58. Orleans, art. 89. Senlis, art. 132. Troyes, art. 14. Vitry, art. 58. Laon, art. 153. Rheims, art. 41. Blois, art. 145. Niuernois, droict d'aiſneſſe, art. 2. Bourbonnois, art. 304. Au-

uergne, chapitre 12. art. 52. Mais la diuersité est grande, si
la fille du fils aisné, le fils aisné estant mort auant son pere,
represente ledict fils aisné audict droict d'aisnesse. Niuernois, droict d'aisnesse, art. 4. Troyes, art. 92. Rheims, art.
50. Vitry, art. 66. Rheims, art. 50. Laon, art. 156. Meleun, art. 93. Auxerre, art. 56. dient que la fille du fils aisné ne represente son pere : ains seulement l'aisné masle
dudict aisné. Aucunes desdictes Coustumes, adioustent la
limitation que la fille du fils aisné, ne represente son pere,
quand le pere d'icelle à delaissé des freres puisnez , ains
vient le droict d'aisnesse au plus aagé desdicts freres , oncles de ladicte fille. Comme Meleun, art. 93. Troyes, art.
92. Rheims, art. 50. Vitry, art. 66. Mais s'il n'y a que des filles tantes de ladicte fille, qui est fille du fils aisné , ladicte
fille de l'aisné representera son pere. Meleun, art. 93. Auxerre, art. 57. Laon, art. 156. Lesdictes Coustumes qui
font aduantage à la fille de l'aisné, ont pris la representation trop à l'escorce, sans considerer la raison fonciere du
droict d'aisnesse : Car la masculinité est specialement &
directement consideree au droict d'aisnesse , à cause du
nom & des armes : ce qui defaut és filles : & les docteurs
du droict Romain sont bien d'accord, que soubs le nom
d'enfans ne viennent pas les nepueux en ligne directe, sinon que la mesme qualité , soubs laquelle les enfans sont
appellez, se trouue esdicts nepueux en ligne directe. Le
droict Romain en soy n'a rien distingué au faict de representation; mais l'a admise simplemét, pource que le droict
d'aisnesse n'y estoit en vsage. La Coustume de Paris, art.
324. dict que tous les enfans de l'aisné, soient masles ou femelles, representent leur pere au droict d'aisnesse. Et s'il
n'y a que filles de l'aisné , toutes ensemble prennent ce
droict d'aisnesse, sans prerogatiue entr'elles. Orleans, art.
305. dict comme Paris : mais adjouste que s'il y a des masles, enfans de l'aisné, l'aisné desdicts enfans prendra sur
ses freres & sœurs le droict d'aisnesse. Berry des successiõs.
art. 31. donne aux enfans du fils aisné le droict d'aisnesse.
Aucunes des Coustumes susdictes, qui excluent de l'ais-

L ij

neſſe la fille du fils aiſné, dient que ladicte fille ainſi excluſe, prendra vne portion entiere telle qu'vn puiſné prend: car par leſdictes Couſtumes deux filles ne prennent qu'vne portion de puiſné. Ainſi dict Vitry, art. 69. Rheims, art. 50. Troyes, art. 92. Blois, art. 141.

Auſſi preſque toutes les Couſtumes dient qu'en ſucceſſion collaterale n'y a droict d'aiſneſſe. Ainſi dict Niuernois, d'aiſneſſe, art. 3. Paris, art. 331. Auuergne, chap. 12. art. 52. Meleun, art. 98. Sens, art. 203. ſauf qu'il dict que l'aiſné des heritiers collateraux, prend le cry & les armes pleines. Auxerre, art. 59. Orleans, art. 98. Senlis, art. 136. 137. Vitry, art. 59. Laon, art. 162. Rheims, art. 52. Blois, art. 153. Mais Bretagne, art. 562. dict que les ſucceſſions collaterales qui ſe gouuernent noblement, viennent au principal heritier. Auſſi Touraine, art. 273. dict, s'il n'y a que filles venans à ſucceſſion collaterale de nobles, que l'aiſnee a l'hoſtel principal auec le cheze, qui eſt de deux arpens, comme il eſt dict, art. 260. & le reſte ſe part par teſtes. Et art. 267. dict, que ſi l'aiſné decede ſans eufans, que l'aiſné des puiſnez prend les deux tiers de ſa ſucceſſion, auec l'aduantage, comme en ligne directe. Et art. 282. dict qu'entre nobles, les ſucceſſions collaterales viennét à l'aiſné ou aiſnee, ſinon quand tous les puiſnez tiennent leurs portions indiuiſes, & l'vn d'eux decede ſans enfans.

Par pluſieurs Couſtumes le fils aiſné peut porter la foy pour luy, & pour tous ſes freres & ſœurs, & les garantir en parage : & ce faiſant, les freres & ſœurs reprendront & recognoiſtront leur aiſné à ſeigneur. Ainſi dict Poictou, art. 125. 126. Blois, art. 69. Touraine, art. 264. Et dure ledict garantage iuſques à ce qu'il y ait partage, ou que les Parageurs ſoient ſi eſloignez, qu'ils puiſſent ſe prendre en mariage: Ainſi dient leſdictes Couſtumes. Et peuuent les puiſnez, s'ils veulent faire la foy au ſuperieur. Ainſi dict Blois, art. 73. & Vitry, art. 62. dict que dedans l'an, les puiſnez peuuent reprendre de leur aiſné, apres l'an doiuent reprendre du ſeigneur. En Poictou l'aiſné eſt dict Chemier, & les puiſnez ſont dicts Parageurs.

Aussi presque toutes les Coustumes s'accordent que
quand les coheritiers ou communs partagent la chose feodale, il n'en est deu aucun quint : la raison est que partage
n'est pas alienation, mais vne attribution qui se fait à chacun des partageans, de telle valeur d'heritage par diuis
comme estoit sa portion iudiuise:pourquoy se dit au droict
Romain que le mineur estant prouoqué,peut faire partage sans decret. *l. inter omnes. C. de prædiis minor.* Et que pour
faire reformer vn partage n'est pas requise la deception
d'outre moictié de iuste prix,pource que ce n'est pas alienation par commerce, mais suffit vne lesion notable de
tant que l'equalité & iuste proportion est de l'essence du
partage. Ainsi la Cour de Parlement a interpreté la *l. maio-
ribus. C. communia vtriusque iud.* contre l'opinion de la glosse & des Docteurs. Aucunes coustumes dient s'il y a tourne & soulte de chose non commune, qu'il est deu profit de
ceste soulte. Niuernois des fiefs, art. 24. Laon, art. 160.
Auxerre,art. 97. Touraine,art. 151.en disant qu'il n'est deu
profit en soulte de chose mobiliaire, qui soit de la mesme
succession,infere que si la soulte n'est de l'heredité, qu'il en
est deu profit. Autres coustumes dient simplement que
de soulte n'est deu profit. Melcun,art.125. Troyes, art.36.
adioustent ceste limitation , quand c'est partage d'heritages escheus , en ligne directe : excepté si les soultes estoient
si grandes qu'il semblast plustost vendition que partage.
Orleans,art.15.16.dit que pour partage n'est deu profit,ores
qu'il y ait tourne , pour egaler les lots. Et art.113. en cens
qu'entre coheritiers n'est deu profit, ores qu'il y ait tournes : mais entr'autres personnes en est deu par les tournes
seulement. Ce qui a grande raison, quand les choses communes se trouuent telles, que l'on ne peut les partager cõ-
modément, parce qu'en ce cas y a mesme raison,comme il
est dit cy-apres , en la licitation. Blois, art.88 dit qu'il n'est
deu profit, ores qu'il y ait soulte , pourueu que le retour
n'excede la moictié de la valeur du fief.Mais si la chose ou
choses communes ne peuuét bonnement estre partagees,
& conuienne venir à licitation qui soit ordonnee en iusti-

ce, n'eſt deu profit, ſi ce n'eſtoit que l'eſtranger receu à licitation fuſt adiudicataire, Paris, art. 80. Meleun art, 24. Orleans art. 16. & 114. Et ſera conſideré que la couſt. de Paris, art. 70. parle de licitation faicte par auctorité de iuſtice, & ſans fraude : dont reſulte que le ſimple conſentement ou conuenance des partageans, ne ſuffit : mais conuient que par rapport d'expers, & à bon eſcient ſoit cogneu que l'heritage ne ſe puiſſe commodément partir, pource qu'en tel cas la licitation eſt neceſſaire, & n'eſtant pas vente volontaire eſt pluſtoſt eſtimee expediét de partage, que vente. *l. ad officium.l. commu.diuid.* Et le partage de la choſe feodale ne preiudicie au ſeigneur & demeure chacun des partageans vaſſal pour ſa part. Niuernois des fiefs, art. 19. Bourgongne, art. 18. Auxerre, art. 52. Bourbonnois art. 366. Les autres couſtumes dient que le vaſſal ne peut deſmembrer ſon fief, ſans le conſentement du ſeigneur, ſinon par partage. Laon, art. 161. Sens, art. 217. Mais Senlis dit ſimplemēt que le vaſſal ne peut demembrer ſon fief, par diuiſion reelle, au preiudice du ſeigneur, art. 204. Reims, art. 115. en dit autant: mais excepte ſi les puiſnez optent de reprendre leur portion de l'aiſné, ou ſi le pere l'ordonne entre ſes enfans, Auuergne, chap. 22. art. 38. dit que le frere ou coheritier aiſné demeure en cas de partage, chargé de la foy & des ſeruices, ſauf ſon recours : & art. 41, excepte ſi le ſeigneur a conſenty le partage.

Le vaſſal doit fournir au ſeigneur feodal le denombrement & deſcription de tout ce qu'il tient de luy en fief, dedans quarante iours apres qu'il eſt receu en foy & hommage. Le denombrement, doit contenir tous les droicts du fief, àſçauoir les heritages que le vaſſal tient en domaine auec tenans & confins, & les heritages tenus de luy à fief, à cens, ou à autres redeuances par les ſommes & eſpeces qui en ſont deuës par les perſonnes qui les tiennent, & par les lieux où ils ſont aſſis en gros. Et les hommes de condition ſeruile, les droicts que le vaſſal a ſur iceux, auec la ſituation des mex & tenemens. Les noms de vaſſaux, & ſituation de leurs fiefs auſſi en gros. Ainſi dit Niuernois des fiefs, art. 68.

& Bourbonnois, article 382. Poiĉtou, art. 142. dit ſi c'eſt fief
lige, chef d'hommage qu'il ſuffit au vaſſal, de denōbrer en
gros: *ſinon qu'il ſoit requis par ſon ſeigneur de denombrer par le menu.* Ceſte exception ſemble raiſonnable pour ſeruir de reigle par tout. Et ar. 143. 180. dit, ſi c'eſt fief plein, que le vaſſal
doit denombrer par le menu tout ce qu'il tient, & tout ce
qui eſt tenu de luy. De vray y a grande raiſon que le vaſſal
ne ſoit quitte en denombrant ſi fort en gros, comme il ſemble que Niuernois permet. Et eſt l'intereſt du ſeigneur feodal, à cauſe des reuerſions & ouuertures, de ſçauoir au vray
ce qui eſt mouuant de luy, & que les nouueaux confins
ſoient mis au denombrement, en les rapportant, & faiſant
conuenir aux anciens. Et croy, combien que Niuernois ſe
contente de dire en gros: toutesfois le ſeigneur peut requerir & contraindre le vaſſal, de dire par le menu. Auſſi c'eſt
le profit du vaſſal, car le denombrement ſert de tiltre, autant au vaſſal, comme au ſeigneur. Paris, art. 8. dit que le
denombrement doit eſtre en forme authentique, & en
parchemin. Idem, Poiĉtou, art. 135. Il a eſté dit cy-deſſus
que le denōbrement doit eſtre baillé, dans quarante iours
apres que le vaſſal a eſté receu en hommage. Berry dit ſoixante iours. Et à faute de bailler denombrement dans ledit temps, le ſeigneur peut ſaiſir le fief ſous ſa main: mais il
ne gaigne les fruiĉts, dont reſulte que par neceſſité il doit
eſtablir vn commiſſaire comptable, combien que les couſtumes n'en dient rien. De ces quarante iours, & de la ſaiſie, parlent les couſtumes. Niuernois des fiefs, article 6. Paris, ar. 8. Meleun, art. 38. Poiĉtou, art. 135. qui outre la ſaiſie,
adjouſte vne amende. Berry des fiefs, art. 24. Auuergne, ch.
22. art. 6. 7. 8. Troyes, art. 30. mais il adjouſte, que ſi le vaſſal
eſt en demeure vn an durant, le ſeigneur par le moyen de
la ſaiſie, gaigne les fruiĉts. Vitry, art. 42. Auxerre, art. 50.
Bourbonnois, art. 381. Senlis, art. 252. Bourgongne, art. 15.
Blois, art. 102. 103. 105.

Aucunes couſtumes dient, qu'apres la preſentation du
denombrement, pource que le ſeigneur a quarante iours
pour le blaſmer, le vaſſal eſt tenu d'aller vers ſon ſeigneur,

reclamer&querir le blafme. Ainfi dit Paris,art.10.Meleun, art.38.Blois,art.106.Laon,art.203.Reims,art.108.Et femble, puis que la raifon en eft bonne, que l'on le doit tenir pour reigle generale. De vray le vaffal, qui doit honneur à fon feigneur,doit l'aller rechercher,& non attendre que le feigneur vienne & enuoye vers luy. Plufieurs couftumes dient que le denombrement eft tenu pour receu & accepté,fi le feigneur laiffe paffer quarante iours fans le blafmer. Ainfi Niuernois des fiefs, art.67.Paris, art.10. Meleun,art. 38.Orleans,art.81 Reims,art.108. Blois,art.106.Laon,art. 203.Mais Bourbonnois,art. 383.dit que la reception que le feigneur fait de l'adueu, pour le veoir,ne luy preiudicie,s'il ne l'a accepté.Ce qui fe dit, qu'il eft tenu pour accepté , fe doit entendre auec temperament, à ce qu'en apres le feigneur n'ait pas les priuileges octroyez par la couftume, côme de faifie.Mais ie croy que par voye ordinaire,&comme entre toutes autres perfonnes, il peut requerir l'amendement : car ce feroit chofe bien rude, que fous ce pretexte des quarante iours paffez,le feigneur fuft tenu à fon vaffal, de luy garentir le contenu en fon denombrement , ou que le feigneur fuft exclus de contraindre le vaffal à remplir fon denombrement, qui feroit defectueux. Ce feroit contre la bonne foy, qui excellemment doit abonder en tout ce qui eft à faire entre le feigneur, & le vaffal. Pourquoy fi le vaffal veut entierement s'affeurer, il doit plus amplemét contumacer fon feigneur, & luy faire des fommations & proteftations expreffes. Cefte obligation de bailler denôbrement monftre que le vaffal doit inftruire fon feigneur, & la raifon y eft bien,puis que le feigneur,en faifant la premiere conceffion du fief, a iceluy fief commis à la garde du vaffal,qui partant eft tenu à la conferuation des droicts de fon feigneur.*l.1.in fine,cum l.feq.ff.v;ufr.quemad. caueat. l. videamus.§ item profpicere.ff.locati.* La queftion a efté grande , fi le feigneur doit inftruire fon vaffal, en cas que le vaffal a affermé n'auoir aucuns enfeignemens , & auoir faict deuoir d'en chercher.Surquoy les couftumes,fe trouuent diuerfes. L'ancienne opinion des praticiens eft que le vaffal

doit

doibt precisémēt aduoüer ou deſaduoüer parluy ou ſon'ga
réd,& que le vaſſal doit inſtruction à ſon ſeigneur,& non le
ſeigneur au vaſſal. Paris,ar.44.dit apres que le vaſſal aura
aduoüé , le ſeigneur & le vaſſal doiuent communiquer
l'vn à l'autre adueus & titres ,& doit le vaſſal ſatisfaire le
premier. Ainſi Orleans,art.79.Mais Sens art.215. dit apres
que le vaſſal a affermé ne ſçauoir que l'heritage ſoit tenu
en fief,&qu'il a requis le ſeigneur de l'inſtruire,s'il ne le fait,
le vaſſal peut deſaduoüer ſans peril de commiſe : ſauf quāt
au Roy ſaiſiſſant. Eſtampes,art. 42. dit ſimplement qu'ils
ſont tenus communiquer l'vn à l'autre.Et Laon,art. 200.
& Reims,ar.128.dient apres que le vaſſal a affermé n'auoir
tiltres , le ſeigneur doit communiquer auant que le vaſſal ſoit tenu d'aduoüer ou deſaduoüer.Meleun, art.85.86.
dit que le vaſſal eſt tenu d'aduoüer ou deſaduoüer , toutesfois peut requerir eſtre inſtruit par le ſeigneur : Mais Auuergne,chap.22.art.9.10.11.dit que le vaſſal doit aduoüer
ou deſaduoüer,ſans que le ſeigneur ſoit tenu de l'inſtruire,
& ſi le vaſſal eſt ſommé par vn ſeigneur,il pourra l'aduoüer
ſous proteſtation de ne faire faux aducu. Es lieux où les
couſtumes ne decident la queſtion,me ſemble qu'il eſt raiſonnable que le vaſſal ne ſoit preciſément contrainct d'aduoüer ou deſaduoüer , apres qu'il a affermé par ſerment a-
uoir fait diligence d'enquerir ,& qu'il n'a trouué aucune
inſtruction : & audit cas ſoit le ſeigneur tenu luy communiquer les tiltres qu'il a, *Saltem* que ce ſoit aux deſpens du
vaſſal, & que le vaſſal ſoit tenu aller prendre la communication en la maiſon du ſeigneur, ſans que le ſeigneur ſoit
tenu d'apporter en iugement ſes tiltres. Pour ceſte communication ſera noté que les tiltres, aducus,& denombremens , concernāts le fief,quant à l'vtilité d'iceux,ſont communs , parce qu'ils ont eſté faits pour l'intereſt & profit
tant du ſeigneur, que du vaſſal, entre leſquels y a deuoir &
obligatiō reciproque. Vray eſt que les corps deſdits tiltres
& inſtrumens ſont propres au ſeigneur, puis qu'ils luy ont
eſté deliurez. Pourquoy eſtant l'effect & l'vtilité d'iceux,in-
ſtrumens communs:il eſt raiſon qu'il en ſoit faicte edition

M

au vaſſal,par la raiſon de la *l.prætor ait,in princip.ff. de edendo*,
l.3.in §.ſi mecum.ff.ad exhib.& l.procurator.C.de edendo.

En la grande antiquité eſtoient pluſieurs cas de commiſe
& reuerſion de fief. Nos couſtumes n'en ont gueres retenu
que deux,la felonnie & le faux adueu ou le deſadueu. Aucunes y ont mis le tiers cas,quand le vaſſal à ſon eſcient recele aucuns heritages ou droicts en ſon denombrement.
Quant à la felonnie: aucunes couſtumes dient que la felõnie eſt quand le vaſſal par mal talent met la main à ſon ſeigneur,comme Meleun,art.83.& Bretagne,ar.142.Reims,
art.129. dit quand le vaſſal machine la mort & deſtructiõ
de ſon ſeigneur,ou pourchaſſe ſon des-honneur , ou autre
dõmage notable:ou expulſe ſon ſeigneur de ſon fief apres
qu'il l'a ſaiſy.Selõ les anciẽnes loix rapportees és capitulaires de Charlemagne,*lib.3.cap.71.*ſi vn vaſſal abandonne en
bataille vn autre vaſſal ſon pair (*parem ſuum*) il perd ſon fief
auec ſon honneur.Meleun , art.ſuſdit,83.adjouſte,ſi le ſeigneur forfait à la femme ou fille de ſon ſeigneur. Sont cas
de felonnie,eſquels le vaſſal cõmet ſon fief en pure perte ,
au profit du ſeigneur. Auſſi ſi le ſeigneur excede ſon vaſſal,
ou couche auec ſa fẽme ou ſa fille,ou fait autre meſfait notable,il perd l'hõmage & fief,qui eſt deuolu au ſeigneur ſuperieur immediat dudit ſeigneur,& tel delict s'appelle auſſi
felõnie. Ainſi dit,Meleum,art.84.Bretagne,ar.621.Laon,
art.197.Reims,art.130.Ce cas de commiſe eſt fondé,ſur ce
que la premiere conceſſiõ du fief eſt,ou doit eſtre gratuite,
cõme vne donation,& la donatiõ eſt reuoquee par l'ingra-
titude du donataire:auſſi que la principale obligatiõ du fief
cõſiſte en hõneur,fidelité,& excellẽte amitié,àſçauoir protection & amitié de la part du ſeigneur: & ſeruice, hõneur,
fidelité & amitié, de la part du vaſſal. Et quãd és contracts
reciproques,l'vn des cõtrahãs defaut,en ce qui eſt de l'eſſẽ-
ce ou cauſe finale du contract; il y eſchet reſolution du cõtract.*l.cum te.C.de patt.inter empt. & vend.compoſ. multomagis*
en cas de donation &bien-faict.*l.2.in fin ff.de donat.*L'autre
cas de commiſe eſt de deſadueu , ou faux adueu. Deſadueu
proprement eſt quand le vaſſal nie tenir ſon fief de tel ſei-
gneur:Le faux adueu eſt, quãd à ſon eſciẽt,il aduouë autre

feigneur feodal. De la commife en ce cas, parlent les couft.
Paris, art. 43. Meleun, ar. 85. Eftampes, art. 33. Sens, art. 199.
Auxerre, art. 69. Niuern. des fiefs, ar. 66. Berry, des fiefs, ar.
29. & parle de denegation iudiciaire. Orleans, art. 81. Bourbonn. art. 86. Auuergne, ch. 22. ar. 18. Touraine, ar. 117. Vitry, ar. 40. Laon, art. 199. Blois, art. 101. Et dient la plufpart
defdites couft. qu'apres le defadueu fait par le vaffal, il doit
auoir mainleuce par prouifion de fon fief faify. Paris, ar. 43.
Eftâpes, 33. Laon, art. 199. Laon, ar. 200. dit auât que le vaffal foit tenu aduouër ou defaduouër, en affermant qu'il n'a
aucune inftruction, peut requerir le feigneur de l'informer
de fes titres, ce que le feigneur doit faire de bonne foy.
Sens, art. 215. dit autant, & adjoufte fi le feigneur fait refus,
que le vaffal peut defaduouër, fans peril de commife.

Le tiers cas de commife de fief, eft quand le vaffal à efciét
par dol recele aucun heritage ou droict à fon feigneur, ne
le comprenant en fon denombrement : Ainfi dit Niuernois
des fiefs, art. 68. Meleun, art. 39. Bourbonnois, art. 381. Bretagne, art. 142. Ainfi dient les loix Romaines de celuy qui
a recelé aucuns biens, efquels il auoit droict, dont il eftoit
tenufaire declaration. *l. refcrpitum. ff. de iis quib. vt indig. l. Fau-
lus fi certa. ff. ad trebell.*

La reigle cômune des couft. eft que le vaffal, ne preferit
côtre fon feignenr, parquelque têps que le feigneur ait dormy, fans faire renouueller fon hômage. Comme auffi le feigneur ne preferit contre fon vaffal, par quelque temps que
le feigneur ait iouy en vertu de fa faifie : aucuus dient la raifon, à caufe de l'excellence de la foy, & deuoir reciproque
qui eft entr'eux. Les autres diét que la patience du feigneur
qui ne faifit en cas d'ouuerture, eftant le droict de pure faculté, ne peut apporter preiudice au feigneur. Car és chofes qui font de pure faculté, on ne preferit contre celuy qui
n'a exercé ladite faculté. *l. viam. ff. de via publica.* Auffi pour
preferire, eft befoin qu'il y ait quelque acte contraire : autrement fe doit dire que celuy qui vne fois a commencé à
poffeder, retient fa poffeffion *folo animo.* Comme auffi quâd
le feigneur, commence à iouyr, à caufe de faifie feodale,

telle caufe de iouïffance eft cenfee durer & côtinuer, pourquoy ne peut attribuer droict. *l. cũ nemo. C. de acq. poff.* Aucunes couft. dient fimplemét, qu'il n'y a prefcriptiõ, par quelque téps que ce foit. Ainfi dit Niu. des fiefs, art.13. Sens, ar.
218.263. & ftáp.ar.25. Berry des prefcri.ar.3. Bourbon.ar.31.
387 .Auuergne, ch.17.art.72. Le fieur du Molin a excepté la prefcriptioncétenaire, qu'il dit en ce cas auoir lieu. Aucunes couft.ont dit que la prefcriptiõ de cent n'a lieu en ce
cas:comme Paris, ar.12. Meleun, ar.102. Auxerre, art. 77.
Orleans, ar.86. Reims, ar.133. La Cour, y a enuiron 40. ans,
iugea côtre vne iouïffance de 300. ans, faiéte par l'Euefque
de Clermont, de la ville, cité & conté de Clermõt, au profit de la Royne mere de trois Rois, yffus de la maifon de
Bologne, pource que par efcrit apparoiffoit que l'Euefque
de Clermont auoit cõmencé fa iouïffance par depoft, que
fon frere Guy, Comte de Clermõt, auoit faict en fes mains,
& de ce depoft apparoiffoit par efcrit. Pourquoy fi par les
anciénes lettres, il appert du droiét de feudalité, la prefũp-
tion fera que le detéteur a toufiours iouy en qualité de vaffal, & le feigneur, en qualité de feigneur feodal. Vrayeft que
s'il y a eu côtradiéliõ d'vne part ou d'autre, en deniát ladite
qualité, deflors le côtredifant cõmencera à poffeder *pro fuo*,
& prefcrira par trente ans, parce qu'il y a eu interuerfion de
la premiere caufe. Ainfi dit Niuernois des fiefs, art.14. &
Bourbon, ar.387. Auffi vn tiers peut prefcrire le droiét de
feudalité par 30. ans, contre vn autre feigneur feodal. Ainfi
dit Niuern. des fiefs, ar.15. Eftápes, ar.25. Berry des prefcrip.
art.9. Auuergne, ch.17. art.13. Reims art.134. Mais Niuern.
aiiez à propos, met la forme de la prefcriptiõ, àfçauoir qu'il
y ait eu deux reprifes, à deux diuerfes ouuertures de fief,
auec faifies reelles deuëment notifiees. Berry des prefcript.
art.9. dit que les 30. ans, cõmencent depuis la premiere ex-
ploiétation de fief. De vray s'il n'y a eu aéte & exploiét exterieur apparent, qui vray femblablement puiffe eftre venu à
la cognoiffance de celuy qui a intereft, la poffeffion deuroit
eftre prefumee clandeftine, & non efficace pour la prefcriptiõ. Ainfi dit le droiét Romain, és aétes de iouïffance , qui

cõmunémẽt ne sõt pas apparés à tous, q̃ la sciéce de celuy qui a interest est requise. *l. 2. C. de seruit. & aqua. l. quãuis saltus. ff. de acqu. poss.* Mais les profits de fiefs, & les parties casuelles qui dependent des mutations, peuuẽt estre prescriptes par trenteans. Ainsi dict Niuernois des fiefs, art. 16. Paris, ar. 12. Meleun, art. 102. Berry des prescript. ar. 7. Orleans, art. 86. Troyes, art. 23. Laon art. 213. Rheuns, art. 133. Le Seigneur du Molin à mise vne belle limitation, pourueu que la mutation soit apparente. Car s'il y auoit vente, & le vendeur eust continué sa iouyssance par forme d'accense soubs l'achepteur: le seigneur qui vray semblablement a ignoré, ne sera exclus de son profit par les trente ans. La presentation estant fondee, ou sur la negligence du creancier, ou autre à qui le droict appartient, ou sur le tacite consentement, qui est presumé par le laps de temps. *l. cum post. ff. de iure dotium.* Et celuy qui n'a pas sçeu, ny eu moyen facile de sçauoir, n'est pas reputé negligent. *cap. licet extrà de suppl. neglig. prælat.*

S'il y a mutation de seigneur feodal, ou par successiõ, ou par acquisition à tiltre particulier, & il vueille renouueller les hommages deubz à sa seigneurie; en cas qu'il y ait ouuerture du fief seruant ledict nouueau seigneur peut saisir cõme subrogé au lieu de l'ancien. En cas qu'il n'y ait point d'ouuerture, le seigneur feodal doit faire sçauoir aux vassaux tenans fiefs mouuans de luy, qu'ils viennẽt recognoistre & reprendre de luy, & leur donner terme pour ce faire, qui ne soit moindre de quarante iours, auec assignation de iour & lieu certains. Le lieu doit estre au chastel ou manoir du fief dominant: car le vassal n'est tenu de faire la foy autre-part. Et s'ils y faillent, le seigñr peut saisir & gaigner les fruicts. La maniere de les conuoquer n'est pas semblable en toutes les Coustumes. Aucunes dient, quant aux fiefs qui sont assis, & sont mouuans de Duchez, Comtez, Baronnies, & Chastellenies, qu'il suffit que la conuocation soit faicte à son de trompe & cry public. Et si les fiefs sont hors lesdicts lieux que la signification doibt estre particuliere de chacun vassal à sa personne, ou au lieu de son fief, en parlant aux officiers ou entremetteurs d'affaires. Ainſi Paris, ar.65. Meleun, ar.43. Sens, art.195. Poictou, art.109. Auxerre, art.65. Orleans, art. 60. 61. 62. qui dict que les quarante iours commencent à courir de la derniere publication. Touraine, art.114. Senlis, art.254. Rheims, art.58. Blois, art. 50.51. Autres Couſtumes dient ſimplement que le ſeigneur doit faire ſignifier & aſſigner iour à ſes vaſſaux en particulier: comme Niuernois, des fiefs, art. 55. Bourbonnois, art. 369. ſauf pour les fiefs, qui ſont en la meſme Iuſtice du ſeigneur feodal, eſquels la proclamation publique ſuffit. Laon, art.219. & 221. Mais Berry, des fiefs, art.35. dict, ores qu'il y ait ouuerture du fief, ſeront auec profit, que le nouueau ſeigneur doit ſignifier au vaſſal de venir faire ſon deuoir.

Aucuns ont eſtimé quãd le vaſſal enfrainct la main feodale miſe au fief qu'il commet, & perd ſon fief, cõme pour cas de felonnie. Mais comme il ne faut eſtendre les loix penales, pluſieurs Couſtumes ont decidé qu'il n'y a commiſe, ains que le vaſſal auant que d'eſtre receu, eſt tenu de reſtablir les fruicts. Ainſi, Sens, art.184. Eſtampes, art. 31. Poictou, art.120. Auxerre, art.47. Orleãs, art. 77. Rheims, art. 104. Mais Orleans & Poictou, y adjouſtent l'amende.

Si pluſieurs ſe trouuent ſeigneurs du fief dominant, la queſtion eſt, ſi le nouueau vaſſal doit aller les rechercher tous. Niuernois, des fiefs, art.45. 46. dict que le vaſſal doit premierement s'adreſſer à celuy qui iouyt du chaſtel, dont depend le fief dominant. Et ſi le chaſtel eſt commun, doit s'adreſſer à celuy qui a la plus grande part. S'ils ſont égaux, à l'aiſné, & faire ſignifier aux autres. Blois, art. 55. Berry, des fiefs, art. 20. Poictou, art. 115. dient à l'aiſné. Bourbonnois. art. 391. & Auuergne, chap. 22. art. 42. 43. 44. dient premierement à celuy qui a la plus grande part, puis à l'aiſné. Mais le plus ſeur eſt de s'enquerir au fief dominant, qui eſt celuy à qui appartient receuoir la foy, & s'il eſt au lieu du fief s'addreſſer à luy : s'il n'y eſt, faire le deuoir au lieu du fief dominant, auec delaiſſement de coppie, comme a eſté dict cy deſſus.

Auffi a efté fouuent agitee la queftion , felon quelle
Couftume fe gouuerne le fief feruant : ou de la Prouince
en laquelle il eft affis : ou de la Prouince en laquelle eft affis le fief dominant. Surquoy Mante, art. 44. Laon, art.
234. & Rheims, art. 138. dient indiftinctement, qu'il faut
auoir efgard à l'affiette du fief feruant. Ce qui depend d'v-
ne reigle brocardique, qui eft communément és cerueaux
des practiciens, que toutes Couftumes font reelles. Ce qui
femble ne fe pouuoir fouftenir indiftinctement : pource
que nos Couftumes ne font pas ftatuts, ains font noftre
vray droict ciuil, comme a efté dict ailleurs : & auons efté
trop prompts à fuiure les opinions des Docteurs Italiens à
cet égard. Car en Italie le droict Romain eft le droict commun : & là les ftatuts, qui font contraires ou diuers, font du
droict eftroit: mais à no⁹ le droict Romain ne fert que pour
raifon, & le droict Couftumier peut, & doit eftre entendu
& extendu au large, auec benigne interpretation. Or fur
la queftion me femble, puis qu'ainfi eft que fief & iurifdiction n'ont rien de commun , qu'il eft affez à propos en ce
qui eft des profits , & autres droicts de fief eftimables en
argent, de fuiure la Couftume du lieu où ils font affis. Mais
en ce qui eft du deuoir perfonnel , foit de l'honneur ou du
feruice, que le vaffal doit à fon feigneur, parce qu'il doit aller rechercher la perfonne de fon feigneur, au lieu du fief
dominant : que pour ces deuoirs perfonnels, il doit fuiure
la loy du lieu où il les doit, par l'argument de la *l. contraxiffe.
ff. de actionib. & oblig.*

Le feigneur peut commettre autre perfonne à la reception de fes hommages, pourueu que ce foit perfonne qualifiee de nobleffe, office ou autre charge notable. Ainfi dict
Niuernois, art 49. & Poictou, art. 114. qui adjou ⁹ la limitatiõ, pourueu que le commis ne foit perfonne vile. Bourbonnois, art. 378. ne permet au feigneur feodal de commettre , fi ce n'eft le Duc de Bourbonnois pour fes fiefs.
Rheims, art. 111. dict, que fi le feigneur reçoit fes hommages par Procureur, le vaffal peut faire hommage par Procureur.

DES CENS, BOVRDELAGES,
& autres redeuances qui emportent Seigneurie directe.

Y deſſus a eſté traicté des Fiefs , eſquels l'vn ſe dict ſeigneur direct , & le vaſſal ſe dict ſeigneur vtil. Le deuoir enuers le ſeigneur direct feodal eſt perſonnel & noble, conſiſtant en honneur & ſeruice és guerres. Autres heritages ſont dont le deuoir eſt appellé roturier, pource qu'il conſiſte en preſtations de deniers , grains & autres eſpeces eſtimables en deniers. Le plus commun & le plus ancien eſt le cens, dont la preſtation ordinairemét eſt petite,& ſe paye par recognoiſſance de ſuperiorité , & nó pas pour auoir profit qui ait quelque proportion aux traits de l'heritage chargé de ceſte redeuance. Le ſeigneur cenſier eſt reputé auoir ſeigneurie directe, comme ayant eſté le premier ſeigneur qui en a faict conceſſion ſoubs ceſte charge. Si eſt-ce que le ſeigneur vtil eſt reputé proprietaire du fonds, auec plus de droict que n'eſt pas celuy qui tiét à tiltre de Bourdelage , taille reelle ou emphyteuſe: car tel detenteur n'eſt reputé que ſuperficiaire. Et quand le droict Romain parle des d'eux , ſoubs le nom du ſeigneur dict ſimplement , il entend le ſeigneur direct,& non le ſuperficiaire. *l. ſi æomus.* §. *vlt.ff. de lega.* 1. *l. damni.* §. *ei qui. ff. de damno infecto.* L'origine du mot de *cens* eſt du droict Romain , & de fort grande antiquité. Car chacun citoyen contribuoit aux charges publiques ſelon ſes facultez, & eſtoit ceſte contribution tant des perſonnes, qui par delict eſtoient enroollez pour faire ſeruice és guerres , que de la bourſe pour fournir l'entretenement des ſoldats. Les cenſeurs vne fois en cinq ans, faiſoiét la recherche, tát du nombre & aage des perſonnes, que des facultez de chacun, telle recherche eſtoit appellee C E N S , & ſelon icelle les charges eſtoient diſtribuees. Depuis ceſte contribution fut miſe ſur les heritages. Qui eſt la ſource
des

des cens. La preſtation cenſuelle eſt communément en deniers, qui ſe payent à iour certain, ou de la feſte noſtre Dame en Mars, ou le premier Octobre, ou autre iour & ſelon
pluſieurs Couſtumes, y a amendes côtre celuy qui ne paye
pas au iour, qui eſt la peine du contemnement , & n'eſt en
diminution de la redeuance. En aucuns lieux l'amende eſt
de ſept ſols ſix deniers, côme Niuernois, des cens, art. 9. En
autres eſt de cinq ſols tourn. ou pariſis. Paris, ar. 85 Eſtápes,
art. 49. Orleans, art. 102. Laon, art. 135. Rheims, art. 148.
Blois, art. 111. Et ne peut eſtre demandee l'amende que de
l'annee derniere, s'il n'y a eu interpellation.

Quand l'heritage tenu à tiltre de cens eſt vendu : par la
pluſpart des Couſtumes ſont deuz lots & ventes au ſeigneur cêſier par l'achepteur, qui ſont le douzieſme denier
du prix qu'on dict vingt deniers pour liure. Ainſi dict Niuernois, des cens, art. 1. Paris, art. 76. & art. 78. quãd il y a
bail à rente racheptable. Eſtampes, art. 47. Touraine, art.
147. Senlis, art. 246. Laon , art. 137. Rheims, art. 143.
Blois, art. 115. En autres Couſtumes les lots & ventes ſont
du ſixieſme denier, qui eſt trois ſols quatre deniers pour liure: comme Bourbonnois, art. 395. Meleun, art. 114. dont
le vendeur doit la moitié, & l'achepteur l'autre. Poictou,
art. 21. & les appelle ventes & honneurs. Orleans, art. 106.
qui dict, que ſi le cens eſt à lots & ventes, le ſixieſme denier
y eſt: ſi à ventes ſeulement le douzieſme. Troyes, art. 52. &
à payer par le vendeur & achepteur à moitié. Mais Bretagne, art. 74. dict que le vendeur doit les deux tiers des ventes, & l'achepteur le tiers. Berry, des cens, art. 6. dict que l'E-
gliſe à deux ſols pour liure, & les autres vingt deniers. Senlis, art. 246. adjouſte deux deniers pariſis pour les gands, &
Touraine, ar. 147. quinze deniers pour les gands ſur tout le
marché. Cy deſſus, ſous le tiltre des fiefs, fol. 62. eſt miſe la
cauſe pourquoy en grande ancienneté , c'eſtoit à la charge
du vendeur d'acquiter les profits enuers le ſeigneur direct.

En aucunes Couſtumes ſont deubs lots & ventes pour
toutes alienations, & eſt la choſe alienee quand l'alienation eſt autre que vente , eſtimee par perſonnes cognoiſ-

fantes. Ainſi Niuernois des cés, art. 2. Berry des cens, art. 6.
En autres Couſtumes ne ſont deubs lots & ventes en eſchange & en donation, & autres contracts, eſquels n'y a
fonction, comme ſera dict cy apres, ains ſeulement en véte:
Comme Paris, art. 78. Auuergne, chap. 16. art. 1. Ceſte diuerſité vient de la diuerſité des opinions des Docteurs en
la *l. fin. C. de iure emphyt.* ſi l'emphyteute auquel eſt defendu
de vendre ſans le congé du ſeigneur, l'heritage emphyteu-
tique peut le donner. Mais il me ſemble qu'il y a meſme
raiſon en l'vn des cas qu'en l'autre : car ores qu'en donation, & en eſchange le ſeigneur ne ſoit és termes de recouurer l'heritage pour le prix, comme il ſe dict en vente. Si
eſt-ce qu'il a intereſt à la mutation d'hóme: Et le profit qui
ſe paye eſt pour l'approbatió que le ſeigneur faict du nouuel homme: qui eſt la raiſon miſe en ladicte loy finale. *verſ.*
& ne auaritia.

Selon la pluſpart des Couſtumes y a amende deuë au
ſeigneur cenſier, quand l'acquiſition nouuelle n'eſt pas ſignifiee audict ſeigneur dedans les vingt iours, ou quarante
iours, ou autre temps preſcript par leſdictes Couſtumes.
Paris, art. 77. Meleun, art. 111. Eſtampes, art. 47. & Senlis,
art.   font l'amende de ſoixante ſols pariſis, qui vallent
ſoixante & quinze ſols tournois. Sens, art. 226. Poictou,
art. 24. 25. Orleans, art. 107. ſoixante ſols tournois. Blois,
art. 118. met l'amende de cinq ſols, s'il n'y a notification
dedans les huict iours, & de ſoixáte ſols s'il y a vn an. Bourbonnois, art. 394. faict doubler les lots & ventes pour defaut de payer dans les quarante iours. Niuernois, des cens,
art. 1. met l'amende de vingt ſols apres les quarante iours
paſſez de l'acquiſition.

En cas de vente le ſeigneur céſier a la choix de prédre les
lots & ventes, ou retenir l'heritage pour le prix qu'il a eſté
védu. Niuern. des cés, art. 4. 5. Vitry, art. 18. Poictou, art. 23.
Mais Sens, art. 240. & Meleun, art. 128. dient que le ſeignr
cenſier n'a retenuë s'il n'y en a cóuenáce. L'Egliſe n'a retenuë en cens és Couſtumes de Berry, retenuë, art. 4. & Niuernois, cens, art. 2. 8. Vray eſt que Niuern. pour recópenſe

de la retenuë, octroye à l'Eglise le huictiesme denier pour les lots & vétes, qui est deux sols six deniers pour vingt sols: & Berry luy donne le dixiesme: mais ne dict pas que ce soit pour recompense. Poictou, art.33. donne la retenuë à l'Eglise, à la charge d'en vuider ses mains dedans l'an, si elle en est requise: soit icy repeté ce qui est dict cy dessus au chap. des fiefs.fol. 67. Selon la Coustume de Niuern. la retenuë ne dure que quarante iours, à compter du iour que l'acquereur a exhibé le contract de son acquisition au seigneur, & luy en a baillé coppie collationnee à ses despens. Et s'il n'a exhibé & baillé coppie, la retenuë dure trente ans. Au tiltre des cens, art.6. Poictou, art.23. ne donne que huict iours apres l'exhibition du contract, & affirmation de la verité du prix. Et art.26. pour les trête ans, en cas qu'il n'y ait exhibition.

Plusieurs Coustumes n'attribuent au seigneur censier lots & ventes, pour donation faicte par liberalité & bonne amour. Sens, art.229. Blois, art.121. Estampes, art.53. Bretagne, art.75. Auxerre, art.86. dict que lots sont deubz de deux sols pour vne fois, & pour tout : mais non ventes. Autres dient, que si la donation est faicte pour recompense ou remuneration de seruices, ou à la charge qu'il en est deu profit. Ainsi dict Touraine, art.147. Blois, art.121. Orleans, art.117. La raison peut estre, pource que les seruices ou les charges sont facilement estimables en deniers: pourquoy on estime n'estre pas vraye donation, mais recompense, comme si on donnoit vn heritage en payement Ce qui equipolle à vendition.*l. si prædium. C. de euictionib.* Mais Auuergne, chap. 16. art. 16. dict que si aucun donne à charge de payer ses debtes, qu'il en est deu profit: aussi en tel cas, c'est autant que véte, puisque la fonctiõ est en deniers. Et Rheims, art.151. dict que pour donation soit gratuite ou remuneratoire, n'est deu profit s'il n'y a bourse desliee: auquel cas est deu profit selon les deniers. Niuern. dône lots & vétes en donation faite a estranger.

Sont aussi les Coustumes diuerses au faict de l'eschange s'il en est deu profit. Les vnes dient, que si l'eschange est

faict but à but sans soulte, ny à lots ny ventes. Et s'il y a soulte en deniers sont deuz lots & ventes pour la soulte. Ainsi
dient Estampes, art. 57. Sens, art. 227. 228. Bretagne, art.
75. Senlis, art. 257. Bourbonnois, art. 596. & dict soulte en
deniers ou meubles. Auuergne, chap. 16. art. 2. Bourgongne, art. 117. Meleun, art. 120. Troyes, art. 55. Laõ, art. 159.
Rheims, art. 152. Les autres Coustumes distinguent, si les
heritages eschangez sont de mesme cēsiue que lots & ventes ne sont deuz : si de diuerses censiues, ou estans de mesme censiue s'il y a tourne en deniers, que lots & ventes en
sont deuz, comme Touraine, art. 143. 147. Orleans, art. 110.
Blois, art. 120. quãd les heritages eschãgez sont de mesme
censiue, le seigneur a tousiours ses mesmes hommes. Et
comme dict a esté, les lots & vētes sont deuz pour l'approbation du nouuel hõme, qui se presente au seigneur. Mais
Auxerre, art. 85. dict qu'en escháge sont deuz lots, qui sont
de deux sols pour tout, & pour vne fois: mais ne sont deuës
ventes s'il n'y a soulte. Aussi Niuernois des cens, art. 2. attribue au seigneur lots & ventes en eschange, comme en
toutes alienations. Et doit estre l'heritage estimé par personnes cognoissantes, pour selõ l'estimation proportiõner
les lots. Par tout on excepte si l'eschãge est frauduleux, cõme quãd les cõtrahans feignent d'eschanger pour empescher les lots & vētes, ou la retenuë, ou le retraict lignager: &
en effect c'est vēditiõ ou translatiõ de proprieté moyennãt
deniers. La preuue de laquelle fraude est declaree par aucunes Coust. cõme si dedãs l'an du contract, qui apparoist
escháge, l'vn des cõtrahans rachepte l'heritage par luy baillé en eschãge. Meleun, ar. 120. Sés. ar. 228. Auxerre, art. 25.
Bourb. art. 407. & 459. Vitry, art. 30. Auuergne, ch. 16. art.
12. 13. 14. Sens, & Auxerre és lieux susdicts adjoustēt autre
cas, si dedãs l'an l'vn des deux cõtrahans se treuue possesseur de l'heritage par luy baillé en eschange. Aussi tous
deux diēt qu'audit cas de fraude, sont deux doubles lots &
ventes. Pour les autres cas de fraude, & moyés de la prouuer sera traicté cy dessouz, soubs le tiltre de retraict lignager.

Aucunes couſtumes permettent au ſeigneur cenſier, faire ſaiſir l'heritage pour lots & ventes non payez, comme
Niuernois des cens art.16. Bourbonnois, art.413. Auuergne, chap.21.art.6.7. Bretagne, art.69.& 233.adiouſte quãd
les ventes ſont liquidees auec l'acquereur ou ſon heritier.
Berry des cens, art.12.13.14.15.19.& adjouſte que ſi l'acquereur apres la ſaiſie demeure plus d'vn an, ſans ſatisfaire, que
le ſeigneur gaigne les fruicts. Blois, art.38. Senlis, art. 248.
Ceſte ſaiſie de l'heritage pour les lots & ventes non payez,
ſe doit entendre quand le pris de l'alienation eſt certain, &
en apparoiſt par eſcript, en forme probante. Autrement il
n'y auroit pas raiſon de ſaiſir, pour vne choſe incertaine &
non liquide. Mais pluſieurs autres couſtumes veulent que
le ſeigneur demande ſes lots, ventes & profits par action,
& non par ſaiſie. Ainſi Paris, art.81. Mante, art.49. Meleun, art. 119. Auxerre, art. 83. Laon, art.140. Reims, art.
158.

Les couſtumes ſont diuerſes, ſi pour bail à rente par le
detenteur cenſier, ſeigneur vtil, ſont deus lots & ventes au
ſeigneur direct cenſier. Niuernois des cens, art.23.dit qu'il
n'en eſt deu, quand le bail eſt faict ſans bourſe deſliee, &
s'il y a bourſe deſliee ſont deus lots & ventes des deniers
baillez. Ainſi dit Reims, art.153.& Blois, ar.123. Autres couſtumes dient que pour bail à rente, ores qu'il n'y ait bourſe
deſliee ſont deus lots & ventes, ſelon l'eſtimation de la rente, qu'aucunes couſtumes mettent au denier quinze, comme Berry des cens, art. 21.22. Les autres au denier vingt,
comme Troyes, art. 58. Et ſi la rente eſt en eſpece de grain,
ou autres fruicts, en ſera faicte l'eſtimation. Auuergne, cha.
16.art.19.dit que pour bail excedant 29.ans, ſont deus lots
& ventes : mais nõ retenuë. Autres couſt.dient, ſi le bail eſt
fait à rẽte qui ſoit rachetable pour certain prix, que deſlors
les lots & vẽtes ſont deus, ſelõ leditprix, ſans attendre le rachapt. Ainſi dit Paris, ar.78.Sens, ar.229. Orleans, ar. 108.
Troyes, ar.75.Reims, ar.159. Les autres dient que les lots &
ventes ſont deus lors du rachapt, & non pluſtoſt. Comme
Meleun, art.121. Auxerre, art. 88. La raiſon de tout ce que

deſſus, ſemble eſtre, parce qu'il eſt vray-ſemblable quand
aucun baille ſon heritage à charge de rente, ſans receuoir
deniers d'entree, qu'il en retire ce que vray-ſemblablemẽt
il en pourroit retirer de net en meſnageant par ſes mains.
Et quand il prend argent d'entree, il faut croire qu'il diminuë d'autãt la redeuãce , & affoiblit le reuenu qu'il deuroit
prendre de l'heritage: qui affoiblit le droict du ſeigneur en
cas de mutation. Les couſtumes qui ne donnent lots & vétes, pour bail fait à charge de rente non racheptable, dient
que ſi leſdites rentes ſont venduës, en eſt deu profit au ſeigneur: comme Paris, art. 87. Sens, art. 231. Ce qui me ſemble bien raiſonnable , pour eſtre general : car audit cas la
rente tient lieu de l'heritage , repreſentant le reuenu d'i-
celuy. Mais Orleans, art. 108. dit que ſi la rente eſt venduë à
autre qu'au preneur, qu'il en eſt deu profit au ſeigneur cenſier. Sens, art. 232. dit que ſi l'heritage eſt baillé à charge de
rente nõ racheptable, & eſt vendu ſous la charge de la rente:
ſera deu profit du prix de l'achapt , & encores de l'eſtimation de la rente, qui ſera faite au denier dix, & de meſme dit
Auxerre, art. 89. Ce qui ſemble eſtre bien raiſonnable pour
ſeruir de reigle generale : car ſi autrement eſtoit le detenteur cenſier, qui par la nature du bail eſt tenu de conſeruer les droicts du ſeigneur direct par l'argumẽt. *l. 1. in fi. cum
l. 2. ff. v ſufruct. quemad caucat*: pourroit diminuer & affoiblir
le droict du ſeigneur direct, entant que l'heritage chargé de
rente ſeroit vendu à beaucoup moindre prix, & les profits
du ſeigneur ſeroient moindres. Et ſur ſemblable raiſon eſt
fondé le retenu *in mente curiæ*, ſur l'Arreſt du dixieſme May,
1557. recité par du Molin, à la fin du procés verbal de l'ancienne couſtume de Paris: par lequel Arreſt fut iugé qu'il
n'eſtoit deu profit au ſeigneur cencier, pour rẽte conſtituee
à prix d'argent, & aſſignee ſpecialement ſur vn heritage tenu à cens. Et par le retenu de la Cour, eſt dit que ſi l'heritage eſt vendu à la charge de ladite rente, lors ſeront deus lots
& ventes, tant du prix de la vente de l'heritage, que du prix
de la conſtitution de la rente: la raiſon y eſt bien, car la rente fait portion du prix, & l'heritage en eſt tant moins ven-

du. Niuernois en l'article cy-deſſus, dit qu'en bail à rente,
n'y a retenuë:mais Bourgongne,art.114.dit que ſi l'heritage baillé à rente eſt vendu que le ſeigneur cenſier aura la
retenuë dans quarante iours,& dedans l'an pourra rachepter la rente, ſi l'heritage eſt en bonne ville,au denier vingt,
& en plat pays au denier quinze : qui eſt vn remede tres e-
quitable,à ce que le ſeigneur direct,par tels moyens de bail
à rente ne ſoit priué de ſes droicts , ou ſes droicts ſoient affoiblis. Mais ſi ſans faire bail d'heritage,& ſans que l'heritage change de main, le detenteur cenſier, charge ſon heritage de rente,enuers vn tiers, la doute a eſté grãde quels
ſont les droicts du ſeigneur. Si la rente aſſignee ſpecialement eſt conſtituee à prix d'argent, il n'en eſt deu aucun
profit , ſelon ledit arreſt, du dixieſme May,1557. ſauf la limitation du retenu de la Cour cy-deſſus. Et à ce,s'accordent les couſtumes de Meleun,art 70.& 123.Eſtampes,ar.
50.Poictou,art. 27.Sens, art.123. Reims, art.154. Auxerre,
art.120.Orleans,art.111.Touraine,art.123. & ainſi faut entendre & reſtraindre,ſelon mon aduis,les articles, 25.& 38.
au tiltre des fiefs, & 23.au titre des cens, de la couſtume de
Niuernois, pour n'auoir lieu és rentes conſtituees à prix
d'argent, quand la conſtitution eſt à la raiſon accouſtumee
du denier douze, ou denier quinze,qui de leur nature ſont
racheptables à touſiours.Et ſi la rente aſſignee ſur l'heritage tenu à cens ou fief eſt telle, qu'elle ne ſoit racheptable :
comme ſi le vaſſal ou detéteur cenſier fait vne fondatiõ de
ſeruice en l'Egliſe,pour lequel il aſſigne rente ;ou ſi par donation ou liberalité, il tranſporte tant de rente ſur ſon heritage , ou s'il vend vne rente à raiſon du denier vingt, ou à
plus haut prix, & il l'aſſigne ſur ſon heritage auec paction
expreſſe qu'elle ne ſera racheptable, laquelle paction en
ce cas i'eſtime eſtre licite, pource que le denier vingt eſt
le prix ordinaire & accouſtumé , auquel ſont eſtimez les heritages , ou les rentes foncieres ſur iceux: ainſi que de preſent , il ſe practique , & eſtoit en vſage aupres des Romains. *l. Papinianus. §.vnde*, en y appliquant
le calcul ſubtilement.*ff.de inoff.teſt.* Et in auth. de *non alie-*

nan.§. quia vero leonis. En ces cas ie croy que l'expedient
mis par ladite Couft.de Niuernois, au tit. des fiefs,art. 5.
peut eftre pris pour regle generale par tout,pource qu'il eft
fôdé en raifon iuridique. Afçauoir que le feigneur peut cô-
tredire ladite rête,& l'empefcher,pour en faire defcharger
l'heritageou en l'approuuant prêdre le quint denier,oulots
& ventes. Et n'y a pas affez d'indemnité au feigneur,
quand on dit qu'aduenant ouuerture du fief, ou reuerfion, ou que la feigneurie vtile foit acquife par luy : que le
feigneur exploictera , & tiendra l'heritage fans charge
de ladite rente,& ainfi dient, Sens,article, 190. Auxerre ,
article 60.Orleans, article 6.Blois,article 62. Reims, article 117.Paris, article 51. Car cependant fi le vaffal ou detenteur cenfier vend fon heritage ou fon fief, il le vendra
tant moins , & feront les lots & ventes, & le quint denier
moindres:Pourquoy le feigneur, pour fon intereft , peut
contredire & pourfuiure, à ce que la rente foit oftee. A
quoy s'accorde Bourbonnois , article 333. & Auuergne
chapitre 22.article 14.Ou bien fi le feigneur veut prendre
le quint denier , ou les lots & ventes du prix de la rente, il
fera tenu,en ce faifant de l'approuuer, & fi c'eft fief la rente fera pour infeodee , & fera tenuë en fief, & quand au
tenement cenfuel , fera tenuë à cens du feigneur cenfier,
en forte que par l'alienation d'icelle rente y aura profit enuers le feigneur feodal ou cenfier : car le profit que le feigneur prend, eft pour l'approbation , qu'il fait de la mutation d'homme. Ainfi qu'il eft dit *in l.vlt.C. de iure emphyt.*
Ainfi dit Reims,art.89.que pour affignation de rente,n'eft
deu profit, fi elle n'eft infeodee,& Blois, art.68. que rente
fur fief n'eft feodale, iufques à ce que la foy en foit faicte.
Berry des cens , article neufiefme, donne au feigneur
cenfier , lots & ventes quand la rente eft fpecialement affignee.

Le nouueau acquereur des heritages tenusà tiltre de
cens, doibt exhiber au feigneur cenfier , les lettres de
fon acquifition , bailler & delaiffer copie fignee d'icelles,offrir les lots & ventes , & les arrerages, & ce fait, requerir

querir eftre inuefty par luy. Et iufques à ce, ne fe peut dire faify contre le feigneur,quant à fes droicts. Ainfi dit Niuernois des cens,art. 14. & Bourbonnois,art. 416. qui adjoufte, ores que le detenteur ait auparauant payé la redeuance,pourtant il n'eft pas faify.Meleun, art. 109. dit que
le feigneur cenfier peut contraindre l'acquereur d'exhiber fon tiltre par faifie de l'heritage.   Senlis, art. 247.dit
que l'achepteur ne peut prendre la iouyffance , iufques à
ce qu'il ait payé les profits, à peine de foixante fols parifis d'amende.   Par cefte mefme couftume,article 235. le
vendeur doit fe deffaifir és mains du feigneur direct , en
luy notifiant la vendition, & luy payer le quint denier , ou
lots & ventes : & l'acquereur ne peut prendre la faifine ,
finon par les mains du feigneur.   En Vermandois nul
ne peut acquerir la propriété d'vn heritage , à luy vendu
ou tranfporté , iufques à ce que le vendeur fe foit deueftu
és mains de la iuftice fonciere du lieu , & que l'acquereur en foit veftu par elle.   Ce veftement ou faifine fe fait
par la tradition d'vn petit bafton.Et fe dit qu'en franc-aleu
n'eft requis veft ny deueft,ains fuffit la poffeffion commu-
ne.Auffi n'eft requis veft ny deueft en fucceffion , en laigs
teftamentaire,en don mutuel, en donation par auancement d'hoirie ou faueur de mariage.   Ainfi dient Laon,
art.126. 128. 129. 130. Reims,art.162. 163.171. Ce que
deffus eft la fource des couftumes qui dient que le vendeur doit payer le quint denier ou les lots & ventes , felon qu'il a efté dc cy-deffus.

Si le detenteur cenfier abandonne l'heritage , & foit
l'heritage fans tenementier:le feigneur cenfier peut de fon
auctorité reprendre en fa main cet heritage , le faire valoir , & en prendre les fruicts. Ainfi dit Niuernois des
cens,article quatorze. Bourgongne article cent quinze.
Berry,des cens,art.vingtfix. Touraine, article vingt-cinq,
Sens,article cent vingt-quatre,Auxerre article cent vingt-
deux : mais Sens & Auxerre adjouftent par auctorité de
iuftice , & dient que le feigneur ne fait les fruicts fiens,

O

finon iufques à concurrence des arrerages à luy deus. Niuernois femble donner les fruicts fimplement au feigneur cenfier, & ainfi dit Berry des cens, art. 26. quand l'heritage eft demeuré vacant vn an durant. Et fi le tenancier
ou fon heritier vient dedans trente ans , dit Niuernois ,
au lieu fufdit , & Touraine , article vingtcinquiefme : Et
dedans dix ans, comme dient Bourgongne , article 115. &
Auxerre, article cent vingt-deux : & demande fon heritage, le feigneur luy rendra en payant les arrerages , &
reparations neceffaires , fi tant eft que le feigneur , par la
perception des fruicts, n'en ait efté fatisfait. Mais fi le feigneur cenfier veut s'affeurer pour toufiours, il doit faire
creer vn curateur à l'heritage vacquant , & fur luy faire faifir & crier l'heritage pour eftre payé de fes arrerages par le
prix de l'adiudication par decret. Ainfi dit Sens, article
124. 125. Troyes, article foixante-neuf. Touraine, article
vingt cinq , fe contente d'attribuer les fruicts au feigneur
cenfier, apres les bannies & proclamations. Vray eft qu'en
ce cas peuuent fe trouuer en concurrence le feigneur cenfier , & le feigneur haut infticier, parce qu'au feigneur haut
iufticier, appartiennent les biens vacans, non pas pour faire perdre au feigneur cenfier fes droicts : mais pour prendre par le feigneur haut iufticier le profit qui peut reuenir de l'heritage apres les droicts du feigneur cēfier fatis-
faits. Pourquoy i'eftime quand la concurrence y eft que
le feigneur cenfier doit endurer que le feigneur haut iufticier exerce fes droicts, qui font de vendre les heritages,
fous la charge du cens , pour du prix eftre les arrerages
& autres droicts deus, payez au feigneur cenfier, & les reparations faictes : qui eft l'indemnité dudit feigneur cenfier. Et l'outre-plus du profit du decret eftre pris par le
feigneur haut iufticier, & audit cas l'acquereur de l'heritage payera les lots & ventes de fon acquifition au feigneur cenfier : Mais pour fe liberer par le feigneur haut
iufticier de la garentie , & des dommages & interefts ,
aufquels il feroit tenu fi le proprietaire reuenoit dedans
les dix ou trente ans, comme il eft dit cy deffus. Le plus

seur est de faire creer vn curateur audit heritage, & sur luy
faire les cries, pour semondre tous ceux qui ont interest,
car par le decret tout sera purgé. Ie croy auant que donner tel curateur aux biens de l'absent, qu'il est besoin que
l'absence ait esté de quelque long temps, comme de deux
ou trois ans, selon la glosse, *in l si diu.ff.ex quibus causis in poss.*
& que l'on ait enquis des parens, alliez, voisins, ou amis de
cet absent, en quel lieu il est, pour si facilement on peut a-
uoir accez à luy le faire appeller, *l.ergo.ff.ex quib. causf. maio-*
res.l.aut qui. §. 1.ff. quod vi aut clam. Ceste creation de curateur aux biens de l'absent, se rapporte au droict Romain,
in l. idem priuilegium.ff.de priuileg.cred.

Presque toutes les coustumes de France, permettent au
detenteur censier ou bordelier, ou sous autre charge de
quitter & delaisser l'heritage au seigneur direct, en payant
au seigneur ses arrerages & droicts. Ainsi dit Niuernois
des cens, art.20.& des Bordelages, art.16.17. & rentes, art.
6.Meleun, art.126. qui dit de payer les arrerages de son
temps. Reims, art.146. auec la mesme limitation des arrerages, & profits escheus de son temps. Sens art.237. Senlis,
art.286.qui excepte si le premier s'est obligé de maintenir
en bon estat. Paris, art.109 Poictou, art. 57. 59. qui charge
de payer les arrerages du prochain terme à escheoir, si ce
n'estoit que le quittement se feist le mesme iour du terme.
Et excepte si le preneur auoit promis fournir, & faire valoir la redeuance, auquel cas il ne pourroit quitter. Bour-
bonn.art.399.met l'exception, sinon que le preneur eust as-
signé la rente sur certaine chose, & generalement sur tous
ses biens. Et Orleans, art.412.met autre exception si le preneur auoit promis faire quelque amendement, qu'il n'eust
faict. Mais Auxerre article 92. Berry, des executions, article trente quatre, & Orleans, art. cent trente quatre, dient
que le preneur, ny son heritier ne peuuent quitter: la
raison est adioustee par Orleans, parce qu'ils sont obligez personnellement auec hypotheque de tous leurs
biens : Ainsi Touraine, article cent nonante neuf, semble
ne permettre le quittement, sinon à ceux qui ne sont pas

O ij

perſonnellement obligez, ou qui n'ont achepté l'heritage à ceſte charge:toutesfois Paris,art.58.dit que ceſte obligation perſonnelle, n'oblige ſinon pour autant de temps,
que le preneur ſera detenteur. A quoy faict ce qui eſt dit
au droict Romain , *in l. cum fructuarius. ff. de vſufruct.* Le
ſieur du Molin, bon autheur, dit que nos majeurs ont introduict ceſte faculté de quitter, pour le reſpect de la
liberte humaine , ſelon laquelle nul ne peut s'obliger à
perpetuité,qu'il n'ait quelque moyen de ſe liberer:& ainſi
en traictent les Docteurs,*in l. ob æs. C. de actionib. & oblig.* Autres couſtumes mettent les charges du delaiſſement outre
les deſſuſdites, de delaiſſer l'heritage en bon & ſuffiſant
eſtat, ou en l'eſtat conuenu par le bail. 'Ainſi dit Niuernois des cens,art.20. des bordelages, art.16. des rentes,art.
6. Bourbonnois , article 399. Auuergne chap.21. art. 16.
Meleun,art.126. Leſdites couſtumes de Bourbonnois,
& Auuergne adjouſtent autre charge de bailler au ſeigneur la lettre du delaiſſement & gulpine. Niuernois dit,
baillant au ſeigneur les lettres que le detenteur a en ſa
puiſſance, concernans ledit heritage. Nos couſtumes ont
introduicte vne autre ſorte de quittement & delaiſſement
d'heritage hypothequé, qui eſt la vraye execution de l'a-
ction hypothecaire reelle , de laquelle execution le detenteur ſe peut liberer en quittant l'heritage hipotheque,
quand il n'eſt pas perſonnellement obligé : ce qui eſt general , quand aucun eſt tenu comme detenteur de la choſe , qu'en quittant icelle on ne peut plus s'addreſſer à luy.
l. Prætor.§. hoc edictum. ff. de damno infect. Doncques ſi aucun eſtant detenteur d'vn heritage chargé de cens,ou autre deuance , qui n'a pas achepté à la charge d'icelle , eſt
conuenu pour la redeuance ou arrerages , il peut auant
conteſtation quitter l'heritage , ſans eſtre tenu des arrerages , ores qu'ils ſoient eſcheus de ſon temps : mais
apres conteſtation s'il quitte , il ſera tenu des arrerages eſcheus de ſon temps ſeulement , iuſques à la
concurrence des fruicts par luy perceus , ſi mieux il
n'ayme rendre les fruicts. Ainſi dit Paris ,article 102.

103. Meleun, article. 176. Orleans, art. 409. 410. Ce qui est
conforme au droict escrit des Romains. *In l. si fundus. §. In
vendicatione vers. interdum. ff. de pignorib.* où il est parlé *de lite
inchoata*: mais lesdictes Coustumes ont parlé *de lite contesta-
ta.* Ce qui est *ad instar*, de l'action petitoire *de rei vendicatione*,
en laquelle se dict que le possesseur acquereur de bonne
foy n'est tenu à restitution de fruicts, sinon depuis contestation en cause. *l. certum. C. de rei vend.* Ce qui se dict de
contestation doit receuoir temperament, que quand la
cause est intentee par exploicts libellez, qui rendent
le defendeur certain, la cause doit estre tenuë pour contes-
tee au preiudice du defendeur, quand il y a eu de sa part
des delays superfluz & frustratoires. Pource que sa demeure fait que l'on tient pour chose faicte ce qui deuoit estre
faict. *l. qui decem in princip. ff. de solut.* Aussi il semble que selon les loix nouuelles de Iustinian : le mesme effect de la
contestation , soit quand le defendeur est adiourné par
exploicts libellez. *l. sicut. C. de prescript. 30. vel 40. annorum,*
& la *l. 2. vbi in rem actio.* I'ay dict de celuy qui n'a achepté a
ceste charge: Car s'il a achepté à la charge de la redeuance,
il est tenu personnellement enuers le seigneur, ores que le
seigneur ne fust present à stipuler: Car le vendeur seigneur
vtil estant procureur du seigneur direct, *in eam rem*, est tenu
de conseruer ses droicts , luy a peu acquerir ceste action.
Aussi la reigle du droict Romain, de n'acquerir action par
vn à vn autre, s'entend de l'action directe, & non de l'actiõ
vtile, qui est octroyee par la paction d'vn autre. Selon l'o-
pinion de Martin ancien glossateur, fondee sur le mesme
texte, *in l. si res C. ad exhib.* Or celuy qui est obligé personnellement est tenu de payer precisément les arrerages de
la redeuance , escheuz du temps qu'il a esté detenteur &
pour l'aduenir tant de temps qu'il sera detenteur. Et quant
aux arrerages escheuz auant sa detention : il en est quitte
en delaissant les heritages. Ainsi dict Paris, art. 99. Sens,
art. 131. Auxerre, art. 131. qui adioustent des detenteurs
sommez & certiorez. Troyes, art. 73 Berry des execut.
art. 33. Bourbonnois, art. 414. qui restrainct les arrerages

des redeuances foncieres à dix ans, & des côstituees à cinq ans. Senlis, art. 206. Berry adiouste que ces detenteurs ne peuuent estre executez que pour la derniere annee. Encores selon mon aduis doit estre entenduë ceste execution quand elle faict sur les fruicts de l'heritage chargé : car sur les autres biés du detenteur n'y a execution s'il n'est obligé authentiquement.

Aucunes Coustumes permettent au seigneur censier, de saisir par son auctorité, ores qu'il n'ait Iustice, les meubles ou outils trouuez en l'heritage tenu de luy, pour le payement de ses arrerages, à la charge de les faire vendre par auctorité de Iustice. Ainsi Niuernois des cens, art. 16. Paris, art. 86. qui toutes-fois defend le transport, sinon par auctorité de Iustice. Mante, 47. qui dict que le seigneur censier est reputé auoir Iustice fonciere : & ainsi les dict Rheims, art. 144. Orleans, art. 103. desire que le seigneur censier execute par vn sergent. Et tous dient, s'il y a opposition, auoir recours à Iustice. Et surce, sera noté que par aucunes Coustumes y à vne sorte de Iustice qui est appellee fonciere & censiere, qui n'a autre pouuoir que de contraindre pour les cens. Auxerre, art. 20. Sens, art. 20. Poictou, art. 21. attribuë le droict de censiue à la Iustice basse, & dict que le bas Iusticier est fondé d'auoir censiue.

Cës, n'y autre redeuäce emportant seigneurie directe, ne peut estre mise sur le premier cës, au preiudice du seigneur premier. Ainsi dict Niuernois, des cens, art. 12. 13. Estampes, art. 55. Auxerre, art. 98. & adiouste que le second cens est reputé rente. Berry, des cens. art. 31. dict que le second cens est nul. Orleans, art. 142. Cens ne peut estre mis sur cens. Ainsi Bourgongne, art. 114. Troyes, art. 56. Blois, art. 127. Ces Coustumes qui parlent auec prohibition de faire, emporte nullité precise de ce qui est faict au contraire. *l. non dubium. C. de legib.* Mais Bourbonnois, art. 333. dict que sur la censiue du seigneur censier, on ne peut surcharger rente, Auuergne, chap. 21. art. 4. & 29. art. 5. & adiouste que le surcens est commis au seigneur apres declaration de Iustice.

Aucunes Couftumes ont prefcript de côbien d'annees
on peut demander les arrerages des redeuances foncieres.
Bourbonnois, art. 414. a prefix le terme de dix ans. Berry, des prefcriptions, art. 8. a mis le terme de cinq ans.
Rheims,, art. 147. dict, fi le feigneur demande plufieurs annees, il fera tenu deferer le ferment au debteur, pour les
annnees efcheuës, fauf la derniere. Cefte Couftume de
Rheims, eft fondee en vne tres-grande equité, pource que
bien fouuent on ne prend pas quittance, & on fe contente de l'efcript que faict le feigneur fur fon papier de recep-
te. De vray, où il n'y a telle Couftume: ie ne voudrois pas
ainfi iuger: mais auec tât peu foit d'aide, de preuues, de ve-
rifimilitude, ie trouuerois bon de deferer ce ferment pour
fimplement felon la doctrine de la *l. admonendi. ff. de iureiur.*
Sens, art. 120. dict quant au tiers detente ur pour la derniere annee, comme Niuernois, des executions. art. 11. Berry,
des executions. art. 33.

La queftion fi l'heritage doit eftre prefumé franc & allodial en cas que le feigneur ne monftre le contraire : ou
s'il doit eftre prefumé tenu du feigneur au territoire duquel il eft, a efté traictee diuerfement és Couftumes. Niuernois, des rentes, art. 1. dict que tous heritages font pre-
fumez allodiaux: vray eft que par le procés verbal, l'article
eft contredict, & le renuoy du côtredict eft faict à la Cour.
Auxerre, art. 23. dict ainfi, & met l'exception fi les heritages ne font au territoire où le feigneur a accouftumé de
prendre cenfiue. Troyes, art. 51. dict que tout heritage eft
prefumé de franc aleu. Mais Poictou, art. 52. dict que la
Iuftice baffe & fonciere, eft fondee d'auoir hommage &
redeuance de tout ce qui eft dedans le territoire d'icelle, &
que nul ne peut tenir alleu, finon l'Eglife. Ce qui fe dict de
l'Eglife eft fubject à temperament: Car felon les anciés decrets l'Eglife ne doit auoir que fonprincipal manoir & te-
nemét, qui foit exempt des charges foncieres. Ce qu'elle a
outre-plus, eft fubject aux charges foncieres enuers les feigneurs têporels. *cap. 1. extra de cenfib.* qui eft tiré d'vn concile
national faict à Vvormes, du temps de Charlemagne. Et

art. 99. dict que tous domaines de Poictou sont ou doiuét estre tenus noblement ou roturierement. Touraine, art. 5. dict que le seigneur de territoire tenu en fief, est fondé d'auoir vn denier de cens pour quartier de terre, pré, vigne, ou autre heritage. Blois, art. 108. dict que toutes censiues doiuent estre infeudees & aduoüees estre tenuës en foy d'aucun seigneur, sinon qu'elles fussent amorties: & art. 33. dict que nul ne peut tenir heritage sans le recognoistre à l'vn des trois droicts, fief, cens, ou terrage. & art. 35. dict que tels droicts ne peuuent estre prescripts. Et Senlis, art. 262. dict que nul ne peut tenir terre sans seigneur. Selon mon aduis, si la Coustume n'y resiste, la presomption doit estre pour le seigneur: par ceste raison chacun doit seruice au public ou de sa personne, comme sont les nobles à cause de leurs fiefs, ou de sa bourse comme les roturiers: car les tailles & autres subsides ne sont ordinaires ny fort anciens: Et selon ceste grande anciennité, quand les tailles n'estoient point, les cens ou autres redeuances foncieres estoient payees au Roy, ou à ceux qui tiennent en fief du Roy, qui doiuét seruice personnel au Roy, à cause de leurs fiefs: qui estoit l'aide que chacun faisoit de ses biés au Roy, pour supporter l'entretenement de son Estat. Et la clause que le Iuge de son office, met és adiudications par decret sur criees, des droicts seigneuriaux, môstre que la presomption commune est pour tels droicts, puis qu'on les adiuge sans qu'ils soient requis. Comme en aucunes Prouinces la reigle est, que nulle terre ne peut estre tenuë sans seigneur, sinon qu'il y ait tiltre, ou droict equipollent à tiltre. Et ie croy que cela est general és lieux où n'y a Coustume au cótraire. Ainsi se dict, que les seigneurs n'ont droict de leuer prestations annuelles sur leurs subjects, sinon à cause d'heritages que les subjects tiennent. Et dient les gens du Roy, qu'au Roy seul appartient de leuer prestations personnelles. Si ce n'est sur les subjects, qui autrefois estoient de condition seruile: parce qu'en affranchissant les seigneurs ont peu retenir droicts personnels.

Es Prouinces de Niuernois & Bourbonnois, sont aucu-

nes

nes redeuances dictes Bourdelages ou tailles reelles, fub-
jettes à pluſieurs rigueurs, & participent de l'emphyteuſe
& de la main-morte feruile. Le mot de *Bordelage* vient de
de l'ancien mot François *Borde*, tiré de l'Aleman, *Bor*, qui
ſignifie vn domaine és champs : pource que d'ancienneté
les ſeigneurs bailloient les tenemens qu'ils auoient, foubs
la charge d'en payer par le preneur, grain, volaille & argét,
ou des trois les deux. Ainſi dient Niuernois, des bourdelages, art. 3. & Bourbonnois, art. 489. & 498. dict que les
bordelages de Bourbonnois ſont comme les tailles reelles.
Les conditions de ces redeuances ſont, que le detenteur
ne peut partir ne deſmembrer ſon tenement : s'il le faict, le
ſeigneur ſelon Niuernois, des bourdelages, art. 11. 12. 13.
peut enjoindre de reünir dans l'an à peine de commiſe, ſelon Bourbonnois, art. 490. la commiſe eſt de ſoy par l'alienation, *ip̄o facto*, ſans interpellation.   Ceſte rigueur a eſté
introduicte pour euiter l'inconuenient qui aduient de tels
deſnombremens, par leſquels la preſtation de la redeuance peut eſtre deſreglee & confuſe : qui eſt remarqué par
la loy Romaine. *l. communi. ff. commu. diuidundo.*   On peut
adjouſter autre raiſon, que quand vn tenement eſt compo-
ſé de pluſieurs pieces d'heritages, le tout enſemble eſtant
lié, peut eſtre meſnagé en ſa vraye valeur : mais les pieces
deſmembrees ne peuuent pas valoir chacune de par ſoy,
par égale proportion comme elles vallent toutes enſemble, ſelon la conſideration de la *l. cum eiuſdem. i. plerumque.
ff. de edil. edicto.*

Si le bourdelier qui a recogneu ou payé deux ans, ceſſe
apres de payer par trois ans, il perd ſon heritage par commiſe. Niuernois des bourdel. art. 4. 5. 6. 7. Ce qui a eſté tiré
de l'emphyteuſe. *l. 2. C. de iure emphit.*   Selon Niuernois,
quand l'heritage eſt vendu ou autremét aliené, le ſeigneur
préd le tiers denier du prix ou de l'eſtimation : Et ſi c'eſt
vente il a le choix de l'auoir par retenuë.   Le tiers denier
ſe prend en montant, c'eſt à dire, que le droict du ſeigneur
eſt reputé faire portion du prix, en ſorte que la ſomme que
reçoit le vendeur ſoit eſtimee faire les deux tiers du prix &,

P

la somme que reçoit le seigneur l'autre tiers: qui est de cēt francs, au vendeur cinquante francs au seigneur des bourdel. art. 23. C'est vne composition accordee d'ancienneté, pour se redimer de la commise & perte de l'heritage tenu à emphiteose, si le detenteur alienoit sans le congé du seigneur. Mais Bourbonnois, art. 490. à retenu la commise, & n'a receu la composition: tellement qu'auant la vente il faut marchander au seigneur.

Selō sesdictes Coustumes nul ne peut succeder en bourdelage, s'il n'est commun en biens auec le defunct lors de son decedz. Niuern. des bourdel. art. 18. 19. qui excepte les enfans au premier degré: lesquels ores qu'ils soient separez de leurs pere & mere, leur succedent. Bourbonnois, art. 492. n'admet *etiam* les enfans s'ils ne sont communs, & demeurans auec leur pere: excepté s'ils sont hors par seruice, ou par rixe ou mauuais traictement, ou pour cause d'estude. Et en faut autant dire en Niuernois par l'argument des mains-mortes, tiltre des seruitud. personnelles art. 14. Celuy qui est absent par occasion temporelle est reputé estre tousiours au lieu dont il est originaire. *l. quæsitum: in princip. ff. de lega. 3. l. seia. §. pumphile. ff. de fundo instr. l. 2. C. de incolis lib.* 10. où il excepte, sinon qu'il fust absent par dix ans, lequel temps faict presumer en ce lieu, en intention de demeure perpetuelle.

Selon la Coustume de Troyes, art. 59. l'heritage redeuable de Coustume, comme de chair, pain, grain, est escheable & main-mortable, quād le detenteur meurt sans hoirs, estans en celle, c'est à dire demeurans au mesme mesnage. Mais si auec lesdictes especes y a argent, l'eschoite n'y est pas: car l'argent rachepte la main-morte.

Selon ladicte Coustume de Niuernois, nul ne prend part en l'heritage tenu à bourdelage, s'il n'est nommé au bail, ou recognoissance, ou hoir commun de celuy qui y est nommé. En sorte que la vefue ne prend douaire, ny le commun parsonnier portion, à cause de la communauté, quand l'heritage vient au seigneur, s'il n'est nommé au bail. Niuernois, des bourdelages, art. 27. & 29. Et Bour-

bonnois, quant aux communs de mesme art. 417. Iaçoit
qu'en seruitude, nonobstant la main-morte, la veufue
prenne son doüaire sur les biens de son mary. Des seruit.
personn.art.20.Le detenteur bourdelier ne peut empirer
les heritages,comme oster les edifices ou arbres, ores qu'il
ait faict l'amendement, & peut le seigneur vendiquer ce
qui aura esté trãsporté. Niuernois, bourdel.art. 15.s'entẽd
vẽdiquer,nõ pour par le seigñr se les approprier:mais pour
les faire restablir au lieu dont ils ont esté distraicts. La raison de ce que dessus,est tiree de l'etymologie d'emphiteu-
se,qui est dicte d'amender vn heritage en y plantant. Puisque l'heritage est baillé pour amẽder,le detenteur faict ce
qu'il doit, quand il amende: & ayant vne fois faicte ceste
melioration, il ne peut oster ce qui faict portion de l'heri-
tage:Carles arbres & les bastimẽssont portion du fonds.*l.
adeo.§. cum in suo.ff. de acq.rer. dom.l. quintus.ff. de act. empti.*
Ainsi se dict de l'vsufruictier,qu'il ne peut oster ce qu'il a
basty.*l sed si quid.ff.de vsufr.* Les autres Coustumes dient
que le detenteur ne peut deteriorer,ains doit entretenir en
bon & suffisant estat. Sens, art. 242. Bourbõnois, art.398.
Troyes,art.78. Berry, cens, art.32. Aucuns ont douté si le
seigneur feodal peut contraindre son vassal d'entretenir le
fief en bonne nature.Surquoy me semble que si la deterioration est par main d'homme,comme de coupper bois de
haute fustaye, qui ne soit pour r'eünir, & que la deterioration soit notable, comme de la demolition du principal
manoir. Ie croy que le seigneur peut contraindre le vassal.
A quoy faict la cõstitution de Louys Empereur és capitul.
lib.4.cap.38. qui adiouste la peine de commise, à faute de
reparer.

DE PLVSIEVRS DROICTS COM-
muns aux teneures feodales, fenfuelles,
bourdelieres & autres.

E L V Y qui eſt ſeigneur vtil, tenāt heritages ſous la ſeigneurie directe d'autruy: eſt procureur eſtably par la loy, à la conſeruation des droicts du ſeigneur direct, de tant que par le bail, Il luy a commiſé la garde, & le ſoing. Ainſi qu'il a eſté dict cy deſſus par la raiſon de la *l. 1.* vers la fin, auec la loy ſeconde. *ff. vſufruct. quemad. caueat. l. videamus §. Item proſpicere. ff. locati.* Pourquoy tel ſeigneur vtil doit eſtre ſoigneux de ne rien faire au preiudice du ſeigneur direct: s'il le faict la nullité y eſt: & neantmoins eſt tenu aux dommages & intereſts, en tant que le ſeigneur en receuroit perte.

De ce que deſſus depend, que ſi le vaſſal, detenteur, cenſier ou bourdelier, s'obligent & conſtituent rente ou autre hypotheque ſur leurs biens. La ſeigneurie vtile n'en eſt tenuë, ſinon pour le droict tel que le ſeigneur vtil y a. En ſorte que ſi l'heritage retourne au ſeigneur direct, par vertu & puiſſance de ſa directe ſeigneurie, ſoit par reuerſion perpetuelle ou à temps: Le ſeigneur prend l'heritage ſans ceſte charge. Ainſi eſt dict au droict Romain. *C. lex vectigali. ff. de pignorib. l. ſi finita. §. ſi de vectigalibus. ff. de damno infecto.* Ainſi dict Niuernois, des fiefs. art. 39. Paris, art. 52. 59. Meleun, art. 79. & 100. Sens, art. 208. Eſtâpes, art. 34. 35. Senlis, art. 203. 205. Troyes, art. 39. Idem, Touraine, art. 139. mais il excepte ſi les charges eſtoient anciennes de plus de quarante ans. A quoy ie voudrois adiouſter que les charges fuſſent apparentes, & telles que le ſeigneur direct ait peu vray ſemblablement les ſçauoir. Car en toutes poſſeſſions dont les exercices ſont occultes, & non facilement cognoiz à tous, la ſcience de celuy contre lequel on veut preſcrire eſt requiſe. *l. 2. C. de ſeruat. & aqua. l. quamuis ſaltus. ff. de acquir. poſſ.* Et Senlis, art. 198. dict que le ſeigneur

feodal retenant par puiſſance de fief ſera ſubjcct aux rentes
& hypothecques : mais *Petrus Iacobi* en ſa practique tient le
contraire. Et fut iugé par arreſt entre Fraçoiſe de Colons,
Dame d'Oigny, contre le tuteur de Marie Richard, ſur vn
appel venant de Niuern. Ce qui a plus d'apparence ſi le ſeigneur retient pour reünir la ſeigneurie vtile à la ſeigneurie
directe. Mais ſi c'eſt pour en faire plaiſir à vn autre, ou en tirer profit. Ie croy qu'en ce cas l'hypotheque ſuit l'heritage:
car en ce cas le ſeigneur exerce la retenuë par ſome de cô-
merce pour y gaigner, & ſe doit contenter d'auoir ceſt aduantage d'auoir l'heritage pour le prix : & au ſurplus, tenir
ranc de ſimple acquereur.

Si le frere ayant les biens communs auec ſa ſœur, & auât
le partage, promet à ſa ſœur, ſomme de deniers en dot,
moyennant laquelle dot, la ſœur renonce à tous les droicts
qu'elle a en commun auec ſon frere, au profit de ſondit
frere. N'en eſt deu aucun profit au ſeigneur direct, ſoit feodal cenſier ou bourdelier. Ainſi dit Niuernois des fiefs, art.
69. 70. Berry des fiefs. art. 17. & dit indiſtinctement ſi la
ſœur ou le frere renoncent au profit de leur frere. Et des
cens, art. 30. Bourbonnois, art. 405. qui extend à tous coheritiers, Auuergne, chap, 16. art. 6. comme Berry. Vitry, art.
47. dit que ſi c'eſt apres partage qu'il en eſt deu quint. La
raiſon deſdites couſtumes, peut eſtre qu'en vne heredité
eſcheant à pluſieurs freres & ſœurs, ou autres coheritiers.
Il y a vray-ſemblablement des meubles, comme des immeubles, & en partage l'vn des coheritiers peut prendre ſa
part en meubles, car il n'eſt pas neceſſaire de partager toutes ſortes & natures de biens, ny tous les corps hereditaires.
l. poteſt. ff. de lega. 1. Puis le ſeigneur eſt ſans intereſt car il n'y
a mutation d'homme, & de ſeigneur vtil, ſeulement y a
diminution du nombre, & le profit de quint denier, ou de
lots & ventes eſt payé pour approuuer par le ſeigneur, le
nouuel homme.

Le detenteur, qui vne fois a eſté obligé perſonnellemêt
à payer la redeuance, combien que telle obligation ſoit entenduë pour durer autant de temps qu'il ſera detenteur,

toutesfois il demeura obligé pour les arrerages & reparations, ores qu'il ait alиené, iusques à ce qu'il ait nommé le nouueau detentenr , & exhibé ce contract d'alienation. Ainſi dit Niuernois des rentes, art. 4. Poictou, ait. 58. dit ſi aucun aliene ſans auoir faict expoſition & quittement il eſt touſiours chargé iuſques à ce qu'il ait fourny de tenancier, recognoiſſent le deuoir. Bourbonnois, art. 103. & Auuergne, chap. 21. art. 21. dit de meſme Niuernois, mais ſe contente de la nomination du nouuel acquereur. Aucunes couſtumes, qui ſont és pays de nantiſſement , n'attribuent aucun droict reel à l'acquereur, iuſques à ce que l'ancien detenteur ſe ſoit deueſty, & l'acquereur ſoit veſtu par le ſeigneur, ou par le iuge foncier: mais pour les autres prouinces ie croy qu'en general ſe peut dire que celuy qui a eſté obligé perſonnellement, ne peut ſe dire eſtre deſlié & abſous, iuſques à ce que le ſeigneur ſoit aduerty, & deuëmét aduerty par le teſmoignage, eſcrit que l'heritage a chãgé de main , & pour auoir moyen & certitude pour s'addreſſer à ce nouueau acquereur. Pourquoy me ſemble que ce n'eſt aſſez de nommer le nouueau acquereur.

Le ſeigneur auquel eſt deuë la redeuance fonciere peut contraindre le detenteur de recognoiſtre icelle redeuance, pardeuant notaire en bonne forme, & encores d'exhiber le tiltre de ſon acquiſition, ou de ſon predeceſſeur, ſi elle eſt faicte depuis trente ans, pour cognoiſtre par le ſeigneur, ſi aucuns profits & droicts ſeigneuriaux luy ſont deus. Ainſi dit Niuernois, au titre des fiefs, article 55. des rentes; article 8. des bourdelages, art. 26. Sens, art. 192. Auxerre, art. 63. Paris, art. 73. Berry des cens art. 29. Qui eſt vne exception de la reigle du droict Romain, qui veut que nul ne ſoit tenu de dire le tiltre de ſa iouïſſance, ny l'exhiber à ſa partie aduerſe. *l. cogi. C. de peti. here. l. 1. & vl. C. de eden.* Mais icy il y a raiſon particuliere, pource qu'à cauſe de la premiere conceſſion le ſeigneur vtil eſt tenu à la conſeruatiõ des droicts du ſeigneur direct, comme a eſté dict cy-deſſus. Ce qui s'entend, quand le detenteur a acquis à la charge de la redeuance, car cela l'oblige perſonnellemét. Ou ſi le ſeigneur

eſt fondé en preſomption de droiᵈ commun, comme ſi
eſt en ſa iuſtice & territoire où cõmunement les heritages,
ſont tenus dudit ſeigneur:mais s'il n'a ces aduantages pour
luy, ou qu'il ne monſtre par eſcrit promptement eſtre ſeigneur direᵈ, ie croy que le ſeigneur eſt au rang de la reigle
commune, ſelon laquelle nul n'eſt tenu declarer le tiltre
de ſa poſſeſſion, ny l'exhiber.*l.cogi.C.de petit.hæred.l.1.& vlt.*
*C.de edend.*Que ſi le ſeigneur demande exhibition de tiltre
& recognoiſſance pour ſa ſeule vtilité, afin de renouueller
ſes preuues, comme s'il faiᵈ faire vn liure terrier ou cenſier,ie croy que le ſeigneur vtil doit faire la recognoiſſance
& exhibition aux deſpens du ſeigneur, ce requerant par la
raiſon de la *l. eos. §. ſi quis autem. Cod. de appellatione leg.*
quoniam. C.de teſtimon. Mais ſi le detenteur eſt nouueau
acquereur, & n'a encores eſté inueſty, il doit à ſes deſpens
faire l'exhibition , & la recognoiſſance auec l'inueſtiture,
pource que la couſtume l'oblige à ce. Et la reigle de droiᵈ
eſt que chacun doit, à ſes deſpens, faire ce qu'il a promis
faire.*l.quod niſi ff.de operis libert.*

Les redeuances & les hypotheques ſur heritages ſont indiuiduës, & peut eſtre pourſuiuy pour le tout le detenteur de chacune piece obligee & hypothequee. Sõ recours
reſerué contre les autres detenteurs. Ainſi dit Niuernois
des rentes,art.10.Meleun,art.177. qui adiouſte que l'aᵈiõ
ſe peut addreſſer contre celuy qui par dol ou fraude a delaiſſé de poſſeder. Ce qui eſt conforme au droiᵈ Romain,
ſelon lequel celuy qui par dol a delaiſſé à poſſeder, peut e-
ſtre conuenu par aᵈion reelle vtile, tout ainſi que s'il poſſe-
doit.*l.ſin autem.§.ſed & is.ff.de rei vend.l.ſi fundus.§.in vendica-*
*tione.ff.de pignor.*Poiᵈou, art.102.103. Bourbonnois, article
409.410. Senlis, art.192. Reims,art.185.& Laon,art.118.
dient de meſme,& adiouſteut la ſolidaireté,non ſeulemẽt
pour l'hipotheque:mais auſſi pour l'aᵈiõ perſonnelle,quãd
ſont les heritiers de celuy qui a recogneu   A quoy ſe rapporte le droiᵈ Romain, *in l.hæredes.§.in illa ff.famil.erciſc.*Et
parce que c'eſt l'intereſt du ſeigneur,de ne receuoir ſa redeuance par parcelles,pour euiter le deſreiglement & la con-

fufion, en la preftation, qui eft la raifon mife *in l. communi. ff.communi diuid.* Aucunes couftumes font les cens & autres preftations diuifibles, comme Eftampes, ar.54. Orleans, art. 121. Blois, art. 129. A quoy s'accorde ce qui eft dict *in cap. conftitutus finem verfus, extra de religiof. domib.*

Quand aucun a achepté vn heritage à pris certain, mais eft conuenu que pour purger les hypotheques, il fera faify, crié & adiugé par decret, ou bien fi l'achepteur, de foy-mefme, pour purger les hipotheques, le fait crier & decreter. Combien que ce foient deux ventes, toutesfois en eft deu vn feul profit, & eft le choix au feigneur de prendre fon profit, fur la vente faicte de gré à gré, ou fur l'adiudication par decret. Ainfi Paris, art.84. Orleans, art.116. Touraine, 180. telle auoit efté l'opinion du fieur du Molin, auãt la redaction defdites couftumes, qui dit, cefte belle raifon qui en effect, ce n'eft qu'vne vente, & le decret y eft appliqué pour confirmer & affeurer la vente faicte de gré à gré. Et celuy qui confirme ne fait rien de nouueau. *l. haredes pa-lam.§ fiquid poff. f. de tefta.* Ledit du Molin dit de mefme, fi celuy qui a achepté de gré à gre eft euincé incontinẽt apres, par les creanciers hipothecaires de fon aucteur, auant qu'il ait payé le quint denier, ou lots & ventes, qu'il peut s'excufer de les payer, mefme fi par le decret, qui bien toft fe doit enfuiure, le feigneur eft en voye de receuoir le profit que l'adiudicataire deura : pource que cefte premiere vente reuient à rien, & fans aucune efficace, comme fi l'heritage n'auoit appartenu à celuy qui l'a vendu.

Deux fortes font de franc-alleus. L'vn noble, & l'autre roturier. Si le franc alleu a droict de iuftice ou territoire de cenfiue, ou a des fiefs en dependans, il eft reputé noble, & y font pratiquees les reigles des fiefs, pour le partage. S'il n'a les marques fufdites, il eft reputé roturier. Et eft dit frãc, pource qu'il n'eft mouuant d'aucun feigneur foncier, mais recognoift la iuftice du feigneur du lieu où il eft affis, ou s'il a iuftice, il recognoift la fuperiorité de la iuftice royale. Ainfi dit Paris, art.68. Orleans, art. 255. Troyes, article 53. & Vitry, art.19.20. Et en eft faicte mention par la couftume

me de Niuernois, titre de iustice, art. 10. Et pour alienation de tels heritages en franc-alleu, n'est deu quint denier, ny rachapt, ny lots & ventes, ny autre profit.

Si pour transactions & autres tels contracts est deu profict aux seigneurs directs, y a eu doubte & diuersité d'opinions, pource que les transactions se font sur vn droict incertain, & bien souuent pour se redimer de vexation. Bourbonnois, art. 401. Auuergne, chap. 16. art. 4. 5. dient qu'en supplément de iuste prix, & acquisition de plus-valuë, par transaction, ou autrement lots & ventes sont deus: Mais en donation de plus-valuë n'en est rien deu pour ceste plus-valuë. Touraine, art. 150. dit qu'en trasaction d'immeubles ou droicts, en laquelle y a deniers baillez, ou equipolent sont deuës ventes. Reims, art. 210. dit que la transaction où n'y a bourse desliee, n'equipole à vendition. Mais ie croy qu'il en faut iuger, selon le subiect particulier, & selon les circonstances qui sont au negoce, sans qu'on en puisse donner reigle certaine. Car si le debat, procez ou difficulté, est sur la validité du contract d'alienation, comme si on pretend nullité, à cause du bas aage du vendeur ou contraincte, ou bien deception d'outre moictié, ou autre cause de rescision. En cas que l'acquereur baille deniers, ie croy qu'il doit profit, car c'est comme vn supplément, & additament, au prix du premier contract, qui doit estre censé de mesme nature. *l. inter. §. cum inter. ff. de fundo dot. l. si eum. §. qui iniuriarum ff. si quis cautionib.* Mais si c'est vne eschoite hereditaire, qui soit en controuerse ou autre droict, qui ne procede de contract d'alienation, pourueu que la chose soit vray-semblablement doubteuse: & en difficulté, ie croy que celuy qui baille argent, pour asseurer son droict, ne doibt aucun profit, pource qu'il rachepte l'incertitude & doubte de l'euenement, ce qui ne s'appelle pas alienation. *l. de fideicommisso. C. de transact.*

Q

DE PLVSIEVRS DROICTS SEI-
gneuriaux, ayans lieu en aucunes prouinces,
& en aucuns territoires, ou genera-
lement.

Elon l'obseruance generale de ce Royaume les Eglises, lieux pitoyables, communautez layes ou Ecclesiastiques, & autres qu'on appelle gens de main-morte. Ne peuuent acquerir ny tenir aucuns heritages ou droicts temporels, sans la permission du Roy, qui est octroyee par lettres d'admortissement, qui sont expediees en forme de chartre, auec verification en la Chambre des Comptes : & peut le procureur du Roy les contraindre d'en vuider leurs mains : dont la raison est, pource que telles personnes ne font seruice au Roy en ses guerres , & ne contribuënt aux subsides. En quoy l'estat public est interessé & d'autant diminué: toutesfois par les anciénes loix de France, dont est faict mention és Capitulaires de Charlemagne, & Louys son fils, & selon qu'il est dit *in cap. 1. extra de censibus*, és decretales antiques, qui est tiré d'vn Concile national tenu à Vvormes , du temps dudit Charlemagne, chacune Eglise peut & doit auoir son principal domaine & manoir exempt de toute contribution, & pour les autres biés, se dit que l'Eglise est sujecte aux droicts seigneuriaux. Et si les Eglises, corps, & colleges n'ont admorty, ils doiuët payer au Roy la finance des francs-fiefs , & nouueaux acquests, pour la tolerance que le Roy a euë de ne les contraindre à vuider leurs mains. Ce payement de finance ne sert pas pour l'aduenir, ains seulement pour le passé. Depuis trente ans en çà , fut faicte vne composition generale auec l'Eglise d'vne decime extraordinaire, au lieu de ladite finãce des francs-fiefs. Soit noté ce qui est dit és Capitulaire de Charlemagne. *lib. 3. art. 86.* que si l'Eglise acquiert heritage redeuable de cens enuers le Roy, que l'heritage doit estre rēdu aux heritiers de celuy qui aaliené, ou l'Eglise estre subjecte à la charge. Tout l'interest de ces acquisitions faites par l'eglise, n'est pas au Roy, pour l'estat vniuersel : car les seigneurs directs, feodaux, & censiers, & les hauts iusticiers y ont interest, pource que telles personnes de main-morte ne peuuent aliener, & ne meurēt point, car les corps & colleges se conseruent par subrogation, qu'il n'y a aucune partie casuelle, enuers les seigneurs directs. Aussi elles ne confisquent point, & tels biens ne se trouuent iamais vacans, qui est l'interest des hauts iusticiers. Surquoy plusieurs coustumes ont pourueu. Et dient que le sieur feodal, censier, ou autre ayant seigneurie directe peut contraindre par iustice, les gens de main morte, à vuider leurs mains dedans l'an du commandement, des heritages acquis: mouuans de sa directe. Et s'ils n'y satisfont dedans l'an aucunes coustumes font perdre & commettre ausdites gens de main-morte leur acquisition, au profit du seigneur direct : comme Auxerre, art.6.48. Sens, art.5.23.185. Les autres coustumes se contentent d'attribuer au seigneur direct les fruicts en pur gain, à faute d'obeyr dedans l'an, & iusques à ce qu'ils ayent obey. Ainsi dit Meleun, article quatre-vingts deux, Orleans, article quarante, quarante vn & cent dix-huict. Berry des fiefs, article 53. Touraine, article cent trois. Laon, deux cens huict, & deux cents neuf. Blois, article quarante & vn', modifie aucunement quand aux fruicts, disant que le seigneur les aura en fin de cause. Auuergne, chap.22.art.6. Presque toutes lesdites coustumes prescriuent le terme de quarante ans, aux seigneurs directs, pour cōtraindre l'Eglise à vuider ses mains, horsinis Auxerre, art.6. & 48. & Sens art.6.23. & Berry des fiefs, art.53. qui donnent aux seigneurs d'vn an seulement, apres que l'acquisitiō leur a esté signifiee: & Orleans, ar.118. donne 60. ans. Et si dedans ledit temps de 40. ou 60. ans, ou vn an, les seigneurs ne font le commandement & la contraincte ils peuuent seulement demander leur indemnité. Ainsi Meleun, ar.28. Touraine, ar.105. Blois, art.41. Aucunes coustumes dient quand les gens de main-morte ont ad-

morty du Roy, qu'ils ne peuuent estre contraincts de vuider
leurs mains , mais seulement de bailler indemnité.   Ainsi
Montfort, ar.46. Laon, art. 210. Reims, art. 83. Es prouinces
où n'est admise telle coustume: ie croy que nonobstãt l'admortissement du Roy, les seigneurs directs, peuuent dedãs
le temps octroyé, contraindre l'Eglise à vuider ses mains
precisément, sans se contenter de l'indemnité, parce que
l'interest des parties casuelles, ne peut pas estre bonnement arbitré. Et le Roy, en quittant le droict qu'il a concer-
nant l'estat vniuersel de son Royaume, ne peut déroger aux
droicts de ses vassaux, qui sont fonciers, & pour lesquels
droicts il luy font seruice. Ceste indénité est arbitrée diuersement par les coustumes. Les vnes dient que c'est le reuenu de trois ans, ou la sixiesme partie de la valeur de l'heritage, & outre ce, baillét homme viuant & mourant, par le
deceds duquel soit deu le reuenu d'vn an, qu'on appelle
droict de rachapt. Ainsi Auxerre, art. 8. & Sens art. 6. Touraine, article 105. arbitre l'indemnité à payer la cinquiesme
partie de la valeur de l'heritage, ou cinquiesme du reuenu
à tousiours, ou leuer le reuenu de l'heritage pour cinq ans,
au choix du seigneur. Les autres coustumes dient que l'Eglise doit bailler Vicaire, qui est à dire homme viuant & mourant, par le deceds duquel sera deu rachapt: comme Orleans, art. 41. 118. Meleun, art. 28. Berry, art. 53. Touraine,
art. 142. Reims, art. 83. Laon, art. 210. Blois, art. 41. Es prouinces où les coustumes ne disposent point, l'indemnité est
arbitrée par gens de bien, dont les parties conuiennent, qui
prennent pied de leur arbitrage sur les autres coustumes.
Mais Poictou, art. 52. dit que l'Eglise peut tenir en alleu,
l'heritage duquel elle a iouy quarante ans, sauf les droicts
du Roy. Ainsi semble dire Sens, art. 185. Toutesfois Touraine, article cent sept, dit que l'indemnité ne se prescript, que par temps immemorial, Auxerre cent quatre-
vingt-neuf, dit que l'indemnité se prescript par trente
ans.   Bretagne, article trois cents quarante-huict, dit
que gens d'Eglise ne peuuent s'accroistre en fiefs secu-
liers, sans la volonté de ceux de qui ils sont tenus, &

l'auctorité du Prince auquel seul appartient d'admortir. Touraine, art. 141. dict, si le beneficié resigne son benefice, ou s'il meurt qu'il est deu rachapt du fiefamorty : c'est vne forme d'indemnité.

Aucunes Coustumes donnent aussi ce droict aux seigneurs hauts Iusticiers, ores qu'ils ne soient seigneurs feodaux ne directs, comme dict a esté. Ainsi Vitry, art. 4. qui adiouste la raison, pource que gens de main-morte ne peuuent confisquer. Auuergne, chap. 12. art. 14. Sens, art. 4. Auxerre, art. 6. Mais il semble que cest interest est peu cõsiderable, pource qu'il consiste en expectation de triste éuenement, & auquel est bien seant de ne penser point. Les loix Romaines n'ont receu la consideration de tel interest. *l. cum tale in princip. ff. de condi & demonst. l. inter stipulantem. §. sacram. ff. de verb. oblig. l. si in emptione §. liberum. ff. de contrah. empt.*

Aucuns ont en leurs seigneuries droict de moulins, fours & pressoirs bannaux, qui est tel que les subjects sont tenuz faire moudre leur bled, cuire leur pain, & pressurer leur vendange en ce lieu, à peine de l'améde: & en aucuns lieux la peine est de la confiscation des denrees. Ce droict de bãnalité en aucunes Coustumes est ordinaire, comme adherant au droict de Iustice ou de fief: comme Poictou, art. 34. 39. Touraine, art. 7. 8. Bretagne, art. 362. & limitét la bannalité à la ban-lieuë, qui est vne lieuë de distance du moulin. Es autres Coustumes, le droict de bannalité n'est ordinaire. Aias est requis que le seigneur en ait tiltre particulier. Niuernois des fours. art. 1. Orleans, art. 110. Bourbonnois, art. 544. Paris, art. 71. Et ne suffit la iouyssance de quelque temps que ce soit. Niuernois excepte la possession de trente ans apres qu'il y a eu contradiction: & cessant ledict cas, exclud la possession, *etiam* centenaire. Paris, art. 71. excepte s'il y a denombrement ancien. Et quant au tiltre dict qu'il n'est valable s'il n'est de plus de vingt-cinq ans. Mais Bourbonnois, art. 544. dict que subjects peuuent s'exempter en cessant d'y aller par trente ans. Poictou, art. 42. dict que le subject à moulin bannal, doit estre roturier,

& tenir son lieu roturierement. Touraine, art. 7.8. n'attribuë la bannalité si le moulin n'a eaüe perpetuelle.

La bannalité s'entend pour le bled & pain, & que le subject veult manger és fins & limites de la bannie. Niuernois
des fours, art. 4. Bourbonnois, art. 545. dict de mesme, ores
que le bled soit achepté hors la bannie. Mais Touraine,
art. 11. dict que si le subject a achepté bled hors la bannie,
que par le chemin en l'amenant en sa maison, il peut le faire moudre où il veut. Et art. 12. dict que si le subject enleue
le bled hors la bannie pour le vendre hors icelle, il peut le
faire moudre où il veut.

Autre, ne peut construire four ny moulin és metes & limites de la bannie, sans le congé du seigneur d'icelle. Niuernois des fours, art. 5. Berry, des moulins, art. 1.2.

Droict de moulage est tel, que d'vn boisseau rez de bled,
le moulnier doit rêdre vn boisseau comble de farine, apres
le droict de moulture payé. Niuernois, art. 6. Bourbonnois, art. 535. Mais Touraine, art. 14. & Blois, art. 240.
dient que d'vn boisseau rez de bled bien nettoyé, le mou-
linier doit rendre vn boisseau comble de farine: & outre
treize pour douze. Et le boisseau doit auoir de profond le
tiers de son large. Ceste profondité & diametre de la circonference du boisseau sont à considerer pour l'vn & pour
l'autre: Car si le boisseau est moins profond, il a la circonference plus grande, & le comble en est plus grand aussi: Si le
boisseau est plus profond, le comble sera tant moindre.
Pourquoy lesdictes Coustumes, auec raison, ont ordonné
vne proportion certaine, qui est que la profondeur doit
contenir autant que la moitié du diametre, lequel diametre est la ligne qui separe le rond & circonference en deux
portions esgales. Poictou, art. 36. dict rendre vn boisseau
comble de farine pour vn boisseau rez de bled: & outre de
deux boisseaux, l'vn peut estre pressé & caché auec les
deux mains en croix, & de rechef comble, & le boisseau
auoir de profond le tiers de son large.

Es Estats à Orleans, le tiers Estat fit requeste, à ce que
d'oresnauant les moulniers fussent payez en argent, prins-

sent le bled au poids, & le rendissent au poids, Mais aucuns
malicieux cacherent l'article à la queuë d'vn autre , pour
estre passé par mesgarde. Bretagne, art. 369. dict que le
droict de moulture est la seiziesme partie du bled moulu.
Le moulnier doit rēdre la farine mouluë dans vingtquatre heures. Niuernois, art. 8. Poictou, art. 44. qui dict, outre que le moulnier est tenu aller querir les farines , & les
rendre és hostels des subjects. Bourbonnois , art. 538.&
Touraine, art. 13. donnent au moulnier deux iours & vne
nuict: ou deux nuicts & vn iour. Bretagne, art. 368. donne
trois iours & trois nuicts.

Si le moulin bannal n'est propre à faire farine à pain
blanc, boulanger public apres sommaire cognoissance par
Iustice, peut aller mouldre autre-part. Niuernois, art. 14.
Bourbonnois, art. 542. Touraine, art. 10. & art. 49. dict
que les boulangers publics ne sont subjects au four bannal.

La peine du subject qui va mouldre ou cuire autre-part,
est de la confiscation des pains & farines , auec l'amende
de sept sols six deniers. Niuernois , art. 3. Mais Touraine,
art. 8. dict que le seigneur dans sa Iustice, peut prendre &
confisquer la farine: si hors la Iustice doit venir par action,
pour auoir l'amende de sept sols six deniers.
Colombier à pied & en fonds de terre, ne peut estre edifié de nouuel en Iustice d'autruy sans congé du seigneur.
Niuernois des colombiers art. 1. Bourgongne , art. 127.
Mais Paris, art. 69. & Orleans, art. 168. dient que le seigneur Iusticier qui a censiue, peut auoir colombier à pied
auec boulins, iusques à rez de terre. Paris, art. 70. qui n'a
haulte Iustice , & a fief, censiue & domaine iusques à cinquante arpens, peut auoir colombier à pied. Mais Orleãs,
art. 168. dict, qui a fief , censiue & terres labourables iusques à cent arpens en domaine, peut auoir colōbier à pied.
Et qui a cent arpens de terre labourable , peut faire volrie
és champs, iusques à deux cens boulins sans trappe. Bretagne, art. 371. & Blois, art. 239. dient que nul ne peut auoir
colombier, si d'ancienneté il ne l'a eu: Bretagne adiouste,

ou s'il n'a ſi grãde eſtenduë de terre, que les colõbes ſe puiſ-
ſint pourueoir ſur luy & ſur ſes hõmes Blois dict degarẽne,
cõme de colõbier. Touraine, ar. 37. dict que le ſeignr de fief
peut faire en ſon fief fuye, qui eſt colõbier & garenne. Ces
reigles ont eſté eſtablies d'ancienneté, pource que les pi-
geons peuuent manger le grain quand il eſt nouuellement
ſemé, ou quand il eſt en eſpy auec la maturité. Pourquoy
n'y a raiſon que celuy qui a peu ou point de terres labourables, face colombier pour faire dommage à ſes voiſins.

Le ſeigneur haut Iuſticier edifiant eſtang de nouuel,
peut dilater ſon eauë ſur heritages d'autruy en ſa Iuſtice:
pourueu que la chauſſée ſoit en ſon fonds, c'eſt à dire en
ſon domaine. A la charge de recompenſer les proprietaires auãt que poſer la bonde. Ainſi dict Niuernois des eauës,
art. 4. Troyes, art. 180. Mais Touraine, art. 37. en permet
autant au bas Iuſticier, excepté ſi és heritages inondez y
auoit maiſon ou fief. Berry, des moulins, art. 3. dict que
chacun peut faire eſtang en ſon heritage, ſans preiudice du
droict de ſon ſeigneur & d'autruy. Idem, Orleans, art. 170.
Ladicte Couſtume d'Orleans, art. 171. 172. 173. 174. 175.
176. 177. & Blois, art. 228. mettoit la forme de ſuiure le
poiſſon qui ſort del'eſtang contremont, & de s'accommoder par les voiſins au temps de la peſche.

Riuiere en garenne ne peut eſtre tenuë par aucun, ſans
en auoir tiltre ou preſcription ſuffiſante. Niuernois, eauës,
art. 1. Garenne s'appelle ce qui eſt eclypſé du droict anciẽ
public, pour eſtre attribué à vn particulier en ſon domaine: & eſt defenſable en tout temps. Par vne ancienne ordonnance du Roy Iean, de l'an 1355. eſt defendu de faire
nouuelles garennes, ny accroiſſemẽt des anciennes: pource que les garennes empeſchent les labourages. Si aucun
peſche en riuiere bãnale ou en garẽne, doit l'amende ar-
arbitrairement auec reſtitution du poiſſon. Niuernois art.
3. Vitry, art. 121. met ſoixante ſols d'amende. Qui peſche
en eſtangs ou foſſez en heritage d'autruy, eſt puny comme
de furt. Niuernois, art. 3. & Vitry, art. 121. La raiſon de la
difference eſt, que les riuieres fluantes perpetuellement

ſont

font d'ancienneté publiques. *l.i. §. fluminum.ff. de fluminib'*
Pourquoy est aucunement excusable celuy qui y pesche: Mais estangs & fossez sont purement de droict priué, & n'y a poisson sinon celuy qu'on y met , & ont leur retenuë par œuure de main d'homme. Aussi qui chasse en garenne d'autruy est puny de furt. Niuernois, des bois, art. 16. & Orleans, art. 167.

Dismes Ecclesiastiques sont le vray patrimoine de l'Eglise: mais non pas auec tous les priuileges que le droict Canonique y a establis, ny selon qu'ils estoient attribuez à l'ancien Testamét à la lignee de Leui: car la lignee de Leui n'auoit autre patrimoine que les dismes : Mais l'Eglise Chrestienne possede plusieurs biens temporels. De faict en France, ainsi qu'il est declaré par la constitution Philippine, les dismes ne sont deuës à l'Eglise, sinon en la forme que d'ancienneté on a accoustumé, & la prescription a lieu en la quotité, & en la forme de leuer : & l'Eglise ne prend disme en plusieurs territoires és vignes, ny des animaux. Aussi voyons que plusieurs dismeries sont au patrimoine de personnes lays , & ne sont pas mouuantes de l'Eglise, mais d'autres seigneurs lays. Qui a donné occasion à aucuns de croire que les dismes que l'on leue auiourd'huy procedent de l'establissement qui estoit és Gaules, au téps des Romains: car és Prouinces par eux cóquestees, ils prenoient dismes , mesmement des grains pour nourrir leurs armees: & que par deuotion la pluspart des seigneurs ont delaissé les dismes à l'Eglise , & le reste est demeuré és mains des personnes layes. Toutesfois nous tenons en France que les Eglises, mesme les Parrochiales sont fondees en presomption de droict commun pour prendre les dismes de bleds: & quant aux autres dismes, l'Eglise prend selõ que d'ancienneté elle a ccoustumé, & n'est fondee sinon, selon l'vsance. Berry des droicts prediaux. art. 17. Es Capitul. de Charlemagne, *lib. 1.chap. 163. & lib. 5. art.127.* semble qu'il se cognoist qu'en ce téps là les dismes estoient deuës seulement des fruicts des heritages mouuans de l'Eglise. Quant aux dismes que tiennent les laiz en leurs pa-

R

trimoines a esté obseruee en France par deuotion enuers
l'Eglise, que depuis le Concile de Latran, qui fut en l'an
1179. soubs Alexandre III. Pape, on n'a plus infeodé de
dismes:& s'est-on contenté des dismes qui lors estoient.
De faict quand les laiz plaidans contre les Ecclesiastiques
pour les dismes articulent leurs faicts de possession,&leurs
droicts. Ils alleguent leurs dismes auoir esté infeodez auāt
le Concile de Latran,& en prouuant la possession immemoriale, l'infeodation est presumee & tenue pour Canonique:& est requise semblable preuue au possessoire,com-
me au petitoire. Niuernois des dismes,art. 7. Orleans,art.
487. parle de l'infeodation.Ces dismes qui sont au patrimoine de personnes layes, pour la pluspart ne sont pas
mouuans ny tenus de l'Eglise en fief, ains de personnes
layes,qui est côtre la doctrine des Canonistes.Et sont censez en France comme tout autre patrimoine laïcal, & en
appartient la cognoissance au Iuge lay. Ainsi dict Niuernois,des dismes,art.8.Berry,droicts prediaux,art.16.Blois,
art.63.Soit noté combien que durant l'ouuerture de Regale,leRoy ne prenne les fruicts de l'Euesché qui sont purs
spirituels:toutesfois en la Regale de Meaux par arrest du
19. Iuin,1557. ou 1567.les dismes appartenans à l'Euesché
furent adiugez au Roy:qui faict croire que la Cour n'a pas
iugé que les dismes fussent purement spirituels. Toutesfois est obserué en Niuernois,que les dismes des rompeiz
qui sont terres nouuellement deffrichees & mises en culture, appartiennent aux Curez, combien qu'ils ne soient
dismeurs du territoire. Niuernois, des dismes,art.5.En aucunes Prouinces y a droict de suyte en dismes, soient dismes laiz,soient Ecclesiastiques.Ce droict est tel, que le seigneur de la dismerie en laquelle les bœufs qui ont faict le
labourage,ont esté hyuernez,nourris & hebergez en l'hy-
uer prochain,auant la recollection du disme: Suit son laboureur qui est allé labourer en autre dismerie que la sienne,& prend la moitié du disme,non pas à la raison qu'il se
paye au territoire où le disme est prouenu : mais à la raison
qu'il prédroit en son territoire,& sans auoir égard si le lieu

où le difme eft cueilly eft priuilegié ou non. Ainfi dict Niuernois au tiltre des difmes, art. 1. 2. & Berry des droicts
prediaux, art. 18. & limite le temps d'hyuerner, depuis le premier iour de Nouembre, iufqu'au premier de
Mars.

Selon l'vfance commune de France, le fief & la Iuftice
n'ont rien de commun: en forte que du fief, il ne faut inferer la prefomption de Iuftice ou reffort: ny de la Iuftice &
reffort le fief. Ainfi dict Berry, des fiefs, art. 57. Bourbonnois, art. 1. Auuergne, chap. 2. art. 4. 5. Blois, art. 65. Mais
Poictou, art. 108. dict, qui a hommage eft fondé de Iurifdiction, fi ce n'eftoit hommage de deuotion.

En aucunes Prouinces de France, les feigneurs Iufticiers
ont droict de tailler leurs fubjects en quatre cas. A fçauoir
quand le feigneur va outre mer vifiter la terre Sainéte.
Quand il eft prifonnier de guerre. Quand il marie fa fille.
Quand il eft faict Cheualier. Ainfi dient Bourbonnois,
art. 344. Auuergne, chap. 25. art. 1. 2. 3. 4, Bourgongne,
art. 4. Bourbonnois dict pour fa fille en premieres nopces. Auuergne parle du mariage des filles. Bourgongne
dict vne fille tant feulement. Bourbonnois dict que le cas
de prifon eft reïterable : les autres non. Bretagne, art. 89.
met les cas, pour marier l'vne de fes filles : & lors la taille,
c'eft le double de la rente.   Et quand le feigneur ou fon
fils aifné eft faict Cheualier. Article 81. quand le feigneur
eft pris en guerre, & fes meubles ne peuuent fuffire. Item
quand le feigneur achepte terre de fon lignage, fes fubjects luy auancent l'annee de leurs redeuances. Article 94.
le fubject doit aider à fortifier la maifon de fon feigneur en
temps de guerre, afin que le fubject y puiffe retirer fa perfonne & fes biens. Auuergne dict que la taille eft de trente fols pour feu, le fort portant le foible. Et art. 6. dict
qu'au nombre des taillables ne font comptez pupilles,
pauures femmes vefues, & mandians. Article 12. fi plufieurs cas aduiennent en vn an, ne s'en leuera que l'vn, &
les autres, és autres annees. Touraine, art. 85. dict que le

vaſſal doit faire loyal aide à ſon ſeigneur en trois cas.
Quand il eſt priſonnier des ennemis de la Foy ou du
Royaume. Quand le pere marie ſa fille aiſnee. Et quand
le ſeigneur ſe faict Cheualier ſuiuant les armes. Article 92.
dict comme Auuergne, ſi pluſieurs cas aduiennent en vn
an, l'vn ſe paye, les autres ſe different aux autres annees.
Ce cas du voyage d'outre mer, faict croire que ces droicts
ne ſont de la tres-grande ancienneté de France: Car le
premier & grand voyage des François, ſoubz la conduicte
de Godefroy de Bologne fut en l'an 1097. Auant que les
tailles du Roy fuſſent en ordinaire. Le Roy auoit droict
de tailler les ſubjects en ſon domaine, quand il faiſoit ſon
premier fils Cheualier. Ainſi que i'ay veu és Regiſtres de
Parlement, où eſt vn Arreſt donné contre les habitans
d'Annet, Auneau & Monchauuet: Dont reſulte, que nul
ne naiſt Cheualier, mais doit eſtre faict Cheualier.

Les Roys ou Lieutenans generaux du Roy en vne armee, ont accouſtumé faire Cheualiers vn iour de bataille
apres le combat, qui eſt la vraye Cheualerie: & quelquesfois auant le combat, quand les armees ſont preſtes à com-
battre. Le Roy donne à tous Cheualiers ce tiltre de *Noſtre
amé & feal*, les autres que le Roy, nomment le Cheualier
Meſſire, & la femme du Cheualier *Madame*. La fille non
mariee de quelque grand lieu qu'elle ſoit, eſt nommee
Madamoiſelle: hors-mis la fille du Roy, ou la fille de fils aiſné
de Roy. Apres le decedz du Duc Charles de Bourgongne,
ſa fille & heritiere, combien qu'elle fuſt Dame de pluſieurs
terres ſouueraines, n'euſt autre tiltre que de *Madamoiſelle*
iuſques à ce qu'elle fuſt mariee.

La pluſpart des ſeigneurs qui ont places fortes, ont
droict de Guet, ſur lequel droict eſt l'Ordonnance du Roy
Louys XII. de l'an 1504. qui deſire que ce droict ne ſoit
exercé ſinõ par les ſeigneurs, & és lieux où l'on à accouſtumé d'anciẽneté. Et ſi les places ſont en eſtre de forterete,
& en cas d'imminẽt peril. A cauſe de ce droict, les ſubjects
ſont tenus à certains iours, & pour le plus, vne fois le mois

aller vn iour durant faire guet & garde , enquoy ne font
comprifes les femmes vefues', qui n'ont enfans aagez de
dix-huict ans ou'plus : ny ceux qui font cottifez à cinq fols
de taille feulement. Auuergne,chapitre 25.art.17.dit que
les fubiects guettables, qui ont droict de retraicte en vn
chaftel , font tenus feulement aux legeres reparations du
chaftel.

Ban à vin,eft vn droict que plufieurs feigneurs ont, qu'en
certaines faifons de l'annee,nul en dedans leur territoire,
ne peut vendre vin : la Cour de Parlement tenāt les grands
iours à Moulins,1550.le 10. Septembre, entre l'Archeuefque,& les Confuls de Lyon:iugea prouifionnellement,ce
droict n'appartenir aux feigneurs,finon pour vendre le vin
de leur creu: le droict de Ban de l'Archeuefque eft depuis
le 4.Aouft,iufques au dernier iour.   Touraine,art. 102. dit
que les feigneurs n'ont ce droict , finon pour le vin de leur
creu en la mefme feigneurie, qu'ils doiuent vendre bon
vin & net,à pris raifonnable.& par les mains de leurs feruiteurs , fans bailler ce droict à ferme, & que ledit ban ne
peut durer plus de quarante iours.

Peage & Barrage,font droicts que plufieurs feigneurs ont,
tant par terre que par eau, pour prendre quelque fomme
fur les marchandifes qui paffent par le deftroict où ils ont
ce droict.Es Capitulaires de Charlemagne,*lib.3.cap.54.*eft
defendu de leuer paage en lieu plein , où il n'y a ne pont ne
traiect,qui eft à dire,paffage à bafteau ou barc.*Et li.4.ar. 31.*
& art.46.& adioufte quand il n'y a eauë ny marefcage , ny
pont,ou autre telle chofe. Les feigneurs ayans ce droict,
doiuent entretenir les chemins & voyes publiques,efquel-
les ils prennent peage,en bonne feureté & reparation, autrement font tenus aux dommages & interefts des paffans.
Ainfi dient Bourbonnois,art.360.361.Auuergne,chap. 25.
art.16.& parle expreffement de la feureté des paffans.Tou-
raine , art. 84. & art.85. eft dit qu'à faute de ce faire les
fruicts de la feigneurie doiuent eftre faifis, art.81.dit qu'au
chef de la peagerie , doit eftre mis vn pofteau auec la pancarte,contenant quels font les droicts du peage,& doiuent

la faire verifier par le iuge Royal. Selon mon aduis, le mot
de pancarte, est dit d'vne carte escrite, qui est penduë en vn
lieu apparent pour apparoir & estre cogneu à tous le contenu en icelle. De cet entretenement des riuieres & chemins, par les seigneurs peagers, y a ordonnance du 15. Nouembre, 1535. verifiée en Parlement. Et suyuant ce, Arrest,
du 27. Iuillet, 1555. A quoy se rapporte, ce qui est dit par
Dece, *consil.534.vol.4.*& allegue Hostense, *in summa. titulo de*
censib. §. ex quib. vers. breuiter puto. Et par Edict du 20. Mars,
1547. verifié en Parlement le 20. Decembre, 1548. sont cas-
sez & abolis, tous nouueaux peages sur la riuiere de Loire,
establis depuis cent ans.

DES SERVITVDES PERSONNELLES
& main-mortes.

LEs seruitudes qui sont en France, ne sont pas semblables à celles qui estoient en vsage aupres des anciens Romains, qui faisoient trafic des personnes
serues, comme d'animaux brutes: les serfs n'ayans rien propre à eux, ne pouuans ester en iugement, ne pouuans contracter, & qui tels deuenoient de personnes franches, quãd
ils estoient prisonniers de guerre. Mais bien sont semblables aux seruitudes ascriptices, & colonaires, qui ren-
doient les personnes attachees & liees aux domaines des
champs pour les faire valoir, & y estoient tellement attachees, que le proprietaire du domaine & des serfs y destinez, ne pouuoit vendre les serfs, sans vendre le domaine
par vne seule vête. Ainsi qu'il est dit *in l. long. s. ff. de diuers. &*
tempor. prescript. l. si quis inquilinos. ff. de legat. 1. L'origine des
serfs, que nous auons en quelques prouinces de France, procede de ceste vsance anciéne des Romains, au temps qu'ils
seigneurioient les Gaules. Les Coustumes de Niuernois,
Bourbonnois, Bourgongne, Troyes & Vitry, sont celles
qui traictent de ces seruitudes. Selon ceste coustume de

Niuernois, nul n'eſt ſerf, ſinon par naiſſance,& eſt la perſonne ſerue. En Bourgongne nul n'eſt ſerf de corps, mais
qui par an & iour tient feu & lieu , en terre main-mortable, deuient ſubieƌ à la main-morte.

Gens de condition ſeruile en Niuernois, ſont taillables
par leur ſeigneur, à volonté raiſonnable,vne fois l'an. Des
ſeruitudes, art. 1. De meſme Bourbonnois, art. 190. qui outre ce les charge de quatre charrois , ou quatre coruees par
chacun an. Niuernois & Troyes mettent diuerſes ſortes de
ſeruitudes, taillables, de pourſuite, de formariage , qui eſt
quand le ſerf eſpouſe perſonne franche, ou perſonne d'autre ſeruitude, qui eſt à Troyes , de taille aboſmee, main-
mortables en toutes ſortes de biens , main-mortables en
meubles ſeulemēt, ou en immeubles ſeulement. Selon Niuernois, la taille ſeruile ſe paye à la feſte ſainƌ Barthelemy.
La taille aboſmee , eſt celle qui eſt arreſtee à certaine ſomme, & l'autre taille , eſt à volonté. La taille eſt impoſee ſur
le corps du ſerf,& ſur ſon mex mouuant de ſeruitude,& s'il
n'y a mex ſur le corps ſeul du ſerf. Niuern. des ſeruit. art. 3.
Gens ſerfs ſont de pourſuite pour leur taille en quelque lieu
qu'ils voiſent demeurer. Niuernois , art. 6. Vitry, art. 145.
dient la raiſon , pource que tels hommes ſont portion du
fonds. Vray eſt que Berry, de l'eſtat dés perſonnes , art. 1.
dit que ſur les habitans de Bourges , n'y a droiƌ de ſuitte
pour condition ſeruile : mais pource que ceux de Berry
n'auoient pouuoir de faire la loy à leurs voiſins, ny oſter le
droiƌ d'autruy : il faut dire que ledit article a lieu ſeulement à l'eſgard des ſerfs du pays de Berry, qui viennent
demeurer à Bourges, & non à l'eſgard des ſerfs de Niuernois, qui portent auec eux leur ſeruitude, attachee à leurs
os, qui ne peut tomber pour ſecouër. Gens de condition
ſeruile ſont main-mortables,& à cauſe de la main-morte,
s'ils decedent ſans hoirs communs, tous leurs biens meubles & immeubles, quelque part qu'ils ſoient , appartiennent à leur ſeigneur, qui en eſt ſaiſy. Niuernois, art. 7. Bourbonnois, art. 207. & appelle mortaille, & non main-morte,
& dit, communs en biens, & demeurans enſemble. Vitry ,

art.141.& dit sans hoirs de son corps estans en sa volerie,
qui est à dire en sa puissance, & sous son gouuernement,
142 .& est le seigneur saisy. Bourgongne,art. 91. & dit demeurans ensemble: estans en commun de biens. Troyes,
ar.5.dit que la mainmorte est quand le serf decede sans enfant nay en mariage,estant de sa condition, & en celle qui
est domicile.Auuergne,chap.27.art. 3. dit que le seigneur
succede à l'heritage conditionné,& non aux meubles , ny
autres biens.Bourgongne, art.93.dit en cas de main-morte,que le seigneur prend les heritages main-mortables,sans
payer debtes,& que les meubles & autres heritages payent
les frais funeraux , puis ce qui est deu au seigneur, & apres
tous les autres debtes,selon les biens:ce qui a quelque correspondance au droict Romain,selon lequel frais funeraux
sont priuilegiez & preferez à tous creanciers.*l. penult.ff. de
religios.* Et selon le mesme droict sur le pecule du serf estoit
deduit auant tout autre debte, ce que le serf deuoit à son
seigneur.*l.1.ff.de tribut.act.l.ex facto.ff.de peculio.*Et croy aussi qu'il faut tenir pour general en cas de main-morte,que le
tenement serf reuient au seigneur, franc de tous debtes &
hypotheques,selon la reigle, que quand l'heritage retourne en vertu de la seigneurie directe, le seigneur le prend
franc d'hypotheques.*l.lex vectigali.ff.de pignor.l.si finita.§.si de
vectigalibus.ff.de damno infecto.* Pour reprendre le propos, si
l'enfant est demeurant hors la maison de son pere, & tient
feu & lieu par an & iour, il ne succede à son pere. Sinon
qu'il fust absent par seruice,pour cause de l'estude,ou mauuais traictement: Bourbonnois,art.202. Et Niuer. des seruitud. ar. 14. Ce qui se rapporte au droict ciuil Rom.*l.quæ-
situm in princ.ff.de leg.3.*En Niuernois,hoir commun s'entéd
non seulement de l'enfant,mais aussi d'autre parent,com-
me se peut recueillir par l'art.24.où l'ascendant est appellé
hoir commun. Si l'homme de main-morte a vn parent
commun en biens & autre parent en mesme degré non
commū,le cōmun appellera le non cōmun à prédre part.
Bourgongne,ar.96.Ainsi Troyes,art.5. pour les enfans,en
selle qui appellent ceux qui ne sont en selle.

Les

Es lieux où la coustume n'est pas telle, la difficulté est si le commun sera lieu au non commun, d'vne part se peut dire quand le commun empesche pour le tout la reuersion du seigneur, que le seigneur estant hors de ranc, le frere ne peut pas exclure son frere qui trouue la planche faicte. Par l'argument de la *l. si post mortem. §. hi qui. ff. de bonor. poss. contra tabul.* D'autre part se peut dire, que celuy qui s'est separé de la communeauté, a substraicte sa personne, & a d'autant affoibly le mesnage & communauté, ce qui le doit rendre indigne de venir prendre part en la communauté qu'il a desdaigné par l'argument de la *l. cum pater. §. liberti. ff. de leg.1. 2.*

Les gens de condition sont reputez estre partis, quãd iis tiennent par an & iour feu & lieu à part, & qu'ils ont departy pain & sel, ores qu'ils demeurent sous vn mesme toict. Niuernois, ar. 13. Bourgongne, ar. 90. Mais Auuergne, cha. 27. ar. 7. 8. desire qu'il y ait partage formel, ou cõmencemẽt de partage par partemẽt de chanteau. Vitry, ar. 141. dit que les enfans se partent par aage, par mariage, & par tenir feu & lieu.

Entre gens de condition, vn party, tout est party, quant au seigneur, & ne peuuent apres se r'assembler, pour succeder, sans le consentement du seigneur. Selon Niuernois, ar. 10. 11. 12. Ce que dessus n'a lieu quand sont enfans de diuers licts, & que l'on se depart. Et si vne fille est mariee hors la communauté, n'emportant que meubles: ou quand les pere & mere marient leurs enfans hors. Et selon Niuernois, art. 16. pere & mere, ou l'vn d'eux, peuuent marier leurs filles serues en lieu franc, & deuiennent franches, pourueu qu'elles n'emportẽt que meubles. Pourquoy i'estime qu'en Niuernois: il ne se doit entendre indistinctement qu'vn party, tout soit tenu pour party: ains auec ce temperament, quand par la volonté de tous l'vn se separe sans occasion vrgente: car si l'vn des personniers, estoit si mal gisant, & mal cõplexionné, que par raison ses personniers ne le deussent endurer, & on luy donne sa part, que ceux qui demeurent en communauté ne sont tenus pour partis, ains celuy

S

seul qui est cause du partage. De mesme si vn parçonier par
mauuaise volonté ou desbauche se separe , que ce partage ne nuise aux autres. Ainsi en tous autres cas, quãd il y a
cause necessaire ou vrgente & probable. Bourgongne, art.
86. dit simplement que femme de main-morte, qui se marie à homme franc, deuient franche. Et si femme franche
se marie à homme serf, elle est serue durant le mariage, &
son mary mort, en allant demeurer en lieu franc, & delaissant les heritages de son mary, elle deuient franche. Mais
Vitry, art. 144. dit qu'homme de corps, qui est à dire serf, ne
peut prendre par mariage, femme d'autre condition, que
la sienne, sans le congé de son seigneur. Et si, sans son congé il se formarie, il doit à son seigneur le tiers de ses biens,
subjects à morte-main. Bourgongne, art. 100. dit qu'és lieux
où formariage a lieu, le seigneur pour le formariage de la
femme prend l'heritage qu'elle a sous ledit seigneur, ou autant vaillant qu'elle emporte en mariage.

Si l'vn des deux mariez est serf, & l'autre franc , les enfans sont de la pire condition. Niuernois des seruit. article 22. Et Bourbonnois, article 199. Mais Bourgongne ,
art. 82. dit que l'enfant ensuit la condition du pere, & non
de la mere, Troyes, art. 7. dit qu'il y a diuersité, selon les territoires: en aucuns l'enfant choisit l'vne des conditions , en
autres les enfans suiuent la franche condition, vueillent
ou non, & ne succedent au serf. En d'autres le fruict ensuit
le ventre. Au val de Curcy, chastellenie de Montenoison
en Niuernois, s'ils sont plusieurs enfans, le premier choisit
la seruitude ou la franchise, le second est serf, & ainsi de
suite. Et s'il n'y a qu'vn enfant, il choisit. Et l'enfant qui
choisit la franchise doit delaisser les heritages de la seruitude, & les meubles qui accroissent à l'enfant qui demeure serf, Vitry , art. 69. dit si le pere est serf & la mere noble,
dit que le fils en renonceant à tout ce qui est du costé serf ,
prendra aisnesse en la succession de sa mere. Et art. 84. dict
si l'vn des deux, pere ou mere est noble , & l'autre serf, que
l'enfant pourra demeurer noble, en quittant les biens du
costé serf. Selon le droict Romain, quand à la condition

du corps, l'enfant enfuit la mere. *l.partum.C.de rei vend.*& en
ce qui eft de la dignité & honneur, l'enfant enfuit le pere. *l.*
liber.ff.de fenat. Ce qui fe dit icy que de la pire condition eft
femblable à la loy des Lombards, recitee par la gloffe *in l.*
*vlt.C.de murileg.lib.*11.& de la loy theutonique, recitee *in tex.*
*& gloffa in can.liberi.*32.*qu.eft.*4.

Gens de condition feruile, ne fuccedent à leurs parens
francs, & les francs ne fuccedent à leurs parens ferfs. Niuernois, des fucceff.art.2. Bourbonn, art. 200. dit que le franc
ne fuccede au ferf, mais bien le ferf au franc. Troyes, art.94.
dit comme Niuernois.

Le franc peut acquerir du ferf, & le ferf du franc. Niuernois, art.18. Mais fi le ferf aliene fon tenement ferf à perfonne franche, ou homme d'autre feruitude, le feigneur
peut commander à l'acquereur de le mettre en main habile d'hõme ferf, dans an & iour, & à faute de ce faire l'heritage eft commis & acquis au feigneur. Niuern. des ferui-
tud.ar.18. Bourgongne, art.88. dit fimplement que l'homme de main-morte ne peut vendre fon mex à hõme franc,
ou homme d'autre feigneurie. Cefte prohibition, ainfi fimplement faicte, emporte nullité de l'alienation. *l. non du-*
bium.C.de legib. Mais Bourbonn.art.201. donne la commife
au feigneur par la feule alienation, apres poffeffion prife
par l'acquereur.

Tous contracts d'alienation, & autres, entre vifs, font permis à gens ferfs Sauf d'alienation de leurs heritages à perfonnes franches. Bourbonnois, art.204.206. & Auuergne,
chap.27.art.4.5. Et Niuernois, art.32. en leur defendant de
difpofer en derniere volonté, de plus de foixante fols, femble leur permetrre la difpofition entre vifs. Toutesfois ie
croy, que fi c'eftoit donation vniuerfelle entre vifs, ou inftitution d'heritier, en faueur de mariage, qui fuft au profit
d'vn qui ne fuft de la feuitude, & habile à fucceder. Que
le feigneur pourroit contredire telle difpofition, comme faicte en fraude de luy : par la raifon de la prohibition
que faifoit la loy Romaine, au libert de difpofer en fraude
de fon patron, qui deuoit auoir le tiers en fes biens. Et

quant à la donation vniuerfelle, fera noté le texte *in l. omnes.§.Lucius.ff.quæ in fraudem cred.*Et la gloffe *in l.patronus.ff. de probat.* Et quant à l'inftitution d'heritier, ores que ce foit conuenance irreuocable, toutesfois en effect, c'eft difpofi- tion pour caufe de mort auec cefte exception, qu'elle n'eft reuocable. A quoy fait la *l.viuus.ff.fi quid in fraud. patroni.* Troyes, art.6. & Vitry, ar.70. ne permettent tefter que iuf- ques à cinq fols. Mais Vitry, art.103. femble reftraindre cefte prohibition, quand aux biens, qui cheent en morte- main. Bourgongne, art. 89. defend fimplement de tefter. Auuergne, chap.27.art.5.dit que gens ferfs ne peuuent en- tre vifs, ny par teftament, faire difpofition pour fucceder.

La vefue d'vn homme ferf eft douëe de doüaire couftu- mier és heritages de feruitude. Niuernois, art.20.

Si aucun eft ferf de plufieurs feigneurs, comme fi le pere eft ferf d'vn feigneur, & la mere eft ferue d'vn autre fei- gneur. Les meubles & conquefts, qui ne font de la feruitu- de, font acquis aux feigneurs par droict de main-morte, pour les portions qu'ils ont au ferf, par la raifon brocardi- que receuë en France, que les meubles fuiuent la perfon- ne. Les heritages & conquefts de feruitude viennent au feigneur d'icelle feruitude. Ainfi Niuernois, art. 25. Bour- gongne, art.95.dit que chacun feigneur, prend ce qui eft en fa feigneurie main-mortable, tant en meubles qu'herita- ges. Et ce qui eft en lieu franc, appartient au feigneur de la main-morte originelle.

Si aucun de condition feruile deuient franc par priuile- ge, manumiffion ou autrement, les heritages mouuans de feruitude font acquis au feigneur. Niuernois, art.26.par la raifon qu'vn homme franc ne peut tenir heritage mouuät de feruitude, fans congé du feigneur. Vitry, art. 70. dit que le clerc, mary de femme ferue l'affranchit durant fon ma- riage & viduité : mais fi elle n'a enfans : le feigneur prend la morte-main par fon deceds, à la charge des debtes, des laigs & frais funeraux. Et art. 140.fi le vaffal affranchit fon homme de corps, il retourne au Roy en pareille condition qu'il eftoit à fon feigneur, & doit payer finance au

Roy selon la cõposition des Commissaires des francs-fiefs.
En Bourgõgne & en Niuern.il se practique,que si le vassal
affrãchit son hõme serf,le seigneur superieur feodal prend
ledict homme par droict de deuolut, comme s'il auoit esté
abandonné par son premier seigneur. Pourquoy ceux qui
sont affranchis pour s'asseurer vont prendre confirmation de leur manumission par deuers le seigneur superieur,
en luy payant finance.Mais en Bourgongne,art.87.l'homme de main-morte peut deuenir franc,en s'aduoüãt homme franc du Roy , & quittant meubles & immeubles au
seigneur de main-morte.Ce qui depend de ce qui est dict
cy dessus:qu'en Bourgongne,nul n'est serf de corps. Et ce
qui est dict,art.85. que l'homme franc,qui va demeurer en
lieu de main-morte,& y tient feu & lieu par an & iour , &
paye les deuoirs,cõme les autres, deuiét luy & sa posterité
mainmortable. Dont resulte qu'estans faicts serfs à cause
du lieu,ils peuuent deuenir francs en quittãt tout ce qu'ils
y ont.

Par la mesme Coustume de Bourgongne, vn mex assis
en lieu de main-morte , & entre mex main-mortables,est
reputé de la mesme condition.art.83.

Selon la Coustume d'Auuergne,chap.25.art. 18. Charrois & coruees à volonté , sont limitees à douze par an.
Doiuent estre faictes d'vn soleil à l'autre. A vsage hõneste.
Peuuent estre prises trois pour vn mois, selon la necessité
du seigneur,& à diuerses sepmaines. Ne cheent en arrerages.   Mais en l'Article 22. semble excepter si les coruees
sont assises sur heritages. Et pource que ce departement &
proportion semble fondé en grande raison , & comme vn
homme de bien arbitreroit. Le reglement peut estre tenu
pour general. Et ainsi dict le droict Romain,quand le libert
a promis & iuré d'employer pour son Patron,tant de iournees que le Patron voudra.*l.si libertus iurauerit.ff. de operis
libert.*

Selon la Coustume de Vitry,art. 146. homme ou femme de corps,qui n'est reclamé par son seigneur, & a iouy
de franchise par vingt ans , demeurant en la mesme Pro-

uince, a acquis franchiſe. Mais s'il ſe retire hors la Prouince, il ne preſcrit la franchiſe comme eſtant fugitif. Bourgongne, art. 81. dict que l'homme de main-morte ne peut
preſcrire franchiſe par quelque temps qu'il demeure hors
du lieu de main-morte.

Selon les loix Romaines , le ſerf qui par vingt ans de
bõne foy, demeureroit en poſſeſſiõ de liberté, ſans eſtre in-
quieté, acquiert liberté. *l. 2. C. de longi temp. preſcript. quæ pro
libertate.* Comme auſſi la franchiſe ne ſe perd pas, ores que
par ſoixante ans vn ſeigneur euſt exercé droict de ſeruitude ſur vn homme franc. *l. vlt. C. eodem tit.*

DES SERVITVDES REELLES,
& droicts prediaux és villes & champs.

SELON pluſieurs Couſtumes, le droict de ſeruitude n'eſt acquis par la ſeule iouyſſance de quelque temps que ce ſoit, *etiam*, de cent ans, s'il n'y a
tiltre : & aucunes expriment de veuë, eſgouſts, paſſage.
Ainſi dient Paris, art. 186. Sens, art 98. & art. 99. parle de
cheurons d'vn baſtiment, auancez ſur l'heritage voiſin. Et
ainſi dict Berry des ſeruit. art. 17. quand le voiſin veut
baſtir, que l'autre doit retrancher ſes cheurons. Auxerre
comme Sens, art. 100. 101. & encores, 114. Auxerre, pour
le droict de paſſage. Orleans, art. 225. Eretagne, art. 644.
Meleun, art. 188. Senlis, art. 267. Troyes pour la ville de
Troyes, art. 61. Rheims, art. 350. parlant comme Paris, adjouſte, ou choſe equipollent a tiltre: comme eſt la deſtination du pere de famille. Blois, art. 215. & 230. Mais Niuernois des ſeruitudes, art. 2. & Bourbonnois, art. 519. Et Berry des ſeruitud. art. 2. 3. reſtreignent ceſte regle, quand la
iouyſſance de veuë, eſgouſt ou paſſage a eſté en place vuide
de ville ou des chãps. Niuern. excepte s'il y a eu poſſeſſion
paiſible apres cõtradict. Touraine, ar. 212. dict cõme Paris,
quant aux veuës & quant à l'eſgouſt , met la limitation
quand il n'y a point de gouttiere: comme voulant inferer

que la gouttiere mise de main d'homme , qui jette l'eauë
ſur l'heritage voiſin emporte ſaiſine. Quant à la veuë, dõt
aucun faict l'ouuerture en ſon heritage,& quãt à l'eſgouſt
de l'eauë du ciel,qui de ſoy-meſme fluë .Il ſe peut dire que
celuy qui a faict ceſt œuure,n'a rien faict en l'heritage d'au-
truy.Autrement ſeroit ſi le l'eſcheuë ou gouttiere qui deſ-
charge,eſtoit appuyee,portoit ou repoſoit ſur l'heritage du
voiſin.Qui eſt la diſtinction que faict la loy Romaine , *de*
immiſſo & proiecto. In l. malum.§.1.ff.de verb. ſignif. Auſſi eſt
dict qu'il eſt loiſible au voiſin de ſon auctorité,oſter ce que
ſon voiſin a auancé,qui repoſe ſur l'heritage d'autruy. Et
quant à ce qui ne repoſe pas,& neantmoins eſt auancé: le
voiſin a ſeulement action pour le faire oſter par auctorité
du iuge.*l. quemadmodum.§.1.ff.ad legem aquil.* Quant au paſſage,la preſomption eſt,qu'il a eſté enduré par droict de familiarité,dont ne reſulte poſſeſſion , ny par conſequent
preſcription. *C. qui iure ff. de ac. poſſ.* Tours adiouſte vne autre belle limitation,que ſi lors du partage,l'eſtat des choſes
eſtoit tel, il demeurera ainſi: qui emporte , comme ſi par
tacite conſentement les partageans auroient accordé la
ſeruitude.Car auant le partage,la ſeruitude n'y eſtoit pas,
& ſi aucune auoit eſté autrefois, elle auoit eſté eſteinte par
confuſion , & ſelon le droict eſtroit , il l'a falloit remettre
de nouuel. *l. quicquid.ff. commu. præd.* Mais ſelon l'opinion
de Papinian. *In l. Papinianus. ff. de ſeruit.* par l'exception de
dol, la ſeruitude deuoit eſtre remiſe.   Ceſte Couſtume a
faict en action directe & legitime, ce qui eſtoit en remede
d'exception: & croy partant qu'elle doit eſtre tenuë pour
generale.Berry des ſeruitud. art. 1. dict qu'on ne peut acquerir poſſeſſion de ſeruitude par actes occultes. Ce qui ſe
rapporte à la *l. 11. C. de ſeruit. & aqua. in verb. aduerſario*
ſciente. Mais la liberté de ſeruitude peut eſtre acquiſe par
trente ans.Paris,art.186.Orleãs.art.225.Laon,art.145.Ce
que deſſus ſe rapporte à ce qui eſt dict, *In l. ſequitur. §. vlt.*
ff. de vſucap. que l'on peut preſcrire la liberté de ſeruitude:
& que la loy Scribonie a oſté les preſcriptions qui conſti-
tuoient & eſtabliſſoient la ſeruitude , & non celles qui en

apportoient la liberté. Auſſi dict Niuernois, des ſeruit. art.
1. que chacun doit ſouſtenir & receuoir ſur le ſien propre
les cauës fluans de ſes edifices, pour les conduire en la ruë
publique. Ainſi Auxerre, art. 108. Sens, art. 105. met limi-
tatiō, que ſi l'eſgouſt chet en terre vaine, qu'on n'eſt tenu de
l'oſter s'il ne porte d'ommage notable. Auſſi Orleans, art.
251. dict que pour paſſer par l'heritage d'autruy à cauſe des
grands, chemins empirez, que par quelque temps que ce
ſoit, on n'acquiert delict de ſeruitude. A quoy ſe rapporte ce qui eſt dict. *In l. 1. §. Iulianus. ff. de itinere actuque pri-
uato.*

Iaçoit que ſelon les reigles vulgaires chacun puiſſe faire
en ſon heritage ce que bon luy ſemble. Toutesfois les
Couſtumes ayans égard que les droicts de Cité qui con-
ſeruent la ſocieté des hômes, ſont à preferer aux intereſts
ou volonté des particuliers : ont introduict pluſieurs loix
qui reiglent les baſtimens & autres œuures de chacun, au
voiſinage d'autruy. Comme en ville, nul ne peut au mur
propre, à luy qui joinct ſans moyen a l'heritage d'autruy
faire ouuerture, ſinon auec treillis de fer & verre dormant
de neuf pieds de haut, à prendre du rez de chauſſee au premier eſtage: & aux autres eſtages de ſept pieds. Les autres
dient de huict & ſept pieds. Ainſi Paris, art. 200. Sens, art.
102. Auxerre, art. 105. qui adiouſte, en ſorte qu'on ne puiſſe paſſer ny regarder par ladicte ouuerture. Melcun, art.
102. Bretagne, art. 645. Mais Orleãs, art. 229. 230. & Berry des ſeruitudes reelles, art. 13. parlét de celuy qui a droict
de veüe ſur l'heritage voiſin. Laon, art. 267. parle du mur
moitoyen. Mais Rheims, art. 356. que ſi l'eſgouſt du baſtiment chet entierement ſur l'heritage de celuy qui baſtit, il
peut faire en ſon baſtiment tant de veües qu'il veut. Et art.
357. ne peut le voiſin baſtir pour offuſquer, à plus pres que
de deux pieds & demy. Niuernois, des ſeruitudes, art. 9.
permet à chacun en ſon mur propre faire ouuerture ſur
ſon voiſin. Auſſi permet au voiſin de faire baſtiment au
contraire ſur le ſien. Et auſſi Bretagne, art. 646. & Laon,
art. 267. Et Rheims, art. 364. dict que ſi le voiſin a percé le
mur

mur moitoyen pour clarté à neuf & à sept pieds que l'autre
voisin peut bastir pour l'offusquer.   Mais la Coustume de
Paris & les semblables, ont beaucoup plus de ciuilité pour
faire viure les voisins en commodité chacun de sa maison
& amitié: car le bastiment côtraire pour offusquer la veüe
de son voisin plus communément est par animosité. Aussi
peut estre blasmé d'animosité ou hautaineté , celuy qui
prend sa veüe sur son voisin : & puis que le voisin à cause
de la hauteur de neuf & sept pieds, & du voirre dormant
est sans incommodité , c'est bien raison qu'il endure que
son voisin ait commodité de la clairté, sans veüe & regard.
Et combien qu'en aucunes desdictes Coustumes, soit permis de pouruoir par bastiment : toutesfois i'appliquerois
volontiers le remede qui est és loix Romaines, de n'estre libre à chacun de faire au sien ce qui ne luy sert de rien, &
nuit à autruy. *vt in l. 1. §. denique Marcellus.* Ioincte à la glosse. *ff. de aqua pluuia. arc.* Sauf si celuy qui a faicte l'ouuerture
en sa muraille, l'a faicte directement au preiudice & incommodité de son voisin : car en ce cas le voisin en offusquant
par muraille contraire , seroit censé le faire pour sa commodité, & non directement pour nuire.

Quand le mur est moitoyen & commun entre deux voisins, chacun d'eux s'en peut aider à l'vsage auquel il est destiné , en sorte toutesfois qu'il n'incommode son voisin.
Ainsi dict le droict Romain. *In l. si ades & in l. Sabinus. ff.
communi diuid.* Pourquoy se dict que l'on ne peut faire au
mur commun, fenestre ou autre ouuerture ou esgoust sur
son voisin. Niuernois des seruitudes reelles, art. 8. Paris,
art. 199. adioustant *etiam*, que l'ouuerture soit à voirre dormant. Bourbônois, art. 503. Bretagne, 647. Blois, art. 231.
Berry, droicts prediaux, art. 4. Orleans. art. 231. Mais és
choses à quoy le mur est destiné. Les Coustumes ont reglé
cest vsage en diuerses sortes : comme le voisin peut percer
le mur commun pour y asseoir poultres & soliues, pourueu que ce ne soit à l'endroit des cheminees de l'autre voisin: & à la charge de refermer le pertuis de bonne massonnerie. Ainsi dict Niuernois des seruitudes reelles, art. 10.

T

Paris,ar.207,& 208. & adioufte autre charge de mettre foubs les poultres, jambes & corbeaux de pierre de taille. Orleans,ar.232.Bourb.ar.505.507.foubs la mefme charge que Paris,Bretagne.954.656.comme Paris.Meleun, 200: 201. Rheims.art.365.côme Paris.Blois,art.233.Mais aucunes defdictes Couftumes dient qu'il ne doit s'aider du mur que iufques au milieu de l'efpeffeur,combien qu'il ait percé tout outre. Paris,art.208. Bourb. art.508,Meleun, art. 199.200.Berry,des feruit.reelles,art.10.Mais Aux.art.112. permet auffi d'y mettre jâbages de cheminee,& paffer tout outre à fleur du mur:& art.111. dict que pour le contre-feu de fon cofté,il doit laiffer la moitié du mur,& vne châtille. Et Orleans,art.238. dict que le voifin ne peut affeoir poultres au mefme endroit où l'autre voifin à ja preuenu. Et Blois,art.234.& Rheims,art.371. dient qu'en mur cômun on ne peut prendre creux à faire cheminees,finon iufqu'au tiers.

Auffi le voifin peut hauffer le mur moitoyen fi haut qu'il veut à fes defpens,pour accommoder fon baftiment , fans conge de l'autre voifin , pourueu que le mur foit fuffifant. Ainfi dient Paris,art.195.Rheims,art.362. Berry feruitud. reelles,art.5.6.à la charge de laiffer corbeaux pour marque que le voifin n'a payé fa part:dont fera parlé cy apres.

Le mur eft reputé commun & moitoyen, quand en iceluy font corbeaux à droict, feneftres, jambages, lanciers mis d'ancienneté,& de la premiere conftruction de la muraille,& ayans faillie. Niuernois de feruit. reelles,art.14. Sens,art.101.Auxerre,art.103. Bretagne,art.649.Orleans, art.241.242.Mais fi les corbeaux font renuerfez ou acamufez par deffus,monftrent bien que la muraille eft commune, & que le voifin de ce cofté n'a pas la moitié de la muraille,& doit rembourfer auant que s'en aider. Niuernois, art.14.Orleans,art.241. Quant le corbeau eft à droict, & a fõ naturel tout preft à receuoir le fais qu'õ y voudroit charger: c'eft la marque que le voifin peut s'en aider fans aucun empefchement quãd il voudra. Et cela mõftre qu'il a payé la moitié des fraiz de la muraille : mais quãt le corbeau eft

réuersé, c'est à dire, que la partie dudict corbeau qui est pla-
te, sur laquelle la poultre ou autre faix doit reposer, est def-
soubs & nõ dessus: c'est la marque qu'il y a quelque empef-
chemét au voisin de s'é ayder: c'est à dire qu'il n'a pas payé
sa moitié des fraiz de la muraille. Ce sont expediés que nos
ancestres ont inuentez, pour seruir de tesmoignage perpetuel, & sont tesmoings muëts, comme és bornes seruãs de
limites, on met au pied d'icelles des garends ou tesmoings
qui sont deux ou trois pieces, faictes d'vne pierre platte ou
tuille cassee : & en met-on l'vne des pieces en bas , au pied
de la borne d'vn costé, & l'autre piece de l'autre. Et quand
on doute, si la pierre a esté mise pourborne, on la descouure
iusques au pied: & si au pied on trouue ces garends, on s'af-
seure que cest borne. Autres Coustumes dient, que toutes
murailles entre voisins, sont reputees communes Meleun,
art.193. Laon, art.270. Orleans, art.234. Blois, art.232. Mais
Paris, art.394. Sens, art.103. Auxerre, art.106. Blois, art.232.
Orleans, art.235. interpretent en ceste sorte , que le voisin
s'en peut aider en payant la moitié du fonds du fondemét
& du mur , iusques à la hauteur de son heberge auant que
rien entamer. Sens, art. 103. adiouste vne limitation necef-
saire , pourueu que la muraille soit suffisante pour porter
l'autre bastiment.

Aucunes Coustumes dient que toutes murailles sepa-
rans, cours & jardins sont reputees moitoyennes. Paris, art.
211. Auxerre, art.106. Rheims, art. 355. sinon qu'elles por-
tassent entierement le corps d'hostel du voisin.

Aussi est la reigle qui veut bastir vn four, forge, ou fourneau contre le mur propre à autruy ou commun , il doit
laisser espace vuide entre les deux murailles , pour euiter
l'inconuenient du feu. Aucunes Coustumes dient demy-
pied, les autres vn pied, les autres pied & demy d'espace
vuide. Ainsi Niuernois, des seruit. reelles, art. 11. Berry des
seruit. reelles, art.12. Orleans, art.247. Bourbõnois, art.511.
Troyes, art.64. Bretagne, art. 666. Paris,190. Mais autres
parlent de contre-mur, & non d'espace vuide. Rheims, art.

368. Blois, art. 236. Paris, art. 190. Sens, art. 106. Auxerre, art. 109. Meleun, art. 206. Le plus seur est de l'espace vuide, ores qu'il y ait moins de distance : car quand la liaison de matiere y est, la chaleur s'estend assez, & l'espace vuide euapore & empesche que la chaleur ne suit. Paris, art. 189. dict que, qui veut faire cheminee contre mur moitoyen doit faire contre-mur de demy pied d'espaisseur.

Quant à latrines, cisternes ou fosses de cuisine & autres receptacles d'euës immondes, qu'on veut bastir contre-mur propre à autruy ou moitoyen. Celuy qui bastit doit faire vn contre-mur de bonne massonnerie à chau & sable. Aucunes Coustumes dient d'vn pied d'espaisseur, autres de pied & demy, autres de deux pieds & demy. Ainsi dict Niuernois des seruitudes reelles, art. 13. Sens, art. 107. Auxerre, art. 110. Orleans, art. 243. Bretagne, ar. 662. Meleun, art. 207. Troyes, art. 64. Laon, art. 268. Blois, art. 235. Paris, art. 191. C'est pource que l'vrine & autres excremens qui coulent & s'attachent à la muraille, par leur acrimonie gastent auec le temps icelle muraille.

Et si les latrines ou fosses de cuisine sont faictes pres le puits du voisin, il y doit auoir distance de neuf ou dix pieds. Orleans, art. 246. Bretagne, art. 663. adioustant, pourueu que le puits soit le premier edifié. Meleun, art. 208. Rheims, art. 367. & adiouste, ou faire contre-mur de chau & sable de deux pieds d'espesseur de fonds en comble. Bourbonnois, art. 509. dict simplement que nul ne peut auoir esgoust qui nuise au puits ou caue de son voisin parauant edifiez. Laon, art. 268. desire dix-sept pieds de distance entre la latrine & le puits. C'est pource que les puits ordinairement sont plus profonds que les latrines & l'humidité sale & immonde procedant desdictes latrines, peut penetrer la terre, qui de soy est poreuse & creuse, & se mesler parmy l'eauë du puits & la gaster. Aussi que communément la muraille des puits est de pierre seiche, & non liee de massonnerie, qui peut causer la transmission de ceste humidité sale.

S'il est besoin de reparer l'heritage commun, qui est en

ruine:les couſtumes de Niuernois,audit tiltre,art:5.6.7. &
Bourbonn.art.113. 114. Bretagne,art.352.ordonnent que
celuy qui veut reparer,doit ſommer en iugement ſon perſonnier,de contribuer.S'il refuſe, ou s'il ne rembourſe dedans l'an, celuy qui ſeul a fait les frais demeure proprietaire, quant aux choſes qui ne portent fruict , comme ſont
murailles. Et quant aux choſes qui rendent fruict, comme moulins, eſtangs, celuy qui a frayé gaigne les fruicts à
faute d'eſtre rembourſé dans deux mois apres les reparations parfaictes. S'il n'y a eu ſommation, il peut demander
part toutesfois & quantes en rembourſant.Berry,des ſeruitudes reelles, art.7.8.9.dit apres la ſommation & viſita-
tion, celuy qui repare fait les fruicts ſiens, & adiouſte qu'il
n'y a preſcription contre celuy qui a part. Quant aux murailles moitoyennes ruineuſes. Aucunes couſtumes dient
ſimplement que l'vn des voiſins peut contraindre l'autre
à contribuer à la reparation,comme Paris,ar.205.Meleun,
art.197. Reims,art. 360. Les autres dient alternatiuement
de contribuer à la reparation,ou quitter & perdre le droict
qu'il y a. Sens , article cent, Auxerre,article cent deux
Troyes, article 63. Laon.article 271.Mais Meleun , art.
197. ſemble donner le choix au baſtiſſeur de contraindre
l'autre à payer ſa part, ou de prendre le mur propre à luy.
Selon le droict Romain ſemble que la contraincte preciſe
n'y eſt pas,car nul eſt obligé pour cauſes de choſes non ani-
mees,plus auant que de les quitter & abandonner.*l.Prætor.
§.hoc edictum.ff.de damno infect.* Iaçoit qu'il ſemble par la *l.
cum duobus.§.idem reſpondit ſocius.ff.pro ſoc.* que le reparateur
ait le choix de demander les frais,ou la proprieté de la choſe,mais là il parle de celuy qui eſt en ſociete.Les couſtumes
de Sens,art.100.& Auxerre.art.102.dient que nul ne peut
eſtre contrainct de fermer & clorre ſon heritage de nouuel s'il ne veut.Mais Meleun,ar.196.pour les villes & faux-
bourgs met la contraincte.

On ne peut faire auances de baſtimens ny eſuiers,&
tuyaux par le haut,pour vuider les eauës de cuiſine, ny faire entrees de caues ou degrez, entreprenans ſur la rue pu-

blique, & ceux qui font ia faits, ne pourront eftre refaits.
Niuernois, art. 24. Bretagne, art.661.& Reims,374.per-
mettent de refaire, pourueu que ce ne foit dès le pied, &
commande de prendre tefmoignage, auant que demolir:
mais par l'Edit d'Orleans, art. 95. eft commandé d'abatre
toutes faillies & auancemens fur ruës publiques, dans ans.

Par aucunes couftumes, pour la falubrité des villes, eft
defendu d'y nourrir porcs, cheures, & autres telles beftes.
Ainfi dit Niuernois, art. 18.& Bourges des feruitud. reelles,
art. 18. qui excepte cheures, en cas de neceffité de maladie,
on nourriture de petits enfans.

S'il y a different qui fe prefente au faict des baftimens, ou
autres heritages voifins, en la ville ou és champs, qui confifte au iugement de l'art des maffons, charpentiers, cou-
ureurs ou autres artifans. Le iuge, de fon office doit ordonner que les parties nommeront expers pour vifiter, & donner aduis. Si les parties refufent ou delayent de nommer, le
iuge de fon office, les peut & doit nômer. A quoy fe rappor-
te ce qui eft dit *in l. vlt.* §. *fi autem. verf. electione. C. de iudic. &*
in l. fi quis fuper. C. finium regund. Et s'ils n'ont efté accordez
par les parties, on peut donner reproches contr'eux: *cap.*
caufam extra de probat. Ils doiuent prefter ferment, pardeuant le iuge, & eftans affemblez fur le lieu, dreffer leur rapport par efcrit és mains du greffier, ou clerc du greffe, & le
rapporter. C'eft la forme prefcripte par la couft. de Paris,
tres-biê aduifee, ainfi pour euiter les menees & fubornatiôs.
Et ainfi dit Paris. ar. 184. 185. Meleû, ar. 187. dit prefque ainfi, & veulêt que ces expers preftêt fermêt deuât le iuge, pre-
allablement auant que de vifiter. Ce qui eft bien à propos,
afin que par le ferment ils foient inuitez à bien faire leur deuoir de vifiter & iuger & fidelement rapporter. Niuernois
des feruitudes reelles, ar. 17. dit prefque pareil: mais dit que
la partie contredifante eft receuë à en requerir l'amendement. A quoy fe rapporte Bretagne, art. 262. difant que fi
l'appreciation pour partage a efté faicte, que l'vn des partageans en peut requerir la reueuë, & doit eftre faicte à fes
defpens. Paris, art. 184. dit que les parties ne font receuës à

requerir l'amendement, mais que le iuge de son office peut
ordonner autre visitation. Ce qui est tres-raisonnable, pour
euiter les inconueniens que les loix & decretales doutent
quand elles defendent d'examiner autres, sur les mesmes
faicts, dont y a ia enqueste. *ca. fraternitatis, extra de testib.* & en
la Clement. *testibus. eodem tit.* Et selon le rapport de te's expers doit estre iugé. A ce se rapporte le droict Romain, *in l.*
comparationes. C. de fide instr. cap. quia extra de præscript. l. vlt. §.
si autem vers. electione. C. de iudic. §. quod autem. in authent. de non
alien. On obserue en quelques lieux auec les artisans expers
de nommer deux notables bourgeois, & ainsi fut ordonné
par Arrest, en plaidant du Mardy, 10. Mars, 1550. & y a grãde raison, pource que les artisans sont plus subjects à cor-
ruption, & quelquesfois pour leur profit, estiment la beson-
gne à faire plus qu'elle ne vaut.

Si le bas d'vne maison appartient à l'vn, & le haut à
vn autre. Le proprietaire du bas doit entretenir tout le
tour d'embas, auec les poultres & plancher, qui sont dessus
ceste partie d'embas. Et le proprietaire doit carreler le
plancher sur lequel il marche, & tout ce qui est du bastimēt
pardessus le solier, auec la couuerture. Ainsi dit Auxerre,
art. 116. Niuernois des seruitudes reelles, art. 3. Berry, seruit.
reelles, art. 15. 16. Orleans, art. 257. Bourbonn. art. 517. Bretagne, art. 653.

A qui apartient le sol & rez de chaussee, à luy appartient
le dessus & le dessoubs, tant haut & tant bas qu'il veult. S'il
n'y a conuenance au contraire. Ainsi dit Melcun, art. 191.
192. Troyes, art. 62. Laon, art. 146. Reims, art. 367. C'est selon le droict Romain, *in l. vlt. ff. de seruit. l. altius. C. de seruit. &*
aqua. l. penult. §. penult. ff. quod vi aut clam. Pourquoy si le voisin faisoit passer le bout de ses cheurons, outre le plomb de
sa muraille, l'autre voisin voulant bastir, peut le contraindre à retrancher, nonobstant le laps de temps, *etiam* de cent
ans. Melcun, art. 192. Laon, art. 146. Mais le voisin ne peut
pas de son auctorité retrancher les bouts qui passent le
plomb de la muraille de son voisin, si tant est que lesdits
bouts soient en l'air, & ne reposent pas sur l'heritage du

voisin. Auquel cas le voisin doit agir, afin que par auctorité de iustice le retranchement soit faict. Et si lesdits bouts reposent sur le fonds du voisin. Il peut dedans l'an les retrancher. *l. quemadmodum. §. 1. ff. ad leg. aquil.* Et apres l'an doit agir par action negatoire dedans trente ans, dont les moyens de conclurre sont qu'il n'est loisible de tenir ainsi ses cheurons, pourquoy soit condamné à les oster.

Si le feu est etbrandy en plusieurs maisons, l'on peut abatre les maisons prochaines, pour arrester & appaiser le feu, & tous ceux de qui les maisons, vray-semblablement auront esté sauuees par ce moyen, doiuent contribuer au desdommagement. Ainsi dit Bretagne, art. 604. Ce qui est fondé és raisons du droict Romain, quand au premier chef. *l. 3. § quod ait. ff. de incendio ruina & naufragio. l. si alius. §. est & alia. ff. quod ui aut clam. l. si quis fumo. §. 1. ff. ad leg. aquil.* Pour le second chef, *in l. 2. §. æquissimum. ff. ad leg. rhod. de iactu.*

Si aucun bastissant ou reparant son edifice, ne peut ce faire, sans passer par l'heritage de son voisin, ou sans l'endommager. Le voisin doit prester patience, à la charge de reparer ce qui auroit esté endommagé. Bretagne, article 659. Meleun, article 203. Et est fondé en la raison du droict Romain, par argument *ul. si quis sepulchrum. ff. de religiosis. pr. in l. tribunus. § gloss. in ff. ad exhib.*

Cy-apres sera traicté du mesnagement des champs, & des reigles & vsances qui sont introduictes par les coustumes.

La coustume de Niuernois, est celle de toutes les coustumes de France, qui contient plus de loix pour le mesnage des champs, mesmes du bestail, pource que le pays estant en grande partie couuert de bois, & en pascaiges & marescages est plus propre à la nourriture du bestail. En premier lieu, audit pays est accoustumé de mener pascaiger bestes és vaines pastures où bon semble à chacun : sinon qu'en aucunes iustice, y ait droict de blairie, car s'il y a blairie, les subjects d'vne autre iustice, ne peuuent enuoyer leurs bestes, pascager en la iustice de blairie sans

congé

congé du ſeigneur blayer, auquel ce droict ne peut appartenir, s'il n'a iuſtice & tiltre particulier. Au tit. du droict de
blairie. art. 1. 2. Ledit paſcage s'entend pour les vaines paſtures , qui ſont és grands chemins, prez, en prairie, apres
qu'ils ſont deſpouillez, terres, bois, & autres heritages, qui
ne ſont fermez ny clos , & quand ſelon la couſtume, ils ne
ſont defenſables. Audit tiltre, art. 5. Auuergne, chap. 28. ar.
3. 4. & adjouſte, ou que le temps de leuer les fruicts eſt paſſé, Troyes, art. 170. Par autres couſtumes les habitans de
villes & villages peuuent mener leurs beſtes, groſſes & menuës paſturer, & champayer és lieux de vaine paſture, de
leurs finages, & des parroiſſes à eux contiguës & ioignan-
tes, de clocher à autre clocher. Ainſi Sens, article 146. Auxerre art. 260. Orleans, art. 148. qui dit que le droict de
vaine paſture, n'a lieu qu'en la Beauſſe, & art. 144. où il
ne dit iuſques au clocher , mais iuſques aux cloſeaux des
parroiſſes voiſines, Meleun, art 302. Troyes , art. 169. Vitry,
art. 122. Chaalons , art. 266. ces deux dernieres, diſent expreſſément les vaines paſtures, & exceptent les graſſes paſtures , eſquelles nul n'enuoye, s'il n'a droict particulier.
Orleans audit art. 144. Meleun, art. 303. dit pour les beſtes,
de leur creu, & pour leur vſage : enquoy ſont exceptees les
beſtes de marchandiſe, excepté auſſi le temps de cueillir le
chaume, c'eſt ce qui reſte de la paille, apres la moiſſon que
ailleurs on appelle eſteulles, dõt ils ſont meſnage en beauſſe, n'ayans point de bois.   Excepté auſſi les terres proches
le manoir tenu en fief. Auuergne, chap. 28. art. 1. 5. dit qu'en
aucuns endroits , les paſcages ſont limitez par Iuſtices , en
autres par max & villages , & n'eſt loiſible d'enuoyer paſcager l'vn ſur l'autre.   Ce droict de vaines paſtures eſt
fondé tout purement ſur l'vtilité publique : car à prendre
la rigueur du droict Romain , chacun peut interdire &
defendre à ſon voiſin d'entrer, ny prendre aucune commodité en ſon heritage , & ſi le voiſin fait le contraire
on peut former contre luy, l'interdit *vti poſſidetis* , qui eſt
ad inſtar de la complainte & maintenuë & garde. *l. Ariſto*
§. *ſed & interdictum. ff. ſi ſeruit. vend.* Mais nos couſtumes

V

qui ont force de loy, & de droict ciuil peuuent reigler l'vſage que chacun doit auoir en ſon heritage, en ſorte que nul ne puiſſe dire eſtre ſon propre, ſinon ce qui reſte, apres le public fourny. Pour mener paſturer beſtes en terre d'autruy, pour le temps que l'heritage n'eſt de garde & defenſe. On n'acquiert droict, au preiudice du proprietaire, s'il n'y a tiltre ou preſcription, auec payement de redeuance ou poſſeſſion immemoriale. Niuernois ſeruitudes reelles, article 26. Sens, art. 147. de meſme, & modifie qu'il ne peut pretendre paſturage outre la vaine paſture. Ainſi Auxerre art. 261. Blois, art. 214. Mais Troyes, art. 168. parle de n'acquerir droict d'vſage, ou paſcage en ſeigneurie & haute iuſtice d'autruy, ſans tiltre, ou ſans payer redeuance, ou iouy par temps ſuffiſant à preſcription. Toutesfois quant à la poſſeſſion immemoriale, ie croy qu'à l'eſgard des terres & heritages qui ſont en friche & deſert, que pour tout le temps qu'elles ſont en cet eſtat, nul en y enuoyant ſont beſtail paſcager ne peut acquerir droict pour empeſcher le proprietaire de la clorre ou labourer, *etiam* par téps immemorial: car la qualité *de paſcage en vaine paſture*, a touſjours accompagné la ioüiſſance ſ'eſt la ioüiſſance côtinuee, en ceſte qualité, laquelle qualité & cauſe n'a peu produire en la perſóne du ioüiſſant, l'opinió de iouïr *pro ſuo*, ains ſeulement le droict de iouyr par ſimple faculté, & en vaine paſture, & tant que la premiere ſource & cauſe de iouyſſance apparoiſt, toute la iouyſſance retient touſiours la meſme forme, par la raiſon de la *l. cum nemo. C. de acq. poſſ.* & parce qu'il n'y a preſcription és choſes dont la iouïſſance eſt de pure faculté. *l. vlt. ff. de vſucap.*

Aucunes couſtumes ont donné reigle pour le nombre de beſtail que chacun laboureur peut enuoyer és paſcages communs, & de vaine paſture. Comme Poictou, article cent quatre-vints treize, qui dit que ceux qui ne ſont laboureurs ne peuuent tenir beſtes, s'ils n'ont terres à eux, ou en loüage, & ne les peuuent enuoyer ſur le commun, & ceux qui ſont laboureurs doiuent ſe contenter de tenir beſtes, tant qu'il leur en eſt de beſoin ſelon la

quantité des terres qu'ils ont , & peuuent enuoyer leurs
beftes les vns fur les autres.   Mais ne peuuent tenir cheures , finon deux pour chacun couple de bœufs en pays de
bofcage , & vne en plaine. Auuergne, chapitre vingt-
huict, article vnze, dit que nul ne peut faire pafcager beftail és pafcages communs, en plus grand nombre , que
ce qu'il a hyuerné des foings & pailles prouenus des heritages qu'il tient en la mefme iuftice. Ces couftumes font
fondees en raifon fuffifante , pour les tenir comme generales. Car ce droict de vaines paftures eft pour l'vtilité
publique, & à cet effect retranche la liberté que chacun a
en fon heritage, entant qu'apres l'heritage defpouïllé, iceluy heritage eft abandonné à chacun pour la pafture , &
la feule interdiction que feroit le proprietaire à fon voifin,
d'y mener fon beftail, ne feroit fuffifante , fi ledit proprietaire ne le tenoit clos & fermé. Pourquoy a efté bien à
propos de reigler cefte faculté & permiffion d'enuoyer
beftail pafcager ès terres, afin qu'elle foit à ceux feulement qui profitent au public en labourant les terres , &
àfin qu'il y euft quelque mefure , pour euiter la confufion.
Comme , *verbigratia*, fi quelqu'vn ayant peu de labourage, mettoit tous fes moyens en achapt de beftail , qu'il
feroit viure fur le commun : & en feroient les autres laboureurs enferrez , & feroit cefte incommodité caufe de
diminuer le labourage. Car cefte faculté des vaines paftures eft principalement en faueur du labourage , fans
lequel la focieté des hommes ne pourroit fubfifter. Et
pource que tel pafcage eft comme de droict public: il faut
dire que le droict de chacun eft limité, pour n'en pouuoir
vfer, auec l'incommodité d'autruy. *l. fluminum. ff. de damno
infecto. leg. Imperatores. ff. de feruitu. ruft. pred.* Pourquoy ie
croy que le iuge de fon office, auec le procureur, ou bien à
la requefte d'vn particulier, peut reigler quelle quantité de
beftail , chacun pourra enuoyer és vaines paftures. A
quoy fe rapporte ce qui eft dit par *Stephanum Bertrand ,
confil. 240. vol. 3.*

La couftume de Niuernois a introduite vne autre fa-

culté & permiſſion pour auoir abondance de bled, quand
elle permet à chacun de labourer terres d'autruy non labourees par le propriataire, ſans autre requiſitiō, à la charge de payer le champart. Et de meſmes les vignes, à la
charche de payer la partie. Autre tiltre des champars, art.
1. En autres prouinces les terres ſont baillees à la charge
de champart ou terrage : dont le labourage eſt en neceſſité
& obligation, & non pas en volonté ny faculté, car le ſeigneur peut contraindre de labourer, & le ſeigneur bailleur doit prendre la ſixieſme, huictieſme, ou douzieſme
gerbe. Ceux qui tiennent terres à ceſte charge ſont tenus de labourer, & s'ils demeurent quelque temps, ſans
labourer le ſeigneur leur peut oſter, & n'en peuuent tenir
en paſturage qu'vn tiers ou autre portion. Ainſi dient
Poictou, art. 104. Berry des droicts prediaux, art. 23. & Blois
art. 130. Berry, art. 25. dit que le diſme ſe paye le premier, &
les gerbes qui reſtent ſont comptees, pour le terrage : car le
diſme ſe prend tant ſur la part qui reuient au propriectaire,
que ſur la part qui doit appartenir au laboureur, *cap. tua extra de decimis.* Soit le labourage à volonté, ou par obligation,
à cauſe du bail, le laboureur doit appeller le propriectaire
pour venir compter les gerbes, au temps de la moiſſon, &
par aucunes couſtumes, s'il ne vient dans vingt-quatre
heures : le laboureur apres auoir compté les gerbes en preſence de gens peut emmener ſa part : & par aucunes couſtumes le laboureur doit à ſes deſpens mener le champart
ou terrage en la grange du ſeigneur non diſtante de plus de
demie lieuë, l'vne & l'autre dit de deux lieuës. L'vne des
couſtumes met la peine de payer double champart, les autres mettent l'amende, l'autre ne charge de mener le champart. Niuernois de champart, art. 2. Poictou, art. 64. Berry,
droicts prediaux, art. 26. 27. Orleans, ar. 141. Bourbonnois,
art. 352. Soit le labourage volontaire, ou par obligation de
bail, il s'entend que le laboureur doit bien & deuëment labourer en têps & ſaiſon deuë, & par bône façon, & de ſur-
charger la terre, c'eſt à dire qu'il doit la laiſſer repoſer ſelō la
couſt. du lieu : car la reigle generale eſt à quicōque manie les

affaires d'autruy,ou par mandement ou sans mandement,
qu'il y doit faire comme vn bon mesnager. *l. in re C. mand.*
l. si pupilli.§. videamus.ff. de nego.gest. Et pource que s'il negoce est *ad instar* de location.*l. videamus.§. Item prospicere.ff.*
locati.

Vignes qui sont subjectes à bannie,ne peuuẽt estre vendangees auant l'ouuerture du ban:laquelle ouuerture doit
estre par l'auctorité de Iustice, au rapport des vignerons,
& autres frequentans les vignes,si le raisin est en maturité.
Niuernois des vignes,art. 1. 3.& Berry des vignerons, art.
6. Niuernois met la peine,la confiscation de la vendange
& l'amende:Berry se contente de l'amende. Le seigneur
bannier à priuilege de vendanger le iour deuant l'ouuerture,selon Niuernois.

Vignes sont de defense en tous temps , & est interdict
d'y mener bestes pascageres.Niuernois de prises de bestes,
ar.10.11.12.Poictou,ar.194.Berry,des droicts prediaux,art.
9. Bourbonnois,art. 526.& adjouste, soient les vignes closes ou non. Meleun,art.306. Orleās.art.153. Blois,art.226.
pour les porcs. Niuernois met les amendes des prises de
bestes és vignes diuerses,selō les saisons : Et en particulier,
si bestes sont prises depuis la feste Sainct Laurens dixiesme
Aoust,iusques en vendanges,& il apparoisse qu'elles ayent
mangé raisins,elles sont confisquees. A cest effect est commandé apres la prise,de les mener en Iustice, & les mettre
separément : àfin de cognoistre par la siente,lesquelles bestes ont mangé raisins,qui est ce qu'on appelle grumer.Au-
dict tiltre de Niuernois , art. 10. Bourbonnois, art. 527.
met la confiscation de cheures & porcs. Et si on ne les peut
prendre,permet de tuer.Selon la reigle, qui ne peut reparer son dommage par voye ordinaire , peut le reparer par
force & voye extraordinaire:comme on peut *toto titulo. C.*
quando licet sine iudice se vindicare.l. 3. §. quod ait ff. de incendio,
ruina,naufrag.l. qui foueas.l. quemadmodum.§. Item labeo.ff.ad
leg. aquil. Troyes,art.172. met l'amende arbitraire pour les
porcs pris és vignes.

Les prez sont defensables pour les porcs en toutes sai-

fons de l'an, parce qu'en foüillant du museau, il gastent le
sol. Niuernois, art. 8. Sens, art. 150. Berry des droicts prediaux, art. 10. Orleans, art. 153. & adiouste pastiz & vignes.
Bourbonnois, art. 525. Auuergne, chap. 28. art. 22. Meleun, art. 305. Troyes, art. 170. Blois, art. 226. Pour autres
bestes les prez sont defensables ou de vaine pasture, ainsi
que s'ensuit.

Prez en prairie sont abandonnez en vaine pasture, depuis que l'herbe fauchee est dehors, iusques à la feste nostre
Dame de Mars. Sinó que les prez portent re-viure, qu'ailleurs on appelle regaing, qui est la seconde herbe, auquel
cas ils sont de defense iusques à la feste Sainct Martin xj.
Nouembre. Mais en prairie on ne peut mettre de nouuel
vn pré en re-viure, sinon en bastissant vne maison au pré &
y demeurant. La raison est, que la vaine pasture és prez en
prairie, est comme de droict public, & les detenteurs ne
sont pas proprietaires de pleine proprieté: mais seulement
a effect d'y prendre la premiere herbe. Mais quand il bastit
& faict sa demeurance : il faict cognoistre qu'il a besoin de
s'accommoder au mesme lieu: pourquoy la Coustume luy
permet ceste commodité, comme par dispense, outre le
droict commun: & pource qu'il se cognoist que ce n'est en
intention de reserrer l'vsage public. Et les prez qui ne sont
en prairie, peuuent estre tenus clos & fermez toute l'annee, & d'iceux se dict, *qui bouche, i'garde*. Ce sont les reigles
des prez en Niuernois, au tiltre des prez, art. 1. 2. 3. Bourbonnois, art. 525. dict comme Niuernois, hors-mis qu'il
ne met la defense de bouscher prez en paririe. Berry,
droicts prediaux, art. 7. & Touraine, art. 202. les prez qui
sont clos de muraille, haye ou fossez, sont de defense en
tout temps. Aucunes Coustumes commencent la defense
des prez plustost, les vnes au premier Mars, comme Poictou és prez qui ne portent regaing, art. 196. Berry droicts
prediaux, art. 6. Meleun, art. 302. Les autres au huictiesme Mars. Touraine, art. 202. Les autres à la my-Mars.
Blois, art. 223. Sens, art. 149. Auxerre, art. 263. Les autres à nostre Dame de Mars, comme Niuernois & Bour-

bonnois,comme deſſus. Troyes,art. 170.Orleans,art.147.
Poictou,art. 196. diſtingue le commencement de la def-
fenſe des prez,qui portent regaing à la Chandeleur, ſecõd
iour de Feurier, & des autres non portans regaing ou re-
viure au premier Mars. Quant à la fin de la defenſe & cõmencement de vaine paſture, pour les prez portans re-vi-
ure.Niuernois, Bourbonnois dient, Sainct Martin. Blois,
art. 223. dict la feſte de Touſſaincts. Berry,droicts prediaux,art. 6. iuſques au quinzieſme Octobre.Poictou,art.
196. iuſques à ce que la ſeconde herbe ſoit emmenee. Et
pour les prez non portans re-viure ou regaing:les Couſtumes dient iuſques à ce que l'herbe ſoit emmenee : aucunes
dient iuſques à la faux, Troyes,art. 170. Bourbonnois,art.
525. Touraine, art. 202. Blois, art. 223. Les autres dient
iuſques à la feſte Sainct Michel,cõme Poictou art.196.Les
autres Sainct Remy. Sens,art. 149. Auxerre, art. 263. Orleans, art. 147. Meleun,art.303.

Berry,droicts prediaux, art. 8. dict que paſtureaux ſont
defenſables depuis le quinzieſme Mars, iuſques au quinzieſme Iuillet.Paſtureaux ſont ceux qui ſont deſtinez pour
faire paſcager les bœufs au temps que couſtumierement il
n'y a point de foin és granges. En Niuernois on tient les
bœufs aux paſtureaux iuſques à la Sainct Martin , & n'y a
point d'article qui face les paſtureaux defenſables : mais
ordinairement ils ſont bouſchez. Toutesfois ie croy que
ex bono & æquo, ils ſont defenſables pour tout le téps qu'on
a accouſtumé y mettre les bœufs.

Orleans, art.152. met la defenſe de mener bœufs , va-
ches,porcs, brebis, oyes & cheualines és gaignaiges , vignes, cloſeaux, vergiers, plants d'arbres fruictiers,cheſna-
ges, ormoyes, ſaulſayes d'autruy: n'y entrer pour cueillir
fucilles ou herbes.

Bourbonnois, art. 526. de meſme quant aux fruictiers,
jardins & vergiers clos. Auuergne chap. 28. art. 9. pour
les vergiers & fruictiers clos. Et quãt aux planſſons,Bour-
bonnois,art. 528. les faict defenſables à cheures , moutons
aſnes,& autres beſtes,iuſques à quatre ans.

Orleans, art. 259. defend planter ormes, noyers ou chefnes au vignoble d'Orleans , plus pres des vignes des voifins , que de quatre toifes : ny de planter haye vi-ue plus pres que d'vn pied & demy. Et doit eftre la haye d'efpine blanche & non d'efpine noire. C'eft pource que l'ombre de ces gros arbres nuit à la vigne , & empefche la maturité:& l'efpine noire jette abondamment à la racine, & en peu de temps s'eftend bien loing,& mange le fuc de la terre.

Poictou,art.195. faict les terres labourables defenfables iufques à vn mois apres la cucillette.

Orleans,art.146. & Bourbōnois, art. 534. dient qu'au temps que les bleds font fur terre, couppez & non ferrez: Il eft defendu de mener beftes és grands chemins joignās lefdictes terres auant iour,ny apres iour failly , à peine d'a-mende.

Nous obferuons en Frāce ce qui eft du droictRomain, que les beftes qui font dommage en l'heritage d'autruy, refpondent pour le dommage:& eft loifible de les prendre ou faire prendre pour les mener à Iuftice: afin d'auoir con-demnation pour la reparation du dommage & feureté fur les beftes. Par la plufpart des Couftumes, chacun peut prendre beftes en fon dommage, & les garder iufques à vingt-quatre heures: & dedans ledict temps les rendre au proprietaire. Et s'il ne les rend dedans ledict temps,les doit rendre en la prifon de Iuftice. Ainfi dient Niuernois, des prifes de beftes,ar.4. Poictou, art. 81. Auuergne,chap. 28. art. 12. 13. Bourbonnois, art. 522. Auuergne,chap. 28. art. 15. Bretagne,art. 382. Auxerre,art.271. permet feulement garder douze heures. Berry,droicts prediaux, art.1. Or-leans, art.158. & outre permet prendre pan ou gage pour preuue de la prife : comme Auxerre, art. 271. Aucunes Couftumes dient que le preneur eft creu de la prife auec fon ferment. Comme Niuernois, art.2. Poictou,art.81. Auxerre, art. 271. dict que le preneur eft creu de la prife iufques à trois fols d'amende, & de fon dommage, iufques à cinq fols.Orleans,art.158. & Touraine, art. 203. pour le

dommage

dommage iufques à cinq fols. Et de mefme Berry, art. 1.
des droicts prediaux. Sens, art. 155. parle de la prife faicte
par le fergent meffier ou foreftier , qui eft creu iufques à
cinq fols. Niuern. audict tiltre des prifes, art. 10. excepte les
prifes faictes és vignes depuis Sainct Laurens , iufques à
vendanges , parce que le preneur doit rendre les beftes à
Iuftice, pour eftre mifes feparément & cognoiftre fi elles
ont mangé raifins, pour les caufes & ainfi qu'il a efté dict
cy-deffus.

Par la plufpart des Couftumes l'amende des prifes en
dommage à garde faicte eft de foixante fols.   Niuernois,
prife de beftes, art. 9. Berry, droicts prediaux, art. 4. Touraine, art. 203. Troyes, art. 171. Mais Bourbõnois, art. 529.
& Auuergne, chap. 28. art. 8. 9. dient bien l'amende de
foixante fols: mais donnent la moitié à la Iuftice, & l'autre
moitié à la partie intereffee outre fon dommage, fi c'eft de
iour. Et fi c'eft de nuict , mettent la confifcation du beftail
par moitié, comme deffus. La garde faicte de nuict eft vray
furt, & furt qualifié: pourquoy ie croy qu'il y efchet, outre
la peine de la Couftume, amende arbitraire.   Auuergne,
art. 18. adioufte, qu'audict cas de confifcation, le preneur
n'eft pas creu de la prife. Et ie croy eftre general que la garde faicte, doit eftre prouuee par deux tefmoings , comme
tous autres delicts: & la garde faicte implique furt : car furt
fe dict auffi bien de celuy qui vfe du bié d'autruy outre fon
gré, que de celuy qui veut gaigner le mefme corps , & la
mefme chofe d'autruy. Orleans, art. 156. met à party pareil
quand le pafteur garde fes beftes en l'heritage d'autruy : &
quand les beftes font fans garde: & que le berger foit proche du lieu où les beftes font en dommage : excepté fi les
beftes eftoient effarouchees, & que le pafteur les pourfui-
uift. Bourbonnois, art. 531. diffinit la garde faicte , fi le pafteur de faict garde fes beftes en l'heritage defenfable , ou
s'il eft proche du lieu & les puiffe voir, ou s'il a desbouché
l'heritage où fes beftes font en dommage. Et ie croy que
cefte decifion doit eftre tenuë pour generale : car chacun
doit garde à fon beftail. Et celuy qui eft negligent à garder,

X

& fçait bien que la befte felon fon naturel , ne faillira pas d'aller en dommage, eft la vraye caufe de dommage: & felon la fubtilité du droiƈt Romain, ores que l'aƈtion aquilie ne compete pas l'aƈtion *In factum*, qui eft de mefme efficace eft oƈtroyée. *l. fi feruũ in fin. ff. ad leg. aquil.* Auffi Meleun, art. 309. diƈt, quand il y a garde faiƈte que le proprietaire n'eft receu à quitter la befte pour le dommage. La raifon de ce dernier diƈt, & des precedens eft, que la garde faiƈte du vray, implique dol & furt: & les autres cas font du coulpe trop large, qui felon la prefomptiõ de droiƈt eft' reputé dol, & quand la culpe eft precedente, on n'eft pas liberé en quittant la befte pour le dommage, *cap. vlt. extra de iniurÿs.* *l. 1. iunƈta gloffa ff. fi quadrupes paup.* Et à caufe de cefte coulpe large, l'amende doit croiftre.

Si les beftes font telles qu'on ne les puiffe facilement apprehender pour les rendre à Iuftice, comme oyes & volailles. Il eft permis d'en tuer vne ou deux , & les laiffer fur le lieu, ou bien intenter aƈtion. Orleans, art. 162. Touraine, art. 207. & Blois, 222. dient de mefme quant aux oyes qui font és bleds ou prez. Auuergne, chap. 28. art. 24. diƈt , s'il y a vingt oyes ou plus, és prez: il eft permis d'en tuer deux, fi moins vne. Par la loy des Bourguignons faiƈte par Gondebaud Roy, chap. 23. art. 5. eft diƈt des porcs faifans dommage, que fi le maiftre d'iceux admonefté par deux fois de les bien garder, n'en eft foigneux : il eft loifible à celuy qui fouffre dommage, de tuer le meilleur, & l'appliquer à fon profit. Semble qu'il y ait quelque raifon de permettre de tuer ou offenfer les beftes qui font fuyardes & mal-aifees à arrefter, comme porcs: & pource qu'en les pourfuiuant ils font tant plus de dommage. Et fi ce n'eft de tuer , pour le moins de les bleffer à vne des jambes, afin qu'ils ceffent de courir, & foient remarquez pour demander reparation du dommage.

Aucunes Couftumes mettent temps certain pour intenter aƈtion de dommage, comme de vingt iours. Orleans. art. 151. En Niuernois eft obferué fans loy eferite, qu'il en faut intenter aƈtion dedans la feconde ou tierce expeditiõ,

des iours de la Iustice ordinaire du lieu, autrement on n'y
est plus receuable.

Combien que ce soit personne prince qui ait pris les
bestes en dōmage, toutesfois celuy qui rescoust & rauit les
bestes, empeschant qu'elles ne soient menees à Iustice est
amēdable, comme s'il auoit spolié la Iustice : Car pour l'v-
tilité publique & pour la necessité de l'affaire, a esté permis
à chacun d'estre sergent en sa cause, parce qu'en allāt chercher vn sergent la beste eschaperoit. A quoy se rapporte ce
qui est dict par le texte, & la glosse *in l. ait Prætor.§.si debito-*
rem.ff. quæ in fraud. cred.

Berry des droicts prediaux, art. 19. dict que les heritages
estans sur les grands chemins, & à l'issuë des villes & villages, doiuent estre deuëment bouschez : autrement n'y eschet prise sinon à garde faicte. Bourbōnois, ar. 533. dict que
les voisins peuuent contraindre le proprietaire à bouscher
son heritage. Ce que dessus ne doit pas estre receu indiffe-
remment : car chacun doit donner garde à son bestail. Et
en plusieurs contrees, cōme en Beausse, Sologne & autres.
Les campagnes & varennes ne sont pas bouschees. Il est
dōc bien à propos d'entendre ce que dessus, és terres & heritages qui sont enuironnees de hayes, qui peuuent estre
auec peu de fraiz entretenuës.

Le geect d'vn fossé estant entre deux heritages, monstre
que le fossé appartient à celuy du costé duquel est le geect.
Et si le geect est des deux costez, le fossé est commun. Auxerre, art. 115. Orleans, art. 252. Kheims, art. 369. Berry des
seruitudes reelles, art. 14. & adiouste, s'il n'y a apparence de
geect, que le fossé est commun. Et si vne haye viue ou buis-
son est entre le pré d'vne part, & terre, vigne ou bois d'autre-part, elle est censee du pré. Berry des droicts prediaux,
art. 22. Ce que ie ne voudrois tirer en consequence pour
autre prouince, quant à la vigne : parce qu'elle est de defense en tout temps, & selon l'vsage commun, on est aussi soigneux de bouscher la vigne comme le pré. Quant à la terre labourable, la raison dudict article de Berry est generale.
Comme se dict de la vigne ou pré, aussi faut dire du jardin.

Auxerre, art. 117. permet prendre passage par l'heritage
du voisin au plus proche du chemin, & au lieu moins dommageable, pour cultiuer & despoüiller heritages enclauez
endedans les heritages d'autruy: sans pource acquerir saisine. La raison de cest Article est generale & consonante
à la police : par laquelle la societé des hommes est conser-
uee: & ainsi dict le droict Romain. *In l. si quis sepulcrum. ff. de
religios.* que les Docteurs dient estre cas special : mais auec
grande raison, la loy doit estre dicte generale aux charges
portees par la loy, de satisfaire le voisin du dommage qu'il
peut souffrir en passant : & en cas qu'on ne s'en puisse accorder de gré à gré, que le Iuge en ordonne. A quoy faict
la *l. 1. ff. de glande legenda. & l. Iulianus. §. glans in fine. ff. ad exhib.* où est permis d'entrer en l'heritage d'autruy pour sa
necessité, & à la charge de reparer le dommage s'il en aduient.

DES BOIS ET VSAGES

en iceux.

LA Coustume de Niuernois met trois sortes de
bois, & ceste distinction est presque generale en
France : Les vns sont bois de garenne : Les autres bois sont dicts gros bois : Bois de garde, ou
bois de haulte fustaye. Les autres sont bois tailliz & de
couppe.

Garenne par ancienne appellation Françoise signifie
vn heritage, qui en tout temps est de defense, ores qu'il ne
soit clos, & suiuant ce dict-on riuiere en garenne, en laquelle n'est permis de pescher en quelque temps que ce
soit. Selon l'vsage plus commun, garennes sont bois &
buissons, destinez à nourrir & multiplier connils. Garennes en general, sont defensables en tout temps.
Niuernois des bois: article 1. 2. Berry, des droicts

prediaux, art. 14. Auuergne, chap. 28. art. 22. parlant des anciennes garennes, Troyes, art. 178. Mais Poictou, art. 198. dit que garennes à connils sont defensables en toutes saisons de l'an, non seulement pour la chasse : mais aussi pour le pasturage des bestes. Et qui chasse en garenne à cõnils, sans le gré du maistre, est puny comme de furt. Niuernois, des bois, art. 16. Orleans, art. 167. Par ordonnance du Roy Iean, de l'an 1355. est defendu de faire nouuelles garennes, ny faire accroissement des anciennes, pource qu'elles empeschent les labourages, & par ladite ordonnance est permis de chasser esdites nouuelles garennes, sans peril d'amende. Es Capitulaires de Louys Empereur, *lib. 4. art.* 65. est defendu de faire nouuelles forests, & celles qui serõt faictes est commandé les abolir. Selon ladite coustume de Niuernois, bois sont presumez garennes, esquels sont clapiers, fossez d'ancienneté, ou ancien nom de garēne. Selon la coustume de Bretagne, article 373. les nobles peuuent faire faux à connils en leurs terres, au cas qu'il n'y auroit garenne à connils, à autre seigneur és lieux prochains.

Les autres bois qui sont dicts de haute fustaye, & portent paisson, sont defensables & de garde en certain temps, Sens, art. 153. & Auxerre, art. 167. dient que bois sont reputez de haute fustaye, qui sont bons à maisonner, qui portent glãdees, & n'y a en iceux memoire de culture, ny qu'ils ayent esté couppez. La plusparc des coustumes font lesdits bois defensables, depuis S. Michel, ou sainct Remy, qui sont à deux iours prés, iusques à la feste S. André, dernier Nouembre, comme Sens, art. 151. Auxerre, 169. Troyes, art. 175. Bourgongne, art. 122. La coustume de Niuernois, fait la deffense depuis sainct Michel, iusques à la Chandeleur, second de Feurier, au tiltre des bois, art. 3. 4. Mais Poictou, art. 197. les faict de defense, dés que le glãd commence à cheoir, iusques à la feste sainct André. Et ie croy qu'és prouinces où la defense commence à S. Michel, si l'annee se trouue plus auancee que de coustume, que le proprietaire peut par iustice, auec sommaire cognoissance de cau-

se faire auancer la deffense,& apres la publication, les prises seront de telle efficace, pour le dommage & pour l'a-
mende,comme si c'estoit apres la feste sainct Michel. Berry
des droicts prediaux, art. 12. commence la deffense à la
my-Aoust, & la faict durer iusques à Pasques. Les coustumes,pour la pluf-part ordonnent l'amende & le dommage,quand aucun y mene ses bestes en teps de defense : mais
Auxerre, art.266. y met la confiscation des porcs, qui sont
pris à garde faicte. Orleans,art. 154. defend mener bestes és
bois & forests anciennes, en toutes saisons de l'annee, si on
n'a tiltre d'vsage : & permet és escreuës de bois, venus és
terres labourables d'y mener bestes,depuis sainct Remy,
iusques au premier Ianuier. La Coustume de Niuernois,
des bois, art. 4. & de blairie,art.5.permet mener les bestes
en vaine pasture,hors ledit temps de glandee & defense és
bois de haute fustaye.   Mais ie croy que ceste permission
vient dés le temps ancien,que le pays estoit fort couuert de
bois, & que l'on n'en tenoit compte.   Car en permettant
à toutes bestes mesme aux bestes, broutans d'y aller depuis
la Chandeleur : c'est oster tout moyen de repeupler vn
bois ancien , par le gland ou faisne qui chet des arbres,&
est enterré par les porcs , en fougeant en temps de paisson.
Pourquoy ie croy que les proprietaires des bois de haute
fustaye,peuuent tenir à ceste occasion leursdits bois en de-
fenses en toutes saisons de l'an,en le faisant publier par auctorité de iustice , si ce n'estoit que les subjets ou voisins y
eussent droict d'vsage dont ils payassent redeuance particuliere : car la redeuance qui se paye pour la blairie,n'a sa
destination en aucun lieu particulier, ains est en general,&
confusément pour tous heritages,qui sont en vaine pasture. La coustume de Niuernois des bois , art.8.dit si aucun
veut mettre vn bois de couppe , en tiltre de bois de haute
fustaye,qu'il le peut faire apres vingt ans, depuis la derniere couppe, en le faisant sçauoir par cry public, & affixes és
lieux accoustumez. Troyes , art. 78. dit qu'il est reputé de
haute fustaye , quand il a esté trente ans , sans coupper.

La tierce sorte de bois, est bois taillis ou de couppe, qui
a accoustumé d'estre couppé de dix, douze ou quinze ans,
& reuient. Quand il est nouuellement couppé , il est defendu d'y enuoyer bestes, mesmes celles qui broutent, ores
que ce fust vn vsager qui y enuoyast. Aucunes coustumes
dient iusques apres quatre ans, comme Niuernois des bois,
art. 7. Blois, art. 225. qui dit ainsi pour les vsagers, car les
non vsagers ne peuuent y enuoyer en quelque temps que
ce soit. Bourgongne, art. 121. dit iusques apres la quarte
fueille. Les autres dient trois ans, & vn mois de May, comme Berry des droicts prediaux, art. 12. & de mesme des bois
bruslez , Bourbonnois, art. 524. Les autres dient cinq ans,
comme Vitry, art. 118. si ce n'estoit que le bois fust si fertil ,
qu'il peust se defendre, auât cinq ans. Troyes, art. 179. Mais
Poictou, art. 196. dit qu'il est defensable quant aux cheures,
pour cinq ans , & quant aux autres bestes, pour quatre ans.
Auuergne, chap. 28. ar. 23. ne met la defense, que pour trois
ans apres la couppe. Sens , art. 148. & Auxerre, art. 262.
mettent le terme iusques à ce que le bois ait esté declaré
defensable par sentence du iuge. Troyes, art. 179. dit qu'il
est defensable pour les cheures à tousiours. Les peines
des contreuenans sont diuerses selon les coustumes : mais
par l'ordonnance du Roy François premier, du mois de
Ianuier, 1518. art. 14. la confiscation est ordônee des bestes ,
prises és taillis, & par le 30. article, est permis aux seigneurs,
de s'aider dudit 14. article , qui est faict pour les forests du
Roy. L'vsance ordinaire en vente de couppe de bois entenduë, ores qu'il n'en soit rien dit , est de coupper en saison deuë, qui est depuis la my-Aoust, iusques à la my-May:
car la coupe depuis la my-May , iusques à la my-Aoust,
quand le bois est au fort de sa sayue, fait mourir , ou diminuë la vigueur du bois.

Le commun droict d'vsage est de prendre bois mort &
mort-bois, tant pour chauffer que pour autres necessitez ,
comme pour boufcher ses heritages. Mort-bois, est bois
vif, non portant fruict. Bois mort est bois abbatu & cheut,
ou qui est sec debout , qui ne peut seruir qu'à brusler.

Ainfi dit Niuernois des bois.art 11.12.Quant au mort-bois
fe trouue vne ordonnance du Roy François , du 4. Octobre, 1533.par laquelle il veut qu'au Parlement de Paris,foit
obferuee la difinition qui eft en la chartre Normande,que
mort-bois foit entédu bois de faule,morfaule, efpine,puy-
ne, feuz aulne,geneft,genévre,& non autres arbres , mais
par ladite ordonnance de l'an 1518.art. 25. vers le milieu le
tremble , le cherme & le boulean ou boulas,font reputez
mort-bois , pource qu'ils ne portent aucun fruict feruant à
vfage,& ainfi eft obferué en ce pays de Niuernois.Et quant
au bois mort,il ne faut pas interpreter ainfi cruement : car
fi le vent a abatu quelque arbre , qui ne prenne plus de vie
en terre,ou fi vn tiers , par mefgarde ou autrement,auoit
coupé vn arbre , qui de vray fuft bois mort:il n'appartien-
droit pas à l'vfager, non plus qu'à l'vfufruictier : combien
que de vray ce foit bois mort.*l.arborib.ff.de vfu.*Car tel bois
peut feruir à faire ouurage. Et noftre couftume, prudem-
ment adioufte à bois-mort ce mot, *qui ne peut feruir qu'à bru-
fler.* Par l'ordonnance de l'an , 1516. art. 47. les vfagers ne
peuuent fe feruir du bois,finon au lieu pour lequel ils font
vfagers:Et ne peuuent vendre leur droict d'vfage à perfonne qui en deuft employer & vfer plus largement,ores qu'ils
vendent les maifons pour lefquelles ils font vfagers,ladicte
Ordonnance, art. 88. Et fi l'vfager deuient en beaucoup
plus grandes facultez & moyens, en forte qu'il doiue faire
plus grande defpenfe de bois: fon vfage fera reiglé felon
l'eftat qui eftoit au temps de la conceffion par la raifon du
chap.*quanto.extra de cenfib.l.dam.§.fi iis qui vicinas.ff.de damno infect.*

Aucuns vfages font pour prendre bois à baftir, & tels vfagers n'en peuuent prendre, fans qu'il leur ait efté marqué
par le feigneur ou fon foreftier, & fi la marque eft refufee
apres fommation iudiciaire , & huict iours paffez l'vfager en peut prendre. Niuernois, art. 13.14. Ladite ordonnance de l'an mil cinq cens feize , article quarante-
fix, veut en deliurant du bois , qu'on ait efgard à l'eftat
de la foreft, & à ce qu'elle peut fouffrir. Et en toutes fer-

tudes, faut appliquer temperament, pour en vser, auec
le moins d'incōmodité du fonds seruant que faire se peut.
l.si cui simplici.ff.de seruitut. Doncques doibt l'vsager declarer quel bastiment il veut faire, car s'il ne luy estoit necessaire, ou grandement vtile, ou s'il le vouloit faire plus
grand que n'est la portee du tenement, le seigneur pourroit
refuser par la raison de la *l.ergo.in fine.ff.de seruit.rust.* Et ores
que la coustume permette à l'vsager de prendre du bois
apres le refus, il s'entend qu'il en doit prendre auec bon
mesnage, non tout à vn lieu, mais parcy, & par là où le
bois est plus espais, & bois qui commence à se gaster
par la cime, s'il y en a, par la raison de ladite *l. si cui
simplici.*

Les vsagers ne peuuent vendre ny donner bois, herbe
ou autre chose croissant au bois, ny mener bestes d'autruy, auec leurs bestes. Niuernois des bois, article quinze,
Troyes, article 174. dit que si l'vsager vend à non vsager,
ou transporte hors le lieu d'vsage, il y a confiscation de
la chose enleuee, amende de six sols, & priuation de l'vsage pour vn an.

Les vsagers ayans droict de paisson, ne peuuent en temps
de garde mener au bois autres porcs que de leur nourriture, & qui soient de l'auge de Mars, c'est à dire ceux qui
leur appartenoient, le iour de Nostre Dame en Mars auparauant, & qui depuis ce temps iusques à la paisson   en
sont procreez. Niuernois des bois, art. 19. Et peut le seigneur proprietaire du bois, enuiron le temps de la paisson,
faire enquerir le nombre de porcs que chacun vsager a, &
vendre la paisson de son bois, à la charge de l'vsage. Art.
20. 21. Ce mesnagement a esté introduict pour euiter les
fraudes que les vsagers eussent peu faire en acheptant
quantité de porcs, au temps que l'on peut iuger le gland
estre asseuré, qui est vers la my-Aoust, pour surcharger l'v-
sage : mais au mois de Mars, il n'y a aucun moyen de s'asseurer s'il y aura du gland, & depuis le mois de Mars iusques
à la paisson, il y a six mois, dont les trois premiers sont les
plus difficiles & incommodes de toute l'annee, à nourrir

porcs: qui fait qu'il n'y a si grand moyen à l'vsager de faire fraude au proprietaire, quand il est dit qu'il ne peut mener en l'vsage autres porcs, sinon ceux qui luy appartenoient, le 25. Mars.

La possession qui doibue estre vallable & legitime, pour la saisine, & à fin de maintenuë & garde, ou pour acquerir droict par prescription: en droict d'vsage de bois, n'est pas comme les vulgaires & communes possessions, esquelles le simple faict de iouïssance suffit, mais en ce droict d'vsage est requis d'auoir tiltre, ou bien iouïssance auec payement de redeuance, ou bien iouïssance par temps immemorial, qui vaut tiltre. Ainsi dit Niuernois des bois, art. 9. 10. Et Bourgongne, art. 120. Vitry, art. 199. dit de mesme, horsmis quant à la possession immemoriale, mais dit au lieu de tiltre, si on a acquis l'vsage, auparauant quarante ans. La raison de ce que dessus, est que les bois ne sont frequentez ordinairement, ny souuent: qui fait que les iouïssances doiuent estre tenuës pour clandestines: qui sont regentees, & du possessoire, & de la prescription. Cela est remarqué au droict Romain, *in l. quamuis saltus. ff. de acq. poss.* Aussi selon ledit droict, és seruitudes, qui n'ont cause continuelle, la possession de temps immemorial est requise pour la prescription. *l. hoc iure. §. ductus aquæ. ff. de aqua quotid. & æstiua.* Sinon que la science & cognoissance y soit de celuy contre lequel on veut prescrire. *l. 2. C. de seruit. & aqua.* Nostre coustume a voulu donner vne marque certaine à ceste science, qui est le payement de la redeuance: lequel payement, outre l'effect de science produit vne tacite conuention, car le payement de redeuance a son effect reciproque. *l. plures. C. de fide instrum.* Es choses corporelles la science de l'aduersaire n'est requise. *l. vlt. C. de prescrip. longi temp.*

DES COMMVNAVTEZ
& focietez.

Elon la couſtume de Niuernois, des cõmunautez, art. 1 communauté n'eſt acquiſe tacitement par demeurance, qu'aucunes perſonnes font enſemble, s'il n'y a conuenance expreſſe. Ainſi dit Bourbonnois, art. 267. Laon, art. 266. Reims, art. 385. Orleans, art. 213. adiouſte conuention expreſſe & par eſcript. Ces mots par eſcript, ſemblent auoir eſté adiouſtez en conſequence de l'Edict de Moulins. 1566. qui veut tous contracts excedãs cent liu. eſtre paſſez par eſcript. Touraine, art. 231. de meſme, & excepte le mariage. Autres couſtumes tirent plus au large, diſans quand aucunes perſonnes, maieurs de 25. ans, vſans de leurs droicts viuent enſemble, à commun pot, ſel, & deſpenſe, faiſans communication de leurs gaings & profits par an & iour, que la communauté & ſociete de meubles & conqueſts eſt acquiſe entr'eux. Ainſi dit Poictou, art. 231. Sens, art. 280. Auxerre, art. 201. Berry des mariages, art. 10. Troyes, art. 101. Sinon qu'il apparuſt que par familiarité, ou amitié, ou ſi c'eſtoient parens ſeruiteurs, & autres perſonnes nourries par affection ou ſeruice. Ainſi dit Sens, ar. 281 Auxerre, ar. 202. Poictou, ar. 231. Troyes, ar. 102. Surquoy, pour la differéce ſera cõlideré que Niuern. & Bourb. parlent de demeurance enſemble, & non de cõmunicatiõ de gains & profits. Ceſte cõmunication de gains eſt le plus fort argument de communauté: car comme tacitement elle eſt diſſoulte, quand les aſſociez commencent à faire chacun ſes affaires à part. *l. itaque. ff. pro ſoc.* Ainſi ſe peut dire, que par tacite cõſentement elle eſt contractee, ſelõ la reigle *per quas cauſas. S.licet in l. ſi patruus. C. comm. vtriuʼque iud.* vſe de ceſt argument : & pource que ceſte cõmunauté tacite eſt fondee en preſomptiom, il ſe peut dire que la preſomption contraire doit faire iuger autremét. Pourquoy il eſt bõ d'en iuger par les circõſtãces, quãd la couſt. n'y eſt pas formelle.

Y ij

Deux freres majeurs de ving ans eſtans hors de puiſſance de pere , demeurent enſemble par an & iour, ayans leurs biens meſlez ,& faiſans communication de gains , ſont reputez communs. Ainſi dit Niuernois des commun.ar. 2.& Bourbon. art. 267. qui ne parle de cōmunication de gains.

Le gendre,ou la femme du fils,venās demeurerauec leurs beau-pere & belle-mere,ou l'vn d'eux ,& apportans leurs droicts en la communauté,acquierent par an & iour communauté auec leurſdits beau-pere & belle-mere , & leurs perſonniers.Ainſi Niuernois des droicts de mariez,art. 21. Mais Bourgongne , art.52. dit que la femme du fils n'acquiert communauté , ains doit ſeulement remporter ce qu'elle a emporté.Ceſte article de Niuernois eſt ſingulier pour le pays , & ſe doit entendre ſimplement quant aux maiſons des villages,qui ſelon la conſtitution du pays, conſiſtent toutes en familles & aſſemblees de pluſieurs perſonnes en vne communauté.Mais quant aux maiſons de ville en Niuern. ie croy qu'il en faut iuger *ex cauſa*, ſelon les circonſtances & preſomptions , pource que les cōmunautez ne ſont pas ordinaires és maiſons de ville,comme és chāps.

Si apres le deceds de l'vn des deux cōjoincts par mariage, le ſuruiuant ne fait inuentaire des biens de la cōmunaute, qui ſoit bien & ſolēnellement fait auec perſonne capable , les enfans acquierent cōmunauté auec ledit ſuruiuant, ſi bō leur ſemble,& eſt à leur choix de prēdre la cōmunauté, ou de demander leur part des biēs tels qu'ils eſtoiēt lors de la diſſolutiō du mariage.Et tous les enfās ne font que pour vne portion , telle que le defunct auoit. Ainſi dit Paris, art. 240.Poictou,art.234.236.Sens,art.93.94.& 283.284. Auxerre, 204. 205. Berry des mariages , article 19.20. qui adiouſte qu'autant faut dire pour heritiers du defunct autres que les enfans : & autant en dit Poictou,art.232. Orleans,art.216.cōme Berry.Touraine,art 348. 349. Bourb. art.270.Meleun,art.221.222,223.Senlis,art.109. Laon, art. 264. Troyes, art.109. Blois art. 183. Mais toutes leſdites couſtumes ne s'arreſtent pas à l'inuentaire : car aucunes dient alternatiuement inuentaire , ou partage , ou autre

acte solennel, derogeant à communauté. Ainſi Sens, art.
283. Auxerre, art. 206. Berry des mariages, art. 20. Orleans, art. 216. Bourbonnois, art. 270. Laon, art. 264.
Mais eſdictes Couſtumes eſt à entendre, que ſi les enfans
ou outres heritiers ſont mineurs, qu'vn tuteur ou curateur
y eſt neceſſaire: & la tutelle emporte auec ſoy la neceſſité
d'inuentaire, ſans lequel vn tuteur ne doit adminiſtrer.
Auſſi ceſte continuation de communauté eſt en haine du
ſuruiuant, qui ne faict pas inuentaire : & à ce moyen eſt
oſtee aux enfans la preuue certaine des biens delaiſſez.
Doncques me ſemble, quand les enfans ou autres heritiers ſont mineurs, que l'inuétaire bien & deuement faict,
eſt neceſſairement requis, pour empeſcher la continuation de communauté. Si les enfans ou autres heritiers ſont
majeurs, ſe peut dire que la ſocieté eſt diſſoluë par la ſeule
& nuë declaration de volonté de l'vn des aſſociez. *l. verum
in fine.ff. pro ſocio.* Aucunes deſdictes Couſtumes mettent le
temps de faire l'inuentaire. Bourbônois, art. 270. Poictou,
art. 232. dient de quarante iours. Paris, art. 241. deſire qu'il
ſoit clos trois mois apres qu'il aura eſté faict. Aucunes auſſi
deſdictes Couſtumes dient, que ſi le ſuruiuant ſe remarie, que la communauté ſe faict par tiers: & ſi tous les deux
qui ſe remarient auoient enfans de leurs premiers mariages,
ges, la communauté ſe faict par quart. Paris, art. 240. Poictou, art. 236. Sens, art.93. 94. & adiouſte ces mots, *ſoit que
l'vn des mariez y ait aſſez ou peu apporté.* Auxerre, art. 205.
Touraine, 349. Meleun, art. 222. Et ſi pluſieurs enfans de
l'vn deſdicts mariages ſont reduicts à vn, luy ſeul prendra
autant que tous euſſent pris. Paris, art. 243. Poictou, art.
237. dont reſulte que l'acquiſition de telle communauté,
eſt pour la ſeule commiſtion de biens, & non à cauſe des
perſonnes. Mais la Couſtume de ce pays de Niuernois ſeule entre toutes les autres, a ordonné autrement au faict de
ces communautez: Car au tiltre des communautez, art.4.
& des droicts de mariez, art. 22. 23. dict que les enfans
maſles aagez de quartorze ans, & femelles de douze ans,
ayans droict acquis, apres le deceds de pere ou de mere,

Y iij

acquierent communauté de biens par teftes & égales portions auec le furuiuant & fes perfonniers par an & iour
quand leurs biens font meflez. Iaçoit qu'ils ne demeurent
enfemble, finon qu'il y ait contradiction de communauté
qui fe doit faire apres inuentaire bien & deuëment faict
auec vn tuteur ou curateur, qui fera donné aufdicts enfans
mineurs:& fera noté qu'elle parle feulement des enfans,&
non d'autres heritiers du decedé. Du Molin en l'annotation fur la Couftume de Bourbonnois,art.270. dict que la
fille ayant droict acquis par le deceds de fa mere,qui a efté
mariee & dottee competemment par fon pere. Ne peut
pretendre communauté contre fon pere. Et dict auoir ainfi efté iugé par Arreft en la maifon de M. Denys Pron,
Procureur en Parlement. Selon mon aduis noz ance-
ftres ont introduict ceft article , & quelques autres , auec
trop-grande obferuatiõ du droict Romain. qui a ceft aage
diffinit la puberté:& euffent mieux faict de tirer iufques à
la pleine puberté,qui felon le mefme droict Romain , eft à
dixhuict ans. *l. arrogato.ff. de odopt.l. mela.ff. de aliment. lega.*
Car à ceft aage de quatorze & douze ans , les icunes perfonnes ne font pas encores en valeur ny en vigueur pour
trauailler de corps ou d'efprit : en vne communauté à effect d'acquerir cõmunauté par teftes. Auffi euffent mieux
faict d'efclaircir quel doit eftre le droict defdicts enfans
auant la puberté. Et s'il m'eft loifible d'y interpofer mon
iugement: ie dirois felon toutes les autres Couftumes,que
tous les enfans enfemble,iufques à la pleine puberté , qui
eft l'aage de dix-huict ans , ne fuffent comptez que pour
vne tefte,& portion femblable en quotité , à la portion du
defunct:auquel ils ont fuccedé,comme cõtinuans la communauté:& auec cefte modification,fi bon leur femble,en
leur donnant le choix, ou de prendre cefte cõmunauté qui
procede de la feule meflange de biens, & en haine du furuiuant, qui ne faict inuentaire, ou de demãder leur droict,
tel qu'il eftoit lors du deceds de celuy auquel ils ont fuccedé. Et qu'audict aage de 18. ans , qui eft de pleine puberté,fi la maifon & mefnage font tellement eftablis,qu'auec

le labeur ou induſtrie:côme les biens d'icelle maiſon s'aug-
mentent:côme és maiſons de village indiſtinctement,& és
maiſons de ville qui ſont d'artiſans & marchandiſe vulgai-
re:leſdicts enfans d'euſſent acquerir communauté par teſtes. Sinon en cas que le labeur deſdicts enfans ne puiſſe
vray-ſemblablement rien,ou bien peu adiouſter, côme és
maiſons d'Officiers,Aduocats & autres tels:il n'y ait autre
aduantage pour leſdicts enfans , ſinon continuation de
communauté à eux tous , pour la meſme portion du de-
funct.Or puis que noſtre loy eſt telle,il la faut obſeruer tel-
le:mais eſt à entendre que l'an&iour eſt requis outre la puberté, tellement qu'à la fin du quinzieſme & du treizieſme
an, la communauté par teſtes eſt acquiſe.

Selon ladicte Couſtume de Niuernois audict tiltre de
communauté , art. 3. la communauté expreſſe ou tacite
comprend les meubles faicts auparauant & durant icelle:
& les conqueſts faicts durant icelle.Mais Orleans art.214.
dict des meubles & conqueſts faicts durant la ſocieté : qui
peut engendrer confuſion quant aux meubles,ſi ce n'eſtoit
qu'à l'entree de la ſocieté y euſt inuentaire. Les Docteurs
Vltramontains,auſquels le droict Romain eſt droict commun,dient que ſelon la cômunication de biens & gaings,
il faut iuger quelle eſt la ſocieté , & s'il y a ſeulement communication en quelque ſorte de gaings & profits, la ſocieté ne ſoit eſtenduë plus auant qu'en ceſte ſorte de trafic &
de biens. Ce qui a grande raiſon és ſocietez tacites , qui
ſont introduictes par preſomptions & coniectures de volonté : & ſelon ledict droict Romain qui a pris les ſocietez
plus à l'eſtroit que nous ne les obſeruons en France.

La meſme Couſtume de Niuernois parlant de ces communautez , dict que les meubles qui eſcheent par ſucceſſion à l'vn des communs perſonniers,ſont communs à tous
les autres: & les immeubles eſcheans par ſucceſſion, ſont
propres à celuy auquel ils eſcheent. Au tiltre des communautez,art. 9. & Bourbônois , art. 276. quant aux immeubles , s'entend par la proprieté: car les fruicts entrent en la
communauté pour le temps qu'elle dure. S'entend ꝛu˖

que celuy auquel eſchet la ſucceſſion de meubles, doit luy meſme declarer s'il veut eſtre heritier. Et ne peut le maiſtre de communauté faire ſon perſonnier heritier outre ſon gré: jaçoit qu'en l'heredité n'y ait que des meubles, & que le maiſtre ait la pleine adminiſtratiõ des meubles: car l'addition d'heredité peut auoir ſon effect plus auant que des meubles, & autres biens qui ſont en icelle: Et ne peuuent dire les perſonniers que fraude leur ſoit faicte en repudiãt vne heredité, non-plus que le creancier quãd ſon debteur repudie. Ainſi dict la *l. qui autem. ff. que in fraudem cred. l. 1. §. vtrum. ff. ſi quid in fraudem patron:*. Eſt à excepter, ſi par conuenance expreſſe la communauté eſt de tous biens: car en ce cas les hereditez d'immeubles ſont compriſes.

Le chef & maiſtre d'vne communauté, peut ſans autre procuration de ſes cõmuns, agir & eſtre conuenu pour le faict de la communauté en actions perſonnelles & poſſeſſoires. Ainſi dict Niuernois, audict tiltre, art. 5. & Bourbonnois, art. 268. Berry des mariages, art. 22. dict que les contracts faicts par les adminiſtrateurs de communautez pour les meubles d'icelle, profitent & nuiſent à tous les aſſociez. Sera conſideré que ſelon l'erreur ancien des practiciens, les actions perſonnelles ſont icy entenduës pour actions mobiliaires, & non pour toutes perſonnelles, meſme pour les perſonnelles qui concernent directement immeubles, qui ne peuuent eſtre exercees, ſinõ par celuy qui a pouuoir d'aliener. *l. ait Prætor. § quid autem. ff. de iure delib.* Ce pouuoir des maiſtres de communautez, peut receuoir tẽperament par le meſme texte de Niuernois en ces mots, *pour le faict de la communauté*; afin de ne comprendre pas en ce pouuoir toutes ſortes d'obligations mobiliaires, ains ſeulement celles qui vray-ſemblablement, ſelon la quantité, la qualité de ce qui eſt contenu en l'obligation, & ſelon la ſaiſon, ſont pour l'vtilité & affaires d'icelle communauté. Et en ce, le creãcier doit auoir quelque mediocre ſoing s'il veut acquerir obligation ſur tous les perſonniers. Et à ce propos ſert le beau diſcours faict par le Iuriſconſulte. *In ... ... ff. de exercit. act.* meſmement quand la ſomme de

deniers

deniers est grosse, le plus seur est d'auoir les consentemens
de tous les personniers ou de la pluspart. Aussi la mesme
loy Romaine limite le pouuoir, tant ample soit-il, à ce qui
est de bonne foy. *l. creditor. §. lucius. ff. mandati.*

Le bastimēt fait en l'heritage propre à l'vn des cōmuns,
est propre à luy, comme est le fonds, à la charge de rébourser les fraiz apres la communauté dissoluë, selon l'estimation qui sera faicte lors d'icelle dissolution. Mais s'il n'y a
que reparation n'y gist remboursement. Niuernois audict
tiltre, art. 6. & Bourbonnois, art. 271. 272. & se doit entendre le remboursement à ceux qui estoient cōmuns lors
de la construction & selon la portiō qu'ils auoient és meubles. Aussi se doit entendre, non pas pour compter tous
les fraiz faits: mais pour estimer en gros ce que le bastimēt
peut valoir, & de combien l'heritage en est faict de plus
haut prix: qui est ce que remarquēt lesdictes Coustumes,
de faire l'estimation lors de la dissolution. Car le bastiment
n'est pas faict directement à intention pour enrichir le proprietaire: la loy ne presume pas la donation, mais pour
seruir à la communauté. Il faut donc considerer ce qui reste de profit au proprietaire apres ladicte dissolution. Et
quant aux reparations, ce qui est d'entretenement que les
Latins appellent *sarta tecta*, l'article est sans difficulté. Mais
és grosses reparations il en faut iuger selon la grandeur de
l'impēse s'il y eschet, remboursement ou non. *l. vtrum ff. de
donat. inter vir & vxor.* La Coustume de Niuernois, art. 6.
met vne exception, qu'entre mariez, les bastimens ne sont
subjects à remboursement. Ce qui est peu raisonnable
estant pris indistinctement: car c'est vn moyen de donner
par les mariez l'vn à l'autre contre la prohibition de la loy:
Pourquoy me semble qu'il est bien à propos d'y appliquer
temperamment, comme si le mary se trouue non soluble,
qui a basty en l'heritage de sa femme, & sa vefue renonce
à la communauté. Ie croy que les creanciers pourroient
repeter sur la femme, ce dont elle est faicte plus riche par
ce bastiment: car estant vne espece de donation à la fem-

Z

me, les creanciers peuuent tirer d'elle, ce en quoy elle est plus riche. *l. qui autem §. similique modo. §. in hos. ff. quæ in fraudem cred.* Et en autres cas en soit iugé selon la grandeur de l'impense & autres circonstances. *d. l. vtrum.* Bretagne, article 540. dict, quand durant le mariage, les mariez bastissent en l'heritage de l'vn d'eux, que l'autre doit estre recompensé de la moitié de la valeur des materiaux, sans compter la façon. Et art. 378. dict si le mary bastit en l'heritage de sa femme, qui soit fief noble, que le mary ny ses hoirs n'y auront rien.

Si durant la cõmunauté est acquis ou retraict par lignage, vn heritage qui soit de l'estoc de l'vn des communs, l'heritage luy appartient, à la charge de rembourser apres la communauté dissoluë, les autres personniers, dedãs l'an: Et à faute de rembourser dans l'an l'heritage demeure conquest. Niuernois des communautez, art. 7. Bourbonnois, artic. 273. parle de l'acquisition & non du retraict. Auxerre, art. 181. entre mariez.

Plus ample discours sur ce, sera veu cy apres soubs le tiltre de gens mariez, & de retraict lignager, pource qu'à peu pres les decisions ont semblables à l'esgard des mariez, & à l'esgard des autres communs.

Si durant la communauté est faict bail d'heritage à rente ou autre charge, à vn parent en degré plus proche, habile à succeder au bailleur. Tel heritage est propre au preneur: mais s'il y a entrage de deniers, sera faicte recompense apres la dissolution de communauté. Niuernois, communautez, art. 8. Bourbonnois, art. 274. qui adioute la raison, pource que tel bail est reputé auancemẽt de succession. Laon, art. 114. & Rheims, art. 39. dict que le seul preneur y a droict. Laon excepte si le preneur estoit marié, auquel cas l'autre conjoinct par mariage y est à part.

Si l'heritage propre à l'vn des communs, a esté vendu & rachepté, il ne deuient conquest: mais si la vente auoit esté

faicte auant la commuuauté,& le rachapt durant icelle, y
gist remboursement apres la dissolution de communanté.
Si vente & rachapt sont durant la communauté n'y gist
remboursement. Niuernois des communautez, art.11.des
droicts de gens mariez, art. 29. Bourbonnois, art. 278.
Poictou, art. 345.

Celuy qui se sert de la chose commune & indiuisé n'en
doit faire profit aux autres ayans part, sinon apres sommation de diuiser & faire part. Niuernois, communautez,
art. 14. Sens, art. 282. Auxerre, art. 203. Bourbonnois, art.
280. Ce qui se doit entendre des choses qui sont en pur
vsage, selon le mot Latin mis au droict Romain, *Vsus*, &
quand le profit qui en reuient n'est pas de soy diuisible,
comme demeurer en vne maison, enuoyer bestes pascager, & autres tels cas. Ce qui est remarqué par ces mots
en l'article, *Se sert & indiuise*. Aussi la loy des Romains dict
que l'vsufruict peut receuoir diuision, *l. 1. §. si vsufructus. ff.
ad legem falcid.* Mais l'vsage ne reçoit diuision. *l. vsus pars. ff.
de vsu & hab.* Qui faict que celuy qui vse & se sert de la chose commune pour son seul vsage personnel, n'est tenu d'en
faire recompense. Mais si le fruict ou profit est diuisible par
proportiõ naturelle, cõme dela perceptiõ de dismes, chã-
pars, de l'herbe d'vn pré, & autres telles. Ie croy que celuy
qui a perceu le tout, sachant bien qu'il n'estoit seul proprietaire & auoit des compagnons: leur doit faire part dudict fruict & profit. Selon l'opinion de la Glosse, *In l. non
est ambiguum. C. famil. ercisc, & l. per hoc. §. sicut ff. communi diuid.* Mesme quand ce sont fruicts naturels qui viennent
sans industrie. *l. fructus. ff. de vsuris.*

ı Selon la Coustume de Niuernois, tiltre de partage, art. 1.
Celuy qui demande partage doit faire les lots. S'ils ne sont
que deux communs, celuy qui est prouoqué à partage
choisira: s'ils sont plusieurs, ils choisiront par sort. Si tous
prouoquent, la Iustice ordonnera faire les lots, & le choix
se fera cõme dessus. Mais le plus commun vsage de France est, que les parties s'accordent de personnes cognoissan-

tes pour dreſſer les lots ou elles meſmes les dreſſent: puis
l'attribution en eſt faicte à chacun par ſort. Ainſi dict Berry de partage, art. 1. De vray le geét à ſort oſte toute ſuſpition de malengin ou d'ambition, ou de grace, & chacun des partageans ne ſachant quel lot luy deura aduenir,
eſt ſoigneux que tous ſoient bien faicts. A quoy ſe rapporte ce qui eſt dict *In l. generaliter .§. quis ergo. ff. de fideicom. li-*
bert. & in l. vlt. C. de commu. de lega. En aucuns lieux eſt
practiqué apres que les lots ſont dreſſez & accordez de
mettre le choix à l'enchere entre les partageans: en ſorte
que celuy qui ſe trouue le plus haut metteur choiſit, & il
paye à l'autre la ſomme à quoy ſe monte l'enchere. Berry, article 11. 12. & 13. met vn expedient, que la Cour de
Parlement à ſuiuy par quelques Arreſts. Que ſi celuy qui
eſt iouyſſant vſe de delais & ſubterfuges pour empeſcher
le partage, le Iuge apres ſommaire cognoiſſance ordonne le ſequeſtre de tous les biens communs deſquels le
commiſſaire doit faire bail par accenſe au plus offrant, &
bailler à chacun ſa contingente portion des deniers de la
ferme. Il y en a vn Arreſt de la prononciation ſolemnelle
du ſeptieſme Septemb. mil cinq cens trente quatre, entre
ceux de Gommer. Autre Arreſt en plaidant, du dixhuict-
ieſme Decembre, mil cinq cens quarante trois: & autre
du Vendredy de releuee douzieſme Feurier, mil cinq cens
cinquante & vn.

Conuenances de ſucceder ſont practiquees en Niuernois, Bourbonnois, & Auuergne, en traicté de mariage, &
faueur des mariez, comme ſera dict cy-apres. Et outre ce,
Auuergne, chap. 15. art. 1. 2. a receu telles conuenances de
ſucceder en contract d'aſſociation vniuerſelle de tous biés:
& en eſt parlé par Meſuer docte practicien d'Auuergne,
en ſa practique, tiltre des ſucceſſions, art. 47. Dont ne ſera
parlé plus auant icy, pource qu'il en eſt parlé plus amplement cy-apres.

DES DROICTS DE
Mariez.

LA femme mariee, apres les paroles de present & solemnisatiõ du mariage en face de l'Eglise, est en la puissance de son mary, & hors de la puissance de son pere, & ne peut contracter ny ester en iugement, sans auctorité de son mary. Niueruois tiltre des droicts de gens mariez, ar. 1. Paris, art. 223. Poictou, ar. 225. Sens, ar. 111. Auxerre, art. 221. Meleun, art. 213. Bourbonnois, art. 232. Orleans, art. 194. Troyes, art. 80. Laon, art. 19. Reims, 12. 13. Blois, art. 3. Bourgongne, art. 20. Aucunes desdites coustumes mettent la nullité des contracts, que la femme fait sans auctorité, tant à l'esgard de son mary que d'elle, ou ses heritiers, apres la dissolution du mariage, Paris, art. 223. Poictou, art. 225. Auxerre, ar. 207. Berry, estat de personnes, ar. 16. 17. Laon, art. 19. Reims, art. 13. Touraine, art. 232. Ceste decision de nullité absoluë, a esté tiree des subtilitez du droict Romain, en ce que l'acte faict par le fils de famille, estant en puissance, demeure nul, *etiam* apres son emancipation. *l. si filius fam. ff. de testam. l. 1. §. certe. ff. ad Macedo*, & ainsi a l'on voulu inferer de la femme estant en puissance de mary: mais il semble, puis que la seule puissance du mary, rend la femme inhabile à disposer, que le seul respect du mary doit faire la nullité, & non pas que la nullité y soit de par soy. La femme consideree de par soy, qui est en aage de maiorité, peut sans difficulté, faire toutes sortes de cõtracts, pource que sa personne n'est en aucune prohibition: la suruiuance du mary, qui a la femme en sa puissance, offusque, & couure ceste liberté de la femme. C'est donc pour le seul respect de ladite puissance que la prohibition y est, qui est empeschement temporel, non inherent à la personne, mais estant en dehors & causatif: qui doit cesser quand la cause cesse.

La plufpart defdites couftumes exceptent trois cas, efquels la femme peut efter en iugement, & contracter fans auctorité de fon mary. L'vn fi la femme eft appellee en iugement pour iniures, ou autre delict. L'autre que la femme peut contracter, & efter en iugement, fans auctorité de mary, fi la femme eft marchande publique: au sceu, & auec la permiffion ou tolerance de fon mary. Le tiers cas eft fi la femme eft feparee de biens Au premier cas parle Poictou, art.226. Berry eftat des perfonnes, art.11. Bourbonnois, article 169. & adioufte tant en demandant qu'en defendant, & que le mary n'en eft tenu durant le mariage: mais le mariage eftant diffolu, elle en eft tenuë. En femblable cas, nous n'obferuons pas en France la *l.clarum. C. de auct. preft.* par laquelle eft dit qu'en matiere criminelle le mineur accufé doit eftre auctorifé. Ce qui depend de l'obferuation generale, que celuy qui eft accufé, doit refpondre par fa bouche fur le delict, fans miniftere d'Aduocat, procureur ny confeil. Orleans, art.200. Pour le cas en demandant en action d'iniure ou autre criminelle, fait ce qui eft dit au droict Romain, du fils de famille, *l.filius fa.ff.de act. & oblig.l.fi longius.§.1.ff.de iudic.* Quant au fecõd cas, fi elle eft marchande publique. Paris, art.235. diffinit que marchande publique, eft celle qui fait marchandife feparee, & autre que celle dont fon mary fe mefle. Niuernois des gens mariez, ar.1. diffinit vn peu plus au large, fi elle fait negotiatiõ, fon mary le fçachant, & ainfi dict Poictou, ar.227. Auxerre, art.207. Meleun, art.213. Laon, ar.19. Reims, art.13. Bourg.ar.20. Cõme aduient quelquesfoisque les maris fe fient à leurs femmes, non feulement pour védre en detail la marchandife de la boutique, mais auffi de conduire tout le faict de la marchandife, tant en gros qu'en detail, tant à achepter qu'à vendre. Auquel cas ie croy que le mary eft tenu du faict de fa femme, ores que la femme negotie en la mefme marchandife de fon mary: car le mary par fa fcience & tolerance eft cenfé l'auoir prepofee à toute cefte marchandife, encores que ce foit la mefme marchandife, où il s'employe, comme il eft general, à l'efgard de toutes per-

fonnes,dont l'vne a commandement fur l'autre. Le maiftre eft tenu ciuilement des delicts commis par fes feruiteurs,en la charge qu'il leur a commife, *Bart.in l.1. §. famil.*
ff.de publica & vect.glof.in l.obferuare.§ proficifci.ff.de offic.pro-
conf. Ainfi eft dit és Capitulaires de Charlemagne,*lib.4.cap.*
*1.& libro 5.cap.*189.& impute à la faute du maiftre, qui ne les
a corrigez. Ce qui fe rapporte à la *l. videamus.ff.locati.* Soit
veuë la diftinction *in l.vl.§.fernorum.ff.nauta.canpon.*entre les
feruiteurs mercenaires,& les domeftiques neceffaires , côme femme:enfans,ferfs. Aucunes couftumes en ce cas de
marchandife publique,dient que la femme peut eftre conuenuë,mais non pas agir fans auctorité. Poictou. art. 227.
Laon,art.19.& Reims,ar.13.dient qu'audit cas elle ne peut
efter en iugement.Mais Niuernois au lieu fufdit , Touraine,
art. 232. Auxerre art. 207. Meleun,art. 213. dient que la
femme marchande publique peut contracter,conuenir en
iugement, & eftre conuenuë fans auctorité de fon mary,
pour le faict de la marchandife,& que fon mary en eft te-
nu.Blois,art.3.& 181. dit que les biens de la communauté
en font tenus.Berry,eftats des perfonnes,art.7.8. dit que fi
elle exerce la marchandife,fans l'aduen de fon mary,qu'elle peut agir & eftre conuenuë : mais le mary n'en eft tenu.
Si auec fon aduen expres & tacite, qui s'entend quand la
fcience & patience du mary y font:car celuy qui a commã-
dement,quand il endure fans contredict, eft cenfé confen-
tir.*l.1.§.fcientiam.ff.de tribut.*le mary en fera tenu,& des debtes par elle faicts à cefte occafion,& de mefme Bourbonn.
art.168.Le tiers cas eft , fi la femme eft feparee de biens d'a-
uec fon mary , auquel cas elle peut contracter, & efter en
iugement, Paris, art.224.234.236. & adioufte que la feparation foit executee par effect. Blois,art.3.Meleun,art. 213.
laquelle feparation de biens doibt eftre faicte par auctorité de iuftice, auec fommaire cognoiffance autre que par le
confentement des mariez,& publication en iugement,cô-
me fera dit ailleurs. Auuergne , chap.14.art. 1.& 9.met la
femme en puiffance de fon mary,& de fon fiancé,& nõob-
ftant icelle : luy permet de difpofer de fes biens parafer-

naux. Ce font les biens qu'elle a outre fa dot, fans congé
de fon mary, à l'efgard defquels biens elle eft dame de fes
droicts, & en peut difpofer enuers autre qu'enuers fon
mary, ou les enfans de luy d'autre lict, ou ceux à qui le mary peut fucceder. Que fi le mary refufe d'auctoriſer fa femme és cas où l'auctorité eft requife, elle peut auoir recours
à iuftice pour eftre auctorifee. Ce qui s'entend mefmement pour les actes iudiciaires. Troyes, art.80.& Niuern.
art.6. Bourbonnois, art.237. Car pour contracter, & s'obliger, ie croy que la iuftice ne la doit auctorifer, finon apres
auoir ouy le mary, & fi la difpofition qu'elle veut faire, luy
eft neceffaire, ou vtile & honnefte: car la puiffance du mary, n'eft pas vn droict fuperficiaire, comme on dit des perfonnes, defquelles par honneur : il faut prendre l'aduis, iaçoit qu on ne foit tenu de le fuiure, *vt in cap. cum olim. extra.
de arbit. l. quidam decedens, vel l. 11.a autem. §. Papinianus. ff. de ad-
minift. tut.* Ains le mary, pour l'intereft qu'il a, comme chef
de mariage, a droit de contrerooller toutes les actions de fa
femme : Pourquoy en tel cas de contracter, la femme ne
doit eftre auctorifee par iuftice, au fimple refus du mary,
ains apres que la iuftice a cogneu que le mary n'a aucune
iufte caufe de refufer. Et quant au faict de iuftice, Orleans, article deux cens vn, dict que le mary ne fera tenu des iugemens durant le mariage, finon pour le profit
qu'il en auroit receu, ou finon qu'il ait auctorifé fa
femme.

Les couftumes de Niuernois audit art.1.& Bourgongne,
art.20. ne permettent à la femme de tefter, fans auctorité
de fon mary. Mais Poictou, art.275. Auxerre, art.238. Berry des teftamens, art.3.& Reims, art. 12. permettent à la
feme mariee de tefter fans auctorité de fon mary. De vray
le teftament ne peut & ne doibt eftre fubiect à auctorité
ny aucunement dependre de la volonté d'autruy, ains doit
mouuoir de la pure & entiere liberté du teftateur. *l. illa. ff. de
hered. inftit.* Pourquoy femble que ceffant la prohibition de
la couftume, ou bien quand le mary ne s'en plaint, on n'a
occafion de s'en plaindre que le teftament de la femme,

fans

fans auctorité de mary eft vallable és prouinces, où il eft prohibé à la femme de tefter fans auctorité.

Homme & femme mariez, font cõmuns, fans qu'il y ait autre conuenance en meubles, debtes, & credits mobiliers, faicts & à faire. & és cõquefts faicts durant le mariage. Ainfi dient prefque toutes les couftumes de France. Niuernois de droicts de mariez, art. 2. & en l'article premier, dit folemnifation en face d'Eglife. Paris, art. 220. & dit dés le iour de la benediction nuptiale. Poictou, art. 129. & dit la benediction nuptiale en face de faincte Eglife. Niuernois en parlant de folemnifation de mariage, en face de faincte Eglife, dit auec plus grande efficace, que Paris qui parle fimplemẽt de labenedictiõ nuptiale pour deux raifons. L'vne que la benediction nuptiale peut eftre faicte par le Preftre en maifon priuee, ou clandeftinement fans affemblee. L'autre raifon eft que toutes nopces ne font pas fubjectes à benediction: car les fecondes & tierces nopces ne reçoiuent la ceremonie de la benediction, & y eft la benediction defenduë, *cap. 1. cap. vir autem. extra de fecund. nupt.* Et que cefte ceremonie publique foit requife, eft decidé par Marian Socin le ieune, mon Precepteur, *confil. 31. & confil. 86. vol. 1. & allegat Abbat. in c. ex tenore. extra qui filij funt legit. Et hoc decidit idem Abb.us, confil. 1. vol. 1.* difant quand il n'y a eu que les paroles de prefent, font dits *fponfalia de pr.efenti & verbum matrimonium importat, funt verba maritus & vxor, vt fit matrimonium planè confommatum.* Cefte modification de la folemnité publique doit eftre generale: car cõbien que les paroles de prefent facent le mariage felõ le droict canonique, quãt au lien de mariage, toutesfois en ce qui depẽd du droict ciuil, cõme eft la puiffãce maritale, la cõmunauté & le doüaire, la publication & folénifation eft neceffaire, qui n'eft pas feulement au miniftere du Preftre, par la benedictiõ nuptiale: mais auffi en grande & notable affemblee de Chreftiens, au lieu où les Chreftiẽs ont accouftumé de s'affembler, car Eglife fignifie les deux, & l'affemblee des Chreftiens, & le lieu où ils s'affemblent. Sens, art. 272. Auxerre, art. 190. Berry, mariages, art. 7. qui dit deflors de la folemni-

Aa

fation ou côfommation:mais Poictou. & Niuern. parlent
plus propremêt. Bourb.art. 223.fe contente de paroles de
prefent. Orleans,art.186. Touraine,art.230.comme Paris,
idem Meleun,art.211. Bourg.art.21. Troyes,art. 83. Laon,
art. 17. Bretagne,art.421.446.448. dit qu'ils ne font cômis
en conquefts, s'ils n'ont efté en mariage par an & iour , &
s'ils n'ont efté an & iour, la femme emporte ce qu'elle a
apportè. Reims,art.239. ne faict les mariez communs,mais
apres le deceds du mary eft au choix de la femme, de partir en meubles & conquefts, quoy faifant fon apport mo-
bilier(apport c'eft comme la dot)demeure côfus,& meflé ,
ou prendre fon apport & doüaire , ou le teftament de fon
mary,outre fa moitié,prend hors part fes habits des Dimâches & feftes:& ainfi dit Laon,art.21.quand aux veftemês.
Cefte communauté d'entre mariez,dont l'effet eft proprement apres le mariage diffolu : car durât iceluy le mary eft
maiftre & feigneur des meubles & côquefts, côme fera dit
cy-apres,fait qu'apres la diffolutiô les meubles &côquefts
fe partent par moictié entre le furuiuant & heritiers du decedé,& payent auffi par moictié les debtes. Sauf en aucunes prouinces,efquelles à l'efgard des mariez nobles le furuiuant prend tous les meubles & debtes, actiues mobiliaires. Auffi doit payer les debtes & les frais des exfeques. Vitry,art.74.& art.104.dit que les heritiers doiuent accôplir
le teftament,& met la conditiô s'il n'y a enfâs,Laon,ar. 20.
parle du mary noble furuiuant,de mefme Reims,ar.279.&
dient que le mary furuiuant paye les debtes. Et Reims, ar.
284.dit que le furuiuant des deux mariez nobles, qui prêd
les meubles, doit payer les frais funeraux, mais n'eft tenu
des lais.Mais és autres prouinces,mefme entre roturiers les
meubles & conquefts fe partent par moitié , & debtes auffi
font payez par moitié. Touraine, art.307. met vne belle &
honnefte limitation qui meriteroit bien eftre generale par
tout que le furuiuant a en aduantage,fes habits quotidians,
& des Dimâches,& s'il eft noble,il a auffi en precipu fes armes , & s'il eft de lettres fes liures:dont la raifon eft qu'il y a
affection particuliere enuers tels meubles, & c'eft contre-

cœur au furuiuant de les veoir partager, & felon la raifon
du droiĉt Romain ce qui eſt attribué à aucun par affe-
ĉtion particuliere, n'eſt tranſmis à autres perſonnes, orcs
qu'ils ſoient heritiers. *l.cum patronus.ff.de lega.2.l.penult.ff. de
ſeruit.legata.* Et quant aux autres veſtemens, Touraine, audit art.307.& Laon,art.21.dient que le furuiuant les pourra & deura auoir en recompenſant : mais les frais funeraux & exſeques du defunĉt, ny les laigs teſtamentaires ne
font de la communauté, & le furuiuant ne doit y contribuer, ſinon en aucunes prouinces où le furuiuant préd tous
les meubles, dont a eſté parlé cy-deſſus. Ainſi dit Niuern.
des droiĉts de mariez, art 7.Mais Reims,art.277. dit que le
mary, qui prend tous les meubles, doit faire inhumer ſa
femme. Ce qui correſpond au droiĉt Romain. *l.in eum.l.cel-
ſus.ff.de religioſ.* Cy-apres au tiltre de l'eſtat des perſonnes &
tuteles ſera parlé de la garde noble, que le furuiuât des deux
mariez a pour cauſe de laquelle il gaigne les meubles.

Le mary durant le mariage peut par côtraĉts entre vifs,
difpoſer à ſon plaiſir ſans le conſentement de ſa femme,des
meubles & droiĉts mobiliers,& des conqueſts faiĉts durât
le mariage : mais par ordônâce de derniere volôté ne peut
difpoſer que deſa moitié. Paris,225. & adiouſte ces mots,
difpofer enuers perfonne capable & fans fraude. & art.296. pour
le ſecond chef.Sens,art.274.Auxerre, art.194.Niuernois,
art. 3. Poiĉtou,art. 244.& 245.comme Paris,& quand au
premier chef excepte,pourueu que ce ne ſoit par contraĉt
d'alienation generale de tous ſes biens, le contraĉt d'alienatiô generale par ceſte ſeule raiſô de generalité eſt ſuſpeĉt
de fraude.*l.omnes.§.lucius.ff.quæ in fraud.cred.* Berry eſtat des
perſonnes,ar.18.19.Touraine,ar.254.Laon,ar.18.Meleun,
ar.212.Bourb.art.236. Orleans,article 193.& adiouſte *etiam*
par donation entre vifs. Senlis, art.271.Troyes, article 81.
84.Blois,art. 178. & adiouſte ces mots, *comme vray ſeigneur
de ſa propre choſe* Bourgongne, article 22. & dit par donation,vendage, permutation,ou autres contraĉts entre vifs,
Preſque toutes leſdites couſtumes mettent l'exception,
difpofer entre vif fans fraude. Et ſe doit ainſi entendre gene-

ralement par tout, felon la raifon mife *in l. creditor. §. Lucius. ff. mandati,* où eft parlé du pouuoir donné à aucun de difpofer tout à fa volonté & plaifir, & eft dit que cefte generalité doit eftre reftrainéte, felon la confideration de bonne foy, fans l'eftendre plus auant.

Mais le mary ne peut aliener, ny autrement difpofer par contraét, emportant alienation des doüaires affignaux, & heritages propres de fa femme, fans le confentement d'elle. Niuernois des droiéts de mariez, art. 4. Paris, art. 226. & adioufte efchanger, partager, liciter, obliger, Poiétou, art. 230. & dit que l'alienation ne vaut au prejudice d'elle, comme voulant dire qu'elle vaut, au preiudice du mary, pour eftre tenu de l'euiétion, & pour valoir l'alienation autant de temps que le mariage durera, parce que les fruiéts font fiens, & il eft cenfé auoir vendu le droiét qu'il y a. *l. qui tabernas. ff. de contrah. empt.* Sens, art. 274. Auxerre, art. 194. & adioufte qu'il ne peut difpofer des acquefts de fa femme, faiéts auant le mariage. Ce qui eft general par tout: car les conquefts faiéts durát le mariage, font faiéts des meubles communs, defquels le mary eftoit feigneur, & pouuoit s'abftenir de faire les conquefts. Mais les conquefts faiéts par la femme auant leur mariage, ne regardent aucunement le mary. Bourbonnois, art. 235. Senlis, art. 207. Mais Paris, art. 227. dit que le mary peut faire baux à loyer, & ferme pour fix ou neuf ans fans fraude, & de mefme Sens, art. 275. Ce qui correfpond au droiét Romain. *l. fi filio. §. fi vir in quinquennium. ff. foluto matrim.* Blois, ar. 179. parle plus cruëment, difant que le mary ne peut bailler à ferme, finõ pour le temps du mariage, qui correfpond à ce qui eft dit de l'vfufruiétier, *in l. fi quis domum. ff. locati.* Mais par raifon, puis que le mary eft adminiftrateur des immeubles de fa fẽme, la femme doit tenir le bail qui eft faiét en forme d'adminiftratiõ: ainfi fe dit que le pupille doit obferuer le loüage fait par fon tuteur, ores, que partie de temps du loüage efchee apres la tutelle finie: qui eft vne limitation de la reigle, qui dit que le fucceffeur n'eft pas tenu d'efter à la location faiéte par fon predeceffeur. Et eft cefte limitation fondee fur la raifon de la *l. fi tutele. ff. de admini. tut.*

Berry eſtat des perſonnes, art. 20. Bourbonnois, art. 235. &
Blois, art. 179. & Bretagne, art. 412. dient que le mary eſt
adminiſtrateur, & gaigne durant le mariage, les fruiȼts de
tous les immeubles & propres de ſa femme. Auſſi Senlis,
art. 250. diȼt que le mary peut receuoir les hōmages, & en-
ſaiſiner des heritages roturiers mouuans de la ſeigneurie
de ſa femme ſans elle. Toutesfois en allegue vn Arreſt pour
Charlotte de Chalon, du 4. Iuin, 1515. par lequel fut iugé
que nonobſtant l'inueſtiture faiȼte par le mary, la femme
pourroit retenir. Mais Auuergne, chap. 14. art. 3. diȼt que
le mary & la femme ne peuuent diſpoſer des biens dotaux
d'elle, & l'alienation eſt nulle, qui rapporte au droiȼt
Romain, ſelon lequel par la loy Iulie, l'alienation de l'heritage dotal eſtoit defēduë. *l. lex Iulia. ff. de fundo dot.* & art. 4.
diȼt que ſi le mary luy auoit faiȼt recompenſe de l'alienation, la femme dedans l'an apres le mariage diſſolu aura le
choix de ſe tenir à la recompenſe, ou reprendre ſes biens
dotaux. Article 6. diȼt que la femme peut aliener le quart
de ſes biens dotaux pour marier ſes filles, quand le mary
n'a dequoy. Article 7. La femme peut aliener les biens dotaux, pour les alimens de ſon mary & d'elle, & pour racheter ſon mary de priſon ſans recompenſe, apres cognoiſſance de cauſe & decret. Ce qui correſpond à ce qui eſt diȼt
in l. mutus. 2. reſponſo. ff. de iure dot. Article 8. diȼt que tous les
biens qu'vne femme a lors des fiançailles ou mariage ſont
reputez dotaux, s'il n'y a dot particuliere. Soit noté qu'il
eſt practiqué au pays d'Auuergne, que la femme retient
partie de ſes biens pour eſtre paraternaux, dont elle peut
diſpoſer, & qui n'entrent en la puiſſance du mary. Au chⁱ
14. art. 1. 9.

Le mary durant le mariage peut agir, & eſtre conuenu
és actions perſonnelles & poſſeſſoires de ſa femme, ſans
mandement d'elle. Er quant aux droiȼts reels, elle les peut
pourſuiuir auec l'auȼtorité de ſon mary, & à ſon refus par
auȼtorité de luſtice. Niuernois de droiȼts de mariez, art.
5. 6. & ſera remarqué le vieil erreur dont eſt parlé cy deſſus, que les droiȼts perſonnels ſont entenduz pour droiȼts

A a iij

mobiliers & droicts reels pour immobiliers. Car selon la propre signification, laction personnelle en plusieurs cas peut estre intentee pour immeubles,& l'action reelle pour meubles, comme la rei-vendication. Auxerre, art. 196. Bourbonnois,art. 235. Bourgongne, art. 24. Meleun,art. 214. & Blois,art. 180. dient cóme Niuernois. Mais Paris, art. 232. 233. dict plus correctement, les actions mobiliaires & possessoires. Poictou art. 228. Meleun,art. 214.dient en general toutes actions personnelles,possessoires & petitoires:ce qui est aucunement exhorbitant, car nul ne peut intenter action pour immeuble,sinon celuy qui a puissance d'aliener.*l.ait Prætor.§. quid sit.ff.de iure deliber.* Sens, art. 279. Laon, art. 30. Rheims,art. 14. parlent plus distinctement, disans que le mary peut intenter les actions reelles pour l'heritage de sa femme, entant que touche l'interest de luy mary: car le mary durant le mariage est reputé comme seigneur des biés dotaux de sa femme, hors-mis qu'il n'a pouuoir d'aliener.*l.doce ancillam.C.de re vend.* Pour les actions possessoires parlent toutes lesdictes Coustumes, mesme Paris.art. 233. Niuernois,art. 5. Sens,art. 119. Auxerre,art.196. Bourbónois, art. 233. Troyes,art. 136.Mais Orleans,art. 195. dict que le mary est seigneur des actions, & peut les deduire en iugement sans elle. Ie croy qu'il se doit entendre auec la limitation cy-dessus,entant que touche l'interest du mary, qui est legitime administrateur des biens dotaux de sa femme, auec telle efficace que la loy Romaine dict qu'il en est seigneur. *d. l.doce ancillam:* Mais selon nos Coustumes nous pouuons dire qu'il peut exercer les actions vtiles pour l'interest reel qu'il y a, ainsi qu'il se dict du superficiaire.*l. 3. §.penul.ff.de noui oper. nunt.*Mais la femme apres le mariage dissolu, a neátmoins ses droicts entiers : mesme si le mary n'a pas exercé ou soustenu les actions assez soigneusement.

Nostre Coustume de Niuernois audict tiltre des droicts des mariez, art.12. 13. & celle de Bourgongne, art. 36. 37. ont faict estat des assignaux, que les maris font à leurs femmes pour les deniers dotaux d'elles, qui doiuent sortir

nature d'heritage propre pour elles, & ont dict que la femme est saisie de son assignal faict en particulier, pour en
iouyr apres la mort de son mary. Niuernois dict que, tant
elle que ses heritiers, gaignent les fruicts. Bourgongne dict
que la vefue gaigne les fruicts : mais les heritiers d'elle les
doiuent precompter au sort. Niuernois faict l'assignal racheptable dedans trente ans. Et Bourgongne dict toutesfois & quantes, nonobstant le laps de temps. De ceste diuersité resulte que Bourgongne a tenu ses assignaux pour
estre simples hypotheques auec iouyssance de la chose hypothequee, dont les fruicts tiennent lieu des interests, que
la Coustume a estimé estre vrays interests, quant à la femme qui n'est substantee de sa dot & vray patrimoine. Et
quant à l'heritier d'elle, a iugé que ce n'est interest: mais *ad
instar* des fruicts de la chose hypothequee, qui sont precomptez au sort principal. *l. C. de pignor. act.* Et Niuernois
a iugé que ces assignaux emportent translation de proprieté, entant que la femme & ses heritiers prennent les fruicts
comme de leur chose propre. Or selon la raison du sens
commun & de l'vsage politique, me semble que tels assignaux ne doiuent auoir lieu, sinon quand la femme vefue
ou ses heritiers renoncent à la communauté du mary, ou
quand les meubles & conquests d'icelle communauté, ne
sont pas suffisans pour rembourser à la femme s'esdicts deniers dotaux. Car la premiere destination de tels deniers
sortissans nature d'heritage propre, est pour les employer
en achapt d'heritage qui soit propre à la femme, & au cas
d'employ l'assignal cesse. C'est dont il est parlé en l'article
32. de la Coustume de Niuernois. Si les deniers n'ont pas
esté employez à cest effect, ils sont demeurez en la masse des biens communs, ou autre chose subrogee au lieu d'i-
ceux: qui est autant que si les mesmes deniers estoient encores extans en ladicte masse. *l. Imperator. §. cum autem & l.
seq. & l. Lucius. resp. 1. ff. de lega. 2. l. pater. ff. de adim. leg.*
Estans en ceste masse ils y doiuent estre repris & baillez à
la femme auant tout partage, selon qu'il est dict au dix-
huictiesme article dudict tiltre des droicts de mariez. Et si

nous permettions à la vefue qui prend la communauté de prendre fon affignal fur l'heritage de fon mary, outre fon droict de communauté, elle prendroit vn tiers plus qu'elle n'a apporté: Eftant ainfi que l'affignal particulier eftoit l'heritage propre du mary, & par le contract de mariage eft deftiné pour eftre heritage propre de la femme, en cas que le mary n'employe lefdicts deniers dotaux en achapt d'heritage pour elle, *verbigratia*, fi les deniers de la femme fortiffans nature d'heritage, & affignez par le mary fur fon heritage, font de mil efcus: la femme prenant la communauté, prendroit la moitié de ces mil efcu en la maffe de la communauté où ils font entrez. Et derechef prendroit de l'heritage de fon mary, & fur fon mary feul pour mil efcus. Ce feroit quinze cens efcus au lieu de mil efcus, chofe defraifonnable, veu qu'il n'appert que le mary ait voulu donner cinq cens efcus à fa femme: & la donation qui de foy eft mauuais mefnage, n'eft à prefumer fi la volonté du donateur n'eft bien certaine. *l. cum de indebito. ff. de probat. Imo*, la vraye intention des contrahans eft d'affeurer à la femme fa dot, & non autre chofe. Auffi la Couftume de Bourbonnois & autres plufieurs Couftumes ne parlent d'affignaux.

Ordinairement quand la dot d'vne femme eft conftituee en deniers feulement: Il eft conuenu qu'vne partie demeurera en fa nature de meubles pour eftre meflee, & entrer en la communauté du mary. L'autre partie eft deftinee pour fortir nature d'heritage propre pour la femme: & a l'on accouftumé d'y mettre la claufe, que le mary fera tenu employer tels deniers en achapt d'heritage propre pour fa femme. La Couftume de Bourbonnois, art. 221. dict quand il n'en eft rien conuenu qu'entre nobles, les deux tiers de la dot en deniers, doiuent fortir nature d'heritage. Et entre non nobles, la moitié en nature d'heritage: l'autre moitié demeurant en fa nature de meubles. Ce qui s'entend quand toute la dot eft en deniers: mais fi partie eft en meuble, partie en heritage, chacun bien demeure en fa nature. Es Prouinces où ordinairement on a accouftumé ſtume de deſtiner partie de la dot de deniers en heritage, comme en Niuernois. Si par le contraſt il n'en eſt rien conuenu: ie croy qu'il eſt bien à propos de la ſupplee, & tenir comme s'il auoit eſté accordé ſelon la reigle du droiſt Romain, qui eſt tres-raiſonnable, qu'és contraſts de bonne foy, ce qui eſt accouſtumé & en vſance doit eſtre entendu, ores qu'il ne ſoit exprimé: *l. quod ſi nolit. §. quia aſsidua. ff. de edil. ediſto.* Or quand il eſt conuenu ou qu'on ſupplee la conuenance. Apres le mariage diſſolu, la veſue ou ſes heritiers, en cas que les deniers ſortiſſans nature d'heritage n'ayét eſté employez, ils ſont pris auant tout partage ſur les biens meubles & conqueſts de la communauté, & s'ils ne ſuffiſent ſont pris ſur l'heritage propre du mary, qui pour ce eſt hypothequé par la Couſtume. Ainſi diſt Niuernois des droiſts de mariez, art. 18. & Bourbonnois, art. 248. qui diſt, premierement ſur les meubles, puis ſur les conqueſts. Et Laon, art. 11. qui diſt, que les heritages du mary ſont hypothequez du iour de la reception des deniers. Ce qui ſe peut entendre quand il n'y a contraſt paſſé auec hypotheque. Car s'il y auoit contraſt auec hypotheque: l'hypotheque ſeroit du iour des conuenances, & non du iour du payement: comme il eſt prouué *in l.* 1. Ioinſte la gloſſe, *ff. qui potiores in pignore hab.* Chopin au traiſté de *priuileg. ruſtic.* diſt auoir eſté iugé par Arreſt de la Cour, que le premier conqueſt faiſt par le mary apres la reception des deniers de telle nature, eſt reputé l'employ d'iceux deniers: & peut la femme le pretendre comme ſon heritage. Ce qui a grande raiſon, en preſumant ſelon la loy que le mary ait voulu faire, & ait faiſt ce à quoy il eſt tenu: cōbien qu'il n'ait declaré ſa volonté expreſſe par l'argument de la *l. 2. ff. de diſtraſt. pignor. & l.* 1. *C. de dolo.*

Ces deniers dotaux, ſoit qu'ils demeurent en leur nature de meuble, ſoit qu'ils ſortiſſent nature d'heritage portét intereſt au profit du mary, deſlors que le terme de payer eſt eſcheu: & s'il n'y a terme certain, compter du iour qu'il y a eu ſommation iudiciaire. Ainſi diſt Niuernois, art. 20. Ce qui eſt fondé en raiſon: car ce n'eſt pas vſure, ains vray inte-

Bb

rests à l'esgard du mary, entant qu'il supporte les charges
de mariage, par la raison du chap. *salubriter extra de vsuris in
antiquis*. Ainsi Bourbonnois, art. 248. & Bourgongne, art.
44. Et s'il estoit ainsi que le mary ne portast les charges de
mariage, comme si le pere de la femme ou autre parent tenoit, & nourrist les mariez en sa maison par amitié, le mary ne seroit receuable à demāder les interests de la dot non
payee. *l. pater pro filia. ff. de except doli. l. creditor. §. si inter. ff.
mandati.* Niuernois taxe les profits à huict pour cent par an:
Bourgongne les taxe à dix pour cent: comme aussi faisoit
l'ancienne Coustume de Niuernois, & toutes deux sont de
datte auant l'an 1500. auquel temps on commence à mo-
derer les interests, qui auparauant estoient tolerez à dix
pour cent, & encores de present sont tolerez en Normandie. Bourbonnois ne taxe les interests, pourquoy les faut
arbitrer selon l'Edict d'Orleans, art. 60. entre marchands
au douziesme denier du sort principal, qui est huict & tiers
pour cent. Et entre autres au denier quinze, qui est six, &
deux tiers pour cent. Mais quant à la restitutiō des deniers
dotaux, qui est à faire à la femme où à ses heritiers. Niuernois met l'interest à la mesme raison de huict pour cēt par
an, à compter de la sommation. Ce qui est bien rude, car ce
n'est semblable interest que celuy du mary, aussi les Docteurs Vltramontains en la restitution de la dot, n'ont attribué les interests, sinon auec difficultez & circonstances:
& à cest effect pourra estre veu ce qui en est raisonné *per
Alex. Consil. 27. vol. 4. & Consil. 74. & 141. vol. 5.*

Deniers dotaux qui sont destinez pour sortir nature d'heritage pour la femme, & sōt assignez ou promis d'assigner:
sont censez immeubles & heritages pour la femme ses heritiers & ayans cause. Ainsi dict Niuern. des gens mariez,
art. 17. & Bourgongne, art. 45. Paris, art. 93. y a adiousté
vne belle limitation, quand la somme de deniers est pro-
mise par pere, mere, ou autre ascendant, à cause de la destination. Et ie croy que ceste limitation doit estre prise esdictes autres Coustumes. Quant aux deniers promis d'assigner, dont l'assignal n'a encores esté realizé, ny l'employ

faict. Car si la femme vsant de ses droicts se constituë dot d'elle mesme. Ie croy que telle condition de sortir nature d'heritage, est a ce seul effect , que les deniers n'entrent en la communauté du mary: car nul ne peut se donner loy à soy-mesme, ny s'abstraindre que son bien ne soit sien en toute liberté, & de la condition, dont naturellement il est, *l. nemo. ff. de pact.* Et parce qu'à chacun de nous sa volonté est libre, qui faict que selon les Grammariens, l'imperatif n'a point de premiere personne. Orleans, art. 350. Laon, ar. 108. 109. Rheims, ar. 27. 29. 109. dient que l'heritage qui est achepté de tels deniers , deuient en nature de naissant & propre : Mais pource que c'est vn naissant ou propre conuentionnel, & non de par soy, il remonte aux ascendans, & n'est reputé vray propre, tenant plus de la nature d'acquest.

Si par le traicté de mariage est conuenu que les mariez payeront separément leurs debtes, faits parauant leur mariage: est besoin pour faire sortir effect à telle conuenance qu'il y ait inuentaire des biens de l'vn & de l'autre, faict parauant leur mariage : auquel cas l'vn demeure quitte des debtes de l'autre , en representant les biens dudict inuentaire, ou l'estimation. Et à faute d'inuentaire ils sont tenuz des debtes, comme si telle couuenance n'auoit esté. Paris, art. 122. Orleans, art. 212. La raison en est generale, & peut estre obseruee partout, pour euiter la fraude qui se feroit aux creanciers, qui selon la presomption de la Coustume, qui est le droict commun, ont iuste occasion de croire que les mariez sont communs en biens & debtes. A quoy faict ce qui est dict *in l. 1. S. praeterea ff. de separat.* que la separation doit estre requise auant la meslange & commission.

Toutes contre-lettres faictes à part, & hors la presence des parens qui ont assisté aux contracts de mariage sont nulles. Ainsi dict Orleans, art. 223. Chopin en son liure de *priuileg. rusticorum*, dict auparauant ladicte Coustume redigee, qu'ainsi auoit esté iugé par vn Arrest qu'il allegue. La raison peut estre fondee sur ce que les pactions qu'on crainct de manifester à ses parens , sont ordinairement ou

peu honneftes, ou defraifonnables : & afin d'ofter occafion aux ieunes perfonnes frappees d'amour , de s'abandonner à promettre facilement. Les anciens ont remarqué , que la bourfe des amoureux eft liee des fueilles de
pourreau : & femble qu'il y ait quelque correfpōdāce, auec
ce qui eft dict *in l. fi ita ftipulatus quæ eft. 97. §. fi tibi nupfero. ff.
de verbor. oblig.* qui blafme quād on marchāde les mariages.

Par les loix nouuelles de France, & par aucunes Couftumes ont efté reftrainctes les donations & aduantages que
les femmes vefues ayans enfans de leurs premiers mariages, voudroiēt faire à leurs feconds maris. L'Edict du Roy
François, fecond du mois de Iuillet 1560. remettant en
vigueur la loy Romaine, *hac edictali. C. de fecundis nupt.* defend aux femmes vefues de donner à leurs feconds maris
plus qu'à l'vn de leurs enfans de leur premier mariage. Et
quant aux biens que lefdictes femmes ont par bien-faict
de leurs premiers maris , ou que les maris ont par bien-
faict de leurs defunctes femmes, les maris, & les femmes fe
remarians n'en peuuent rien donner au fecond party de
mariage : ains font tenuz les referuer aux enfans dudict
premier mariage. Ce qui a efté rechargé pour le premier
chef par les Couftumes de Paris, art. 279. & d'Orleans,
art. 203. & Rheims, art. 293. & 236. & Laon, art. 29. ont
renouuellé le fecōd chef de ladicte ordonnāce. Et Reims, a
adioufté ce qu'aucuns Docteurs Vltramōtains ont decidé
que les enfans du premier mariage prennent leur legitime
és biens de la mere auant tout œuure , & fur ce qui refte le
fecond mary, '& les enfans du premier mariage viennent
par égales portions. Et ainfi le tient *Philippus Decius.
Concil.* 246. *vol.* 2. Et fi la mere auoit laiffé à l'vn de
fes enfans bien petite part , & ledict enfant par le
moyen de fa legitime euft faict fa part plus grande : le
fecond mary ne prendra pas felon cefte part ainfi rem-
plie : mais fe contentera de lapart, telle que la mere auoit
taxee. Ainfi dient Alex. & du Molin en l'annotatiō, *confil.*
158. *vol.* 5. Paris audict art. 279. Et Orleans audict art. 23.
ont appofee vne autre bride aux femmes vefues, de ne

pouuoir aduantager leurs seconds maris, de la part qu'elles ont aux conquests de leurs premiers maris,en reseruant à tous les enfans d'ellesdu premier & second mariage, d'y succeder egalement. Ces coustumes & loix sont fondees en tres-iuste raison, parce qu'ordinairement les femmes demeurans vefues, & en moyen aage, ou aage plus abaissé sont plus ardentes à desirer les masles, qu'en plus bas aage. Ce qu'Ouide a remarqué, parlant entr'autres du trête-cinquiesme an, ou plus grand aage.

La coustume est presque generale en France, conforme au droict Romain que gens mariez, durant leur mariage ne peuuent donner l'vn à l'autre, n'eux aduantager par contracts entre vifs. La raison du droict Romain est pleine d'honneur,à ce qu'il ne semble que l'amitié, concorde, & gratieux traictement soità vendre, & pour faire cognoistre qu'au cœur est la vraye amour, & non en l'exterieur. Aucunes coustumes ont passé outre le droict Romain, en defendant les donations testamentaires, & pour cause de mort,comme Berry des mariages,ar.1.Paris,art.282. Sens, art.71.Auxerre,art.228.Orleans, art.280. Blois, ar.174. Bourgongne,art.26.& met l'exception si autrement par le traicte de mariage n'estoit coucnu.Bretagne,art.225.Touraine,art.243.Meleun,art.234.Senlis,art.143.144. Troyes, art.84.Laon,art.50.Auuergne,chap.12.art.16.& chap.14. art.9.39.46. permet au mary de donner à sa femme, mais defend à la femme de donner à son mary. Autres coustumes permettét aux mariez de dôner l'vn à l'autre par testament,& autres en ne prohibant que les contracts & aduantages entre vifs,semblét permettre les testamétaires.Côme Reims,ar.291, Niuer.des droicts de mariez, ar.27.Bourb. ar.226.Poictou,art.209.Mais presque toutes defendent les donations entre vifs des mariez, sinon par don mutuel, quand ils n'ont point d'enfans d'vn ou d'autre mariage, & sont en santé, les vnes adjoustent quand ils sont pareils en agge,ou à dix ans ou quinze ans prez, les autres adioustent quand ils sont franches personnes. Les vnes coustumes permettent ce don mutuel pour les meubles & conquests.

en proprieté. Les autres en vſufruict ſeulemēt. Pour la proprieté ſont les couſtumes de Niuernois, des droicts mariez,
art. 27 Blois, art. 163. Senlis, art. 143. 144. Laon, art. 47. Pour
l'vſufruict ſeulement des meubles & conqueſts ſont les
couſtumes de Paris , art. 280. & dit pour les conqueſts
faicts durant leur mariage, & qu'ils', ou l'vn d'eux, n'ont
enfans de ce mariage , ou d'autre, & à la charge de bailler
caution, art. 285. & le ſuruinant ne gaigne les fruicts, iuſques apres la caution preſentee. Sens, art. 112. & dit que le
ſuruiuant eſt ſaiſy, mais l'heritier peut requerir la ſurſeance à faute de caution. Auxerre, art. 222. Bourbonnois, art.
227. 228. & à la charge de viure quarante iours apres le don
mutuel, faire inuentaire auant qu'eſtre ſaiſy, bailler cautiō,
qui ne peut eſtre remiſe. Orleans, art. 281. Meleun, art. 226.
227. Troyes, art. 85. Les autres permettent donner mutuel-
lemēt la proprieté des meubles, & l'vſufruict des cōqueſts,
& l'vſufruict de portion des propres. Touraine, art. 243. Vitry. art. 113. Laon, art. 47. Bretaigne, art. 223. Mais Berry des
mariages , art. 1. permet donner mutuellement le tiers des
meubles en proprieté, & l'vſufruict des conqueſts. Niuernois, audit article. 27. outre la proprieté des meubles & cōqueſts , permet donner mutuellement l'vſufruict des heritages propres, mais limite iuſques à concurrence, c'eſt à
dire ſi le mary a des heritages pour cent liures de rente , &
la femme pour cinquante liures : la femme ſuruiuante ne
iouyra que de la moictié des heritages de ſon mary. De vray
l'equalité eſt de l'eſſence des donations mutuelles. Poictou, art. 209. dit que mary & femme ſoit mutuellement ou
ſimplement, ou par teſtament, ayent enfans ou non , peuuent donner l'vn à l'autre tous meubles, conqueſts & biens
d'heritage propre. Mais ſi le ſuruiuant ſe remarie, & y ait enfans du precedent mariage, les acqueſts & heritages ſeront
en vſufruict ſeulement. Et art. 211. dit que don mutuel ne
vault, fait par malades qui decedent dans quarante iours.
Art. 212. que la donation ſimple eſt reuoquee, ſi le donataire decede le premier. Art. 213. dit que donation ſimple en-

tre mary & femme peut estre reuoquee , & se confirme
par mort, n'estant reuoquee, & que la mutuelle se peut reuoquer en faisant sçauoir à l'autre. Reims, art. 291. permet
aux mariez, ores qu'ils ayent enfans, de disposer par testament, l'vn au profit de tous leurs meubles & cõquests faicts
durant leur mariage en proprieté. Et en vsufruict de la
moictié de leur heritage , naissant au propre & moictié de
conquests faicts auparauant. Et art. 234. permet donner
par don mutuel , proprieté des meubles & vsufruict des
conquests, soit qu'il y ait enfans, ou non, à la charge de faire inuentaire des tiltres , & baillant caution de rendre les
conquests en bon estat. Blois, art. 163. permet aux mariez,
qui ont enfans, de donner en vsufruict, meubles & conquests mutuellement , sans caution, sinon en cas de secondes nopces, ou mauuais mesnage. Bourgongne, art. 26. permet aux mariez de disposer par donation, l'vn au profit de
l'autre, soit entre vifs, ou pour cause de mort, quand il a esté
conuenu en traicté de mariage, & non autrement. Troyes,
ar. 85 qui n'octroye le don mutuel, que pour l'vsufruict dit,
que si le suruiuant par grand cas fortuit perdoit ses biens,
& n'eust à suffisance, il pourroit s'aider des biés du premier
decedé. A quoy correspond aucunement l'Authentique
præterea. C. vnde vir & vxor, En toutes ces coustumes de don
mutuel, doit estre entendu qu'il doit estre egal, & qu'il n'y
ait pas plus d'aduantage d'vn costé que d'autre, pourquoy
si les mariez n'estoient pas cõmuns par moictié, ie croy que
le don mutuel ne vaudroit que iusques à la concurrence
de la moindre portion. Et pour faire la parité & equalité
par tout, la pluspart desdites coustumes ont requis parité
d'aage: & toutes, que les mariez soient en santé. Car quand
la parité est par tout, ce n'est pas proprement donation :
mais permutation d'esperance , à quoy sert la decision de
la *l. de fideicommisso. Cod. de transact.* Lesdites coustumes
qui parlent du don mutuel pour l'vsufruict, chargent le
suruiuant d'auancer les frais des exseques, & moictié des
debtes du defunct, pour en faire deduction sur la portion
dudit defunct, lors de la restitution , apres l'vsufruict finy.

Chargent aussi le suruiuant d'entretenir les heritages, payer les rentes foncieres, & les rentes constituees durant la communauté. Paris, article 286. 287. & ne charge le suruiuant de payer les laigs du defunct. Sens, article
113. & charge d'auancer les laigs. Auxerre article 286. &
charge d'accomplir le testament. Bourbonnois, 227. 228.
230. charge de payer les debtes sur la masse, les exseques
& les laigs mobiliers. Orleans article 281. Senlis, article
144. comme Paris, Meleun, 227. 228. Laon article 49. charge le suruiuant de payer debtes personnelles, frais funeraux, & laigs mobiliaires, Reims, article 235. mais ie croy
que le tout ne doit pas estre iugé entierement de mesme
façon: le suruiuant paye la moictié des debtes: car il les
doibt, & il auance l'autre moictié, qui est la part du defunct pour la recouurer ou tant moins rendre apres l'vsufruict finy. Mais quant aux frais funeraux & laigs testamentaires du defunct, l'heritier les doit entierement. Le
suruiuant donataire les doit auācer, & les recouurer pour
le tout, apres l'vsufruict finy. Sera noté ce que Touraine, art. 244. dit que toutes autres donations, horsmis
de don mutuel, faictes constāt le mariage, ont traict à mort,
& sont reuocables. Et article 243. approuue le don mutuel,
ores qu'ils ne soient egaux en biens.

Si durant le mariage est vendu aucun heritage, ou
rente propre à l'vn des deux mariez, ou la rente propre à l'vn d'eux est racheptee. Le prix de la vente ou rachapt est repris sur le bien de la communauté, par celuy
auquel appartenoit l'heritage ou rente. Ores qu'il n'y
ait eu conuenance ou protestation de r'employer. Paris
article 232. Orleans, article 192. Bretagne, article 422.
presque autant, disant que la recompense doit estre sur
l'heritage du mary, ou sur les conquests, & si cest sur
l'heritage du mary. Il sera recompensé d'autant sur les
conquests. Reims, art. 259. dit comme Paris, adioustant, si
la femme se tient à son apport, qui est à sa dot, à son douaire.
Sens, article 286. & Auxerre article 198. dient que la recompense est deuë, si en vendant ou auparauant elle a

esté

esté stipulee, par celuy qui vendoit son heritage, & non
si long temps apres. Bourbonnois article 239. met presque pareille charge, & article 238.dit que la femme peut
aliener son heritage auec l'auctorité de son mary sans
estre recompensee.   Vray est que la mesme coustume de
Bourbonnois , article 240.dit que si lors de la dissolution
du mariage sont encore deus aucuns deniers procedans
de la vente de l'heritage de l'vn des mariez,que les deniers
sont propres à celuy de qui l'heritage a esté vendu. Mais
il semble que la coustume de Paris est fondee en raison
generale,qui deust auoir lieu par tout:car si autremét estoit
ce seroit indirectement donner par l'vn des mariez à l'autre,en faisant entrer en la communauté le pris de l'heritage propre de l'vn des mariez, qui est en effect donnee par
l'vn des mariez à l'autre la moitié de son heritage, car en
tel cas le pris est subrogé au lieu de l'heritage. Ce qui a
lieu,non seulement és droicts vniuersels.*l.si & rem.ff. de pe-
tit.hæred.*mais aussi en droicts singuliers.*l.si ipsa res.ff.quod vi
metus-ve causa.l.imperator.§.cum autem & l.sequenti.ff.de lega.2.
l.quia qui pretio.ff.de vsufr.*Ce qui se doit dire à plus forte raison en ce cas où est question d'empescher que fraude ne
soit faicte à la loy : ce qui seroit si le mary ne pouuant directement donner cinq cens escus à sa femme , vendoit son
heritage de mil escus, dont le prix entrast en la communauté , en laquelle la femme a la moitié , pourquoy ie
croy que la coustume de Paris, pour sa raison doit estre
obseruee par tout,& tant s'en faut qu'en dissimulant la recompense ne soit pas deuë , comme dient Bourbonnois,
Sens,& Auxerre, que *etiam* par paction expresse , la recompense ne peut estre empeschee:car la nullité est aussi
bien en ce qui se fait en fraude de la loy,comme en ce qui
se faict directement contre icelle,*l.si libertus minorem.ff.de iure patron.*

Si durant le mariage l'vn des mariez marie son enfant
d'autre lict,& luy paye dot ou autre bien faict : la moitié
de ce qui a esté baillé sera remboursé apres le mariage dissolu à celuy de qui l'enfant n'est pas yssu, sinon que ledit

Cc

enfant euft renócé à fes droicts, au profit des deux mariez,
qui payent la dot. Ainfi dit Bourbonnois, article 233. Et
pource que la raifon en eft generale , femble qu'il en faut
ainfi iuger par tout. Car la dotation d'vne fille eft la propre
charge du pere. *l. vlt. Cod. de dotis promiff.* Et telle charge de
doter ne tombe en communauté, ores qu'elle foit de tous
biens, felon la plus commune opinion des Docteurs , qui
alleguent la *l. fi focius pro filia. ff. pro focio. Ludo. Romanus*, au
confeil 145. donne vne reigle generale, que les affaires dont
ne peut rien reuenir de profit en la communauté, & regardent le feul intereft de l'vn des affociez , ne font à la
charge de la communauté, ores que la communauté foit
de tous biens.

Si durant le mariage , les mariez ou l'vn d'eux, rache-
ptent vne rente, dont l'heritage de l'vn d'eux, fuft fpecialement chargé auant le mariage , les couftumes font diuerfes, fi telle rente demeure fimplement efteinte, au profit
de celuy qui la debuoit, à la charge de rembourfer l'autre
de la moictié apres le mariage diffolu. Ou fi la rente demeure en fa nature ancienne de rente, pour eftre conqueft.
Paris , art. 244. dit fimplement que c'eft conqueft. Mais
Sens art. 278. Auxerre art. 199. Meleun art. 220. dient bien
que c'eft conqueft, & qu'apres la diffolution du mariage, le
proprietaire de l'heritage qui eftoit chargé , pourra recouurer en rédát la moitié du pris. Auxerre adioufte dedãs l'an
apres la diffolution : Meleun adioufte , fi mieux n'aime le
proprietaire, continuer la moitié de la rente. Troyes , art.
82. Poictou, art. 344. & Laon, article 31. ne dient pas que ce
foit conqueft : mais dient que dedans l'an apres la diffolution , le proprietaire de l'heritage peut recouurer : Poi-
cton dit recouurer la moitié, comme prefuppofant que la
rente foit efteinte & confufe , feulement pour la moitié
du proprietaire. Laon paffe outre , difant qu'il y a confufion & extinction de la rente durant le mariage : apres
le mariage diffolu , l'autre prendra la moictié : mais le
proprietaire de l'heritage pourra rembourfer. Niuernois,
article 29. & 30. dit que celuy des deux mariez, qui n'auoit

rien en l'heritage defchargé ne participera en la rente:mais fera rembourfé dedans l'an de la moitié du pris , & cependant iouyra. Et à faute de rembourfer dans l'an : ce qui a efté acquis demeure conqueft. Me femble que Niuernois eft fondé en meilleure raifon que les autres : car fi le mary a racheté la rente, dont fon heritage eftoit chargé il faut dire que la rente eft efteinte, car il eftoit maiftre & feigneur des meubles & deniers qu'il y a employez, & en a peu difpofer fans le confentement de fa femme,& ne refte à la femme que fon indemnité,qui eft le rembourfement apres la diffolution du mariage.Mais fi le mary a racheté la rente,dont l'heritage de fa femme eftoit chargé.Ie diray auffi que la rente eft efteinte , ayant le mary à ceft efgard geré le negoce de fa femme, des biens & droicts de laquelle il eftoit legitime adminiftrateur : & cefte geftion de negoces ne tombe pas en donation, car apres la diffolution,luy ou fes heritiers feront rembourfez. Ce que deffus femble eftre bien ainfi dit, quand c'eft vne rente rachetee, qui eftant vne fois efteinte & amortie, ne peut pas reuiure.Mais fi c'eft vn corps d'heritage vendu à rachapt, qui ait efté raché, apres le temps du rachapt expiré. Me femble eftre affez raifonnable qu'à faute de rembourfer dedans l'an ,il foit conqueft,& voudrois ainfi entédre les vingt-neuf & trentiefme articles de Niuernois:mais s'il auoit efté racheté durant le temps de rachapt accordé au mefme traicté du contract , ie croy que l'heritage deuroit demeurer en fa nature ancienne d'heritage propre & patrimonial , à celuy mefme de qui il eftoit propre, ainfi tient *Decius confil.* 88. *volum.* 1. & allegue la *l. fi vnus. §.quod in fpecie.ff.de pactis.* De mefme Socin le ieune, mon precepteur , *confil.* 20. *vol.* 1. Et en ce cas l'autre des mariez ne peuft y auoir autre droict, *etiam* apres l'an que le rembourfement, & auec hypotheque fpeciale.

Si durant le mariage eft retraict par proximité de lignage , ou acheté d'vn lignager aucun heritage qui foit de l'eftoc & ligne de l'vn defdits mariez: Ledit heritage eft propre au marié lignager , à la charge de rembourfer de-

dans l'an apres le mariage diſſolu le marié qui n'eſt lignager ou ſon heritier. Et à faute de faire le rembourſement
dedans l'an, l'heritage demeure conqueſt. Niuernois des
droicts de mariez, article vingt-huict & trentieſme. Et en
dit autant entr'autres communs. Au titre des communautez, article ſept. Ainſi dit Bourbonnois, article deux cents
ſeptante trois, en chacun deſdits cas. Mais Poictou, article 242. & 351. ne donne ce remede ſinon entre mariez. Et
article trois cents trente-neuf, trois cens quarante & trois
cens quarante & vn, dit que c'eſt conqueſt, mais que dedans l'an apres le meriage diſſolu, le rembourſement de la
moitié pourra eſtre faict : de vray ce qu'aucun acquiert par
retraict lignager luy eſt conqueſt, pource que l'acquiſition ſe faict des deniers de ſon eſpargne, qu'il pouuoit
employer en acquiſition d'autre heritage, ou le tenir en
meuble : mais il retient quelque faueur du lignage. Sens,
article ſoixante deux, comme Niuernois, pour le retraict
lignager, & ne parle de l'an & iour. Auxerre, article 181.
comme Niuernois és deux cas : mais outre la reſtitution
du prix les melioriations doiuent eſtre renduës pour la
moitié. Ainſi dient Auxerre, article cét quatre-vingts & vn,
& Sens, article ſoixante, Laon, article deux cents cinquante & vn, & Reims, article deux cents dix-ſept, dient les reparations, non ſeulement vtiles : mais auſſi les voluptuai-
res ou volontaires. Et outre Sens, & Auxerre, adjouſtent que s'il y a des enfans du mariage, ils auront ſix mois
en prerogatiue pour rembourſer. Et s'ils ne rembour-
ſent dans ledit temps, vn autre lignager pourra dans autres ſix mois retraire la moitié qui eſt ſortie de la ligne.
Bourgongne, article quarante ſept, dit comme Niuernois,
& ne parle de Laon. Toutes les couſtumes s'accordent
que durant le mariage, il n'y eſchet retraict : mais aucunes dient que dedans l'an apres le mariage diſſolu la
moitié du marié non lignager eſt ſubjecte à retraict enuers le lignager. Ainſi Paris, article cent cinquante-
cinq. Berry de retraict, article 22. 23. 24. & adiouſte

que le furuiuant lignager doit eftre preferé à vn autre lignager. Senlis, art. 229. 230. Laon, art 249. 250. 251. excepte s'il y a des enfans du mariage. Auffi dict que la marié lignager ou fon heritier, eft preferé à autre lignager durant
les fix mois apres la diffolution. Rheims, art. 217. Blois.
art. 207. Orleans, art. 381. donne le retraict aux heritiers
du trefpaffé lignager ou autres parens : & dict que les heritiers font preferez à autres parens. Et art. 382. reçoit le furuiuant lignager ou fes heritiers, à rembourfer dedans l'an
le marié non lignager ou fes heritiers. Bretagne, art. 306.
309. 310. dict comme Niuernois, & à faute de rembourfer
dans l'an, la moitié demeure propre au noir lignager.
Bourbonnois és deux cas de retraict ou achapt, dône trois
mois pour rembourfer par le furuiuant lignager, ou les heritiers du lignager. Et à faute de rembourfer dans trois
mois, donne autres trois mois à vn autre lignager. Mais s'il
y a enfans du mariage de ces acquereurs ou retrayans, il
n'y a retraict lignager fur le furuiuant non lignager. Paris,
art.156. Laon, art. 250. 251. qui adioufte la raifon pour l'efperance qui eft, que l'heritage leur viendra. Rheims, art.
217. Mais Sens art. 61. Auxerre, art. 181. donnent fix mois
aux enfans, & les autres fix mois aux autres lignagers, côme a efté dict cy-deffus. Berry de retraict, art. 24. ordonne
le rembourfement dans foixante iours apres le deceds. Paris, art. 157. Dict que fi l'heritage eftant demeuré en la
maifon des mariez, comme dict eft, fort hors de la ligne par
le moyen du partage, qu'il eft fubject à retraict par moitié:
pourueu que le lignager ait intenté fon action, ou protefté
dedans l'an du deceds de celuy des deux mariez qui eft lignager. Le but de toutes ces Couftumes eft pour faire que
l'heritage demeure en la ligne : pourquoy ie penfe qu'il y
faut prendre les mefmes confiderations du retraict lignager. Et pour temperer les diuerfitez, me femble que Niuernois, Bourbonnois, & autres femblables, ne parlent affez amplement, entant que la faueur du lignager eft de-
laiffée pour le tout, en la puiffance du furuiuant. Auffi me
femble que Paris, Laon, & Rheims, fe font trop eftendus

en excluant les autres lignagers, quand il y a des enfans du mariage, à cause de l'esperance que les enfans succederont: car en attendant cest euenement, l'heritage demeure conquest au suruiuant non lignager. La moyenne voye mise par Auxerre & Sens, me semble plus raisonnable: entant que six mois sont donnez aux enfans, & apres lesdicts six mois, les autres six mois sont donnez aux lignagers selon la reigle cõmune de retraict. Ce qui se dict des enfans, me sembleroit estre bon dire pour le suruiuant lignager, ou ses heritiers lignagers, pourceque ja la moitié leur est asseuree & il est raison qu'ils soient preferez aux autres lignagers *saltem* durant les six mois, pour joindre les deux moitiez, & ne tomber ès inconueniens, que les communions ont accoustumé d'apporter.

L'heritage acquis constant le mariage des deniers procedez de la vente de l'heritage ancien de l'vn des mariez est propre à luy, en prouuant que le payement de l'achapt ait esté faict des mesmes deniers procedez de la vente. Ou bié monstrant que lors de l'alienation, & lors du remploy, les mariez ou l'vn d'eux, ont affermé pardeuant le Iuge, que l'alienation a esté faicte pour employer en autre heritage, & que l'acquisition a esté faicte des deniers procedans de la vente. Ainsi dict Niuernois des droicts de mariez, art. 31. Mais Blois, art. 164. Sens, art. 277. Auxerre, art. 197. Bourbonnois, art. 239. Meleun, art. 225. dient, que si en vendát l'heritage il n'est dict que ce soit pour employer en autre heritage. Que l'heritage achepté est reputé conquest. Bourbonnois, art. 239. desire que l'employ soit faict tost apres la vente, & affermant lors dudict employ, que c'est des deniers procedez de la véte: car la proximité du temps faict presumer que ce soient les mesmes deniers. *l. si ventri.* §. *vlt. ff. de priuileg. credit.* Meleun desire que la declaration faicte en vendant, soit faicte par escript deuant Notaire. Blois, art. 165. met vne extention qui est tres-raisonnable, qu'ores que l'accordance n'ait esté faicte à l'instant que la recompense: peut neantmoins estre faicte sans fraude. Rheims, art. 30. dict encores plus au large, que l'heritage que le mary achepte ou baille en recompense à sa femme,

au lieu de celuy qu'il a vendu, estant du naissant ou propre
de sa femme, sortit nature de naissant pour la mesme ligne.
Ce qui est fondé sur la mesme raison, par laquelle l'heritage pris en eschange sortit mesme nature d'heritage propre, comme estoit celuy qui a esté baillé. Ces deux Coustumes ont traicté cest affaire auec raison, & les autres trop
à rigueur: Car lesdictes autres Coustumes prenans trop à
l'estroit les contracts & promesses d'entre mary & femme,
mettent tel affaire au peril, que toutes les Coustumes ont
voulu euiter, qui est de l'aduantage des mariez l'vn à l'autre : entant que si celuy de qui l'heritage a esté vendu n'est
recompensé, l'autre marié amende de la moitié du prix de
l'heritage vendu auec le dommage de son conjoinct, qui
est vne espece de donation. Et au côtraire ces Coustumes
de Blois & Rheims, mettans hors les formalitez, & excluäs
la seule fraude, ont desiré l'indemnité de celuy qui a vendu son heritage. A laquelle prouision correspond ce qui
est cy dessus, fol. 199. de la Coustume de Paris. art. 232.
Aussi du Molin tresbõ autheur, dict quelque part en quelque temps, que la conuenance de recompenser celuy de
qui l'héritage est vendu soit faicte : & en quelque têps que
la recompense se face, pourueu qu'il ne se descouure aucune fraude, que la recompense est vallable. C'est en l'annotation sur lesdicts articles de Blois, 164. & Bourbonnois,
238. A la suitte de la mesme raison, est le 33. article de la
Coustume de Niuernois , des droicts des mariez, & de
Bourbon. art. 239. que l'heritage acquis par le mary, pour
l'employ des deniers dotaux de sa femme, destinez à l'heritage , appartient & est propre à la femme , en declarant
par le mary lors de l'éploy, que c'est audict effect. Ce qui est
tres-raisonnable, ores qu'il ne soit pas prouué que ce soiêt
les mesmes deniers : Car puis que le mary les a receus,
ores qu'il les ait meslez parmy ses autres deniers, ou qu'il
les ait employez: la masse de la communauté d'entre le
mary, & la femme en est enflee & enrichie , & là doiuent
estre repris pour estre employez : & par subrogation sont
censez les mesmes deniers. *l. pater. ff. de admend. leg.* Et cecy

n'eſt pas les termes de l'heritage achepté des deniers dotaux, qui n'eſt pas faict dotal, ſinon ſubſidiairement quand
le mary n'eſt pas ſoluable. *l. ex pecunia. C. de iure dot. l. vxor
marito. ff. de donat. inter vir & vxor.* Car eſdictes loix eſt parlé, quand le ſeul faict de l'employ y eſt ſans declaration de
volonté: autrement eſt quand la volonté des mariez, ou du
ſeul mary y eſt: Auſſi qu'eſdictes loix n'eſt pas queſtion de
deniers deſtinez pour eſtre employez en achapt d'heritage: mais d'vne dot qui eſt nuëment en deniers. Ioint que
ce n'eſt aucun aduantage à la femme : ains eſt le profit du
mary , pour deſcharger ſon heritage qui eſt hypothequé
pour la dot de ſa femme.

Quand le mary eſt mauuais meſnager, & que la femme
a doute de perdre ſa dot : Le droict Romain a diuerſes
fois a introduicts diuers remedes de prouiſion à la femme
pour conſeruer ſa dot, *in l. ſi conſtante. ff. ſoluto matri. l. vbi
adhuc. C. de iure dot. in authent. de æqualitate dotis. §. Illud. collat. 7.* En la France couſtumiere, il y a autres conſideratiõs
à prendre : car les femmes ſont communes en biens auec
leurs maris, & pour acquerir ceſte communauté, ordinairement vne partie de leur dot y eſt employee. Et audict cas
de mauuais meſnage, eſt practiquee la ſeparation de biens
entre mary & femme, qui ſe traicte pardeuant le Iuge lay,
pource qu'il eſt ſeulement queſtion des biens : & s'il eſtoit
queſtion de ſeparer les mariez du lict, la cognoiſſance en
ſeroit au Iuge d'Egliſe. Ceſte ſeparation de biens, ores que
les mariez l'accordent , doit eſtre auctoriſee par le Iuge
apres ſommaire cognoiſſance de cauſe. Ainſi dient Berry
des mariages, de l'eſtat & qualité des perſonnes, art. 48.
49. Orleans, art. 198. Paris, art. 224. & le faut tenir pour
general. De ceſte ſeparation eſt auſſi ordõné par les Conſtumes de Bourbonnois, art. 73. Blois, art. 3. Toutes les
ſuſdictes Couſtumes deſirent que ladicte ſeparation ſoit
inſinuee & publiee en iugement , pardeuant le Iuge du
lieu, ſeant iudiciairement à iour ordinaire durant leſdicts
plaidz , & ſoit enregiſtree. Blois adiouſte qu'elle ſoit publiee au Proſne de la parroiſſe où les mariez demeurent.

Paris

Paris & Orleans defirent que la feparation foit executee
fans fraude, c'eſt à dire qu'il y ait partage des meubles &
conqueſts faicts à bon eſcient. Toutes ces ceremonies ſont
pour euiter les fraudes qui facilement ſeroient entre mariez, & ce que la communauté, qui a eſté publiquement
cogneuë, comme a eſté le mariage: ne ſoit tenuë pour diſſoluë, ſinon apres publication & ſignification à tous. Pour
la raiſon de la *l. ſed etſi. §. de quo palam. ff. de inſtit. act.* Orleãs,
art. 199. adiouſte que ſi apres ils ſe reaſſemblent ce ſera
comme s'il n'y auoit eu ſeparation, neãtmoins ce qui aura
eſté faict durant icelle tiendra. Es lieux où i'ay practiqué,
i'ay donné aduis d'adiouſter aux ſentences de ſeparation:
que nonobſtant icelle, la femme ſoit tenuë au ſeance &
traictement de ſon mary : & de ſecourir de ſes biens ſon
mary, & les enfans de leur mariage ſelon les facultez de la
femme: Selon qu'il eſt dict *in l. vbi adhuc.* vers la fin. *C. de iure dot.* Et ainſi fut iugé par Arreſt moy preſent en la plaidoyerie du Mardy dixſeptieſme Feurier, mil cinq cẽs cinquante.

A eſté dict cy-deſſus, que le mary & la femme ſont communs en debte & credits, & qu'apres diſſolution du mariage, la femme ou ſes heritiers, ſont tenus de payer la moitié des debtes. Selon les anciennes Couſtumes, on prenoit
cela ſi cruëment, que la femme eſtoit preciſément tenuë à
la moitié *etiam*, outre la valeur des biens qu'elle prenoit
en la cõmunauté: pourquoy aucunes Couſtumes octroyẽt
faculté aux femmes veſues apres le deceds de leurs maris,
de renoncer à la communauté, c'eſt à dire, quitter toute la
part qu'elles auoient aux meubles & conqueſts d'icelle: &
ce faiſant demeurer quittes des debtes, en faiſant ſermens
par elles, de mettre tous les biens en euidence, pour eſtre
faict inuentaire: Et ſi elles receloient ou diſtrayoient aucuns biens, de perdre le benefice de la renontiation. Ainſi
Niuern. des droicts de mariez, art. 14. & 15. qui dõne terme
de vingt-quatre heures apres le deceds. Ainſi Bourbonnois, art. 245. qui donne quarante iours. Paris, art. 237.
Orleans, art. 204. Sens, art. 214. Auxerre, art. 192. Bour-

gongne, art. 38. 39. 40. 41. qui faict distinction de la forme
de renoncer entre les femmes nobles & roturieres. Touraine, art. 308. Meleun, art. 217. Senlis, art. 147. Troyes, art.
12. & Laon, art. 26. 27. mettent distinction de la forme &
du temps entre nobles & roturiers. *Idem*, Touraine, art.
270. & 290. Bretagne, art. 416. 418. Mais aucunes Coustumes ont mis cest affaire plus au large, & ont ordonné que
la femme qui ne s'est expressement obligee, n'est tenuë des
debtes faictes par son mary plus auant que iusques à la cõ-
currence de ce qu'elle ou ses heritiers amendét de la communauté , pourueu qu'apres le deceds du mary soit faict
loyal inuentaire, & qu'il n'y ait fraude de la part de la vefue ou de ses heritiers. Ainsi Paris, art. 228. Orleans, art. 187.
Sens, art. 214. Auxerre, art. 192. Touraine, art. 270. Toutesfois Sens, art. 214. excepte si la femme est specialement
obligee. De mesme dient Auxerre, art. 192. & met autre
exception, si la vefue a faict acte approbatif de la communauté. Mais Orleans, art. 205. & Rheims, art. 258. dient
que si la femme estoit obligee par sa parole , & elle fust
poursuiuie, elle aura son recours contre les heritiers de son
mary. Niuernois, art. 14. & Bretagne, art. 416. tiennent la
vefue quitte, ores qu'elle fust obligee.

Qũĩd la femme vefue renõce à la cõmunauté, elle prend
son heritage propre, & son doüaire francs de debtes. Bourbonnois, art. 245. adiouste qu'elle prend vn de ses habits
moyens, & que durant quarante iours elle peut viure en
son mesnage, & Orleans, art. 206. Mais Touraine, art. 293.
dict qu'outre son doüaire, elle doit auoir vn lict garny, ses
heures & patenostres, vne de ses meilleures robes, & vne
moyenne. Laon, art. 27. luy donne ses habits des Dimanches & festes communes. Bretagne, art. 418. luy donne son
lict, son coffre, deux accoustremens. Ce qui est aucunemēt
consonant, à ce qui est dict par les Docteurs du droict Romain, que les robes precieuses des femmes, & leurs ioyaux
sont propres au mary, & est censé le mary en auoir accommodé sa femme, pour se parer en faueur de luy : Mais les
vestemens quotidiens sont censez, du tout propres à celuy

pour qui ils sont faicts,& n'estre de la communauté. Ainsi
dict *Ludo.Roma.Consil.*146.& Socin le Ieune, duquel i'ay
esté auditeur à Padoüe.*Consil.*134.*vol.*1. Mais Bourgongne,art. 41.dict que la vefue qui renonce à la communauté, perd son doüaire.

La pluspart desdictes Coustumes ostent à la vefue le benefice de renonciation,ou le benefice de n'estre tenuë plus
auant que de la communauté,quãd elle recele & distraict
aucuns biens d'icelle communauté apres le deceds de son
mary ou durant sa maladie dont il est decedé. Niuernois
audict art. 15. Paris,art. 228.Bourbonnois,art. 245. Bourgongne,art. 42. Rheims,art. 274. Meleun,art. 217.Laon,
art.27.Ce qui se rapporte aux decisiõs du droict Romain,
In l. rescriptum.ff.de ys quib.vt indig.& in l.paulus si certarum.
ff.ad Trebel.& in l.si seruum quis.§. Prætor.versic.si suus.ff.de acq.
hared. Ou si de son auctorité elle s'est immiscee & entre-
mise aux biens auant inuentaire.Tours, art. 290. Rheims,
art. 270.

La forme & le temps de la renonciation ne font d'vne
mesme sorte.Aucunes Coustumes donnẽt quarãte iours.
Bourb.art.245.Sens,art.214.Troyes,ar.12.Mais Bourg.ar.
38.39.dict que la vefue noble doit declarer par deuãt le Iuge,auãt que le corps mort du mary soit enleué du logis : &
la roturiere doit se desceindre & laisser sa ceincture sur la
fosse, ou declarer dans 24.heures. Niuernois , art.14. dans
vingt-quatre heures pardeuant le Iuge. Il y a plus de raison en ces Coustumes , qui donnent le temps court, afin
que les creanciers du mary ayent moyen d'estre soigneux
que rien ne soit transporté ny distraict. Senlis, art. 147.
donne trois mois à la vefue noble. Vitry,art. 91. dict que la
vefue roturiere doit mettre les clefs sur la fosse de son mary le iour du trespas. Laon, art. 26. 27. la noble dans trois
mois:la roturiere dans six sepmaines. Touraine ,art. 290.
femme noble dans quarante trois iours, la roturiere dans
vingt iours.

Berry des mariages, art. 9. dict que la conuenance , qui
par le traicté de mariage est accordee à la femme pour

Dd ij

choifir, vaut contre le mary ou fes heritiers: mais non contre les creanciers, entant qu'il y a aucun aduantage faict à
la femme : mais vaut contre tous pour la reception de ce
que la femme a apporté. Ce qui fembleroit tres-raifonnable pour eftre obferué par tout : car il n'eft pas raifon que
la femme qui a deu eftre compagne de toutes les fortunes
de fon mary, profite aupres de luy, au preiudice de fes
creanciers, & fe doit eftimer eftre bien, qu'ãd elle ne gaigne rien, & ne perd rien auffi: & l'action reuocatoire eft facilement octroyee contre vn donataire. *l. ignoti. C. de reuo-
cand. ijs quæ in fraud. cred.*

Nonobftant la renonciation, la vefue eft tenuë des debtes qu'elle deuoit parauant le mariage. Niuernois, art. 16.
Bourgongne, art. 42. Rheims, art. 255. & adioufte les debtes à caufe des fucceffions qui luy feroient aduenuës. Et ar.
266. charge la vefue, ayant renoncé de payer les debtes que
le mary auroit faicts : à cefte caufe me femble raifonnable
d'en dire autant, fi le mary à faict de grands frais, excedans
le reuenu du bien de fa femme, pour demefler procez ou
autres affaires venans de par elle.

Touraine, art. 291. permet à la femme durant le mariage, de repeter fes droicts & biens fi le mary vient à pauureté, ou és autres cas de droict. Iceux fommairement verifiez
auec le mary, dont a efté parlé cy-deffus, fol. 207. Et
de mefme Niuernois des doüaires, art. 6. pour demander
prouifion de fon doüaire.

Poictou, art. 252. dict que la femme prenant part en la
communauté de fon mary, eft tenuë des rentes côftituees
par le mary durant le mariage, tant du principal qu'arrerages, iufques à concurrence des biens de la communauté,
Autant en dict Auxerre, art. 121. Mais Berry des mariages,
art. 16. dict que la femme n'eft tenuë que des debtes mobiliaires, & non des rentes conftituees, finõ à la concurrence
des conquefts. Quoy faifant les autheurs de cefte Couftume, felon mon aduis, ont mal comparé debtes mobiliaires
aux meubles, & les rentes conftituees aux conquefts: Car
bien fouuent on conftituë des rentes pour affaire qu'on a,
qui font pures mobiliaires : & non pas toufiours pour ac-

querir immeubles. Parquoy ie croy que les articles de Poictou & Auxerre, doiuent estre tenuz pour generaux.

DE DOVAIRE.

Es coustumes de France ont attribué aux fémes
vesues le doüaire, qui est la iouïssance leur vie du-
rant, apres le deceds de leurs maris, de la moitié
ou du tiers, ou autre portion des immeubles de
leurs maris : comme pour conseruer la memoire de la dignité & hôneur des maisons de leursdits maris. Et en est
l'establissement si ancien, qu'en la formule des paroles de
present, qui sont dictes à la porte de l'Eglise, par le ministere du Prestre lors des espousailles solemnelles, ces mots y
sont *de mes biens te doüe*. Aucuns ont estimé que le douaire
correspond à ce qui est du droict des Romains, *donatio pro-
pter nuptias*. Iaçoit qu'il y ait plusieurs differences, si est-ce
que nos predecesseurs, qui faifoient leurs contracts en Latin, appelloient ainsi le doüaire, & ie l'ay veu en la Chambre des Comptes à Neuers, au contract de mariage de Iean
fils du Roy S. Louys, & de Yoland, Comtesse de Neuers,
en datte du mois de Ianuier, l'an mil deux cents soixante
cinq, dont l'original est en ladite Chambre des Comptes.
Selon la pluspart des coustumes le doüaire est de la moitié des immeubles que le mary a lors de la benediction
nuptiale, ou solemnisation des nopces, & de la moitié des
immeubles qui escheent au mary, par succession directe
durant le mariage. Ainsi dient Paris, article 247. 248. Sens,
art. 262. Auxerre, art. 208. Orleans 218. Senlis. article 175.
Troyes, art. 86. Blois, art. 189. Vitry, art. 86. 87. Laon, art.
32. 33. Mais Niueruois des doüaires, art. 1. extend ceste eschoite en ligne directe, & dit iusques au trespas du mary.
Aucunes coustumes donnent la moitié ou le tiers des immeubles que le mary a lors de son deceds. Berry des mariages, art. 11. 14. Bourbonnois, art. 250. Bourgongne, art. 25.
Les autres donnent le tiers des immeubles que le mary a
lors de la benediction nuptiale, & de ceux qui escheent en.

ligne directe ou collaterale durant le mariage, côme Touraine, art. 326. pour les femmes nobles. & art.238. les femmes roturieres ont la moitié des heritages qui appartiennent à leurs maris lors de leur deceds. Bretagne, art.436.
donne à la vefue pour son doüaire le tiers de l'heritage,
dont son mary a eu, ou deu auoir la saisine durant le mariage, & art.433. dit que la femme gaigne son doüaire quand
estant espousee elle met son pied au lict, iaçoit que son mary n'ait affaire auec elle. Ceste coustume plus charnelle
que spirituelle a fait plus d'estat de la copulatiõ de la chair,
ou des actes prochains d'icelle, que du Sacrement. Car
quand il se dit la femme auoir vn pied dans le lict, il faut
croire qu'il est mal-aisé que le reste ne s'en ensuiue. Poictou, art. 256. ne donne que le tiers des immeubles, que
le mary a lors du mariage, & de ceux qui luy escheent en
ligne directe durant le mariage. Aucunes coustumes, outre
la quotité de moitié ou du tiers de l'heritage, donnent à la
vefue la iouïssance de l'vne des maisons du mary, & s'il n'y
en a qu'vne, la moitié, comme Vitry, art.87. Laon, art. 24.
dit de mesme entre nobles, mais adiouste vn beau mot, *durant la viduité*. Et seroit assez expedient que tous doüaires
fussent restraints à la viduité de la femme, pour finir par
son second mariage, & accroistre aux enfans, és lieux où
doüaire est heritage d'enfans, accroistre au proprietaire, és
lieux où le doüaire est viager. Car depuis que la femme est
remariee, il ne luy faut plus de consolation de la perte de
son premier mary, & la dignité de la maison de son premier
mary n'est plus representee par elle. Et comme Laon dit,
Reims, art.282. Et Bretagne, art.438. excepte du doüaire, le
manoir de fief noble: mais dit que l'heritier doit bailler à
la vefue, maison competente.

Le doüaire peut estre prefix & conuenu par le contract
de mariage, pour estre autre que le doüaire coustumier.
Selon aucunes coustumes on ne peut faire le doüaire conuenu plus grand que le doüaire coustumier, Ainsi dit Niuernois des doüaires, article 2. Auxerre, article deux cents
vnze, Poictou, article 259. Touraine, article 372. Bour-

gongne, art. 27. Surquoy Niuernois adiouſte que les contrahans ne peuuent y deroger, Auxerre dit preſque autãt
quand le mary a heritage propre, mais s'il n'en a point le
prefix vaudra pour autant qu'il monte. Touraine excepte
ſi les aſcendans du mary auoient promis le douaire plus
grand que le couſtumier. Ces couſtumes ſont fondees en
grande raiſon ; àfin que le mary lors de la grande chaleur
de ſon amour ne ſe deſpouille par trop, & laiſſe des enfans
coquins : ou bien és lieux eſquels le douaire eſt heritage des
enfans, s'il aduient que la mere deſdits enfans meure, le
pere ſoit en peril de paillarder, pour ne trouuer party en
mariage digne de luy, ayant eſpuiſé ſes facultez par vn
douaire exceſſif. Les loix Romaines n'ont pas approuué
indiſtinctement tous aduantages que les mariez font l'vn
à l'autre en traicté de mariage, mais ont voulu que le Iu-
ge par ſon office en iugeaſt. *l. ſi ita ſtipulatus.* §. *ſi tibi nupſero.*
ff. de verbor. obligat.

Si le douaire eſt conſtitué en deniers ou choſe mobiliaire par conuenance, il n'eſt qu'à la vie de la veſue par vſufruict, & apres le deceds d'elle, retourne aux heritiers du
mary. Ainſi dient Niuernois des douaires, art. 3. Berry des
mariages, art. 15. Meleun, art. 239. Auquel cas par neceſſité
le douaire eſt ſubiect à caution fideiuſſoire : car autrement
ne peut eſtre conſtitué l'vſufruict en deniers. *l. 1. ff. de vſufr.*
earum rerum quæ vſu conſu. Mais Bourbonnois, art. 255. Sens.
art. 169. & Auxerre, art. 214. dient que le douaire conſtitué
en deniers, eſt propre à la femme veſue, & n'eſt ſubiect à
reſtitution, ny à retour. Paris, art. 259. dit que le douaire
conſtitué en deniers, vient aux enfans du meſme mariage,
comme feroit le douaire en heritage, & neantmoins demeure en ſa nature de meuble, & ſuccedent en iceluy les
heritiers mobiliers, les enfans auſquels le douaire a eſté fait
heritage. Selon mon aduis és prouinces où la couſtume
ne diſpoſe en particulier, ſemble qu'il eſt raiſonnable de
dire ſi la couſtume eſt telle que le douaire ne ſoit heritage
des enfans, ou ſi du mariage ne ſont aucuns enfans, que le
douaire en deniers ſoit propre à la femme, comme leſdits

Pagination incorrecte — date incorrecte

NF Z 43-120-12

deniers tenans lieu de l'eſtimation de l'vſufruit que la veſue auroit ſi le mary euſt eu de l'heritage,ſelon que les loix
Romaines trouuent bon d'eſtimer l'vſufruict en deniers
pour vne fois.*l.computationi.ff.ad leg.falcid.* Et ſi c'eſt en prouince,où le douaire eſt heritage des enfans,& que du mariage ſoient enfans ſuruiuans,ledit douaire en deniers leur
appartienne ſelon ladite couſtume de Paris.

Selon aucunes le douaire de la femme eſt purement en
vſufruict pour la veſue,& ne vient aux enfans.Selon autres couſtumes le douaire appartiét a la veſue en vſufruict,
& eſt heritage aux enfans du meſme mariage. Les couſtumes qui font le douaire à la ſeule vie de la veſue, ſont Poictou,art 257.Sens, art.163.Auxerre,art.215.Bourbonnois,
art. 249. Orleans,article 220. Troyes,art.90.Laon, art.33.
Reims,art.282.Bourgongne.art.25.combien que par l'ancienne loy des Bourguignons,faicte par Gondebard, chap.
24.le douaire apres la mort de la veſue, ſoit attribué aux
enfans de chacun mariage, ſi la femme a eſté mariee pluſieurs fois. Berry des mariages, art.14.Les couſtumes qui
font le douaire heritage des enfans de meſme mariage ,
ſont Niuernois des douaires,art.8.Paris, art.249.Meleun,
art.239.Senlis,art.177.Ces couſtumes en moindre nombre ſemblent eſtre fondees en vne raiſon fort politique &
humaine,entant que les enfans ſont aſſeurez d'auoir quelque bien de reſte, quelque malefortune qui aduienne à
leurs pere ou mere. Ceux qui reſonnent au contraire:ſont
trop amateurs d'eux-meſmes, & font trop peu de compte
de leurs enfans & de la poſterité, & de l'immortalité. La
pluſpart deſdites couſtumes qui font le douaire heritage
des enfans,dient que ſi l'enfant eſt heritier de ſon pere,il ne
prendra pas le douaire.Ainſi dit Paris,art.250.251.Meleun,
art.239.Senlis,art.176.Et Paris,ar.252.dit que l'enfant prenant le douaire,doit rendre ou precompter les aduantages
qu'il a eus de ſon pere. Bien eſt certain que l'enfant qui
prend le douaire, ſans eſtre heritier, n'eſt tenu aux debtes
de ſes pere & mere , & que ſes pere & mere,ne peuuent
aliener le douaire au preiudice dudit enfant : car ils ont le
douaire

doüaire par le bien-faict de la couftume , & non comme
heritiers : mais Niuernois a admis que les enfans puiffent
eftre heritiers,& prendre le douaire en precipu,contre les
autres couftumes, & ainfi eft obferué.   Et la raifon peut
eftre que Niuernois permet aux peres & meres d'aduantager leurs enfans , & leur donner en precipu , pourquoy
l'enfant peut prendre l'aduantage du douaire,& outre ce
eftre heritier. Ce que la couftume de Paris, & autres couftumes ne permettent. Audit cas quand le douaire eft heritage des enfans,il fe part entr'eux fans droict d'ainefle,ou
prerogatiue:ainfi dit Paris, art. 250. la raifon peut eftre que
nul ne prend droict d'ainefle fans eftre heritier. Et ladite
couftume ne donne le douaire à celuy qui eft heritier , &
qui prend le douaire n'eft pas heritier. Et fi l'vn des enfans
accepte le douaire , renonçant à la fucceffion du pere, &
l'autre fe dit heritier. Celuy qui prend le douaire aura feulement telle portion au douaire, comme il euft eu fi l'autre
euft pris le douaire. Ainfi dit Senlis , ar. 189.du Molin,en
l'annotation, dit la raifon eftre pource que l'enfant heritier
ne perd pas fa part du douaire directement, mais par droict
d'exception,pource qu'il eft heritier,& qu'il ne peut prendre double aduantage.   Ce qui correfpond à ce qui a efté
dit cy-deffus, que l'empefchement d'eftre douairier & heritier procede de la prohibition que fait la couftume , que
l'vn des enfans heritiers foit aduantagé plus que l'autre.
Es prouinces où douaire eft heritage des enfans , fi les
enfans decedent fans defcendans, le douaire retourne,ou
bien demeure au pere.   Aucuns ont eftimé que le pere ne
fuft qu'vfufructier du douaire,& que dés fon viuant les enfans foient proprietaires.Ce qui ne fe peut dire bonnemēt:
car le douaire n'efchet que par la mort du mary, vray eft
que le pere ne peut aliener, non pas precifément, mais au
preiudice de fes enfans. De fait fi les enfans decedent auāt
luy, ou que fes enfans foient fes heritiers, l'alienation fe
trouue ferme, pource qu'il n'y a perfonne qui la puiffe reuoquer. Ainfi dit-on de celuy qui eft inftitué heritier , ou
faict legataire,fous cōdition de reftituer en certain cas,l.v/.

Ee

§. *finautem.Cod.commun.de legat.*Et ſi le pere eſt decedé auāt
ſes enfans,& le douaire ſoit acquis aux enfans,ledit douaire par le deceds deſdits enfās ſans deſcēdans,vient aux proches heritiers du coſte paternel. Ainſi Niuernois des douaires, art. 8. Meleun,art.240. dit que le douaire eſt heritage
paternel aux enfans. Et ainſi fut iugé en la couſtume de Paris par Arreſt ſolemnel de la prononciation de Noël faicte
par le Preſident le Maiſtre,le Mercredy 23.Decembre 1551.
entre de Gaſperne,Maſſot,& le Grand, en la ſucceſſion de
Charlotte, fille de Florent Thibaut. Au meſme cas des pre-
uinces,qui font le douaire heritage des enfans. Si l'homme
a eſté marié pluſieurs fois. Niuernois dit en general , art. 5.
que le douaire couſtumier de la premiere femme eſt la
moitié de la ſeconde le quart.de la tierce,la huictieſme partie des heritages du mary,& ainſi des autres , enquoy faut
preſuppoſer que des premier & ſecond mariage y ait des
enfans,pource que les ſeconde & tierce fēmes ſont douces
de la moitié de ce qui reſte en l'heritage du mary.Mais Paris,art. 253. & Senlis,art. 185. expriment plus clairemenr,
diſans que la ſecōde fēme eſt douce de la moitié de la part
des cōqueſts que le mary a faicts durāt ſon premier mariá-
ge,& moitié des immeubles qui ne ſont ſubiets au premier
douaire,& ainſi des autres mariages.Et ar.254.dit que ſi les
enfans du premier mariage meurēt durant le ſecōd, il n'en
accroiſt riē aux enfans dudit ſecōd mariage, qui eſt vne deciſion ſur choſe ſans doute , car le douaire ſe meſure ſelon
les biens que le mary a au temps qu'il eſpouſe vne femme ,
& non de ce qui ſuruient apres , s'il ne vien en ligne directe. Dont reſulte que ſoit en premier, ſecond, ou tiers mariage,la femme eſt douce de la moitié des immeubles , de
quelque nature qu'ils ſoiēt que le mary a lors qu'il eſpouſe
ladite femme, & qu'ils ne ſont ſubiects à aucūdouaire precedent,ains ſont en la plaine proprieté du mary. Si le mary n'a aucuns heritages , & qu'il n'y ait douaire prefix,la
veſue aura pour ſon douaire l'vſufruict de la moitié de la
part que le mary a és meubles & conqueſts de leur cōmunauté , qui eſt le quart du total. Bourb. art.256.Orleans

approchant dudit remede , art. 221. dit que la vefue aura
l'vfufruict du quart des conquefts. Ets'il n'y a conqueft aura en proprieté le quart des meubles, en ce qui reftera apres
les debtes prifes & deduites fur la maffe. Ès prouinces où
n'y a aucune difpofition de couftume pour tel cas. Ie croy
qu'il eft affez à propos d'y pratiquer cet expedient, afin que
la vefue ne demeure fans douaire, qui eft l'honneur d'vne
femme. Et afin que la parole d'ancienne ceremonie, qui fe
dit lors du Sacrement de Mariage *de mes biens te doüe*, ne
foit inutile & fans efficace.

Le douaire efchet par la mort naturelle ou ciuile du
mary. Ainfi dit Meleun , article 236. Vray eft que Niuernois art. 6. parle feulement de mort naturelle , mais ie
croy qu'il fe doit entendre *etiam* de mort ciuile, car combien que le mariage ne foit pas diffolu par mort ciuile entre nous Chreftiens, comme il eftoit par la loy Romaine. *l.
fi quis fic ftipuletur. ff. foluto matrimonio*: Touteftois en tout ce
qui concerne les biens & droicts de ciuilité, c'eft comme fi
le mary n'y eftoit plus. *l. quidam. ff. de pœnis*. Et ainfi fut iugé
par arreft folénel au profit A. de Spifame, femme de maiftre Iean Mouliner , le 14. Aouft. 1567. lequel Arreft à la
prononciation duquel i'eftois prefent, porte deux belles
decifions. L'vne que par la mort ciuile du mary, la femme eftoit bien receuable à demāder reftitutiō de fes deniers
dotaux, fortiffans nature de propre : enquoy y auoit peu
de difficulté, puis que fon mary eftoit mort ciuilement, &
eftoit bien receuable auffi de demander fon douaire pour
en iouyr deflors, combien que le mariage ne fuft diffolu, &
vfa le Prefident Seiguier de ces mots *prefenti pecunia*, combien que l'efcrit de l'extraict que i'ay depuis veu figné , ne
porte ces mots. L'autre decifion eftoit que fefdits deniers
dotaux, en nature de propre ny fon douaire n'eftoient fubiects aux debtes du mary, combien qu'elle fuft commune en biens , mais elle n'eftoit expreffément obligee.

Quand le douaire efchet foit couftumier ou prefix ,
& conuenu , la vefue en eft faifie, & peut pour iceluy intenter remedes poffeffoires. Ainfi dient Niuernois des

douaires , article septiesme. Paris, art. 256. qui dit que les
fruicts du douaire sont deus du iour du deceds du mary.
Poictou, article 254. Sens, article 167. Auxerre, article 211.
Berry des mariages, article 19. Meleun , article deux cents
trente sept. Senlis, article 179. Troyes , article 86. & Vitry, article quatre-vingts-huict , quatre-vingts-neuf, ces
trois dient de mesme, pour le douaire coustumier , mais
quand au douaire prefix & commun , dient qu'elle n'est
pas saisie , sinon apres qu'elle a fait sa declaration du
choix ou demande. Laon , article trente-quatriesme ,
comme Niuernois, Reims , article deux cents quarante-
huict, & Bourgongne , article 34. Auuergne, chapitre quatorze , article vnze , dit que la femme est saisie du douaire
constitué.

La douairiere pour iouyr de son douaire doit bailler caution, assauoir pour les immeubles, telle qu'elle peut: & pour
les meubles, bonne & suffisante caution. Ainsi dit Niuernois des douaires, article 11. Mais Paris, article 264. & Orleans, article 218. dient si elle se remarie, doit bailler caution suffisante, si elle demeure vefue, caution iuratoire, la
iuratoire caution, & la caution telle quelle peut, c est tout
vn, car celuy qui doit bailler caution, doit iurer qu'il ne
peut trouuer caution bourgeoise, & doit promettre auec
serment qu'il satisfera à ce qui doit estre faict : la forme de
ceste caution iuratoire est mise *in auth. generaliter. Cod. de
Episc. & Cler.* La promesse & la caution d'vn vsufructier doit
estre de iouyr, &c. de iouyr bonnement sans deterioration ,
& de rendre la chose apres l'usvfruict finy. Car l'vsufruictier doit bailler caution à ces deux fins. *l. 1. ff. vsufr. quem-
admod. caueat leg. vsufruct. C. de vsufr.* Et la vetue tant qu'elle
demeure vefue retient tousiours l'honneur & la faueur de
la maison de son mary, pourquoy ne doit estre contrainte à
cautiõ bourgeoise, & se doit-on asseurer de sa foy, par argument de la *l. test. in fin. ff. de test. tut. l. firmio. §. 1. ff. quando dies
leg.* Mais si ce douaire consistoit en meuble la caution fideiussoire seroit requise indistinctement : car l'vsufruict de deniers & autres meubles perissables ne peut

estre constitué sans caution. *l. 1. ff. de vsufr. earum rerum.*
En vn autre cas, la vefue doit bailler caution fideiussoire
pour l'immeuble, ores qu'elle ne se marie:à sçauoir quand
elle a mal-versé, & mal-verse en son vsufruict, en tout ou
partie. Et outre ce doit perdre l'vsufruict de la chose en laquelle elle a mal-versé. Ainsi diët, Niuern. des douaires, ar.
11. Bourb. art. 264. Bretagne, art. 445. & outre, ce doit reparer le dommage. Touraine, art. 334. Vitry, art. 96. traicte la vefue plus doucement, disant qu'elle ne perd son
douaire : mais doit estre contraincte de reparer. Pour la
perdition de l'vsufruict en cas de mal-versation, faict la *l.*
hoc amplius.§. vlt. ff. de damno infecto.

La douairiere doit payer les charges reelles & foncieres
deuës sur l'heritage de son douaire. Ainsi dict Niuernois
des douaires, art. 4. Sens, art. 165. pour les charges fonciè-
res, & non pour les rentes constituees. Auxerre, art. 216.
Bourbonn. art. 252. Orleans, art. 218. Touraine, art. 335.
mesme de l'arriere-ban. Troyes, art. 89. comme Sens, Meleun, art. 242. Vitry, art. 86. 87. Laon, art. 38. 39. & pour
l'arriere-ban. Bourgongne, art. 25. Rheims, art. 851. Blois,
art. 189. & adiouste les rentes constituees auant le mariage.
Ie croy qu'il se doit entendre des rentes qui sont *adinstar,*
de foncieres, côme si côstituees au denier vingt, ou creées
par partage ou par fondation : car le mot de *constituer* se
peut adapter à toutes creations de rentes. Mais si c'estoit
vne rente constituee à pris d'argent à la vulgaire raison,
côme du denier douze ou quinze. Iaçoit qu'elle fust assignee specialement:ie croy que la douairiere n'en seroit tenuë simplement:mais bien par hypotheque, à charge d'a-
uoir son recours contre l'heritier de son mary:car en ce cas
l'hypotheque n'est qu'accessoire.

Aussi la douairiere doit entretenir les heritages de son
douaire, en l'estat qu'elle les trouue, & faire les menuës
reparations : mais les grosses reparations qui durent plus
que la vie de l'homme, sont à la charge du proprietaire. Ce
qui est descrit particulierement par aucunes Coustumes.
Niuernois, art 4. dict menuës reparations estre les couuer-

tures, huys & planchers, & les groffes reparations, eftre les murs, cheminees & poultres. Paris, art. 262. dict reparatiõs viageres & d'entretenement, & que la doüairiere n'eft tenuë aux quatre gros murs, poultres & couuertures entieres & voultes Sens, art. 164. Auxerre, art. 216. Bourbonnois, art. 252. difent que cheminees font groffes reparations: mais non le contre-feu. Orleans, art. 222. comme Paris, Blois, art. 189. dict entretenir en bõ eftat. Touraine, art. 334. Meleun, art. 342. dict que cheminees cõtre gros murs font groffes reparations : mais cheminees contre cloifons non. Troyes, art. 86. Vitry, art. 86. 87. en l'eftat qu'ils luy ont efté baillez. Laon, ar. 37. tenir clos & couuert. Rheims, art 251. & Bourgongne, art. 25. Le fommaire de tout ce que deffus, eft que la doüairiere eft tenuë aux reparations telles qu'vn vfufruictier doit, que les Latins appellent *farta tecta*, qui eft à dire, reparations telles, dont l'vfage communément ne dure que la vie d'vn homme.

La doüairiere, comme ayant l'vfufruict, peut perceuoir tous les fruicts de l'heritage dont elle iouyft par doüaire, non feulement les fruicts que nature produict de par foy, & auec l'induftrie & labeur de l'hõme: mais auffi les fruicts ciuils, qui font introduicts par le droict ciuil, comme font quints deniers, lots ventes, tiers deniers, collations d'offices, & prefentations de benefices, fi les mutations ou vacations aduiennent de fon temps. Ainfi dict Niuernois des doüaires, art. 10. Poictou, art. 32. Touraine, art. 331.

Quant aux bois tailliz, Niuernois, art. 9. & Vitry, art. 93. dient fi le defunct a vendu la couppe à annees, qu'elles prendra les payemens efcheans de fon temps. Mais cefte diftibution eft mal proportionnee: car il fe pourra faire, fi le bois fe couppe de quinze ans, que les payemens fe ferõt en deux ans : pourquoy eft mieux à propos de diftribuer, comme a efté dict cy-deffus, au faict de rachapt ou relief en fiefs, à fçauoir qu'elle prenne fur le prix de la couppe, *pro rata* des annees que fon doüaire aura duré : car ores que toute la couppe fe face en vn an, c'eft neantmoins le fruict de quinze ans. Ainfi fe doit dire des eftágs, & autres choſes dont le fruict ne ſe perçoit tous les ans. Niuernois, art. 9. Bourbonnois, art. 257. & Touraine, art. 331. ne permettent pas à la doüairiere de receuoir les hommages des fiefs dependans de ſon doüaire: dont la raiſon peut eſtre, pource que l'hommage conſiſte en honneur, qui n'eſt eſtimable en deniers: & partant n'eſt pas fruict. Touraine iouſte qu'elle ne peut receuoir le ſerment du Capitaine du chaſtel, duquel elle iouyt en doüaire. Ce qui ſe rapporte au droict Romain, *In l. ſi ita legatus. ff. de vſu & habit.* Où il eſt parlé de *ſaltuario & inſulario*, qui ſont comme le gruyer des foreſts, & capitaine ou concierge de la maiſon: pource que la charge de tels officiers eſt principalement pour la conſeruation de la proprieté. Auſſi Niuernois ne permet aux doüairieres de receuoir denombremens, pource que l'acceptation d'iceux concerne le droict de proprieté. Ne permet pas auſſi de bailler ſouffrances, qui ont meſme effect que les hōmages. Mais Poictou, art. 32. permet à la doüairiere de receuoir les hommages, & prendre les profits. Paris, art. 2. permet à l'vſufruictier de ſaiſir le fief mouuant de la ſeigneurie dont il a l'vſufruict, apres auoir ſommé le proprietaire : & à la charge de nommer le proprietaire par la ſaiſie. Ce qui eſt neceſſaire, afin qu'il ſoit cogneu que l'vſufruictier veut conſeruer le droict de proprieté & poſſeſſion du proprietaire, & qu'il ne veut acquerir aucune ſaiſine. Ceſte deciſion a eſté tiree des commentaires dudict ſieur du Molin.

Selon la Couſtume de Niuernois art. 9. la doüairiere ne peut exercer le droict de retenuë des heritages vendus, mouuans de la ſeigneurie dont elle iouyt. Ce qui eſt conſonant à l'opinion dudict ſieur du Molin, qui dict que la retenuë eſt octroyee ſeulement à effect de conſolider & re-vnir: & partant ne peut eſtre cedee & tranſportee. Mais és Palais on tiēt auiourd'huy pour opinion cōmune, que la retenuë peut eſtre cedee, cōme eſtant vn droict domanial & foncier, non ſeulement à effect de la re-vniō, mais pour auoir le profit ou commodité du bon marché , & pour auoir moyé de choiſir vn vaſſal. Pourquoy ſelō raiſon elle

pourroit estre exercee par la doüairiere , à la charge de remettre és mains du proprietaire apres l'vsufruict finy , en
rembourfant: Et ainfi dict Bourbonnois , art. 474. & 475.
tant à l'efgard du fermier, que de la doüairiere. Ce qui s'entend , en cas que le proprietaire le vueille auoir pour re-
vnir: car s'il ayme mieux laiffer la feigneurie vtile és mains
de l'vfufruictier, pour la tenir de luy proprietaire , il y fera
ouy.

Auffi la doüairiere n'a droict de prendre les commifes
d'heritages mouuans de la feigneurie directe. Niuernois,
art.9. Ce qui s'entend à effect d'en faire bail nouueau &
prendre l'entrage, ou pour s'approprier les heritages commis. Mais peut durant fon vfufruict , iouyr & prendre les
fruicts des heritages commis. Ainfi dict Bourbonnois,
art.257. qui eft fondé en raifon generale.

Niuernois audict art. 9. dict que la doüairiere ne peut
faire baux excedans neuf ans. Selon le droict Romain, elle
ne peut bailler à loüage, finon pour le temps de fon doüaire. *l. fi quis donũ §. his fubiungi. ff. locati.* Mais fi c'eft vn heritage accouftumé d'eftre baillé à ferme, & qui n'a accouftumé d'eftre tenu par le proprietaire en fes mains. Ie croy
que le bail à ferme faict par la douairiere, à trois ou à cinq
ans, fans fraude doit tenir. Car l'vfufruictier eft procureur
du proprietaire, conftitué par la loy. *l. 1. infine cum lege feq.
ff. vfufruct. quemad. caueat:* pourquoy le proprietaire doit
auoir agreable ce qu'il a faict , qui gift en adminiftration
ordinaire & accouftumee. *l. vel vniuerforum. ff. de pignor.
act.*

La douairiere ny autre vfufruictiere , ne peut abbattre
bois de haute fuftaye, finon pour la reparation des heritages de fon douaire. Ainfi dict Niuernois audict art. 9. &
ainfi Bourbonnois, art. 262 & Touraine, art. 334. qui ad-
iouftent vne limitation (qui peut eftre fuiuie part tout) que
ce foit en app ellant le proprietaire. Ce qui fe rapporte à ce
qui eft dict *In l. arboribus. verf. materiam. ff. de vfufr.* Mais en
ce que Niuerno is met vne autre exception pour *chaufer*,
faut entendr e fainement par les mots fequens, comme vn
bon

bon pere de famille : à fçauoir que la douairiere prendra bois mort & mort bois. Et s'il n'y a aucun de cefte qualité, elle aduifera auec le proprietaire : & à fon refus auec la Iuftice, felon l'aduis de perfonnes cognoiffantes , quel bois elle deura prendre pour eftre moins dommageable, & fe peut recueillir de ladicte loy *arboribus in principio.*

Selon la loy Romaine l'vfufructier prend les fruicts en l'eftat qu'il les trouue quand l'vfufruict commence , & le proprietaire auffi les prend en l'eftat qu'ils font lors que l'vfufruict prend fin : voire que s'ils eftoient feparez du fonds autrement que par la main & au nom de l'vfufructier lors qu'il decede, l'heritier de l'vfufructier ne les auroit pas. *l. fi vfufructuarius meffem. ff. quib. mod. vfuff. amitt. l. qui fcit. verf. præterea. ff. de vfur.* Suiuant ce , Bourbonnois, art. 263. en ordonne & adioufte fans recompenfer d'vne part & d'autre les fraiz & labeurs. Ainfi en dict Vitry, art. 94. pour le fecond chef, & Troyes, art. 86. Mais Laon, art. 40. & Rheims , art. 252. chargent le proprietaire de rembourfer les labeurs & femêces. Ce qui me femble tres-raifonnable : fi ce n'eftoit que la douairiere commençant fa iouyffance, euft trouuez les heritages prefts à defpoüiller, auquel cas il y a apparence qu'elle doiue les delaiffer en pareil eftat. Mais ie croy que les Couftumes ont trop eftroittement comparé le douaire à l'vfufruict : car en l'vfufruict ne fe confidere aucune circonftance , ains le fimple faict de iouyffance. Au douaire y a confideration particuliere que ceft vfufruict eft attribué à la vefue pour fes alimens & entretenement en reprefentant l'honneur & la dignité de la maifon de fon mary. Pourquoy ie croy qu'elle doit gaigner les fruicts *pro rata* du temps que fon douaire à duré : comme fe dict du mary qui gaigne les fruicts des biens dotaux de fa femme *pro rata* du temps que le mariage a duré, parce qu'il gaigne les fruicts auec caufe, entant qu'il fupporte les charges de mariage. *l. fruct° vel. l. diuortio. ff. foluto matri.* & ainfi fe doit dire en general, quand le profit à fon refpect directement à la charge. *l. feio. refponf. 1. ff. de anim. leg.*

F f

Niuernois tiltre des douaires, art. 6. met vne prouifion en faueur de la femme pour auoir fon douaire du viuant de fon mary. Si fon mary vient à pauureté euidente par mauuais mefnage. S'il eft banny. S'il eft abfent par long efpace de temps. S'il chet en autre euident inconuenient, par lequel les biens du mary foient en voye de perir. Laquelle prouifion eft fondee en tres-gràde equité pour eftre pratiquee par tout: Car le douaire eft vn fecours à la fême, quàd elle eft deftituee par le deceds de fon mary, de l'aide qu'vne femme attéd de fon mary. Et la mefme raifon y eft, quand luy viuant n'a aucun moyen de luy faire fecours. Auffi nous voyons qu'en ce mefme cas la loy permet à la femme de demander reftitution de fa dot.

Poiĉtou, art. 260. met auffi vne autre belle & raifonnable prouifion, pour vn cas auquel la vefue feroit en peril de n'auoir point de doüaire, fi le fils ayant pere & mere viuãs, & marié de leur gré, & vienne à deceder auant eux. La vefue du fils aura durant la vie des pere & mere, la moitié du douaire qu'elle euft eu, fi fon mary euft furuefcu: Et apres la mort defdicts pere & mere, aura le douaire entier. Et fi les pere & mere n'ont confenty, ladiĉte vefue n'aura rien fur leurs biens. Quant au premier chef, il eft aucunement dur, d'ofter aux pere & mere fur leur vieil aage, la iouyffance de partie de leur bien quand plus ils en ont affaire. Au fecond cas, femble qu'il y a grande apparence pour eftre obferué par tout: Car l'efperance que le fils a de fucceder à fon pere, eft confonante à nature, & a droiĉt, & n'eft pas au rang des efperances de fucceffions que le droiĉt ciuil reprouue. *l. nec ÿs. ff. de adopt. l. cum ratio. ff. de bonis damnat.* & la femme du fils par le mariage faiĉt auec la volonté du pere entre par fubrogation en cefte efperance, qui eft *ad inftar* des conditions par contraĉt, qui font tranfmiffibles. §. *ex conditionali. Inft. de verb. obliga.* Au tiers cas quàd le mariage eft fans le gré de pere, le fils & fa fême font indignes de faueur. Bretagne approchant de cefte prouifion diĉt, art. 442. fi le fils marié meurt auant fon pere, que la vefue du fils aura le tiers de la tierce partie de la terre du pere. Et foit noté qu'en Bretagne le douaire eſt du tiers & non de la moitié. Aux raiſons cy-deſſus, on peut adiouſter , pource que le contraĉt de mariage eſt de bonne foy, qu'il faut ſuppleer ce que les côtrahans ont vray ſemblablement entendu, & qui eſt accouſtumé d'eſtre faiĉt, combien qu'il n'ait eſté exprimé. *l. quod ſi nolit* §. *quia aſſidua. ff. de ædil. ediĉto.* La Couſtume eſt d'aſſeurer vn douaire à la femme.

Aucunes Couſtumes auec grāde raiſon n'attribuét point de douaire à la fēme, quād par le côtraĉt de mariage le mary luy a faiĉ fort grād aduantage de ſes biens, qui peut emporter autāt ou plus que ſon douaire. Côme Auxerre , art. 209. diĉ que s'il y a aſſociation entre les mariez , de toutes ſortes de biens meubles, conqueſts & propre: Et Poiĉtou, art. 266. 267. diĉ ſi le mary donne à ſa femme le tiers de ſon heritage, elle n'aura le don & le douaire: Mais s'il donnoit vn corps immeuble qui ne fuſt le tiers de ſon bien: elle aura ſon douaire ſur le reſte, iuſques à la concurrence du tier . Et ſoit noté qu'en Poiĉtou le douaire n'eſt que du tier . Touraine, art. 337. diĉ que la veſue ne peut auoir don & douaire, quelque côuenance qu'il y ait: mais doit opter. Ce qui ſe rapporte, à ce qui eſt diĉ par Niuernois, qu'on ne peut faire le douaire prefix plus grād que le Couſtumier, & que les contrahans ne peuuent y deroger. Et ce ſeroit obliquemét y deroger, ſi outre le douaire le mary faiſoit donation à ſa femme, & ſeroit faire fraude à la loy, dôt eſt parlé cy deſſus, fol. 213. La loy Romaine a tenuës pour ſuſpeĉtes les paĉtions aduantageuſes que les femmes ſtipulent de leurs maris, auant que de les eſpouſer. *l. ſi ita ſtipulatus.* §. *ſi tibi nupſero. ff. de verb. oblig.* & afin que les mariages ne ſemblent eſtre ſubjeĉts à venalité. *l. 1. 2. & 3. ff. de donat. inter vir. & vxor.*

La femme perd ſon douaire qui ſe forfaiĉt par adultaire durant le mariage: où qui laiſſe ſon mary, & ne faiĉt deuoir de le ſeruir ſi elle le peut faire, & le mary ne la refuſe. Mais ſi elle auoit adulteré , & ſon mary la retient auec luy, elle aura ſon douaire. Ainſi diĉ Bretagne, art. 433. 435. Nul autre que le mary n'eſt receuable a accuſer la femme d'adul-

tere. *l.constante.ff. ad legem Iul. de adult.* Auſſi quand le Mary
accuſe & rend ſa femme conuaincuë, elle perd non ſeulement ſon douaire, mais auſſi ſa dot, qui eſt adiugee au mary, & elle doit eſtre recluſe, & ſon mary luy doit donner
penſion. Ainſi fut iugé contre vne marie de quatre liures,
par Arreſt du 23. Decembre, 1522. recité par Rebuffy, és
commentaires ſur les ordonnances, *tomo 1. fol. 273.* Et depuis fut iugé contre la femme de M. François Thomas ſeigneur de la Roche. Autant en dict Touraine, art. 336, pour
le premier chef, s'il y a eu plaincte du mary en Iuſtice. A
quoy ſe rapporte ce qui eſt dict *in cap. plerumique, extra de donat. inter vir. & vxor.* Mais ſi le mary n'en a rien ſceu, & partant n'a eu moyen de s'en plaindre. Ie croy que l'heritier
en pourroit faire object. Et ainſi dit Alexand. *de immola. conſil. 189. vol. 6.* & allegue Salicet, *In l. vult. ad leg. Iul. de adult.*
Autrement eſt ſi le mary l'a ſceu, & ne s'en eſt plaint : par la
raiſon de la *l. constante. ff. ad leg. Iul. de adult.* Ainſi ſe doit entendre la *l. rei. §. 1. ff. ſoluto matri.* De faict ſi la veſue dedans
l'an du dueil, vit impudiquement l'heritier du defunct
mary, peut la faire priuer de tous les heritages nuptiaux
qui luy ont eſté faicts *auth. eiſdem. C. de ſecund. nupt. Et in auth. de reſtitut. & ea quæ parit. §. vlt. collat. 7.* Et ainſi eſt decidé
per Paul. Caſtr. Conſil. 147. vol. 2. & parle outre de la perdition de la dot. Et *in l. ſororem. C. de ÿs quib. vt indig. 1. S ſteph.*
Bertrand conſ. 222. vol. 3. Et quant au mary qui ſçait l'a-
dultere de ſa femme, & s'en plaint pour eſtre ſeparé de
lict, eſt à noter que ſi le mary, luy meſme s'eſt abandonné
à autre femme, il n'eſt pas receuable d'accuſer ſa femme
d'adultere. *cap. ſignificaſti, extra de diuort.* A quoy faict la *l.*
viro. ff. ſoluto matri.

Laon, art. 42. & Rheims, art. 278: dient que ſi le mary
du conſentement de ſa femme, vend l'heritage ſubject au
doüaire d'elle : Elle doit eſtre recompenſee ſur les autres
biens du mary: ſinon que le prix fuſt tourné au profit de la
communauté: pource que ſi elle n'eſtoit recompenſee, ou
par le moyé de la cõmunauté du mary ou par l'heritier, elle
auroit faict donation & aduantage à ſon mary. Ce qui eſt

defendu. Rheims adioufte, que fi les heritages du mary ne
fuffifent, la fortune tombera fur la femme, à caufe de fon
confentement: car en ce faifant le mary, n'en eft de rien aduantagé.

QVELLES CHOSES SONT
meubles, conquefts, ou propres.

A cognoiffance de la nature des chofes eft neceffaire pour les couftumes de France, & non pas
tant pour le droict Romain : car felon les Romains tout le patrimoine d'vne perfonne eftoit
reputé vne mefme vniuerfité compofee de plufieurs efpeces, mais en la France couftumiere, d'vne mefme perfonne
font diuers patrimoines, & l'vn ne fe gouuerne pas comme
l'autre, foit en fucceffions, en communautez, en teftamens
en retraict lignager, & pour autres effects.

Noms & actions pour chofes mobiliaires, & arrerages
de redeuances, qui font efcheus, font reputez meubles.
Ainfi dient Niuernois, quelles chofes font meubles, art. 7.
Paris, art. 89. Bourbonnois, art. 281. Reims, art. 18. Orleans,
art. 207. dit que les arrerages de rentes foncieres, ou conftituees, & loyers de maifon ne font meubles, finon apres le
terme efcheu. Poictou, art. 247. Auuergne, chap. 16. art. 10.
dit fimplement noms, debtes & actions font meubles. Berry quelles chofes font meubles, dit de mefmes, & adioufte
que noms & actions à immeubles, font reputez immeubles, & pour les deux, dit tant en côtracts qu'en teftament.
Ainfi felon nos couftumes eft appaifee cefte fafcheufe &
fophiftique queftion, fi les noms & debtes font meubles
en vne tierce efpece de biens, en laquelle queftion les Docteurs fe font exercez, comme iouxtans contre l'ombre.

Selon aucunes couftumes les fruicts de terre, qui font
encores pendans font reputez meubles en certaines faifons de l'annee. Niuernois quelles chofes font meubles,

ar.1. dit simplement que les bleds, depuis qu'ils sont nouëz,
c'est à dire en tuyau, sont reputez meubles. Vitry, art. 94. dit
que deslors que les bleds sont semez & couuerts, ils sont
meubles. Blois, 184. Berry de meubles, art. 23. Auxerre, art.
195. & Bourbonnois, art. 284. dient qu'entre mariez & cõmuns personniers, les bleds, & autres fruicts industriaux
sont meubles, deslors qu'ils sont semez. Ce qui a grande
raison à cause de la destination & attente, pour la prouision de maison, que chacun a en faisant labourer & semer
terres: & pource que le profit qu'on en attend par nature, &
par l'industrie de l'homme, est ordonné à estre meuble.
C'est la raison de Paul Castrense. *consil. 123. vol. 1.* Quand
aux vignes. Niuernois art. 2. dit que les fruicts des vignes,
apres qu'elles sont labourees & fouïes, sont meubles, Bourbonnois, art. 284. dit apres la taille. Vitry, art. 94. apres la
feste sainct Iean, Blois, art. 184. apres qu'elles sont macrees
& taillees. Reims, art. 19. à la my-Septembre, Auxerre, art.
195. le 16. May, Berry, art. 23. dit meubles entre suruiuans &
heritiers du decedé. Les prez, quant à l'herbe sont meubles
apres la feste de Nostre Dame en Mars, selon Niuernois,
ar. 3. & Reims, ar. 19. à la my-May, & de mesme Vitry, ar. 94.
mais Berry des meubles, art. 24. ne fait les foins meubles, sinon apres la cueillette, de vray quant aux prez y a raison
autre que des terres & vignes quand l'herbe des prez est
purement naturelle sans industrie de l'homme. Mais Paris,
art. 92. Meleun. art. 282. Laon, art. 103. Sens, art. 275. & Orleans, art. 354. dient que les fruicts d'immeubles, tant qu'ils
sont sur pied, & pédans par la racine sont immeubles. Vray
est que Paris, art. 231. & Orleans, art. 208. dient que les
fruicts de l'heritage propre de l'vn des mariez, appartiennent à son heritier, à la charge de payer la moitié des labeurs & semences. Laon, art. 23. octroye au suruiuant des
deux mariez, ou heritier du premier decedé proprietaire,
le choix de laisser prendre à l'autre la moitié des fruicts, ou
de prendre le tout en recompensant moitié des frais. Mais
Troyes art. 88. dit que tous fruicts industriaux pendãs lors
du deceds de l'vn des mariez se partent par moitié entre

le ſuruiuant & les heritiers du decedé à la charge de fournir par moitié les frais qui ſont à faire. Ce qui ſembleroit
eſtre bien raiſonnable, pour eſtre obſerué par tout, meſme
és prouinces, où n'y a couſtume expreſſe au contraire , &
non ſeulement entre mariez: mais auſſi contre tous autres
communs perſonniers, tant à cauſe de la deſtination, comme auſſi parce que la prouiſion de la maiſon a ſon fondement ſur ceſte attente. Reims, art. 19. dit que tous fruicts
pendans par les racines, horſmis foins, & raiſins ſont meubles, apres la natiuité ſainct Iean. Preſque toutes les couſtumes parlans des fruicts , dient que les fruicts naturels
comme ſont ceux des arbres, ne ſont meubles, ſinon apres
la cueillette. Bourbonnois, art. 284. Berry des meubles, art.
24. Niuernois , article 4. Mais Niuernois , au tiltte de
partage, article 2. 3. dit que ſi aucuns qui ſoient communs en biens, ſe departent apres les labourages faicts ou
ja commencez, les fruicts de la prochaine cuillette ſe departent entr'eux, comme meubles, à la charge de parache-
uer ce qui reſte à faire à frais communs. Ces fictions introduictes par les couſtumes, ſont fondees en grande raiſon,
pour auoir lieu quand la culture ou labourage a eſté fait
aux deſpens de ceux qui ſont en communauté de biens.
Car il eſt certain qu'é fruicts induſtriaux, meſme des bleds,
l'eſtimation de l'impenſe, qui ſe fait pour les faire venir,
monte plus que ne monte l'eſtimation de la ſeule production de la terre. En comprenât en ladite impenſe les iournees des hommes , l'achapt & nourriture de cheuaux ou
bœufs, les ſemences, le ſarclement & autres façons : tout
cela eſt mobilier : & puis que pour faire venir les bleds. Il y
va plus de meuble que d'immeuble. C'eſt raiſó de iuger les
fruicts meubles à cauſe de la preualence , & ſelon les reigles brocardiques de droict , qu'en toutes choſes compo-
ſees de meſlange , il en faut iuger ſelon l'eſpece , qui eſt
de plus grand prix & valeur. *l. in rem.* §. *in omnibus. ff. de rei*
vend. l. queritur. ff. de ſtatu. homi. Auſſi l'attente que chacun
des communs perſonniers, a de recueillir la prouiſion pour
ſa nourriture , ne luy doit eſtre fruſtratoire, & il n'en eſt

suffisamment recompensé quand on luy rembourse ses frais & impenses.

Quant aux fruicts ne sont parceus tous les ans, comme la couppe d'vn bois taillis, la pesche d'vn estang, & autres tels, aucunes coustumes les ont estimez meubles en la saison propre & accoustumee à cueillir les fruicts. Comme Laon, art. 105. & Reims, art. 19. ont dit quand le temps de la couppe ordinaire du taillis est venu, que la taille est meuble, ores que le bois ne soit couppé. Comme Niuernois des meubles, art. 5. Bourbonnois, art. 285. font le poisson d'estang estre meuble apres les deux ans de l'empoissonnement. Vitry, art. 36. & 114. Laon, art. 104. & Reims, art. 19. font le poisson meuble apres les trois ans : la diuersité des deux & trois ans, vient de la coustume de pescher les estägs, comme Vitry le declare, art. 114. dont la raison est que l'attente qu'on faict de pescher, est pour la commodité du proprietaire, & non pour faire profiter le poisson d'auantage, & partant le poisson est comme en reseruoir. Aussi Laon article 106. dit que le suruiuant des deux mariez participera auec les heritiers du decedé, és profits de la pesche des estangs, fossez & viuiers, & de la couppe des bois taillis, pour raison & portion du temps, combien que les profits soient perceus apres le mariage dissolu. Ce qui a grande raison, à cause de la destination & attente. Mais Paris, art. 91. Orleans, art. 355. Meleun, art. 281. dient que le poisson est reputé immeuble, tant de temps, qu'il est en l'estang ou fossé, & qu'il est meuble, quand il est mis en boutique ou reseruoir. Blois, art. 185. dit que si l'estang estoit en pesche lors du deceds de l'vn des mariez, que la pesche se partira par moitié.

Artillerie, & autres engins seruãs & destinez à la tuitiõ & defense d'vn chastel & place forte, ne sont pas meubles, & appartiennent au proprietaire du chastel. Ainsi dient Niuernois, des meubles, ar. 10. Bourbonnois ar. 286. Berry des meubles, ar. 4. & dit qu'ils sont reputez immeubles. Ainsi dient Laon, art. 102. & Touraine, art. 227. qui parle des grosses pieces. Dont resulte qu'à cause de la destination telles

pieces

pieces font immeubles:car felõ leur naturel, elles fõt meu-bles, combien qu'elles foient difficiles à mouuoir:car pour eftre cenfee la chofe faire portion de l'immeuble, non feu-lement eft à confiderer fi elle eft attachee par fer, cloud, cheuille, ou matiere, mais auffi fi elle eft mife pour perpe-tuelle demeure.*l.fundi.§.labeo.ff.de actionib.empt.*

L'edifice affis fur feulle, qui n'a fondement en terre, foit maifon ou preffoir font reputez meubles,comme auffi font les cuues d'vn preffoir.Ainfi dit Niuernois des meubles,ar. 12.La plufpart des couftumes dient autrement. Paris art. 90.Poictou,ar. 250.Berry des meubles.ar.6. Orleans, art. 553.Bourbonnois, art. 288. Touraine, art. 223.224. Me-leun,ar.279.Laon, ar. 102. & Rheims,ar.123.dient que les preffoirs, & autres chofes qui font mifes en vn lieu pour perpetuelle demeure, & ne peuuent eftre oftees fans fra-ction,ou deterioration,ou fans defaffembler, font reputez immeubles,Laon & Reims dient preffoirs à vis:mais aucu-nes defdites couftumes reputent les cuues feruans aupres du preffoir eftre meubles,comme Niuernois audit art. 12. Bourbonnois, art.288.& Laon,art. 101.mefmement quãd elles peuuent eftre deplacees fans grande deterioration. Les autres les reputent immeubles,cõme Poictou.art.250. Berry,art. 6. Touraine,art.224. Meleun.art.279. Surquoy me femble que l'eftat qui fe veoid à l'œil,n'eft pas tant à cõ-fiderer,comme la deftination & l'vfage du pere de famille. Car fi en vn endroit de maifon, expreffément à ce deftiné font pofez le preffoir & les cuues,& ledit endroit eft appel-lé preffoir, vinee, ou d'autre nom femblable. Il faut croire que tout cela y eft mis pour demeure perpetuelle. Qui eft le vray & le plus certain argument, pource que cela fait portion de la maifon, & par confequent eft immeuble. Ainfi eft dit *in l.fundi.§.labeo.ff.de action.empt.*Ainfi fe dit par argument plus fort des ferfs deftinez à vn domaine des champs.*in l.longe.ff.de diuerf. & tempor.pro'cript. & in l.iube-mus nulli. Cod.de facrof. Eccl.*Pourquoy i'eftime que l'article de Niuernois, parlant des edifices fur feulle des preffoirs, & des cuues eft trop vague.Et quant aux edifices qu'il faut

Gg

entendre de quelque leger baftiment, qui aifément fe peut mouuoir de la qualité dont eft parlé *in l. titius. ff. de acq. rer. domi. & in l. grauaria. ff. de act. empt.* Ou comme des preffoirs tels qu'on en veoid à Paris, que l'on tranfporte és places pour preffurer des verjus. Et non pour ce qui eft bafty en vn lieu en intention d'y demeurer touf-jours.

Toutes chofes de maifon tenans à icelle auec clou, cheuille, ou par matiere, ne font pas reputees meubles. Ainfi dit Paris, article 90. & adioufte ce qui eft feclié en plaftre, & qui eft mis pour perpetuelle demeure. Et qui ne peut eftre tranfporté fans fraction ou deterioriation. Ainfi Orleans, art. 356. Laon, art. 100. Reims, art. 20. Bourbonnois, article deux cents fept. Meleun, art. 288. remarque feulement fi pour perpetuelle demeure. Berry des meubles, Et Touraine, art. 225. 226. exceptent fi le locataire ou vfufruictier auoit fait appofer quelque ouurage, qu'ils le pourroient ofter fans deteriorer l'edifice. Sinon que le proprietaire voufift recompenfer, à quoy faut ce qui eft dit *in l. fed addes. §. fi inquilinus. 1 ff. locati.*

Moulins a eauë qui font pofez fur paux fichez, ou qui ont fodement en terre font immeubles. Mais quant aux moulins à vent, les couftumes font diuerfes. Paris, article 90. Orleans, article 352. Berry des meubles, article 3. Laon, article 102. Reims, article 23. dient que moulins a vent font immeubles. Mais Niuernois des meubles, article 8. Bourbonnois, article 282. dient s'ils font pofez fur feulle, qu'ils font meubles: mais me femble qu'il en faut dire, comme cy-deffus a efté dit des edifices affis fur feulle. Quant aux moulins à eau qui font pofez fur bafteaux aucunes couftumes les font meubles, comme Niuernois audit art. 8. Orleans, article 352. Bourbonnois, article 282. Touraine, article 221, Touraine y met vne exception, qui pour fa raifon femble debuoir eftre generale, finon qu'il y euft attache ou affiche perpetuelle, ou qu'ils fuffent bannaux, efquels cas ils font immeubles. Berry des meubles. art. 3. dit fimplement que moulins fur bafteaux font immeubles, & que moulins à bras font meubles.

Rentes conftituees à prix d'argent font immeubles, iufques à ce qu'elles foient racheptees,& apres le rachapt les
deniers qui en procedent font meubles. Ainfi Paris,article
94,Sens, article 123.Auxerre art.120. Orleans , art. 191. &
351.Touraine , art.228. Meleun, art.264. Berry des mariages,art.25. Laon, article 107. La diftinction me fembloit
auoir beaucoup de raifon que lefdites rentes de la part
du creancier fuflent reputez immeubles : car il n'a autre
droict que de demander fa rente , & ne peut la conuertir
en deniers. Mais de la part du debteur foient les rentes reputees meubles,car il s en libere,& les efteint quand il veut
moyennant deniers.

Mais autres couftumes fimplement les reputêt meubles,
tant que le temps du rachapt dure (c'eft donc à toufiours :
car elles font racheptables à toufiours, comme fera dit cy-
apres) Ainfi dient Troyes,article 66.Reims, article 18. ores
qu'elles foient nanties, Blois,art.157.Bourgongne,art. 48.
Senlis,ar.201.273. les repute meubles, tant qu'elles ne font
infeodees ny enfaifinees.Monfort.art.53.& Mante,art. 51.
dient qu'elles font immeubles quand elles font fpecialement affignees fur heritages. Reims,art. 18.& Touraine,
art. 229. mettent les huictiefmes & autres aides acheptez
du Roy,en mefme rang,que les rentes conftituees , pource
que en effet ce font rentes conftituees à prix d'argent : car
combié que dés le cômencemêt on euft vendu les huictiefmes,felon l'annee cômune des dix dernieres , & que le fur-
croift de la valeur vinft aux achepteurs.Toutesfois depuis
on a reftraint les achepteurs au petit pied à prendre le profit de leurs deniers à raifon du douziefme,& que le furplus
reuiendroit au Roy:mais on n'a pas pourueu de recôpenfe
quand les huictiefmes font venus en dechet,pour rapporter moins du denier douziefme. Ainfi le confeil des finances a traittez les fubiects de cefte coronne.Et combien que
Reims les face meubles , toutesfois dit qu'elles ne peuuent
eftre alienees par vn tuteur fans decret.Suiuant ce Paris,ar.
94.Orleans,art . 351. dient que les deniers procedez de ra-
chaps des rentes appartenans à mineurs durant leur mine

rité où le remploy d'iceux sont censez de mesme nature &
qualité d'immeubles qu'estoient les rentes pour le faict de
succession. Ces rētes constituees a prix d'argent, ores qu'elles soient immeubles sont racheptables à tousiours, *etiam*
apres cent ans. Ainsi Paris, art. 119. Orleans, article 268.
Sens, art. 123. Troyes, art. 67. Vitry, art. 131. qui excepte, si
elles n'estoient amorties, à l'esgard de l'Eglise ou infeodees
quant aux nobles. Bourbonnois, article 418. & adiouste à
quelque pris qu'elle soit constituee : mais Berry, article 33.
restraint ce rachapt perpetuel quāt aux rentes constituees
depuis trente ans. Et Troyes, article 67. dit qu'on ne peut
deroger par paction à ceste faculté de rachapt perpetuel.
Ce qui est general en la France, & est pris de *l'extrauag. regi-*
mini, de empt & vend, Ce qui se doit entendre quant aux rētes constituees à la raison du denier douziesme ou quin-
ziesme, ou à autre proportion au dessous du denier vingt.
Car si la rente estoit acheptee à raison du denier vingt, &
assignee specialement sur heritage, auec paction, qu'elle
ne fust racheptable , ou fust racheptable dans certain
temps seulement. Ie croy que la paction seroit valable ,
comme en rente fonciere, de tant que le prix commun &
ordinaire de la valeur des heritages est à raison de vingt
annees du reuenu annuel d'iceux, & telle est l'opinion cōmune auiourd huy, & telle estoit du tēps des Romains cōme se peut recueillir auec vn calcul subtil *in l. Papinianus*. §.
vnde .ff. de inoff. test. & plus clairement *in authent. de non alien.*
§. *quia vero leonis.* Et ce qu'on dit que telles rentes sont immeubles, est plus fondé en auctorité de ceux qui ont tenu
ceste opinion, y ayans interest pour leurs affaires domestiques , qu'en raison fonciere. Car ce qu'on allegue de la *l.*
inbemus nulli. C. de sacros. Ecclef. & autres textes, peut aussi
bien estre entendu des rentes foncieres que ces rentes constituees qu'on appelle volantes, & le sieur du Molin a plus
incliné à ceste opinion qu'elles soient meubles : aussi on les
appelle volantes. Et si tant est qu'il les faille iuger immeubles , il se doit dire que c'est de la part de celuy
à qui elles sont deuës, pource qu'à son esgard elles sont

perpetuelles: & non à l'esgard de celuy qui les doit,pour-
ce qu'il s'en peut desuelopper quand il veut, comme a esté
dict cy-dessus.

Mais rentes crees par bail d'heritage,par partage en supplément,ou par licitation d'heritage sont censees foncieres : ores qu'il y ait faculté de rachapt. Ainsi dict Orleans,
art. 349. & croy que la loy doit estre tenuë pour generale,
pource que la source & origine procede de translation
d'heritage.

L'vsance est presque generale en ce Royaume , que si
aucun eschange son heritage propre à autre heritage, l'heritage pris par luy en contre-eschange , deuient & sortist
mesme nature d'heritage propre,comme estoit celuy qu'il
a baillé, tant en succession qu'en retraict. Ainsi dict Paris,
art. 143. Sens,art. 38. Auxerre,art. 159. Senlis,art. 231.
Bourbonois,art. 462. Vitry,art. 115. qui dict,s'il y a soulte
en deniers qu'il sera conquest iusques à concurrence de la
soulte. Rheims,art. 36. comme Vitry,& adiouste que l'heritier de celuy à qui ce n'est pas heritage n'aissant ou propre,prendra en deniers la moitié de la soulte. Laon,art.115.
dict comme Paris:mais s'il y a soulte,& que l'eschange soit
faict par mariez, il ne laissera d'estre heritage propre: mais
l'autre sera recompensé de la moitié des deniers de la soulte. Berry de retraict,art 14. côme Paris. Orleans, art.385.
comme Paris,& côme Laon en cas de soulte.Meleun,art.
141.La subrogation se faict par le ministere de la Coustume a effect de distinguer les natures des immeubles , qui
sont ou propres ou conquests.Conquests ne peuuent estre
s'ils ne sont acquis moyennât deniers,ou autre chose equipollent à deniers,comme meubles ou seruices. L'immeuble qui n'est tel,doit estre reputé propre : & partant l'heritage acquis par eschange d'heritage propre est reputé propre,pource qu'il n'a la nature de conquest. Ceste subrogation est à effect de la qualité de propre ou conquest: & non
à effect de changer les hypotheques & autres droicts reels:
car tels droicts sont tousiours adherans à l'heritage qui vne
fois y a esté affecté.

A la suitte de ceste decisiõ doit estre dict, que si par partage d'vne succession entre heritiers de diuerses lignes, eschet à l'vn des heritiers, vn heritage qui ne soit de sa ligne: neantmoins il luy sera propre comme s'il estoit venu de sa ligne, tant en retraict que succession. Ainsi dient Sens, art. 44. Auxerre, art. 166 & Troyes, art. 154. Ce qui doit estre tenu pour general. De vray y a mesme raison en ce cas qu'en eschange. Papinian dict que le partage est vne permutation de choses, & droicts pour separer la communiõ. *In l. cum pater. §. hereditatem. 2. ff. de lega 2.* dont appert que partage & eschange sont à party pareil.

Immeubles sont reputez heritages propres, pour estre affectez à la ligne quãd ils aduiennẽt par successiõ de parent. Iaçoit que le defunct l'ait acquis. Et ce quant a succession, & suit la ligne de l'acquereur. Ainsi dict Niuernois des meubles, art. 13. Paris, art. 230. Orleans, art. 303. Bourbonnois, art. 275, Meleun, art. 264. 265. Rheims, art. 24. qui exprime, soit par succession directe, soit par collaterale. Quant à retraict lignager les Coustumes sont diuerses, comme sera dict cy-apres, tiltre de retraict.

Immeubles sont reputez acquests, qui aduiennent à aucun par acquisition particuliere à tiltre onereux ou lucratif. Sinon que ce soit par donation faicte à celuy qui eust peu succeder à la chose donnee, lors de la donation, si le cas de succession fust aduenu. Ainsi dict Niuernois des meubles, art. 14. Presque toutes les Coustumes s'accordẽt que la donation qui est faicte à l'heritier presomptif, ou par ascendant au descendant, ou par parent en faueur de mariage, est reputé propre heritage au donataire & non acquest. Ainsi dict Paris, art. 246. Sens, art. 41. Orleans, art. 211. Meleun, art. 233. Es Capitulaires de Charlemagne, *lib.* 4. *art.* 9. la femme a part, non seulement és acquisitions à tiltre onereux: mais aussi à ce qui a esté donné au mary par ses amis. Vitry, art. 116. Laon, art. 112. Rheims, art. 25. & 26. Blois, art. 172. Cessans lesquelles circonstances, les donations sont reputees acquests: soit qu'elles soiẽt faictes simplement: soit qu'elles soient faictes en remuneration de seruices. Paris, art. 246. Poictou, 233. Orleans, art. 211. Meleun, art. 233. Senlis, art. 232. Rheims, art. 33. & Vitry, art. 116. parlent de donations faictes à personnes estranges, & Rheims appelle personne estrange qui n'est habile à succeder. Laon, art. 112. Rheims, art. 25. 26. & 38. Mais Niuernois au dict tiltre de meubles, art. 9. dict que l'heritage legué ou donné par contemplation du donataire, est heritage propre pour luy & les cõmuns ny ont aucune part. Qui me semble estre la vraye distinction pour accorder lesdictes Coustumes, qui sont diuerses. Car si le don est fait à celuy qui est prochain habile à succeder, il est censé faict en auancement d'hoirie. Et ainsi dict Bourbonnois, art. 274. S'il est faict à l'vn des mariez en faueur de mariage: il est censé faict en faueur du donataire, & de la lignee qui viendra de ce mariage : mesme s'il est faict par vn parent. Et ainsi dict Blois, art. 172. De mesme s'il est faict par vn parent, sans autre respect que de l'amitié qu'il porte au parét à cause du parétage. Ie diray selon cest Article de Niuernois, que c'est en contemplation du donataire, & que les communs personniers du donataire n'y ont rien. Que si le don est faict pour recompense de seruices faicts, ou attente de seruices à faire. Ie diray que c'est acquest: car ces seruices sont estimables en deniers. Selon ces circonstances me semble qu'il se doit iuger, si le don est propre ou conquest: Et qu'il ne faut pas dire simplement & indistinctement, que donations faictes par autres que ascendans soient conquests: comme aucunes Coustumes dient. Ainsi il en faut iuger par les circonstances, & par qu'elle contemplation la donation est faicte. Et à ce faict, ce qui est dit. *In l. quæstus, in l. nec adiecit. cum sequentibus. ff. pro socio. Et in dubio*, on doit penser que ce qui est donné par vn parent, est par contemplation du parentage. *l. sed si plures. §. in arrogato in fine. ff. de vulgari.*

Paris, ar. 95. & Orleans, art. 485. dient qu'vn office venal est reputé immeuble, & a suite par hypotheque, tant qu'il est és mains du debteur : & peut estre adiugé par decret. Mais les deniers prouenans de la vente, sont subjects à

contribution comme meubles : De vray le droict des offices est pur mobilier, pource que les côcessions d'offices de
leur nature sont precaires, combien qu'on tienne que les
offices Royaux ne sont receuables à volonté du Roy: si est-
ce que la clause des prouisions est ordinaire, tant qu'il nous
plaira. Et tels offices n'admettent hypotheque de suite
non plus que les meubles. Ainsi fut iugé par vn notable Arrest, moy present, au faict du Greffe de la Reaulle, sur les
plaidoyeries des Ieudys troisiesme & dixiesme Decembre,
l'an 1551: plaidant le Maistre Aduocat, & son pere, President à l'audience.

Rheims, art. 21. 22. & 258. dict que le meuble, ou ce qui
est censé meuble: se reigle par la Coustume du domicile
de celuy par le deceds duquel ils sôt delaissez. Iaçoit qu'ailleurs ils soiét reputez immeubles: & que les immeubles se
reiglent par la Coustume des lieux où ils sont assis: & non
selon la Coustume du domicile de ceux qui disposent. Cecy peut estre tiré des decisiôs des Docteurs Vltramôtains,
qui tiennent que tous statuts sont locaux, se fondans sur ce
que le droict Romain est leur vray droict commun, & que
les status qui sont contre, ou outre ledict droict, doiuent
pour ceste cause estre pris à l'estroit, & n'auoir effect,
qu'à l'esgard des biens qui sont assis au mesme territoire:
& aucuns de nos Docteurs François ont comparé nos
Coustumes à statuts. Ce qui est mal à propos selon mon
aduis: car le droict Romain, n'est pas loy à nous, & ne nous
sert que de raison, & nostre vray droict ciuil, & nos loix
sont nos Coustumes. Qui faict que les Coustumes lient les
volontez des personnes qui sont domiciliees au territoire
desdictes Coustumes: & qu'és affaires qui dependent des
seules volontez & dispositions des personnes: Il faut suiure les Coustumes des lieux où les personnes sont domiciliees: & non la Coustume des lieux où les biens sont assis.
Et quant aux meubles qui sont destinez à vsage ou orne-
ment perpetuel d'vn lieu: il les faut iuger faire portion dudict lieu, & les reigler par la Coustume d'iceluy lieu, à cause de la destination, suiuant la *l. longe ff. de diuers. & tempor.*
prescript.

preſcript. & l. fundi. §. labeo. ff. de act. empt. l. quæſitum. §. ſi quis
§. Idem reſpondit. ff. de fundo inſtr.

DES DONATIONS.

TOVTES les Couſtumes de France dient pour reigle, que donner & retenir ne vaut. Ce qui procede, comme il eſt vray ſemblable, du naturel des vrays François, qui eſt de faire franchemunt & à cœur ouuert, ſans retenir à couuert. Mais la pluſpart deſdictes Couſtumes ont eſtenduë la validité des donations: non ſeulement s'il y a tradition reelle, qui doit eſtre durant la vie du donateur, comme dict Berry des donations. art. 1. ains auſſi quand il y a ſicte tradition par retention d'vſufruict precaire ou conſtitut, qui ſont remedes introduicts par le droict Romain, pour valoir comme vraye tradition. *l. quiſquis. C. de donat. l. quædam mulier. ff. de rei vend.* & ſelon la doctrine de *Ioan. Fab. In §. venditæ inſtit. de rerum diuiſ.* Ainſi dient Paris. art. 273. & 275: Niuernois des donatiõs. ar. 1. Sens, art. 108. 115. Auxerre, art. 217. Berry des donat. art. 1. 2. 3. Orleans, art. 283. 284. Auuergne, chap. 14. art. 21. Bourbonnois, art. 214. Meleun, art. 167. 231. Troyes, art. 137. Blois, art. 169. Vitry, art. 111. & adjouſte bail à accenſe valoir tradition. Rheims, art. 229. Vray eſt que les Docteurs tiennent communément quand le negoce eſt ſubject à ſuſpition de fraude, que la tradition ou tranſlation doit eſtre reelle, & la ſicte tradition n'eſt ſuffiſante. *Per eoſdem textus in l. vnica. C. de ſuffragio & in l. per diuerſas. C. mandati.* Aucunes deſdictes Couſtumes interpretent, donner & retenir, quand le donateur ſe reſerue faculté de pouuoir diſpoſer de la choſe donnee, ſoit par conuention expreſſe ou par moyen oblique, cõme s'il donne à charge de payer les debtes que le donateur deura lors de ſon deceds, ou de accomplir le teſtament du donateur ſans limitation. Ainſi dict Niuernois pour les trois cas, art. 2. 3. Meleun, art. 230.

Hh

pour le premier chef. Rheims, art. 229. Auuergne, chap. 14.
art. 19. 20. Mais en ce que Niuernois, art. 3. met entre les
cas de donner & retenir, payer les fraiz funeraux du donateur. Auuergne audict art. 20. y contredict, & dict par expres, que la charge de payer les laigs & funerailles, n'infir-
me la donation. Et dict bien quant aux funerailles: car tels
fraiz sont subjects à reiglement & moderation selon l'estat
& dignité du defunct: qui est tout autant que s'il y auoit
somme limitee. *l. si quis sepulchrum. §. sumptus. ff. de relig.* Et
quant aux lais la raison est particuliere en Auuergne, pour
ce que nul ne peut disposer par testament que du quart de
ses biens. Aucunes Coustumes mettent autres limitatiõs.
Comme Vitry, art. 111. dict qu'en fief le donataire pour
estre saisi, doit faire la foy, & instituer officiers. Laon, 54.
& 55. Rheims, art. 231. Senlis, art. 211. ne se contentent d'v-
ne ficte tradition par le consentemét des côtrahans: mais
desirét Vest & Deuest & ensaisinement, qui sont certaines
formalitez requises par lesdictes Coustumes, pour acquerir la proprieté. Orleans, art. 278. dict que saisine & dessai-
sine en presence de tesmoins vaut tradition, sans apprehension de faict.

Auuergne, cha. 14. art. 25. dict, que dõner & retenir vaut
en mariage & en association vniuerselle. Autant en dict
Bourbonnois, art. 212. quant à faueur de mariage. Du Molin en l'annotation sur le 160. article de l'ancienne Coustume de Paris, dict cela estre general, pource que la prohibition de donner & retenir, n'est que pour euiter les fraudes.
Rebuffe sur les ordonnances, *vol.* 1. fol. 256. dict auoir esté
iugé que donner & retenir en contract de mariage vaut,
par Arrest du 24. Mars, 1521. entre de Fouquesques & de
Sorze. I'y disois vne autre raison selon nostre Coustume,
pource que la donation en faueur de mariage saisit, pourquoy n'est besoin de tradition.

Touraine, article 240. dict que l'heritier du donateur
est tenu de faire tradition au donataire, si le donateur ne l'a
faicte de son viuant, ou s'il n'y a retention d'vsufruict, ou
autre clause de ficte tradition.

Par donation entre vifs, chacune perſonne habile à aliener, peut diſpoſer de tous ſes biens. La diſpoſition teſtamé-
taire, ou pour cauſe de mort eſt limitee, comme ſera dict
au chapitre des Teſtamens. Ainſi dient Niuernois des donat. art. 4. & quant au premier chef, Paris, art. 272. Sens,
art. 109. Auxerre, art. 218. Orleans, art. 275. Auuergne, ch.
14. art. 42. Meleun, art, 232. Vitry, art.   Laon, art. 51. qui
met la limitation pour celuy qui n'a enfans. Laquelle limitation eſt generale, & doit ſeruir à toutes les autres
Couſtumes. Car nonobſtant la donatiõ vniuerſelle *etiam*,
entre vifs, les enfans peuuent demander leur legitime ſur
les biens donnez. Berry, art. 9. 10. dict que celuy qui a enfans ne peut donner à eſtranger outre la moitié de ſesbiẽs.
Poictou, art. 203. ne permet donner entre vifs que le tiers
des immeubles eſcheuz par ſucceſſion. Et s'il n'a que meubles & conqueſts, ne peut donner que le tiers : ſi ce n'eſtoit
que ce fuſt pour ſa nourriture : auquel cas on peut tout
donner, ſinon qu'il fuſt malade de maladie, dont il dece-
daſt dedans quarante iours. Mais Laon, art. 51. Rheims,
art. 232. & Blois, art. 167. ne permettent donner entre vifs
que meubles & conqueſts, & moitié du naiſſant ou heritage propre. Bretagne, art. 220. ne permet donner plus du
tiers de l'heritage propre, ſi ce n'eſt à ſes hoirs.   Touraine,
art. 233. permet à roturiers qui n'ont enfans, dõner à eſträ-
gers qui ne ſont heritiers preſomptifs, tous acqueſts & tiers
du patrimoine par vſufruict, & tous meubles à perpetuité:
S'ils ont enfans moitié des meubles à perpetuité, moitié
d'acqueſts à vie.

Donation pour cauſe de mort, & laigs teſtamentaire
ſont de meſme nature & effect, tant par les Couſtumes,
que par le droict Romain. *l. vlt. C. de donat. cauſa mort.* Par
la pluſpart des Couſtumes, la donation eſt cenſee & reputee à cauſe de mort, ores qu'elle ne ſoit nommee telle,
quand elle eſt faicte par malade de maladie dont il meurt,
ou par perſonne eſtant en danger & peril de mort : Ou
quand pour doubte de mort elle eſt faicte, en remettant
l'execution & effect apres la mort. Ainſi dient Niuernois

des donations, art. 5. Paris, art. 277. & adjoufte nonobftant que par mots expres, elle foit conceuë entre vifs,
quand elle eft faicte par malade, de maladie dont il meurt.
Orleans, art. 297. comme Paris. Auuergne, chap. 14. art.
13.14. Celle de Paris vfe de ces mots, *gifant au lict malade.*
Blois, art. 171. Sens, art. 106. & Auxerre, art. 218. dient
comme Paris, auec la limitation fi le donateur decede dedans quarante iours. Auxerre adjoufte, fi elle eft conceuë
entre vifs, elle peut eftre reuoquee dedans quarante iours
non apres. Auoit efté iugé par Arreft en la fucceffion de
Maiftre Iean Thiouft, que la donation entre vifs faicte par
malade, n'a effect que de donation pour caufe de mort, &
fur l execution dudit Arreft, y eut autre Arreft à la pronő-
ciation folemnelle de Pétecofte, le Védredy 4. Iuin, 1568.
Mais Berry des teftamens, art. 18. dict que donation entre
vifs faicte par malade qui en meurt, eft vraye donation entre vifs. Cefte Couftume a efté dreffee par le Sieur Prefident Lizet, tres-grand obferuateur du droict Romain, &
qui de tout fon pouuoir à voulu rendre le droict François,
fubject au droict Romain. Selon le droict Romain, la donation entre vifs, faicte par vn qui fe meurt, vaut entre vifs.
l. feia. §. vlt. ff. de caufa mort. donat. La difference d'entre le
droict Romain & le noftre, à ceft efgard eft, que les heritages propres d'aucun font affectez à la ligne: & n'en peut le
proprietaire difpofer en plaine liberté. Mais le droict Romain mettoit toutes fortes de biens à party pareil. Ces donations pour caufe de mort font reuocables, nonobftant
qu'il y ait claufe d'irreuocabilité. Et ne faififfent, ains faut
prẽdre par les mains de l'heritier comme vn laigs. Niuernois audict art. 5. & 6. Poictou, art. 274. difant qu'en telles
donatiős la tradition ncte ne fert de rien. Auuergne, chap.
14. art. 35.36.

Si les peres & meres peuuent faire aduantage à l'vn de
leurs enfans plus qu'à l'autre, les Couftumes font fort diuerfes. La plufpart dient, qu'on ne peut aduantager les enfans venans à fucceffion, c'eft à dire, qu'on ne peut leur

donner par precipu, mais doiuent se tenir au don sans estre
heritiers, ou estans heritiers rapporter le don. Les autres
coustumes en plus petit nombre permettent les aduantages. On dit que les coustumes qui defendent les aduantages, sont pour euiter les mescontentemens & les enuies entre les enfans dōt biē souuēt aduiennēt les discordes. Mais
aussi c'est vne grande seruitude & misere aux peres & meres
de n'auoir pas la liberté de leurs biens, & n'auoir moyen de
recompenser les seruices & officiositez de leurs enfans, &
de tenir en subiection & crainte ceux qui ne sont pas obse-
quieux. Auoir la liberté de disposer de ses biens enuers vn
estranger, & ne l'auoir pas enuers ses enfans, qui doiuent
toute subiection & obeissance. Se recognoistre estre subi-
iect en l'endroit où l'on doit commander. Et tant bons &
obeïssans soient les enfans, c'est grand ennuy à vn bon &
honneste cœur de sentir sa seruitude & priuation de liberté. Les coustumes qui defendent les donations aux enfans,
sinon en faueur de mariage ou pour cause raisonnable sont
Bourbonnois, art.217. Sens, art.110. Orleans, art.272. qui
dit en faueur de mariage ou emancipation, Bretagne, art.
230. entre roturiers, si ce n'est auec cause raisonnable. Les
autres coustumes permettent bien les donations à faire par
les pere & mere à leurs enfans, mais si lesdits enfans veulent venir à succession & heredité, ils doiuent rapporter,
parce que la donation ne peut estre faicte par precipu &
sans rapport, vray est que les enfans donataires peuuent
s'arrester à leur don, sans venir à succession. Ainsi dient
Paris, art.303.304.307. Auxerre, art.244. Poictou, art.218.
Sens, art.270. Laon art.52.88. Blois, art.167. Orleans, art.
273. Touraine, art.314. Meleun, art.274. Senlis, art.171.
Troyes, art.142. Vitry, art.73. qui adiouste ceste limitation,
pourueu que le don faict en mariage n'excede la portion
contingente que l'enfant eust deu auoir en la successiō des
pere ou mere. Aucunes coustumes permettent aux peres
& meres de donner à leurs enfans en precipu, & sans qu'ils
soient tenus de rapporter les choses donnees. Comme
Bourbonnois, art.308. quānd la donation est faicte en fa-

ueur de mariage, Reims, art. 288.& adioufte que l'enfant prenant le precipu ne paye des debtes que pour fa portion hereditaire. Ce qui eft conforme au droict Romain. *l.1.C.fi certum petatur.* Niuernois, art. 10.11. & art.7. permet aux peres & meres, d'aduātager aucuns leurs enfans, fauue la legitime des autres. Par tout faut excepter le droict de legitime aux autres enfans: car en quelque forte, ou faueur que les peres & meres donnent à leurs enfans, la legitime doit eftre referuee aux autres enfans. Communément on a fuiuy le droict Romain és nouuelles & authentiques, pour la proportion de la legitime. Selon les Digeftes & le Code, la legitime eftoit du quart de la portion entiere que l'enfant euft eu s'il n'y au point de donation. Iuftinian és nouuelles a faicte la legitime le tiers de la portion contingente, quand ils font quatre enfans ou moins. Et s'ils font plus la moitié. Paris, art. 198. en rejettant auec grande raifor. cefte diftribution de Iuftinian, commemal proportionnee. A dit indiftinctement que la legitime eft la moitié de la portion contingente. A quoy fe rapporte aucunement Berry des teftaments, ar.5. difant que celuy qui a enfans ne peut donner à l'eftranger plus que la moitié de fes biens. Cefte legitime fe prend non feulement fur les biens , & à l'efgard des biens qui appartenoient au defunct lors de fon deceds, mais auffi à l'efgard des biens donnez, foit que la donation ait efté faicte aux autres enfans, ou à eftrāgers, pourueu que la donation foit de chofe en notable valeur. Et de tous ces biens en faire vne maffe, par eualuatiō, pour fur icelle prendre le pied de la legitime. Auffi nous voyons au Code que les deux titres y font des teftamens inofficieux, & des donations inofficieufes. Poictou, art. 215. permet à chacun d'aduantager fes heritiers en meubles & conquefts quand le donateur a des heritages propres, efquels propres il ne peut aduantager. Et s'il n'auoit des propres il doit laiffer à fes heritiers la moitié de fes meubles & conquefts.

Les rapports ou collations furent introduictes par le droict Romain quand l'enfant emancipé par le benefice du preteur venoit à succeder au pere auec les enfans, estans en sa puissance. Mais en France, nous obseruons que les enfans venans à succession des peres, meres ou autres ascendans sont tenus indistinctement de rapporter les aduantages qu'ils ont receus ou tant moins prendre. Si ce n'est és coustumes où est permis de donner en precipu & sans rapport. Ce rapport ou collation est pour les faire tous esgaux. Paris art. 278. Orleans, art. 272. 273. dient que meubles ou immeubles donnez par pere & mere à leurs enfans, sont reputez estre donnez en auancemens d'hoirie. Lesdites coustumes se sont estenduës à deuiser en particulier de la maniere de ce rapport, & y ont mis des reigles grandement equitables & aucunes correspondentes au droict Romain. Asçauoir, que les enfans doiuent rapporter les choses donnees, si elles sont extentes en bonne valeur, & sont en leur puissance, & à la charge de les recompenser, ou autrement leur faire raison des meliorations faictes par lesdits enfans esdictes choses donnees. Et si les choses donnees sont hors de leur puissance lors de la succession escheuë, doiuent rapporter la valeur & estimation. Aucunes coustumes dient la valeur qui estoit lors que la donation a esté faicte, les autres dient lors du partage. Paris, article. 305. qui dit valeur lors du partage. Mais Sens, art. 271. Auxerre, art. 252. Reims, ar. 317. Touraine, art. 304. Meleun. art. 274. dient la valeur lors du don. Ie croy que par temperament se peut dire que si la chose donnee est deterioree par la faute du donataire, l'estimation soit faicte selon le temps du don. Si la deterioration est par cas fortuit sans sa faute, lors du partage. S'il n'y a rien deterioré, & soit en mesme estat de bonté naturelle & intrinseque, comme elle estoit lors de la donation. Ie croy estre raisonnable d'auoir esgard au temps du partage : car la diminutiõ ou augmentation de la bonté extrinseque, qui est en ce que selon le cours des commerces, le prix des choses croist ou diminuë, ne doit tourner au profit ny à la perte du donataire, & doit estre le tout representé, comme s'il fust tousiours demeuré en la puissance des pere & mere

donateurs, & se trouuast en leur heredité. Auxerre art. 251.
& Sens, art. 268. dient si l'heritage a esté baillé, prisé & estimé qu'il suffit de rapporter la prisee. Ce qui semble estre
de peu d'effect. puis qu'il faut faire estat de la vraye valeur,
attendu que l'vn des enfans ne peut estre aduantagé plus
que l'autre. Auxerre, art. 253. & Sens, art. 269. Troyes, art.
143. dient que robbes nuptiales, & troussaux doiuent estre
rapportez. Troyes, adiouste frais de nopces. Les mesmes
coustumes, de Sens, & Auxerre, Laon, art. 95. Blois, art. 159.
& Reims, art. 303 dient que les frais du festin des nopces, ne
se rapportent. Et auec grande raison : car il n'en demeure
aucun reste ny profit aux mariez. Aussi les peres & meres
en traictats leurs parens, font l'hôneur de leur maison. Ne
doiuent estre rapportez frais ne nourriture & entretenemêt
des enfans, les frais d'escole & apprentissage, liures & outils, dont la raison est que les alimés sont deus par les peres,
come peres. *l. si quis à liberis .§. idemque rescripsit .ff. de liber. agnosc.*
Et sont censez en obligation, & non en donation. Et com-
bien que sous le nom d'alimens ne soit comprise l'impense
pour l'estude, ou pour apprendre art. *l. legatis. ff. de aliment.*
leg. toutestois quand c'est à respect de paternité, & de filia-
tion, sous le nom d'aliments est comprinse telle impense. *l.*
de bonis. §. i ou solum. ff. de carbo. ediéto. l. 3. §. sed si non. ff. vbi pu-
pillus educari. Mais frais de maistrise ou Doctorat, ou achapt
d'office, ou payement de rançon de guerre doiuent estre
rapportez. Auxerre, art. 253. Berry, ar. 42. Orleans, art. 309.
Tours, art. 304. Meleun, art. 278. Blois, art. 159. Laon, art.
89. 90. & 95. De mesme quant aux frais de gendarmerie
faicts moderément, iusques à ce que les enfans soient mariez, & pour faire l'enfant Cheualier. Berry, art. quarante-
deux, Laon, article quatre-vingts-quinze. Meleun article 278. Aussi se doiuent rapporter les donations faites aux
enfans des enfans heritiers. Paris, art. 306. Et Orleans, art.
307. 308. qui adiouste, comme fait Paris, art. 308. que le
nepueu en ligne directe, venant à la succession de son
ayeul, de son chef doit rapporter ce qui a esté donné à
son pere, ores qu'il ne soit heritier de son pere : ainsi fut
iugé

iugé par vn Arrest solemnel du 14. Aoust , 1564. entre les
Gayets de Patras,& Guerard de Nogent sur Seine, suiuant
la loy *illam.Cod.de collat.*Et par le mesme Arrest fut iugé que
l'office de grenetier, qui est venal, donné par le pere à son
fils,qui auoit esté perdu par le deceds du fils, soit rapporté
par le petit fils. Les fruicts des choses donnees,perceus par
les enfans du viuant du donateur ne sont rapportez , ains
seulement ceux qui sont perceus depuis le deceds.   Ainsi
dit Paris,art.209.Mais Orleans, art.309.dit que les fruicts
ne sont rapportez , sinon depuis prouocation à partage,
Bretagne,art.531.dit depuis la demande faicte en Cour.Se-
lon la raison du droict Romain les fruicts doiuent estre rapportez depuis la succession escheuë.*l.non est ambiguum . iun-
ct.gloss.Cod.famil.ercis.*Paris audit article 309. que si deniers
ont esté donnez , doiuét estre rapportez les profits, à raison
du denier vingt depuis le deceds. Le denier vingt, c'est le
profit correspondant à fruict d'heritage, & non à profit de
deniers, & est à croire que le fils à qui le pere a donné , n'a
laissé ses deniers oisifs sans les employer.

L'heritage que le pere ou la mere donnent à leur enfant
en faueur de mariage ou autrement, sortit nature de propre audit enfant. Et si le donataire va de vie à trespas , sans
enfans,l'heritage retourne au donateur. Ainsi dit Niuern.
des donat.art.9.& des successions,art.5.Paris,art. 313. Auxerre art.241.Orleans , art.315.Laon, ar. 110.Bourbõnois,
art. 114. quj parle de tous biens donnez par ascendans, &
non seulement d'immeubles. Ce qui a grande raison , afin
que le pere, outre la perte de son enfant, ne voye durant sa
vie,le bien prouenu de son labeur estre transferé en famille
estrange. Touraine, art.311.Meleun,art.270.Bourgongne,
art.65.Sens, art.114.Auxerre,art.224.Troyes,art.141. Berry des succ. art. 5. & adjouste que le retour d'heritages
donnez venant au pere,est auec charge des debtes reelles
du fils,mais sans charge de debtes personnelles, sinon sub-
sidiairement en cas que les autres biens ne suffisent, & iusques à concurrence des biens retournez.Ce qui semble deuoir estre obserué par tout, pource que le pere prend ces

biens non pas proprement comme heritier, mais par droict
de retour. Et la couſt. de Niuer. eſdits articles ſuſdits, &
la plus-part des autres couſtumes vſent du mot de retour,
de vray quand la donation ſe fait en traict de mariage, la
preſomption eſt, que c'eſt directement pour la poſterité de
lignee, que le pere eſpere par le mariage de ſon enfant. Ceſte ſucceſſion eſt aucunement *ad inſtar* de ce qui eſt dit au
droict Romain que les peres en emancipant leurs enfans
ſtipuloient par forme de fiducie, que les biens des enfans
leur viendroient. §. *ad legit. inſtit. de legit. agnat. ſucceſſ.*

La pluſpart des couſtumes ont fauoriſé les donations en
faueur de mariage au profit des mariez, les vnes non ſeulement par donation, mais auſſi par inſtitution d'heritier, &
conuenance de ſucceder, tant en fauent des mariez, que
de leurs deſcendans, Comme Bourbonn. art. 219. Niuern.
des donat. ar. 12. Auuergne, cha. 14. ar. 26. 27. 29. 33. Iaçoit
que ſelon le droict Romain, les pactions de ſucceder ne valent *etiam* en faueur de mariage. *l. pactum dotali. C. de pact. l. ex
eo. C. de inſtit. ſtipul.* Mais en France, comme par couſt. generale non eſcripte, les pactiõs de ſucceder en faueur des mariez valent, à quoy faict ce qui eſt dit *in cap. vnico de filiis natis
ex matrim. ad morgan. contracto. in vſib. feud.* où eſt faicte mention de la loy Salique. Orleans, art. 202. permet toutes do-
nacions en traicté de mariage, auant la foy baillee.   Et de
meſme Berry des donat. art. 7. mais au tiltre des mariages, art. 2. 5. 6. defend les inſtitutions d'heritier, & les donations vniuerſelles, & permet les donations au profit du ſuruiuant en certains biens, monſieur le Preſident Lizet, Cõ-
miſſaire à la redaction de ladite couſtume, eſtoit grand ſectateur du droict Romain, ſelon lequel les ſucceſſions ne
peuuent eſtre donnees par pactions : Blois, art. 161. permet
de donner tous meubles & conqueſts, & moitié des patrimoniaux, & adiouſte, s'il n'y a enfans, que l'heritage retourne au donateur ou à ſes heritiers. Touraine, art. 236. permet
de donner tous les meubles à perpetuité, & moitié des cõqueſts à vie. Bretagne, art. 222. dit que les mariez en traicté
de mariage, peuuent donner l'vn à l'autre le tiers des he-

ritages, & tous les meubles qui seront lors du deceds, à la charge des exseques & debtes du premier decedé.

Si lors de la donatiõ le dõnateur n'auoit enfans,& en procrec par apres en loyal mariage,la donation est reuoquee, *ipso facto*. Niuernois,art.13.des donations. Bourbonn. art. 225. de mesme quant aux donations vniuerselles, ou par quotte portion de biens. Auuergne, chap.14.art.32. Bourbonnois, & Auuergne exceptent si la donation estoit faicte en faueur de mariage,auquel cas n'y auroit reuocation que pour la legitime. Par arrest solemnel donné entre maistre Charles,& maistre Ferry du Molin,freres,du 12.Auril, 1551.auant Pasques,prononcé par le Presidét S. André, fut iugé pour la reuocation de donation faicte en faueur de mariage,auec ceste exception,si les biens du mary ne suffisoient pour respondre des droicts matrimoniaux de la féme,que les biens du donateur en respondroient subsidairement. Ceste reuocation est fondee au droict Romain, en la *l.si vnquam.C.de reuocand.donat.*& ledit droict Romain est fondé sur la presompte volonté du donateur,qui n'eust dóné,s'il eust pensé auoir apres des enfans,& à ce fait, ce qui est dit.*in l.tale pactum.S.vl.ff.de pact.& in l.vlt.ff.de hæred.inst.*

Mineurs & autres personnes estans sous l'administration d'autruy ne peuuent donner ny tester au profit de leurs tuteurs,curateurs ou autres administrateurs pendant leur administration.Selon l'ordonnance de l'an, 1539. & celle du 4.Mars,1549.Paris,art.276.Orleans,art.296.dient de mesme, & adioustent au profit des pedagogues, ny au profit des enfans desdits administrateurs, & iusques à ce qu'ils ayent rendu compte.Peuuent toutesfois disposer au profit de leurs ascendans non remariez, dont la raison est qu'à cause de l'excellente amour des ascendãs,il n'est vray-semblable qu'ils ayent sollicité la donation par malefaçon.

Donations entre vifs,ores qu'elles soient mutuelles,remuneratoires, ou en faueur de mariage doiuent estre insinuees au siege Royal,&enregistrees dedans les quatre mois de la passation d'icelles , & peuuent estre debatuës à faute d'insinuation, tant par les creanciers, que par les heritiers

du donateur. Edict de l'an 1539. & Edit de Moulins, 1566, ar.
58. Les insinuations se font principalement pour euiter les
fraudes: au cõmencement on a estimé que cela regardoit
le seul interest des creanciers du donateur, & doubtoit-on
si l'heritier estoit receuable à debatre la donation faicte par
son predecesseur, par faute d'insinuation, pource, disoit-on,
que l'heritier est tenu des faicts & promesses de son predecesseur: mais pource que l'heritier en se disant heritier, oblige sa personne, & les biens qu'il a d'ailleurs que de l'heredité, pour payer les debtes du defuuct *etiam* outre les moyés
& la valeur des biens hereditaires, il se doit dire qu'il a iuste interest d'auoir moyen de cognoistre si le defunct auoit
donné, & quels sont les moyens demeurez en son heredité:
pour s'il cognoist qu'il y ait des donations grandes s'abste-
nir de l'heredité. Poictou, ar. 320. parlant des insinuations à
autre effect, met vne belle reigle, & vtile pour euiter les sup-
positions des dattes, & qui seroit bonne a estre obseruee par
tout, que le greffier n'escriue au dos du contract, l'insinua-
tiõ iusques à ce que le registre en ait esté fait, & par l'adosse-
ment doit quotter le fueillet du registre. Aussi les ordonnances des annees 1539. 1549. & 1566. commandent expressement que registre soit faict: la lecture & publication
qui se faict en iugement peut estre incogneuë à plusieurs.
Le registre est permanent, & peut chacun qui a interest, y
auoir recours pour veoir que c'est: car tel registre est communicable à toutes personnes.

DE L'ESTAT DES PERSONNES, tutelles, & curatelles.

Es enfans mariez sont reputez pour emácipez, &
vsans de leurs droicts, & ont l'administration de
leurs biés meubles & fruicts de leurs immeubles,
combien qu'ils ne soient aagez de 25. ans: mais ne
peuuét aliener leurs immeubles sans decret, auát l'aage de
25. ans accõply. Paris, ar. 239. Niuern. des droicts de mariez,
art. 26. Sens, art. 160. Auxerre, art. 257. Orleans. art. 181. 182.

Bourb.art.166.& dict de mesme des enfans Prestres : mais
soit noté que par les statuts Canoniques ils ne doiuét estre
Prestres auant les 25. ans. Touraine, art. 351. & adjouste
qu'ils peuuent ester en iugement , & demander compte à
leurs tuteurs,estans assistez de deux parens. Meleun , art.
119. Troyes, art. 21. Rheims, 10. Blois, art. 1.2. Ce qui se
dict de l'exemption de la puissance paternelle, peut estre
extendu pour sortir de tutelle: car la puissance paternelle
est de plus grande efficace que la tutelle. Mais Senlis, art.
221. dict que puissance paternelle n'est en vsage. Poictou,
art. 312. quant aux nobles, dict que par mariage la puissance paternelle ne cesse, s'il n'y a expresse emancipation. Et
quant aux roturiers,que les enfans sont tenuz pour emancipez , quand ils ont tenu mesnage à part par an & iour.
Bretagne, art. 503. & 504. dict que l'enfant par mariage
est tenu pour emancipé,quand il a esté marié de l'assente-
ment de son pere,& que le fils ayant vingt-cinq ans,ne demeurant auec son pere,est tenu pour emancipé. A tout ce
que dessus, ie voudrois faire l'imitation : pourueu que le
masle fust en pleine puberté,qui est selõ le droict Romain
de dixhuict ans: Ou bien de vingt ans,pource que c'est l'aage auant lequel le Prince n'octroye dispense d'aage par ses
lettres. Car s'il estoit en aage de quatorze ou quinze ans,
semble qu'il n'y auroit raison de luy donner le maniement
de son bien.

L'enfant procreé en mariage de pere noble, est noble:
jaçoit que la mere soit roturiere. Meleun, art. 294. Laon,
art. 14. Rheims, art. 2. La femme roturiere , femme du
noble,ou vefue du noble , est noble tant qu'elle est en mariage ou en viduité. Touraine,art. 317. Meleun , art. 294.
Troyes,art. 13. Vitry,art. 68. Laon,art. 14. & 15. Rheims,
art. 3. 4. Et si la femme noble est mariee a roturier, est roturiere durant le mariage:mais estant vefue , elle peut reprendre sa noblesse,en declarant par deuant Iuge competent,qu'elle entend viure noblement. Ces decisions semblent deuoir estre generales , & correspondent au droict
Romain. *l. emancipatum. l. fæminæ. ff. de senat.* Quant à la

femme noble vefue d'vn roturier: Guido Pape a tenu l'o-
pinion contraire, qu'elle eft roturiere, & ne reprend fa nobleffe. Mais ie croy le contraire eftre veritable : car le mariage du roturier n'ofte pas la nobleffe : mais l'obfcurcit &
couure feulement tant que le mariage dure, & l'empefchement ofte la nobleffe qui eft en elle, & en fa chair reprend
fes effects. Sens, art. 161. & Troyes, art. 1. dient que l'enfant qui eft nay de pere ou mere noble, iaçoit que l'autre
foit roturier eft noble: & Poictou, art. 286. dict fi l'vn des
deux mariez eft noble, que les enfans partiront l'heritage
de celuy qui eft noble noblement, & du roturier, roturierement. Et quant aux meubles & conquefts, fe partiront felon la conditiõ du pere, foit noble ou roturier. Bretagne, art. 720. dict que gens nobles exerceans faict de
marchandife font contribuables aux tailles, & peuuent reprendre l'exemption en ceffant le faict de marchandife.
I'ay veu practiquer d'obtenir en tel cas, lettres en Chancellerie au petit feel, addreffees aux Efleuz pour reftablir
en nobleffe ceux qui ont exercé marchãdife, en delaiffant
le trafic. Et depuis, I'ay veu qu'en telles lettres on adiou-
ftoit la claufe, à la charge de payer les tailles & fubfides,
pour le temps qu'il a faict acte derogeant à nobleffe. En
tout ce que deffus, faut excepter s'il auoit perdu fa nobleffe par forfaict ou acte infamant, ou par vilité & lafcheté de
cœur en exploicts de guerre : car en tel cas la nobleffe eft
perduë perpetuellement fans remede, finon auec aboli-
du Prince de fa certaine fcience. Vitry, art. 7. & art. 13. dict
qu'és cas efquels l'amende contre vn roturier, feroit de
foixante fols, comme en caufe d'appel : elle fera arbitraire
contre noble, ou contre vn chapitre & college.

Les fils de famille font en la puiffance de leurs peres
iufques à ce qu'ils foient emancipez. Qu'ils foient mariez
ou Preftres. Ou foiét majeurs de vingt cinq ans en aucuns
lieux, en autres de vingt ans. Comme a efté dict cy-deffus.
Rheims, art. 6.9. met l'aage de vingt ans, & art. 7. dict que
l'enfant eft tenu pour emancipé, quand au veu & fceu de
fon pere, il exerce marchandife ou charge publique. Tout

ce que deſſus n'eſt conſonant au droict Romain , ſelon lequel le fils par mariage ou aage de vingt-cinq ans , n'eſtoit
hors de puiſſance paternelle. Auſſi les François n'ont ad-
jouſté la puiſſance paternelle auec telle efficace que les
Romains : auſſi la loy Romaine dict que c'eſt vn droict
propre aux Romains. *l. 3. ff. de ys qui ſunt ſui vel alieni Iuris*:
ſelon les Romains, le pere auoit droict de mort & vie ſur
ſon enfant, pouuoit le vendre en ſeruitude pour ſa neceſſité, tout ce que le fils acqueroit appartenoit au pere. Mais
ceſte puiſſance paternelle n'eſt que ſuperficiaire en France,& par nos Couſtumes en ont ſeulement eſté retenuës
quelques petites marques auec peu d'effect : Pourquoy ne
faut trouuer eſtrange ſi les Couſtumes en ont parlé diuerſement,& ſi les ceremonies requiſes par le droict Romain:
és emancipations ne ſont obſeruees.   Le pere peut eman-
ciper ſon enfant,preſent ou abſent, en quelque aage qu'il
ſoit: pourueu que ce ne ſoit pour ſon dommage. Berry
eſtat des perſonnes, art. 7. Orleans, art. 185. Ce que le fils
eſtant en puiſſance de pere auant les vingt-cinq ans acquiert en meubles, il acquiert à ſon pere. Ce qu'il acquiert
apres les vingt-cinq ans eſt à luy, & en tous cas les immeubles appartiennent au fils. Poictou, art. 318. Et Bretagne,
art. 305. preſqu'autant: & excepte ſi aucuns biens viennét
au fils par mariage,par ſucceſſion,par donation , ou s'il acquiert par ſeruice ou promeſſe:eſquels cas ils appartiennét
au fils. Semble que ceſt Article eſt raiſonnable , pour eſtre
obſerué par tout , & en general quand les biens ſont acquis au fils, d'ailleurs que par le moyen, en faueur, par le
credit, ou par les moyens du pere. Et ce qui eſt dict au texte *promeſſe*: Ie croy qu'il doit dire *premeſſe*: Car ſelon le dia-
lecte de Bretagne premeſſe c'eſt proximité, & s'entend de
retraict lignager par proximité de ſang. Fils de famille, ny
celuy qui eſt en puiſſace de tuteur ou curateur ne peuteſter
eniugemét ſans auctorité de pere ou tuteur : ſinon en matiere d'iniures,tant en demandant qu'en defendant. Et en
cas de condénation les iugemens ſerót executez contr'eux
apres la puiſſance finie. Bourbonnois, art. 169. Ce qui a

quelque correfpondance au droiꞓt Romain. *l. clarum. C. de auꞓt.preſt.* toutesfois ſi l'action pour iniures eſt intentee ciuilement, & ſe puiſſe plaider par procureur. Ie croy qu'il faut auꞓtorité en demandant & en defendant: mais quand la cauſe eſt intentee criminellement contre le fils de famille ou mineur, l'auꞓtorité n'eſt requiſe, detant que l'accuſé reſpond par ſa bouche. Et ſelon le droiꞓt Romain, le fils de famille en abſence de ſon pere, peut agir ſans auꞓtorité pour injure à luy faiꞓte, & en autres affaires qui requierent celerité. *l.ſi longius.§. 1.ff.de iudic.l.cum filius.ff ſi cert.pet.* Si le fils de famille exerce marchandiſe au veu de ſon pere, & de ſon conſentemꞓt expres ou tacite (le tacite conſentement eſt quand le pere ſachant, ne le contrediꞓt, & ne faiꞓt *l.Idꞓ ſi .quanquam.ff.ad Macedon.l.vlt.ff. quod cum eo.*) Le pere en ſera tenu meſme des debtes contractez pour lediꞓt faiꞓt. Berry eſtat des perſonnes, art. 9. 10. Bourbonnois, art. 168. Cela peut eſtre entendu quand il exerce ceſte marchandiſe en la maiſon paternelle. Les contraꞓts faiꞓts par fils de famille ou autres, eſtans en puiſſance de tuteur ou curateur: ſans auꞓtorité ſont nuls, & n'ont effeꞓt *etiam*, apres la puiſſance ou tutelle finie. Berry eſtat des perſ.ar. 17. Bourbōnois, art. Troyes, art. 139 pour le premier chef. Rheims, art. 15. & pour le ſecond chef. Pour la nullité des contraꞓts faiꞓts par les adultes ſans auꞓtorité de curateur, eſt la *l.ſi curatorem.C. de reſtit.in integ. minorum.* Et eſt bien raiſon que la nullité demeure *etiam*, apres la tutelle finie : pource que lors du contraꞓt l'infirmité de iugement pour le bas aage du mineur y eſtoit. Mais en la nullité du cōtraꞓt de la femme mariee ſans auꞓtorité du mary, ſi elle eſt maieure y a autre raiſon : Car la prohibition n'eſt pas à cauſe de la perſonne de la femme de par ſoy: mais à cauſe de la puiſſance de ſon mary. Pourquoy cy-deſſus, i'ay diꞓt que la nullité n'eſt perpetuelle. *ſupra fol.* 181. Bretagne, art. 615. diꞓt que ſi l'enfant eſtant au pouuoir de ſon pere faiꞓt tort à autruy, le pere doit payer l'amꞓde ciuile, pource qu'il doit chaſtier ſes enfans. Senlis, art. 221. diꞓt que puiſſance paternelle n'a lieu. Ce qui ſe rapporte à ce que diꞓt la gloſſe en l'inſtit. *de*

patria

patria potestate, que les François n'vſent de puiſſance paternelle. De faict pour le general en France, le droict de la
puiſſance paternelle n'eſt qu'imaginaire.

Tutelles teſtamentaires ordonnees par les peres des mineurs ſont vallables, & preferees à autres tutelles. Niuernois des tutelles, art. 1. Bourbonnois, art. 177. Auuergne,
chap. 11. art. 1. Bretagne, art. 478. Auxerre, art. 258. & adjouſte la charge de faire inuentaire & rendre compte. Le
droict des Romains à cauſe de la puiſſance paternelle, en a
raiſonné plus exactement: que le pere ne donnoit tuteur à
ſon fils, qui eſtoit en ſa puiſſance, non autrement: Ne donnoit curateur à ſon fils adulte: que la mere ne donnoit tuteur à ſon fils, ſinon pour l'adminiſtration des biens que le
fils deuoit auoir de ſa mere. *l. 1. l. pater. ff. de teſta. tut. l. 1. in
fine. ff. de confir. tut.* Mais Rheims, art. 329. dict que toutes
tutelles ſont datiues, & que la teſtamentaire doit eſtre có-
firmee par le iuge les parens ouys.

A defaut de la tutelle teſtamentaire, la tutelle legitime
a lieu qui n'eſt deferee, ſinon aux aſcendans, pere, mere
ayeul ou ayeulle. Le pere ſe dict proprement legitime adminiſtrateur de ſon enfant non emancipé. Et quand l'enfant eſt emancipé, le pere eſt legitime tuteur: comme auſſi
eſt la mere tutrice legitime, l'ayeul & l'ayeulle. Ceſte adminiſtration des aſcendans en la pluſpart des Couſtumes
eſt appellee entre nobles, garde noble ou bail : & en aucuns lieux les aſcendans ſont dicts gardiens bourgeois entre roturiers. Entre nobles les pere, mere, ayeul, ayeulle, à
faute de pere ou mere ont la garde noble ou bail de leurs
enfans, & par la pluſpart d'icelles Couſtumes, gaignent à
eux les meubles à la part de leurs enfans, & les fruicts de
leurs immeubles, iuſques à ce que la garde ou bail ſoit finy. Et ce gaing eſt à la charge de payer les debtes, acquitter les charges reelles deuës ſus les heritages : entretenir
iceux heritages en bon eſtat, nourrir & entretenir les enfans. Ainſi dient Paris, article 265. Meleun, art. 287. & art.
289. adiouſte autre charge de pourſuiuir les actions Senlis,
art. 152. qui donne la garde aux pere & mere, & non aux

Kk

ayeuls : & adioufte autre charge de payer frais funeraux. Troyes, art. 27. pour les pere ou mere. Rheims, art. 330. 31. Touraine, 339. 340. pour les pere ou mere. Laon, art. 260. Blois, art. 4. pour le gaing des fruicts des immeubles, mais non pas des meubles : & adioufte autre charge de monter de cheuaux le mafle à la fin de la garde, & veftir la fille. Bourgongne, art. 54. 55. & charge de bailler caution. Sens, art. 156. Berry eftat des perfonnes, art. 22. 23. 24. 26. Bourbonnois, art. 174. Cefte garde finit par fecond mariage defdicts afcendans. Paris, art. 268. Sens art. 156. Berry eftat des perfonnes, art. 30. Bourbonnois, art. 174, Touraine, art. 319. Laon, art. 260. Auuergne, chap. 11. art. 2, Meleun art. 218. Senlis, art. 152. Troyes, art. 17. Rheims, art. 332. Mais Orleans, art. 25. Vitry, art. 63. ne font finir la garde par fecond mariage. Mais le gardien doit bailler caution audict cas, pour fatisfaire à ce qu'il eft tenu.

Auffi la garde finit aduenant certain aage des enfans. Paris, art. 268. & Touraine, art. 340. dient à vingt ans des mafles, & à quinze ans des femelles. Orleans, art. 24. faict finir la garde à vingt ans, & quatorze ans : & adioufte, art. 28. que l'vn des enfans venant à vingt-cinq ans, acquiert le bail des autres. Sens, art. 158. & Bourbonnois, art. 173. font finir la garde à dixhuict ans, & à quatorze ans. Berry eftat des perfonnes, art. 37. Troyes, art. 18. Laon, art. 260. Rheims, art. 332. Blois, art. 8. Bourgongne, art. 54. & Meleun, art. 290. font finir la garde à quatorze ans, & à douze ans, qui eft le temps de puberté, remarqué par le droict Romain. Mais Vitry, art. 65. dict quinze & douze ans. Meleun adioufte qu'audict aage, les gardiens deuiennent tuteurs comptables.

Auffi finit la garde, fi le gardien deuient manuais mefnager, & gouuerne mal le bien des enfans. Bretagne, 477. Meleun, art. 293. Entre non nobles, les pere ou mere, ayeul ou ayeulle, ont la legitime adminiftration ou tutelle des defcendans. Niuernois, art. 6. & Bourbonnois, art. 174 difpenfent les pere & mere de l'aage, difans, qu'à l'aage de vingt ans ils peuuent accepter cefte tutelle legitime.

Aucunes Couſtumes donnent le gaing des fruicts aux pere & mere iuſques à la puberté : à la charge de nourrir les
enfans, acquitter les charges reelles, & payer les debtes:
comme Paris, art. 267. Touraine, art. 346. Auuergne, ch.
11.art. 2.Bourg.art.57.Berry,eſtat des perſonnes,art.22.23.
iuſques à valeur des fruicts. Les autres ne leur donnent le
gaing des fruicts,& les rendent comptables:comme Blois,
art. 6.Auxerre,art. 254.Oleãs,art.32.178.Rheims, art. 33?.
Niuernois n'en dict rien,qui faict croire qu'ils ſont cõpta-
bles,& ne gaignent les fruicts. Aucunes Couſtumes chargent le pere de faire inuentaire:comme Auxerre,art. 254.
Tours,art.348.Blois,art. 6.Rheims,ar.333. Berry eſtat des
perſonnes, art. 26. Les autres ne chargent le pere de faire
inuentaire s'il ne veut.Poictou, art. 308. Auuergne, ch.11.
art. 2. Mais la mere tutrice doit faire inuentaire.Bourbon.
art.174.Auuergne,ch. 11.art.4. Bourgõgne,ar.56.& outre
de bailler cautiõ. Aucunes Couſtumes delaiſſent la legitime adminiſtratiõ au pere,ores qu'il ſe remarie.Niuernois
des tutelles,art.7.Orleans,art. 180.Touraine ar.350.Mais
preſque toutes oſtent la tutelle legitime à la mere qui ſe re-
marie.Niuernois,art.7.qui adiouſte perpetuellement, qui
emporte,ores qu'elle deuienne veſue la ſecõde fois, qu'elle ne peut la reprendre. Berry eſtat des perſonnes, art. 31.
Orleans, art.32.180.Bretagne,art. 484. Blois, art.9. Auuergne,chap.11.art. 11.& adiouſte qu'elle perd la tutelle
deſlors qu'elle eſt fiancee. Ce qui ſemble biẽ raiſonnable:
car l'amour qui eſt encores en ſes pretentions , eſt auſſi ar-
dent que l'amour eſt en iouyſſance. Touraine,art.350.'Les
aucunes deſdictes Couſt.chargẽt la mere qui eſt tutrice de
faire pouruoir de tuteur à ſes enfans auãt que ſe remarier:
& ainſi dict Niuern.ſimplement des tutelles,art.7.Auuer-
gne,ch.11.ar.5.charge la mere de rendre cõpte auãt que ſe
remarier,à peine de perdre les gains nuptiaux. Berry eſtat
des perſonnes, art. 31. priue la mere de la ſucceſſion de ſes
enfãs,& d'autres droicts à eſcheoir par leurs deceds. Bour.
art.176.cõmande ſimplemẽt faire pouruoir de tuteur auãt
les fiançailles ou mariage.La priuatiõ de ſucceſſiõ eſt ſelon

le droict Romain. *In l. omnem. C. ad Titul.* Et n'eſt pas aſſez de faire pouruoir de tuteur, mais doit rendre compte & payer le reliqua. Ce qui ſemble eſtre raiſonnable pour eſtre obſerué par tout où il n'y a Couſtume contraire: Car la mere qui va en puiſſance d'autre mary, ſans faire pouruoir de tuteur à ſes enfans, ſemble abandonner ſes enfans, ou biē les mettre à la mercy d'vn beau-pere:qui la rēd indigne de ſucceder par arg. de la *l. 2. C. de infant. expoſ.* & ſera notee la *l. lex quæ verſ. lex enim. C. de admi. tut.* Et ne faut pas dire que par ceſte indignité la ſucceſſion ſoit acquiſe au fiſque, cōme eſt la reigle commune des indignes, ains vient à l'autre parēt plus proche. *l. 2. §. vlt. ff. ad Tertull.* Et par la raiſon de la *l. poſt legatū. §. amittere. ff. de ijs quib. vt indig.*

Quand la tutelle teſtamētaire ou legitime defaut, la tutelle datiue à lieu, qui ſe doit confirmer par le Iuge ſelon l'eſlection faicte par les parēs & alliez des mineurs de chacun coſté. Et a defaut de parens & alliez par eſlection de voiſins & amis:& doiuent eſtre les eſlecteurs au nombre de ſept pour le moins. Ainſi dict Niuernois des tutelles, art. 3, Bourb. art. 180. Auxerre, art. 255. qui dict indiſtinctement parēs, amis & voiſins. Berry eſtat des perſonnes, art. 41. dict appellez trois parēs du coſté paternel, & trois du coſté maternel. Et à defaut de parens, les voiſins de la qualité des mineurs. Par la loy des Romains on doit s'adreſſer aux amis, en abſence de celuy contre lequel on a affaire. *l. aut qui. §. 1. ff. quod vi aut clam. l. ergo. ff. ex quib. cauſ. maior.* Orleās. art. 183. dict cinq parēs proches, à defaut d'eux, des voiſins. Sera eſleu le plus prochain habile à ſucceder idoine. Et outre dict que l'on n'appellera les parēs hors la Prouince, s'ils ne ſont les plus proches, & que celuy qui n'aura eſté appellé ne peut eſtre eſleu.

Niuernois des tutelles, art. 4. dict que les tutelles teſtamentaires, legitimes & datiues, ſont ſubjettes a eſtre confirmees par le Iuge, & iuſques à ce, le tuteur ne doit adminiſtrer. Bourbonnois, art. 178. dict que les teſtamentaires & legitimes n'ōt beſoin de cōfirmatiō. Rheims, ar. 329. dict que toutes tutelles ſont datiues: & que la teſtamentaire doit eſtre cōfirmee apres les parens ouys. Auuergne, ch. 11.

art.12.dit comme Niuernois. Le temperament entre ces diuerfitez, peut eftre que le tuteur foit teftamentaire ou legitime ou datif doit prefter ferment deuant le iuge, qui eft ordinaire de bien adminiftrer, faire inuentaire, & rendre compte. Le iuge ne doit differer à receuoir ce ferment qui eft la confirmation de la tutelle teftamentaire & legitime. Si ce n'eft que les parens facent quelques remonftrances, pour faire cognoiftre que ce n'eft pas l'vtilité des mineurs, que tel foit tuteur, & peut le iuge auec quelque cognoiffance de caufe reietter le tuteur teftamentaire ou legitime. *l.in confirmando.l. vtilitatem. ff. de confir.tit.* Et peut le iuge auant que receuoir le ferment, prendre l'aduis de deux ou trois parens.

Aucunes couftumes trop adftraintes au droict Romain, ont diftingué les tutelles & curatelles, difans que les tutelles finiffent à la puberté de quatorze ans de mafles, & douze ans des femelles. Ainfi Niuernois des tutelles, ar.5. Orleans, art. 182. Niuernois dit art. 8.quand la tutelle eft finie par la puberté furuenante que le tuteur deuient curateur, iufques à 25.ans. Orleans dit que la puberté aduenuë, le tuteur doit faire la diligence de faire pouruoir de curateur, & iufques à ce n'eft defchargé. Auxerre art.259.a parlé plus proprement felon le droict Fraçois, difant qu'entre tutelle & curatelle n'y a difference : mais pour dire encores plus clairement, il falloit exprimer de la curatelle, qui confifte en adminiftration generale, & qui eft comptable : car aucunes curatelles font pour negoces particulieres, & qui ne font comptables, comme quand le tuteur a des affaires à demefler contre fon pupille, ou quand celuy qui eft marié, ou a obtenu difpenfe d'aage a à traitter pour l'alienation de fon immeuble : & ne font telles curatelles à comparer aux tutelles. La loy Romaine a comparé la puiffance du curateur donné à l'adulte, à la puiffance du tuteur donné au pupille. *l.fi curatorem.ff. de in integ.reft.min.* Aucunes couftumes ont fait finir les tutelles ou curatelles à moindre aage que de vingt-cinq ans. Comme Bourbonnois, article 180.des mafles à vingt-cinq ans, des filles à feize ans. Bre-

K k iij

tagne , art· 461. 474. fait les mafles & femelles maieurs à
vingt ans , *etiam* pour aliener immeubles , & pour l'adminiſtration de biens , les roturiers à dix-fept ans. Niuern.
des tutelles,art.8. Auxerre,ar.256.Meleun,art.295.& Sens,
art.159.ne font finir la tutelle ou curatelle,qu'à vingt-cinq
ans.Cy-deſſus,fol.252. a eſté dit que ceux qui font mariez,
ores qu'ils foient mineurs de vingt-cinq ans, ont l'adminiſtration de leurs biens , & ainfi faut dire de ceux qui ont
obtenu lettres de difpenfe d'aage:aux vns & aux autres eſt
interdite l'alienation de leurs immeubles , iufques apres
vingt-cinq ans.Vitry,art. 65. dit bien que la tutelle finit à
quinze ans,& à douze ans:Mais *nouo more*,dit que la curatelle finit à vingt-quatre ans accomplis, le vingt-cinquief-
me entamé.Senlis, art. 155.fait les nobles, maieurs à vingt
ans les mafles , & feize ans les filles : mais ne peuuent aliener immeubles,auant vingt-cinq ans.

Tous tuteurs font tenus de faire inuentaire des biens des
mineurs par auctorité de iuſtice,auec apreciation,& vn curateur , & ce dedans quarante iours. Ainfi dient Poictou ,
art. 306. & adioufte que l'inuentaire ne peut eſtre prohibé par teſtament ny autrement. Sens,art.159.Berry , eſtat
des perfonnes,article quarante deux,quarante·quatre, &
adioufte que l'inuentaire doit eſtre faict par le iuge & greffier appellez deux notables,& eſtre clos dans quaráte iours,
& les appreciateurs efleus par les parens. Bourbonnois,
article 182. Ce qui femble tres-raifonnable pour eſtre fuiuy par tout,nonobſtant l'Edit de Blois , art. 164. qui auec
grande raifon ne fe doit entendre des mineurs , ains feulement des maieurs.Car le choix d'vn notaire, & autres perfonnes que le tuteur feroit,emporteroit quafi autát que s'il
y procedoit tout feul fans côtrerooleur:mais ceſte limitatiõ
d'Auuergne , auec moindres frais que faire fe pourra , eſt
tres-iuſte.Auuergne chap.11.art.7. & auec moindres frais
que faire fe pourra , felon la qualité des mineurs & valeur
des biens.   Bretagne, art.481.non feulement faire inuentaire, mais aufſi bailler caution.Meleun,art.295. Touraine,
art.348.charge*etiam* les pere & mere de faire inuentaire.

Et ores que les administrateurs portent titre de gardiens, ils doiuent faire inuentaire. Paris, article 269. Sens, article 156.

Aucunes coustumes ont suiuy le droict Romain à l'esgard des acquisitions faictes par les fils de famille : comme Vitry. art.110. Laon art.56. Reims, art.8. qui dient que la donation faicte à fils de famille, que Vitry dit estre en volerie & puissance est pour en iouyr par les pere & mere : Vitry dit leur vie durant. Laon dit iusques à ce que l'enfant ait vingt ans, soit marié ou emancipé. Reims, art.35. adiouste, ou si le fils est entré aux sainctes ordres, & la fille ait dix-huict ans. Sinon que le don eust esté fait, à la charge que le pere n'en iouyroit. Berry des donatiõs, ar.5.6. dit que donation faicte à fils de famille est nulle (& croy qu'il veut dire faicte par le pere) mais est confirmee par mort, s'il y a tradition vraye ou ficte. Excepté si elle est faicte par ascendant au descendant en contract de mariage. Et art.8. si elle est faicte par le pere au fils, en faueur d'estude. Le sieur President Lizet, aucteur de ceste coustume de Berry estoit exact obseruateur du droict Romain, comme a esté dict cy-dessus, & ces articles en sont tirez tout purement. *l. si pater. C. de inoff. donat. l. si donation. C. de collat.* & autres endroicts : mais à nous, en France la puissance paternelle n'est presque qu'imaginaire, pourquoy n'est à propos d'appliquer en tels cas le droict Romain.

DE RETRAICT LIGNAGER.

LE droict de retraict lignager est propre des François, qui ont eu en recommandation de conseruer en la famille & lignage les biens immeubles : & ce qui plus y a aidé est que les nobles & autres qui ont quelques seigneuries, sont soigneux d'estre appellez du nom de leurs seigneuries, & les enfans descendus des fils de France, par ancienne obseruation prennent le surnom du principal appanage, qui leur est donné, & ne retiennent le nom du lignage. Comme Anjou, Bourgongne, Orleans, Valois. Les Romains, auoient quelque soing de conseruer les heritages anciens de leurs maisons, comme se veoid *in l. si in emptionem. ff. de minorib. l. in fundo. ff. de rei vend.* mais Ciceron dit qu'en succession, les heritages ne suiuoient la ligne, les mots Latins sont, *non esse gentem prædicrum* : car le plus prochain lignager prenoit tous les biens, ores qu'ils fussent venus d'autre ligne : mais nous François, obseruons que les heritages retournent par succession à la ligne dont ils sont procedez. Doncques si aucun a vendu hors la ligne, l'heritage qui luy est propre, & venu par lignage : Le parent de la ligne du vendeur & de la chose venduë, pourra retraire pour le mesme prix qu'il a esté vendu. Aucunes coustumes limitent le degré de lignage, dans lequel on est receu au retraict. Niuernois de retraict, art.1. dit iusques au sixiesme inclus. Et Bourbonn. art. 434. dit iusques au septiesme exclus, qui est tout vn. Sens, ar. 46. dit dans le septiesme degré. Bretagne, art. 286. dit dans le neufiesme degré du ramage, dont procede l'heritage. Vitry art. 126. dit en quelque degré que ce soit. Paris, art. 129. Auxerre, article 154. Berry, du retraict, article 1. Orleans, art. 363. dient simplement du lignage. Touraine, ar. 152. parle de lignagers, habiles à succeder au vendeur, ores qu'ils ne fussent nais ny conceus lors de la vendition (mais pourueu qu'ils se trouuent auoir esté au ventre de la mere dedans le temps du retraict, car ceux qui sont au ventre de la mere sont reputez pour nais, quand il est question de leur profit. *l. qui in vtero. ff. de statu hominum.* Ainsi dit Laon, 253. 254. & Reims, 193. 194.) La mesme coustume, art. 156. donne le retraict en acquest au lignager de l'acquereur. Et Poictou. art. 336. reçoit le lignager d'vn estoc à retraire l'heritage d'autre estoc, pourueu qu'il ne soit vendu à vn du branchage. Se dit d'heritage vendu, pource que les deniers reçoiuent fonction. Et autant en faut dire s'il est baillé en payement de debte. Orleans, art. 397. Ce qui est general. Autant en faut dire s'il y a eschange d'heritage à meubles,

pourueu

pourueu que ce ne soient meubles vulgaires, & en commun commerce, qui sont aisément recouurez par deniers.

Selon aucunes coustumes l'heritage n'est reputé propre pour estre subiect à retraict, s'il n'y a eu descendant qui y ait succedé, & est requis que le retrayant soit descendu de l'acquereur, ou de celuy à qui l'heritage a appartenu. Ainsi dit Niuernois, quelles choses sont meubles, art. 13. Meleun, ar. 137. qui ne reçoit les collateraux, nõ descendus de l'acquereur. Orleans, art. 380. dit en heritage escheu par succession ou donation d'ascendant qui l'auoit acquis, les seuls descendans sont receus au retraict, & non les oncles & cousins. Autres coustumes se contentent que l'heritage soit venu par succession directe ou collaterale au vendeur, sans qu'il soit besoin que le retrayant soit descendu de celuy à qui l'heritage a appartenu. Paris, art. 141. Berry de retraict, art. 5. Bourbonnois: art. 435. Laon, art. 255. Reims, art. 191. Meleun, art. 130.

Le temps plus commun attribué par les coustumes pour venir au retraict est d'an & iour : lequel an & iour aucunes coustumes font courir du iour de la vente, côme Blois, art. 193. Bourgongne, art. 106. Sens, art. 32. Auxerre, art. 154. Orleans, art. 365. quant à roture, & quant à fief du iour de l'hommage, ou offres ou souffrance. Les autres font courir l'an, à compter du iour de l'ensaisinement du seigneur feodal ou censier. Paris, art. 129. 130. Meleun, art. 145. Senlis, art. 222. Troyes, art. 144. Vitry, art. 126. Reims, art. 189. Laon, ar. 225. Ces deux exceptent si l'acquereur auoit iouy dix ans, qui vaut inuestiture. Et quant aux heritages allodiaux, à compter du iour de la possession reelle, Troyes, art. 144. Vitry, 126. Laon, art, 225. Paris, art. 132. dit du iour que l'acquisition a esté publiee en iugement au siege Royal, quant à l'heritage allodial. Poictou, art. 319. dit l'an & iour à compter de l'acquisition notifiee & insinuee au greffe du lieu où l'heritage est assis. Les autres coustumes en toutes sortes d'heritages comptent l'an & iour de la possession reelle & actuelle, comme Niuernois de retraict, article sept. Touraine, article cent cinquante trois,

qui defire que la poffeffion foit prife en prefence de notaire & tefmoins,ou bien s'il a iouy dix ans. Aucunes couftumes ne donnent que trois mois, pour le retraict , comme
Bourbonnois & Auuergne,mais Bourbonnois,art.422.dit
les trois mois apres l'inueftiture en fief ou en cenfiue , & fi
c'eft heritage allodial corporel,dans tyois mois apres la poffeffion reelle,prife en prefence de notaire & tefmoins , & fi
c'eft allodial incorporel , dans fix mois apres la poffeffion
telle que deffus. Et Auuergne,cha 23.art.1.2.dit dans trois
mois,à compter du iour de la poffeffion reelle prife en prefence de tefmoins. Berry de retraict,art.1.n'octroye que 60.
iours , à compter du iour de la vente. Ces couftumes qui
commencent le temps du retraict,à compter du iour de
l'inueftiture, font fondees fur la tref-ancienne obferuance
des fiefs & cenfiues, qui portoit que l'alienation ne pouuoit eftre faicte , fans le congé du feigneur direct ,'à peine
de commife, & que l'acquereur ne pouuoit fe dire faify ,
iufques à ce qu'il fuft inuefty par le feigneur : dont les vefti-
ges font demeurez és prouinces de nantiffemét,côme font
Senlis, Laon, & Reims : mais és prouinces où telles ceremonies de veftir & deueftir ne font pas en vfage, me femble que mal à propos on a retenu que l'an & iour ne cou-
ruft que du iour de l'inueftiture, & que telles couftumes
font captieufes,pource que bien fouuét l'inueftiture fe fait
à fecret. Et mieux feroit de faire courir l'an du iour de la
poffeffion reelle , publique & cogneuë. Comme auffi eft
captieux de faire courir l'an à compter du iour de la vente ,
car les contracts peuuent demeurer long temps couuerts
& cachez,fans eftre cogneus aux lignagers.Meleun,ar.142.
met vne exception à cet an & jour,en cas qu'il yait quelque
fraude exquife contre le retraict , que ledit an & iour ne
court que du temps que la fraude eft defcouuerte. Ce qui
eft aucunement conforme au droict Romain *in l. 1. §. idem
pomponius in fine, & §. feq. ff. de dolo.*

L'action pour le retraict lignager eft de la nature de celles dôt le droict Romain parle,actiô perfonnelle efcripte *in
rem:* & en telle actiô le choix du demâdeur eft de s'addreffer

pardeuant le iuge de la chofe, ou pardeuant le iuge du domicile du defendeur, felon qu'il eſt traicté *in l. vlt. Cod. vbi
in rem actio.* Ce choix eſt expreſſément octroyé par aucunes
conſtumes, au demandeur. Bourbonn. ar. 427. Touraine,
art. 169. Poictou, ar. 327. Laon, ar. 233. Reims, art. 198.

Niuernois au tiltre de retraict, ar. 2. requiert que le retraict
foit demandé par action : ce qui femble auoir quelque rai-
ſou pour euiter les fraudes & collufions qui pourroiét eſtre.
Suiuāt ce Touraine, art. 191. dit que le retraict doit eſtre fait
en iugemét & plaine audience, & autrement fait eſt reputé
vendition. Bretagne, article 289. dit autant, fi c'eſt hors les
plaids, que ce foit au lieu accouftumé à tenir iurifdiction.

Aucunes couſt. outre l'an & iour, ont donné certaine forme, pour le delay, depuis le iour de l'adiournemét, iufques
au iour que l'aſſignation efchet: comme Niuern. de retraict
art. 2, & Bourbonn. art. 441. dient que l'aſſignation ne doit
eſtre plus loingtaine de dix iours, & le tout dedans l'an &
iour. Blois ar. 198. met le delay de quinzaine. Autres couſt.
fe contentent que le iour de l'adiournement foit dans l'an,
iaçoit que le iour de l'aſſignation foit apres l'an, non efloi-
gné toutesfois de plus de quarante iours. Comme Laon,
art. 232 Reims, art. 197. Vitry, art. 126. qui adioufte la limitation, pourueu que les deniers foient offerts à defcouuert
dedans l'an. Ie croy que ceſte limitation doit eſtre generale par tout, & n'en faut dire comme és fimples actions, ef-
quelles le feul adiournement libellé interrompt, car l'actió
de retraict doit eſtre accompagnee de deniers, autrement
n'a aucun effect d'action, comme fe cognoiſt par les couſt.
qui dient que le demandeur à faute de continuer les offres
à chacune expedition de la caufe, auant conteſtation, dechet du retraict. Celuy donc qui fait adiourner dedans l'an,
fans offrir deniers à defcouuert dedans l'an, n'a rien faict,
& ne fe peut dire l'action auoir eſté intentee. Paris, art 130.
fe contente que l'aſſignation efchée dedans l'an. Sens, art.
32. fe contente que l'adjournement foit dans l'an, & l'aſſignation peut eſtre d'vn mois apres l'an. Auxerre, art. 157. dit
de mefme, hors-mis qu'il met quarante iours, Troyes, art.

143.defire par exprés que les offres foient faites reellement dãs l'an & iour,& ar.151.dit que fi l'affignatiõ eft plus lointaine du mois, qu'vn autre lignager fera receu, nonobftant la preuention.Laon,art.232.permet à l'achepteur d'anticiper l'affignation lointaine.

A l'affignation premiere fur le retraict, le retrayant doit offrir à deniers defcouuerts le prix de l'achapt, s'il le fçait, auec quelque fomme pour les loyaux coufts, & à parfaire. Et fi le contract n'a efté exhibé, doit offrir vne fomme vrayfemblable. Ainfi Niuern.de retraict,art.3. Paris, art.140. Auuergne, chap.23. art.10. Aucunes defirent que lors de l'adiournement l'offre foit faicte à defcouuert, Laon, art. 231.Reims,art.196. Aucunes couftumes defirent que l'acquereur,en exhibant le contract afferme la verité du prix, les autres que le vendeur & l'achepteur afferment. Et auffi que le retrayant afferme que c'eft en fon nom & profit, & fans fraude, & pour demeurer en la famille, & de fes propres deniers.Ce qui s'entend, s'ils en font requis,Poictou, art.323.324,Sens,art.33.Auxerre,art.154.155.156. Berry de retraict,art.9.10.Bretagne,art.298. Bourbonnois, art. 455. Auuergne,chap.23.art.33.Meleun,art.154.Troyes, ar.151. 162.Laon,art.237.238.mais ne contraint le vendeur de iurer,finon apres que le retrayant a maintenu qu'il y a fraude.Et ainfi dit Reims,art.204.Les offres doiuent eftre continuees à toutes affignations de la caufe,iufques à conteftation incluse , & à faute de ce, le retrayant fera debouté du retraict.Niuernois de retraict, art.4.5.Paris,art. 140. & adioufte de continuer les offres en caufe d'appel, iufques à conclufion fur l'appel , Bourbonnois, art.428.Senlis, art. 223.Troyes,art.151.Vitry , art. 126. Laon,art.231. 235. dit qu'il n'eft requis d'offrir tous les deniers apres la premiere fois:mais fuffit offrir vne piece, & à parfaire.Meleũ,ar.159. attribuë la decheãce contre le retrayant,fi en la mefme audience le defendeur le requiert, finõ le retrayant pour purger fa demeure *re integra*. Ce que deffus s'entẽd en cas qu'il n'y ait confignatiõ en main tierce,car la cõfignatiõ fupplee

les offres. Sens, art. 34. se contente des offres à la premiere
iournee. Auuergne, chap. 23. art. 4. 38. semble ne se contenter de la simple offre , & desirer la consignation en
main tierce.   Aussi dict que par la consignation faicte en
main tierce, partie appellee , le droict du lignager est conserué & perpetué.

S'il y a acceptation des offres faictes par le lignager pour
le retraict, ou s'il y a sentence adiudicatiue du retraict. Le
retrayant doit fournir les deniers dans certain tēps, qui est
prefix: mais n'est semblable par toutes les Coustumes. Aucunes Coustumes dient dans vingt-quatre heures apres
l'acceptation ou adiudication. Comme Paris , art. 136. &
adiouste, pouruu que le contract ait esté exhibé , & apres
affirmation faicte du vray prix si elle est requise. Orleans,
art. 370. Bourbonnois , art. 428. Auxerre, art. 183. Meleun,
art. 153. Senlis, art. 223. Laon, art. 236. Rheims , art. 212.
Vray est qu'Auxerre, Orleans, & Meleun, dient que s'il y
à eu empeschement , contestation ou delay pris par l'acquereur: il est à l'arbitrage du Iuge de prefire le delay , ou le
delay est de huictaine. Poictou, art. 325. & Bretagne, 295.
octroyent huictaine apres l'acceptation. Sens, art 63. donne trois iours apres l'acceptation: & s'il y a eu contredict,
donne huictaine ou l'arbitrage du Iuge. Blois , art. 194.
donne huictaine apres le delay que l'acquereur à faict,
pouruu que le contract ait esté exhibé. Niuernois de retraict, art. 5. soit en acceptation, ou apres sentence, donne
vingt iours : Autrement la decheance de retraict, qui est
declaree par la Coustume en ces mots, *est & sera.*

Outre le prix de l'achapt, il faut offrir les frais & loyaux
cousts: s'ils sont liquides, ils les faut offrir en deniers comptans: S'ils ne sont liquides , il faut offrir quelque somme
de deniers, & à parfaire.   Meleun, art. 154. dict apres les
loyaux cousts liquidez, il les faut payer dedans huictaine, à
peine d'estre decheu de retraict. Berry de retraict, art. 12.
dict qu'il les faut payer promptement, s'il en appert promptement. Niuernois, art. 11. 12. met en loyaux cousts, lettres, contracts, labourages, semences , reparations necess-

faires. Et quant aux lots, ventes, quints deniers, supplémét
de iuste prix, rachapt de faculté de rachapt, & autres tels
frais faicts sans fraude auant l'adiournement en retraict,
les met en sort principal. La raison pour laquelle quint
denier, & lots & ventes, sont portion du prix, a esté mise cy
dessus au tiltre des fiefs, où est parlé du quint en montant.
Quant aux profits seigneuriaux payez, en est ainsi decidé
par Poictou, art. 354. Berry de retraict, art. 12. Bourbonnois, art. 431. Auxerre, art. 158. & mettent lesdicts profits
au rang des loyaux cousts. Aucunes dient, que si le seigneur à faict grace des profits à l'acquereur, que neantmoins le retrayant doit tout rembourser, comme Poictou,
art. 354. Berry de retraict, art. 12. Et telle a esté l'opinion
du sieur du Molin pour le general: & a esté iugé par Arrest
sur appel, venant du bailliage de Niuernois, entre François de Chaugy, Charles de Reugny, & Claude de Coslay
Escuyers. Quant aux reparations les Coustumes en ont
parlé diuersement. La pluspart permettent à l'acquereur
faire les necessaires pour les recouurer, comme Niuernois,
art. 12. Paris, art. 146. Orleans, art. 372. Meleun, art. 165.
Poictou, art. 371. Auxerre, art. 158. Sens, ar. 36. & Troyes,
151. mais veulent Sens & Troyes, que les fruicts perceuz
soiét precomptez. Bourbonnois, art. 430. dict reparations
necessaires & vtiles faictes par auctorité de Iustice: Mais ar.
481. semble dire indistinctement que les necessaires sont
à rembourser. Laon, art. 243. pour les necessaires faictes
auant l'adiournement. Vitry, art. 128. ne permet reparer,
quelque necessité qu'il y ait sans auctorité de Iustice. Blois,
art. 202 pour les necessaires faictes auant ou depuis l'adiournement. Ainsi Touraine, art. 170. Rheims, art. 211. dict
comme Laon, & adiouste des necessaires faictes par auctorité de Iustice, apres que l'adiournement a esté posé. Mais
où la Coustume ne dispose en particulier: Il faut dire
qu'en tous cas les reparations necessaires sont à rembourser: car *etiam*, le possesseur de mauuaise foy les recouure. *l.
domum. C. de rei vend.* Et si bien il n'auoit action pour les repeter, il auroit retétion de l'heritage, iusques à ce qu'il fust

rembourſé. *l. ſi in area. ff. de condict. indeb.* Laquelle retentiõ eſt fondee ſur l'exceptiõ de dol de celuy qui ſe veut enrichir auec le dõmage d'autruy. *l. hæreditas. ff. de petit. hæred. l. in hoc ff. communi diuid.*

Preſque toutes les Couſtumes defendent à l'acquereur d'empirer l'heritage durant l'an du retraict. Paris, art. 146. Sens, art. 39. Troyes, art. 152. Vitry, art. 128. Auxerre, art. 160. Laon, art. 244. qui adiouſte, qu'il ne peut changer la forme. Rheims. art. 213. Blois, art. 202. dict, ne peut faire demolition ny nouuel edifice. Orleans, art. 373. Bourbonnois. art. 482.

Quant aux impenſes vtiles, aucunes Couſtumes dient pource que l'acquereur n'en eſt rembourſé, qu'il peut les oſter ſans deterioration de l'heritage, ſinon que le retrayãt vueille payer le prix des matieres, ſans la main de l'ouurier. Ainſi Poictou, art. 371. Laon, art. 243. Rheims, art. 211. Ce qui ſe rapporte au droict Romain parlant du poſſeſſeur de mauuaiſe foy, qui faict impenſes vtiles, *dict. l. domum C. de rei vend.* Toutesfois és baſtimens des villes, ne doit eſtre permis de demolir par la raiſon de la *l. cætera. §. 1. ff. de legat. 1. Vide Ruinum conſil. 24. volu. 1. & conſil. 165. volu. 4.*

De quel temps le retrayant doit gaigner les fruicts, les Couſtumes ne ſont ſemblables. Aucunes dõnét les fruicts au retrayant depuis la conſignation par luy faicte, & non pluſtoſt. Niuernois de retraict, art. 8. Auxerre, art. 168. Berry de retraict, art. 6. Troyes, art. 166. Les autres donnent les fruicts au retrayant depuis les offres reelles deuëment faictes. Paris, art. 134. Poictou, art. 338. Bourbõnois, art. 428. & ſemble adiouſter la raiſon, pource qu'il doit continuer les offres à toutes aſſignatiõns. Meleun, art. 160. Rheims, art. 201. Blois, art. 198. qui adiouſte que le retrayant n'eſt tenu de conſigner, ſinon apres le cõtract veu. Le ſieur du Molin dict la raiſon, pource qu'eſtant tenu de repreſenter les deniers à toutes aſſignations: Il ne peut s'en iouër, ny en faire ſon profit: & en eſt comme depoſitaire. Le plus ſeur eſt de conſigner: car il ſemble que les loix ne ſe contentent d'vne simple offre, quand il est question de gai-gner quelque aduantage, ains requierent la consignation en main tierce *l. accept. C. de vsur. l. vlt. ff. de lege commiss. l. tutor pro pupillo. §. 1. ff. de administ. tut.*

Aucunes desdictes Coustumes dient que les fruicts per-çeuz par l'acquereur auant l'adiournement en retraict luy appartiennent. Poictou, art. 369. Auxerre, art. 168. Or-leans, art. 375. Bourbonnois, art. 482. auec ces mots, *cueillis en saison deuë.* Touraine, art. 168. qui adiouste le choix à l'acquereur de laisser les fruicts, en luy remboursant par le retrayant les frais. Meleun, art. 161. Troyes, art. 166. Laon, art. 246. Rheims, art. 214. Blois, art. 198. auec le choix que Touraine met. Mais Berry, art. 6. dict que les fruicts per-çeuz auant la consignation, & depuis doiuent estre partiz *pro rata* du temps, entre l'acquereur & le retrayant. Orleãs, art. 376. dict qu'en rentes foncieres & loyer de maison, les fruicts auant les offres *pro rata*. Et Poictou, art. 369. dict que les fruicts prochains à cueillir lors du retraict, doiuent estre partis *pro rata* de temps. Orleans, art. 374. dict que les fruicts pendans lors des offres, sont au retrayant en rem-boursant culture & semence. Troyes, art. 166. dict que si l'achepteur auant la consignation a faict semences: il doit leuer les fruicts. Laon, art. 245. qui donne à l'acquereur les fruicts perçeuz auant le retraict, dict que si les impenses faictes pour lesdicts fruicts excedent la valeur d'iceux, & apportent profit à l'aduenir que l'acquereur recouure les impenses. L'acquereur qui a perçeu aucuns fruicts auant que d'estre appellé en retraict les a faicts siens : pource que *re vera* il estoit proprietaire, & n'y a aucune raison pour-quoy on les luy doyue oster. Quant aux fruicts pendãs, lors de l'introduction du retraict. Il y a grande raison de les par-tir *pro rata* de l'vn à commencer l'an du iour que l'acque-quereur à payé le prix de la vente, ou du iour que par con-uenance il a deu les faire siens, ayant terme de payer, selon la raison de la *l. curabit C. de act. empti.* Et ainsi est porté par l'Edict du rachapt des biens temporels Ecclesiastiques.

Si

Si l'acquereur a depuis son achapt vendu l'heritage à
vn autre, le retrayant sera seulement tenu de payer le prix,
frais & loyaux coufts de la premiere vente. Niuernois, de
retraict, art. 13. Bourbonnois, art. 460. Vitry, art. 127.
Meleun, ar. 248. Laon, ar. 248. Reims, art. 205. 215. Blois,
art. 205. Auxerre, art. 178. Berry, de retraict, art. 17. & art.
18. excepte si la seconde vente eſtoit faicte à vn lignager,
ores qu'il fuſt plus esloigné. La raiſon de ce qui ce dict de
la premiere vente, eſt que deſlors de la vente le droict de
retraict eſt acquis au lignage, & ne peut-l'on riē faire pour
deroger à ce droict acquis.

Aucunes Couſtumes dient qu'audict cas il eſt loiſible
au retrayant de s'adreſſer au premier ou au ſecond acquereur qui eſt detenteur. Bourgongne, art. 111. Sens, art. 57.
qui adiouſte, ou à tous deux. Auxerre, art. 177. Berry, art.
17. Troyes, art. 163. comme Sens, Rheims, art. 205. Blois,
art. 205. Les autres dient que le premier acquereur qui a
aliené, doit faire venir & fournir partie au retrayant, c'eſt à
dire faire venir en jeu le ſecond acquereur. Ainſi dict Poictou, art. 332. 352. 353. & preſque de meſme Meleun, art.
148. & Blois, art. 205.

Si pluſieurs lignagers ſe preſentent au retraict la queſtiō
eſt, lequel doit eſtre preferé. Aucunes Couſtumes preferēt
le plus diligent, ores qu'il ſoit plus lointain en degre, cōme
Paris, art. 141. Orleans, art. 378. Bourbonnois, art. 459.
Meleun, art. 150. Senlis, art. 225. Niuernois de retraict, art.
17. pourueu que l'aſſignation ne ſoit de plus de dix iours.
Sens, art. 52. Auxerre, art. 173. Berry de retraict, art. 5. & excepte ſi le moins diligent eſtoit enfant ou frere du vēdeur,
ou s'il auoit portion indiuiſe en l'heritage. Orleās, ar. 378.
cōme Berry: & requiert les deux, proximité, & auoir part
indiuiſe. Laon, art. 230. Rheims, art. 195. & aucunes dient
que le iour eſt ſeulement à conſiderer, & nō l'heure, cōme
Sens. Auxerre, Laon, Rheims. Les autres Couſtumes pre-
ferent le plus prochain, ores qu'il ne ſoit le plus diligent.
Poictou, art. 332. Auuergne, chap. 23. art. 16. 17. Touraine, art. 154. Troyes, art. 145. Bourgongne, art. 103. Blois,
Mm

art. 199. S'ils font en pareille proximité ou diligence , ils
viendront par égales portions, ainfi dient Niuernois, Poictou, Auxerre, Blois, Auuergne, Meleun, Troyes. C'eft felon les reigles de droict Romain, que quand plufieurs fe
trouuent en concurrence, chacun d'eux ayant droict pour
le tout:ils font part l'vn à l'autre,& viénent par égales portions.*l.fi finita.§.fi ante.ff.de damno infect.l.titio.ff.de lega.*1.Ce
qui fe dit de la côcurrence,fe dit pour le refpect des lignagers de l'vn & l'autre : Car à l'égard de l'acquereur,il n'eft
tenu de diuifer , & ne receura l'vn pour fa portion s'il ne
veut. Ainfi fut iugé par Arreft folemnel du 14. Aouft, 1568.
du Harlay Prefident. Mais Laon,art.230.audict cas de cô-
curréce,permet à l'acquereur de choifir celuy à qui il voudra faire le delaiffement. Berry prefere le plus ancien,& le
mafle à la femelle.Bourgongne,art.105.dict, que le parent
qui n'eft de la ligne,peut venir au retraict , fi aucun parent
de la ligne ne fe prefente.

Les Couftumes s'accordent, qu'en concurrence de feigneur feodal ou céfier pour la retenuë:& du lignager pour
le retraict : que le lignager eft preferé. Et fi le feigneur auoit
preuenu le lignager,le pourroit retraire fur luy. Ainfi Paris,
art.159. Niuernois de retraict,art. 22. Poictou,art.349. Sés,
art.42. Auxerre,art. 163. Berry de retraict, art.13. Orleans,
art.365. Bourbonnois, art.438. Touraine,art.164. Meleun,
art.163. Senlis,art.226.227. Vitry,art. 124. Laon, art. 259.
Blois,art.208. Bourg.art. 110. Auuergne,chap.21. art.15. &
ch.23.art.15. excepte fi le feigneur acquiert la chofe tenuë
de luy à cens fans fraude. Bretagne,art.293. dict que le feigneur direct vient à retenuë à faute de lignager.

Pour ce retraict lignager n'eft deu quint denier, ny profit de lots & ventes,ains feulement du premier achapt. Niuernois de retraict,art. 26. Auxerre, art. 182. Berry de retraict,art. 11. Orleans,art. 405. Bourbonnois,art.445. Auuergne,chap. 23. art. 20. Meleun,art. 157. Rheims, art. 68.
& art. 95. dict que fi le lignager retraict fur le feigneur feodal qui auoit retenu, qu'il payera le quint. Ce qui eft bien
raifonnable : car en ce cas le lignager tient lieu d'achep-

teur:& il y a mutation de perſonne qui doit profit vne fois
pour le moins.

Le temps de retraict court ſans remede de reſtitution
contre mineurs ignorás, abſens, furieux & autres perſonnes priuilegiees. Paris, art. 131. Niuernois, art. 10. Poiƈtou,
ar. 362. Berry, de retraiƈt, ar. 1. Orleans, ar. 366. Bourbonn.
art. 425. & adjouſte de femmes mariees. Auuergne, chap.
23. art. 3. Cõme Bourbonnois, Laon, art. 229. Rheims, art.
190. Touraine, art. 197. 'de meſme, & en diƈt autant à l'eſgard de la retenuë du ſeigneur direƈt. La raiſon au retraiƈt,
eſt que le lignager n'eſt cenſé rien diminuër de ſon droiƈt
qui eſt en defaillance d'acquerir. *l. qui autem. ff. quæ in fraudem cred.* Le droiƈt Romain diƈt autrement. *In cap. conſtitu-*
tus extra de reſtit. in integrum.

S'il y a faculté de rachapt par la vente, aucunes Couſtumes dient que le temps du retraiƈt ne court, ſinon apres le
temps dudit rachapt paſſé. Ainſi Niuernois de retraiƈt, art.
9. Sens, art. 63. Orleans, art. 393. Bourbonn. art. 423. Touraine, art. 157. Blois, art. 206. Et ainſi auoit eſté iugé par
Arreſt ſolemnel du 7. Septembre, 1532. en la maiſon de la
Tremalle de Sully. Et neantmoins le lignager peut venir
dãs le temps de reemeré: & à la charge d'iceluy. Touraine,
art. 158. adiouſte que la grace de rachapt doit eſtre par eſcrit, & par meſme forme & inſtrument que la vente.

Les autres Couſtumes font courir le temps deſlors de la
vente, ou poſſeſſion, ou enſaiſinement, ou notification au
Greffe: nonobſtãt qu'il y ait faculté de rachapt, cõme Poiƈtou, art. 320. Auxerre, art. 185. Bourgongne, art. 16. Berry,
du retraiƈt, art. 3. Auuergne, chap. 23. art. 13. Touraine, art.
189. & ar. 158. diƈt que ſi auãt la poſſeſſiõ priſe y a reſolutiõ
de retraiƈt, ſans fraude du gré des parties, n'y a retraiƈt.

Le retrayant peut payer le prix en autres eſpeces de mõ-
noye que celles contenuës au contraƈt de vente. Bourbonnois, art. 332. Niuernois, art. 14. de retraiƈt, qui met l'exception, ſi l'acquereur n'a intereſt à ce. C'eſt ſuiuãt la *l. Paulus.*
ff. de ſolut. L'intereſt peut eſtre, ſi l'acquereur eſt marchant,
qui trafique en pays eſtrange, & a affaire de monnoye d'or

telle qu'il a payee: ou ſi on le paye en mōnoye blanche qui
en grand nombre, eſt malaiſee à tranſporter.

Celuy qui n'eſt habile à ſucceder par inhabilité perpetuelle, comme vn religieux profés, baſtard, ou banny à perpetuité, ne peut venir à retraiĉt lignager. Niuernois de retraiĉt, art. 25. Paris, art. 158 Sens, art. 46. Orleans, art. 404.
Bourbonnois, art. 456. Meleun. art. 139. Troyes, art. 155.
Rheims, art. 227. Quant au baſtard legitimé, me ſemble
que s'il eſt legitimé à la requeſte, ou par le cōſentemē ſeul
de ſon pere, qu'il n'a droiĉt de retraiĉt, ſinon à l'eſgard de
ſes freres & ſœurs ou leurs deſcendans. S'il eſt legitimét par
le conſentement des collateraux il peut venir au retraiĉt à
leur eſgard: Car la legitimation par reſcript qui eſt diſpen-
ſe doit eſtre priſe à l'eſtroit. Autrement eſt de la legitimation par mariage ſequent, car elle vaut pour tous reſpeĉts.

L'heritage vendu par decret ſur criees eſt ſubjeĉt à retraiĉt lignager, ainſi dit Paris, ar. 150. Niuernois de retraiĉt,
art. 28. Sens, art. 45. Auxerre, art. 167. Meleun, art. 138. Berry de retraiĉt, art. 25. Bourb. art. 450. Auuergne, chap. 23.
ar. 27. Trois, ar. 147. Laon, ar. 252. Rheims, ar. 190. Bour-
gōgne, art. 110. Mais Troyes & Bourg. dient que l'an commence du iour de l'interpoſitiō du decret. Auxerre & Auuergne du iour de la deliurance & ſeel du decret. Berry ne
dōne que 8. du iour de l'adiudicatiō. Mais Orleans, ar. 400.
dit que l'heritage vendu par decret n'eſt ſubjeĉt à retraiĉt.
Et Tours, art. 180. ne donne retraiĉt ſur decret, ſinon que
parauant y euſt prix conuenu. La raiſon deſdiĉtes deux
Couſtumes eſt, pource que le lignager a peu s'il a voulu encherir, & eſtre adiudicataire, puis que l'heritage eſtoit ex-
poſé en vente, & ayant vne fois negligé, on ne la doit pas
receuoir à la grace. L'heritage vendu ſur vn curateur à biés
vacans chet en retraiĉt. Paris, art. 151. 153. Vide ſup. f. 32. Auſſi
heritage propre vēdu par l'executeur du teſtamēt eſt ſujeĉt
à retraiĉt. Bourb. ar. 471. Sēs, ar. 55. Auxerre, ar. 176. Troyes,
ar. 160. Pource qu'eſdiĉts deux cas l'heritage eſt de l'heredité du defunĉt qui eſt cenſee, dame & maiſtreſſe des biens
cōme repreſentant le defunĉt. l. 1. §. 1. ſf. ſi quis teſt. li. Et ſur la

queſtion qui me fut propoſee, qu'vn proprietaire auoit
confiſqué pour crime au profit du Roy. Les biens n'ayans
eſté apprehendez par le Procureur du Roy. Eſt creé vn curateur à biens vacans, ſur lequel les creanciers font crier les
heritages, & ſont adiugez par decret. I'ay reſpondu qu'en
ce cas n'a retraict: car celuy qui eſt executé à mort ne laiſſe
point d'heredité, & les heritages ſont acquis au ſeigneur
haut iuſticier, par tiltre non ſubiect à retraict: Mais heritage
vendu ſur vn curateur à la choſe abandonnee n'eſt pas ſubiect à retraict. Paris, art. 151.153. Pource qu'elle eſt cenſee
eſtre hors du lignage n'appartenant plus au proprietaire,
deſlors de l'abandonnement. l. 1. ff. pro derelict. Et l'alienation n'eſt pas faicte à prix d'argent.

Si l'heritage propre & ancien eſt baillé à vn eſtranger,
ſoubs charge de cens, rente, ou autre preſtation. Aucunes
couſtumes ne donnent le retraict, ſinon que la rente ſoit racheptable par le contract de bail. Ainſi dit Paris, art. 137. &
dit que le retrayant doit payer le prix. Poictou, art. 359. dōne le retraict quād la rente eſt racheptee. Sens, art. 43. Auxerre, article 164. Orleans, article 388. 390. Blois, article
205. 209. Touraine, article 169. 175. Troyes, article 148.
Reims, art. 209. Laon, art. 242. dient qu'il n'y a retraict,
ſinon que la rente ſoit racheptable, ou que la rente ſoit
venduë, & aucunes dient, ores que la vente ſoit racheptable, qu'il n'y a retraict, ſinon lors du rachapt. Aucunes admettent le lignager à retraire l'heritage, ſoubs la charge de
la rente. Comme Niuernois de retraict, art. 18. Bourgongne, art. 109. Paris, art. 149. dit que le bail a quatre-vingts
dix-neuf ans, ou a longues annees eſt ſubiect à retraict. Aucunes couſtumes qui ne donnent le retraict à bail à rente,
octroyent le retraict ſi la rente eſt venduë ou racheptee.
Poictou, art. 359. Auxerre, 164. Orleans, art. 388. Blois, art.
209, Tours, art. 166. Et s'il y a entrage de deniers en faiſant
le bail, il y a retraict. Tours, art. 167. Orleans, art. 389. Meleun, art. 143. eſt veu en dire autant par argument. Sens, art.
64. Blois, art. 205. par argument. Mais Bourbonnois, art.
442. ne donne audit cas le retraict, ſinon que l'heritage ex-

ce de la valeur de la redeuance : à quoy se rapporte par argument.le 27.art.des fiefs, Niueruois. Meleun, art. 132. dit si l'heritage est vendu en retenant cens, ou autre prestation, il y eschet retraict. Bretagne, art.300. dit qu'il n'y a premesse ou retraict en pur bail à feage de noble fief, quand le bailleur retient l'obeïssance : car le parent ne feroit les seruitudes,comme l'estranger, & ar.301.dit qu'en tout autre contract d'engaige ou censuel, premesse a lieu, premesse c'est droict de proximité ou de lignage : car ladite coustume vse de ce mot *presme*,pour lignager,comme si presme estoit le François de *proximus*. Mais rente ou autre charge est venduë sur heritage propre, le lignager pourra auoir la rente par retraict. Niuernois de retraict, article dix-huict. Poictou,article trois cens cinquante sept. Sens, article 40. *etiam* en rente constituee à prix d'argent, ores que l'hipotheque fust generale, ce qui n'a pas grande raison : car en telles rentes n'eschet affection de lignage. Bourbonnois,ar. 423.Troyes,art,148.Blois,art.193.Touraine,art.192.distingue & dit que rente fonciere creée auant dix ans, acquittee sur soy, n'est subiette à retraict: si depuis dix ans est subiecte à retraict.Mais Auxerre,art.161.Orleans,art.399. dict que rente constituee à prix d'argent,*etiam*, assignee specialement,n'est subiecte à retraict. Ce qui semble deuoir estre general : car la rente constituee ne peut estre faicte perpetuelle,pource qu'elle peut estre racheptee *etiam* apres cent ans,& n'y peut cheoir affection de lignage, pource qu'elles sont en commerce vulgaire.

Droict de retraict lignager ne peut estre cedé à vn estranger de la ligne, mais bien à vn lignager. Ainsi dit Niuern. de retraict,ar.23.qui adiouste que le cessionnaire n'a autre aduantage,que si luy-mesme eust retraict.Poictou,art.351. Meleun,164.Bourg.art.107. Touraine, art. 181. dit simplement que le retraict ne peut estre cedé.Auxerre,ar.169. dit que si l'achepteur reuend dedans l'an à vn du lignage, sans fraude, & auant l'adiournement qu'il n'y eschet retraict.

Si aucun a achepté vn heritage propre de son lignager, &

apres il le vend à vn eſtranger. Il y a retraict lignaget,& audit retraict,ſera receu le premier vendeur,car il n'a mis l'heritage hors de la ligne. Paris.art. 133. Sens,art.51. Auxerre,
art.172. Orleans,379. Bourbonnois,art.434. Ainſi faut dire que l'heritage,qu'aucun a retraict par droict de lignage,
eſt ſubiect à retraict, ſi le retrayant le vend à vn eſtranger.
Niuernois de retraict, art.24. Sens,art.50. 51. Meleun, art.
135. Troyes,art.158. Laon, ar. 247. qui adjouſte ces mots,
combien qu'il ſoit conqueſt. Reims, art. 215. Bourgongne, art.
108. Touraine,171.

Les heritiers du vendeur qui ſe trouuent dedans l'an du
retraict apres le deceds. Et les enfans du vendeur durant la
vie de leur pere, peuuent retraire l'heritage vendu qui eſt
de leur ligne:car il n'y vient comme heritier,ains par le ſeul
droict de lignage , & les deux qualitez n'ont rien de commun l'vne à l'autre.*l.ſilij.ff.de iure patro.l.ſi maritus.ff.famil.er-
ciſc.*Paris, art.142. Meleun,art.144. Orleans, art.402. Bourbonnois art. 485. Auuergne, chap.23.art. 22. dit qu'aſcendans & deſcendans ſont receus au retraict. Laon, art. 253.
254. dit que l'enfant peut retraire, ores qu'il ne ſoit emancipé, & que le retraict peut eſtre faict au nom de l'enfant
qui eſt au ventre de la mere, combien qu'il ne fuſt conceu
lors de la vente,pourueu qu'il ſoit conceu dedans le temps
octroyé pour le retraict. Reims,art. 193.194.comme Laon.
l.qui in vtero.ff.de ſtatu hominum.

L'heritage qu'aucun a eu par eſchange d'autre heritage,
ſortit meſme nature pour le retraict,comme auoit l'heritage qu'il a baillé, Paris,143. Sens.ar.38. Berry, retraict, art.
14. Meleun,art.141. Troyes,art.154.& de meſme ſi par partage d'heritages eſt aduenu heritage d'autre ligne: c'eſt vne
ſubrogation introduicte par la couſtume qui a ſon effect
ample:Et en eſt la couſtume generale en France. Orleans,
art.385.comme Paris,& adiouſte s'il y a tourne de deniers,
que c'eſt conqueſt, iuſques à concurrence des deniers, &
neantmoins que l'heritier des propres peut auoir le tout en
rembourſant, à ce qu'il ne ſoit contrainct d'entrer,en com-

Pagination incorrecte — date incorrecte

NF Z 43-120-12

munion outre son gré. *l. si non sortem. §. si centum. ff. de condit. indeb.*

Si plusieurs heritages de diuers lignages sont vendus par vne seule vente, & vn seul prix. Les coustumes en ordonnent diuersement. Les vnes dient que chacun lignager doit retraire, ce qui est de sa ligne & estoc, & doit retraire aussi tout ce qui en est. Ainsi dit Niu. de retraict, ar. 27. Bourbonnois, art. 447. 448. & adiouste si les heritages sont de diuers estocs que l'acquereur a le choix, de laisser tout à vn, ou à chacun lignager le sien. Touraine, art. 178. Meleun, art. 140. comme Bourbonnois, Laon, art. 239. & Reims, art. 206. dit que le retrayant n'est tenu de prendre, sinon ce qui est de son propre. Les autres coustumes dient que le lignager est tenu de retraire tous les heritages & immeubles vendus, soiet de son estoc ou autre oucõquests. Poictou, ar. 348. Orleans, art. 395. Auuergne, chap. 23. art. 29. dit que si l'achepteur veut tout delaisser, le lignager sera tenu de prédre tout. C'est la raison que le droict a consideré, en faisant le tout indiuidu à cause de l'interest de l'achepteur qui n'eust pas voulu achepter vne partie. *l. tutor. §. curator. ff. de minorib.* Orleans adiouste vne belle limitation, art. 396. que s'il y a du propre & du conquest, & la moindre partie soit du propre, le lignager ne pourra vser de retraict, à cause de la preualence du conquest, non subiect à retraict, la moindre partie doit sortir la mesme nature. *l. in rem. §. in omnibus. ff. de rei vend.* Laon audit article, 239. met vne belle limitation, à ce qui est dit que le lignager n'est tenu de prendre, sinon ce qui est de son naissant & propre. Si ce n'estoit que lachepteur eust notable interest & incommodité à retenir vne partie, & laisser l'autre, laquelle limitation me semble deuoir estre tenuë pour generale, à cause de sa raison : *tum*, pource que de la part du lignager, sembleroit estre animosité, à laquelle ne faut prester aucune faueur. *l. in fundo. ff. de rei vend. Tum* pource que la grande incommodité doit faire iuger la chose impossible de diuiser. *l. plerumque. ff. de edil. edicto.* Bretagne, art. 296. met vne limitation fort aduantageuse pour le lignager, disant que le presme & lignager

gnager n'eſt tenu de retraire, ſinon ce que commodement il peut,ce qui ſemble ſans raiſon. La pluſpart deſdites Couſtumes parlent par meſme moyen de la retenuë des ſeigneurs, les vnes dient que le ſeigneur direct n'eſt receu & n'eſt tenu auſſi à retenir,ſinon ce qui eſt mouuant de luy. Ainſi dit Poictou art.348.Touraine,art.178. Mais Auuergne chap.21.art 9.10.& chap..22.art.23.& 24.dit que ſi l'achepteur offre la totalité des choſes venduës, le ſeigneur eſt tenu de prendre tout.

Celuy ſur lequel eſt faict le retraict n'eſt tenu d'euiction enuers le retrayant. Niuernois de retraict, art 29. Vitry art. 130. qui adiouſte, ſinon de ſes faicts & obligations.

L'vſufruict de propre heritage vêdu à eſtranger ne chet en retraict,pource que la proprieté demeure au lignage. Paris, art.147.Bourbonn.ar.463.Reims,ar.226.Meleun,art.133. qui met l'exception, ſinon apres que la proprieté fuſt venduë au meſme achepteur, car en ce cas tout ſera ſubiect à retraict.Et Touraine,art.188.dit qu'en vendition de fruicts d'heritages pêdans,ou de penſion d'heritage, ou de doüaire,n'y à retraict.Bretagne, art.303.dit qu'il y a premeſſe ou retraict quand l'heritage eſt baillé à iouyr pour certain temps en payement de debte.

Si en la vente y a donation de plus de valuë, l'heritage eſt ſubiect à retraict , en rendant le prix de la vente ſeulement. Bourbonnois art.451.Auuergne chap. 23. art. 35.36. que ſi la plus-valuë excede,il n'ya retraict,ſielle eſt moindre retraict a lieu,& ſera payee l'eſtimation de la plus-valuë.

Si par meſme contract,& pour vn ſeul prix y a vente de meubles & d'immeubles: le choix de l'acquereur eſt de delaiſſer tout,ou de delaiſſer ſeulement l'immeuble.   Ainſi Bourbonnois,art.472.

L'eſchange n'eſt ſubiect à retraict.Senlis,art.224. Blois, art.204.Sinon qu'il y ait fraude qui face preſumer que ce ſoit vendition.Ou s'il y a retour de deniers, plus grand que l'heritage baillé auec leſdits deniers : Les Couſt. mettent certains cas de preſumption de fraude, qui rend l'eſchan-

ge fubiect à retraict. Si dedans l'an l'vn des compermutans
rachepte l'heritage qu'il a baillé, ou fi dedans l'an il en eft
trouué poffeffeur. Auxerre, art.159. Orleás, art.387. Bourb.
art.454.459. Touraine, art.176. Audit cas qu'il y a foulte de
deniers, fi la foulte excede la valeur de la moitié de l'heritage. Aucunes couft. dient que le tout de l'heritage eft fubiect
à retraict, & fera payee en deniers l'eftimation de l'heritage
baillé en contr'efchange. Ainfi Berry de retraict, art. 15.16.
Poictou, art.355. Orleans, art.384. Les autres dient qu'il y a
retraict pour portió de la foulte, *etiam* que la foulte foit plus
grande que l'heritage. Paris, ar.145. Meleun. art.142. Bourbonnois, art.453. Touraine, art.177. Les autres diét fimplement qu'il y a retraict *pro rata* de la foulte, Sens, art.38. Auxerre art. 159. Ces couftumes ont peu de raifon, qui font
l'heritage fubiect à retraict pour partie. Car le retraict n'e-
ftant que volontaire & pour bien-feance dependant d'affection : il femble n'eftre pas raifonnable de contraindre
vne perfonne d'auoir part feulement à l'heritage, & y auoir
compagnon. Autres diét ores qu'ils y ait foulte en deniers,
grande ou petite qu'il n'y a retraict. Auuergne, chap.23. art.
31. Si en fraude du lignager on a mis au contract plus haut
pris que n'eft le vray pris conuenu, aucunes couftumes diét
que fi apres la confirmation par ferment, le retrayant prenne le contraire de l'affirmation, l'achepteur confifque fes
deniers au feigneur iufticier, & l'heritage fera adiugé au
retrayant fans payer coufts. Ainfi dient Sens, art.58. Auxerre, art.179. Meleun, art. 158. Tours, art 172. dit que ce
qui abonde outre le vray prix, fera payé au double au lignager auec l'amende à iuftice, art.173.174. Celuy qui nie a-
uoir acquis, ou qui nie auoir baillé deniers ou meubles, &
fuccombe perd la chofe au profit du lignager. Ce font couftumes penales, qu'il ne faut eftendre hors la Prouince.

Si l'acquereur fe trouue abfent de la chaftellenie où l'heritage eft affis, & il n'ait domicile, il peut eftre adjourné à la
perfonne de l'entremetteur de fes affaires ou à cry public,
ou à yffuë de la Meffe parrochiale. Et par 2. defaux apres

demande verifiee, le retraiĉt est adiugé en consignant les
deniers. Sens, art. 53. Niuernois retraiĉt, art. 6. 7. & parle de
celuy qui s'absente apres l'adiournement. Auxerre, ar. 174.
Bourbonn. art. 429. Meleun, art. 146. qui dit publication
par trois Dimanches au Prosne de la Messe parrochiale.
Troyes, art. 159. Laon. 256. Reims, art. 219. pour interrompre la prescription d'an & iour, Autres coustumes donnent
le remede de saisir l'heritage sous la main de iustice, pour
interrompre la prescription, faire offre & consigner: Comme Berry de retraiĉt, art. 5. 8. Touraine, art. 194. Poiĉtou,
art. 329. dit faire offre sur les lieux vendus, en presence de
sergent & tesmoings.

Si l'acquereur a terme de payer le retrayant, aura mesme
terme en baillant bonne seureté à l'achepteur. Sens, art. 54.
Auxerre, ar. 175. dit pour la seureté, bailler cautiõ au vẽdeur
ou bien gage à l'achepteur ou vẽdeur. Berry de retraiĉt, art.
19. comme Auxerre. Bourbonn. art. 470. & dit seureté, argent ou gage. Meleun, art. 156. & adiouste que le vendeur
ne quittera son debteur, si bon ne luy semble Touraine, ar.
155. dit bailler caution & l'heritage specialement hypothequé. Vitry, art. 126. dit simplemẽt que le retrayãt a semblable terme. Troyes, art. 161. dit que le retrayant doit payer
contant. Reims, art. 225. dit de mesme, que le retrayãt doit
payer contant, sinon que le vendeur vueille descharger l'a-
chepteur. De vray ils doiuent estre contentez tous deux, &
l'acquereur, qui desire estre deschargé: car il est obligé, &
le vendeur qui a suiuy la foy de l'acquereur, & peut alleguer difficulté au change.

Donatiõs remuneratoires de seruices, ou pour recõpense,
faiĉtes sans fraude, ne sont subieĉtes à retraiĉt. Bourbonn.
443. Autres coustumes dient qu'il y eschet retraiĉt. Troyes,
art. 165. donation pour recompense ou pour payement de
deniers. Reims, article 210. parle en general qu'en dons
gratuits & remuneratoires, ou pour cause en transaĉtion, &
autres contraĉts où n'y a bourse desliee, & qui n'equipollent à vendition n'eschet retraiĉt.

Nn ij

Pourroit eſtre diſtingué ſi ce ſont ſeruices vulgaires qui cõmunement ſe recompenſent,ou dont la recompenſe eſt facilement eſtimable en deniers : qu'il y eſchee retraict. (Si ce ſont ſeruices graues & importans qui facilemét & communement ne peuuent eſtre eſtimez comme ſi vn Gentilhomme par ſa valeur & dexterité a deliuré vn Prince de mort,ou de priſon vn iour de bataille, telle donatiõ ne ſoit ſubjecte a retraict.)

En vente de couppe de bois de haute fuſtaye ou taillis n'y eſchet retraict, Sens art. 66. Pour ce quand l'achepteur execute ſõ droict ce qu'il a achepté ſe trouue meuble à ſçauoir bois couppé non ſubject à retraict.

Si aucun n'eſtant de lignage acquiert vn heritage, & il ait enfans lignagers, Le retraict n'a lieu ſinõ en cas qu'il reuendiſt l'heritage, Paris art. 156. Orleans art. 403.

Eſchange d'heritage à meubles : ou s'il eſt baillé en recompenſe & payement de deniers, eſt ſubject à retraict, Sens art. 49.59. Auxerre art. 171. 180. Bourbonnois art. 452.& dit en payant l'eſtimation des meubles Auuergne chap. 23.art. 30. & dit que tel contract eſt reputé vente, Meleun art. 136. Troyes art 153.

Heritage dõné par pere ou mere à ſon enfant en mariage, ores que ce ſoit conqueſt au donateur, eſt propre audit enfant & ſubiect à retraict, ſi ledit enfant l'aliene. Sens art.41. Auxerre art. 192. & adiouſte qu'il chet en retraict aux pere & mere & à leurs ſucceſſeurs, Bourbõnois art. 468. Melcũ ar.131. Troyes ar. 153. comme Auxerre, Reims art. 224.& adiouſte, auſquels leſdits pere & mere pourroiët ſucceder. La raiſon eſt pour ce que telle donation eſt reputee de tel effect comme ſi l'heritage eſtoit venu par ſucceſſion, & cõme donné en auancement d'icelle.

Le mary peut requerir le retraict lignager au profit de ſa femme,ſans qu'il ait mandemét ſpecial d'elle. Poictou art. 331. Bourbonnois art. 465. Reims art. 223. & adiouſte ces mots , *en qualité de mary* . Mais apres le mariage diſſolu lors qu'il faudra rébourſer ,ie croy que ſi la femme ou ſon heritier trouue incõmodité ,il ne ſera tenu d'accepter : car le retraict est hors le pouuoir d'vn maistre de cõmunauté.

Entre gens de cõditiõ seruile n'y en bourdelage n'eschet retraict lignager. Niuernois de retraict, art. 20. Berry de retraict, art. 21. dict que terres chargees de terrage ne sont sujettes à retraict. Bourbonnois, art.　dict que le franc ne peut retraire ce que son lignager serf à vendu : mais le serf peut retraire ce que le franc à vendu.

Si le retrayát decedé delaissant vn heritier des cõquests, & autre heritier des propres. L'heritier des propres aura l'heritage en réboursant l'heritier des conquests du prix de l'achapt dás l'an du deceds. Paris, art. 139. Orleans, art. 383. La raison est, que de vray c'est cõquest, pource qu'il est acquis moyennant deniers : & partant, en ce que les deniers ont peu faire, il viét à l'heritier des cõquests. Et en ce que le lignage à faict, il est propre subject à la ligne.

DES TESTAMENTS.

RESQVE toutes les Coustumes ont limité le pouuoir de tester, en ne permettant pas de disposer de tous biens par le testateur, qui est en faueur des heritiers : afin que l'heredité ne soit sans profit, qui est *ad instar* de la falcide : Vray est qu'aucunes Coustumes limitent, & restraignent la puissance de tester à toutes sortes de biens, comme Bourbonnois & Auuergne. Les autres limitent seulement pour l'heritage propre, laissans en pleine liberté au testateur les meubles & conquests : Et ces Coustumes ont faict en faueur de lignage, les autres purement en faueur de l'heritier. Et en tous cas, cela a correspondance à la falcide. La pluspart desdictes Coustumes permettent de disposer de tous meubles & conquests, & de la cinquiesme partie de l'heritage ancien ou propre. Comme Paris, article 292. qui adiouste ces mots, *etiam*, pour cause pitoyable. Niuernois des testaments, ar. 1. Sens, art. 68. adioustant, si le testateur n'a que des meubles : il ne peut disposer que du quart. Auxerre, article 225. Orleans, article 292. Tours, article 324. Meleun, article 246.

Senlis, art. 217.218. qui excepte la legitime des enfans qui doit estre sauue & doit estre ainsi entendu par tout.

Les autres Coustumes permettent de disposer de tous les meubles & côquests, & du tiers ou de la moitié du naissant ou propre. Troyes, art. 95. qui dit *etiam* au preiudice des enfans, a la charge que les deux tiers du naissant, viennent aux enfans ou autres heritiers fräcs de debtes & laigs, si tant est que les autres biens y puissent fournir, sinon les deux tiers seront chargez de debtes, & laigs par portion. Vitry, art. 100. qui dict que les deux tiers du naissant doiuét venir franchement aux enfans ou heritiers: & dit que le testateur peut laisser le tiers en vne ou plusieurs pieces. Laon, art. 60. permet de disposer de tous meubles & conquests, & de la moitié du naissant roturier, & tiers du naissant en fief. Rheims, art. 292. permet de tous les meubles & conquests, & de la moitié du naissant. Laon, art. 67. met vne exception quant aux meubles, qui par raison doit estre generale, à sçauoir si c'estoit meuble precieux, qui de long temps fust de la maison, & fust legué par l'vn des mariez, le suruiuant pourroit le retenir en payant l'estimation. On a estimé ces joyaux precieux tenir lieu d'heritage, & és Eglises la véte en est defenduë, comme des immeubles, *In can. Apostolicos.* 12. *quæst.* 2. où se trouue faute au texte en ce mot *ciminilia*, qui d'eust estre *cimelia*, du mot Grec κειμήλια.

Autres Coustumes permettent seulement de disposer du quart de toutes sortes de biens, ledict quart chargé de laigs, & funerales, & s'entend le quart des biens, qui restét apres debtes payees. Bourbonnois, art. 291. Auuergne, chap. 12. art. 16. 41. 42. & dict le quart chargé du quart des debtes. Berry de testament, art. 1. 5. celuy qui n'a enfans peut disposer de tous ses biens, *etiam*, par institution d'heritier, & tel heritier est saisi. S'il a enfans, ne peut disposer que de la moitié enuers estranger. Poictou, ar. 203. permet de donner le tiers des immeubles escheus par succession. Blois, art. 173. pour le quart des biens patrimoniaux en censiue, & le quint en fief. En toutes les Coustumes susdictes, est à entendre, que quand le laigs est d'vniuersité ou

de quote portion d'icelle vniuerſité, comme de tous meubles ou moitié de meubles, troiſieſme ou cinquieſme d'heritage propre. Le legataire eſt ſubjeɔ̃t aux debtes du de-
funɔ̃t *pro rata* des biens qu'il prend. C'eſt à dire qu'il ne
prend ſinon la portion de ce qui reſte apres que les debtes
ont eſté pris & eſcumez ſur toutes ſortes de biens. Car en
ces pays Couſtumiers, au côtraire du droiɔ̃t Romain, nous
faiſons pluſieurs patrimoines & hereditez d'vne ſeule perſonne, l'heredité des meubles, l'heredité des conqueſts,
l'heredité des propres paternels, l'heredité des propres
maternels: celuy qui eſt legataire de tout vn patrimoine,
ou de quote portion, doit ſa part des debtes, ſelon & à raiſon de l'emolument qu'il prend, comme s'il eſtoit heritier
en ceſte portion : *Verbi gratia*, ſi les meubles du teſtateur
vallent mil eſcus: Les conqueſts cinq cens eſcus: & les propres quinze cens eſcus: Et lors de ſon deceds, il deuoit mil
eſcus: c'eſt le tiers de ſon bien. On prendra & eſcumera ſur
les meubles mil francs, ſur les conqueſts cinq cens francs,
& ſur les propres quinze cens francs. Cela eſtant retiré, le
legataire des meubles ſe trouuera auoir deux mil francs: le
legataire des conqueſts mil francs. Le legataire du quint
des propres aura ſix cens liures, qui eſt le quint de trois mil
francs ou mil eſcus.

L'aage pour teſter eſt diffiny par aucunes Couſtumes,
par les autres non : Aucuns ont eſtimé és lieux où l'aage
n'eſt diffiny, qu'il ſe faut regler par le droiɔ̃t Romain, qui
permet de teſter la puberté aduenuë, qui eſt de quatorze
ans aux maſles, & de douze ans aux filles. Mais ſelon mon
aduis, ceſt aage eſt trop tendre, & auec trop peu de ſens &
experience pour teſter: auſſi qu'en tel aage les inductiõs &
ſubjections ſont plus faciles : & eſt preſque neceſſaire
qu'vn teſtament ſoit faiɔ̃t auec meure & certaine delibe-
ration. Pourquoy és lieux où l'aage n'eſt diffiny : ie deſire-
rois que pour le moins ce fuſt en pleine puberté, qui eſt ſelon le droiɔ̃t Romain, à dix-huiɔ̃t ans. *l. mela. ff. de alim. leg.*

Aucunes Couſtumes ont diffiny l'aage de teſter à vingt
ans, pour les meubles & conqueſts, & pour les propres à

vingt-cinq ans. Ainſi Paris, art.293. 294. Orleans, art.293.
Meleun, art.246. Laon, art. 59. Rheims, art. 290. Toutesfois ſi le teſtateur n'auoit aucuns meubles & conqueſts, il
pourroit diſpoſer du quint de propre à vingt ans, dit Paris,
art.293.& Orleãs, art.294. Mais Meleun, art. 246. deſire
qu'ẽ ce cas le laigs ſoit pour cauſe pitoyable, ou autre iuſte.

Autres Couſtumes mettent l'aage de diſpoſer aux maſles de vingt ans, aux femelles de dix-huict ans, cõme Sens,
art. 68. Auxerre, art. 225. Touraine, art. 324. Mais Laõ, ar.
56. & Rheims, art. 290. mettent exception quant à l'aage,
ſi les teſtateurs eſtoient mariez, ils pourroient diſpoſer cõme à vingt ans. Berry des teſtamens, art. 1. met l'aage de
teſter à dix-huict ans, qui eſt la pleine puberté. Poictou, ar.
276. met l'aage pour teſter des immeubles à vingt ans le
maſle, dix-huict ans la fille: Et quant aux meubles, dixſept
& quinze ans. Ie n'ay peu comprendre pourquoy ils ont
requis vingt-cinq ans pour teſter des immeubles ainſi
qu'ils ſont requis à l'alienation par contracts entre vifs: car
le mineur n'a iamais intereſt à ceſte diſpoſition teſtamentaire de propres, pource qu'elle n'a effect qu'apres ſa mort.
Ce qui faict ceſſer la cauſe de la prohibition d'alienation
entre vifs. Et puis que les Couſtumes ont bridé la volonté
de tous teſtateurs, de ne pouuoir diſpoſer que du quint ou
tiers des propres. Semble que ce quint ou tiers d'euſt eſtre
en la puiſſance des mineurs qui ſont en aage de teſter d'autres biens. Auſſi les Romains ſans aucune diſtinction, ont
permis aux puberes de teſter, tant & ſi auant que les majeurs peuuent teſter. Paris, art. 295. met vn remede bien
expedient, quand le teſtateur à legué plus qu'il ne peut, &
plus qu'il ne luy eſt permis par la Couſtume. Que l'heritier
peut quitter aux legataires tous les meubles conqueſts, &
cinquieſmes. Apres que ſur toute la maſſe des biens, les
debtes auront eſté pris & payez. Ainſi Orleans, art. 295.
qui eſt la vraye practique de la falcide, *vt in §. cum autem
ratio. inſtit. de lege falcid.*

Les executeurs de teſtaméts nommez par les teſtateurs,
ſont ſaiſis des biens meubles delaiſſez iuſques à concurrẽce
de

de l'execution teſtamentaire, apres inuentaire par eux fait,
qui doit eſtre faict l'heritier preſent ou appellé. Ainſi Paris, art. 297. Niuernois, des teſtaments, ar. 2.4. Berry, des
teſtaments, ar. 22. qui adjouſte, pour les laigs pitoyables,
frais funeraux , ſalaires de ſeruiteurs declarez par le teſtament, payer les debtes du defunct cogneus par luy. Orleans, art. 290. & art. 291. dict qu'ils doiuent deliurer les
laigs, les heritiers preſens ou appellez. Bourbonnois , art.
29. Meleun, art. 25¹. & dict s'il n'y a heritier apparent, que
l'inuentaire ſe doit faire auec le procureur de la ſeigneurie.
Sens, art. 75. comme Meleun, Auxerre, art. 232. Troyes,
art. 98. Vitry, art. 105. 106. Laon, art. 61. Rheims, art. 297.
Blois, art. 177. Ceſt expedient d'ordonner des executeurs
eſt, pource que bien ſouuent les heritiers ſe trouuans ſeuls
ſans contreroolle, n'ont cure d'accomplir les volontez de
leurs predeceſſeurs, & n'y auroit aucune contrainéte : car
elle ſeroit de l'heritier contre ſoy-meſme. A ceſte cauſe les
Romains y appliquoient l'auctorité des Pótifes, pour contraindre les heritiers. *l.hæred. §. 1. ff. de petit. hæred.* Les executeurs ſuppleent ce deuoir, & a ceſt effect la Couſt. les faict
ſaiſis des biens du defunct. S'il n'y a aſſez de meubles pour
executer le teſtament , les executeurs ſont ſaiſis des conqueſts : & s'ils ne ſuffiſent apres qu'ils auront denoncé aux
heritiers, peuuent par auctorité de Iuſtice védre à rachapt
ou ſimplement, les heritages propres du defunct. Niuernois , art. 4. Troyes, art. 100. Vitry, art. 107. Blois, art.
177. Mais Poictou, art. 271. dict indiſtinctement des immeubles. Sens, art. 74. dict que l'executeur ne peut deliurer les immeubles leguez ſans appeller l'heritier. Auxerre, 231. en dict autant. Il eſt bien à propos d'en dire autant
de tous laigs d'importance : car il ſe pourra faire que l'heritier dira contre le teſtament ou contre le legataire, raiſon
pertinéte pour empeſcher la deliurance du laigs. Rheims,
art. 299. dict que l'executeur peut prendre par ſes mains
les deniers ou meubles à luy leguez : mais doit prédre l'immeuble legué par les mains de l'heritier ou de Iuſtice. Peut
l'executeur dedans l'an, payer les debtes du defunct, bien

Oo

cogneus apres auoir sommé les heritiers. Niuernois , art.
7.9. Sens,art. 77. Auxerre, art. 234. Berry des testamens,
art. 22. Meleun,art. 254. Troyes, art. 115. qui dict, qu'il
peut & doit payer les debtes. Combien que l'heritier face
offre d'executer le testament & bailler caution pour ce faire;neantmoins l'executeur sera saisi & executera. Ainsi
dient Poictou, art. 271. Sens,art. 76. qui excepte, si l'heritier bailloit argēt, ou meubles exploictables suffisans pour
l'execution. Auxerre,art. 233. Berry,de testaments, ar. 23.
qui dict seulement en baillant deniers comptans. Bourbonnois,art. 295. Laon, art. 61. Rheims,art. 297.Meleun,
art. 252. Vitry,art. 106. & Troyes,art. 99. desirent denīers
comptans. Le plus seur est deniers comptans : car bailler
caution,c'est occasion de double procez , & la deliurance
des laigs en est retardee:& quelquefois le legataire frustré,
qui ayme mieux quitter que de plaider.Cest inconuenient
qui resulte de se contéter de caution est remarqué *in l. sus-
pectus.cum lege seq.ff.de susp.tut.* Et Meleun,art.253. dit qu'à
faute de bailler deniers comptans, l'executeur pourra faire
vendre les meubles en public.

Les executeurs peuuent dedās l'an & iour receuoir sans
l'heritier,les debtes actifs du defunct , dont les obligations
luy auront esté baillees par inuentaire. Niuernois des testamens,art. 8. Auxerre, art. 235. Bourbonnois, art. 298.
Meleun, art. 255. Le pouuoir desdicts executeurs dure
an & iour,& apres ledict temps passé,doiuent rendre compte. Niuernois,art.9. Sens,art. 79. Auxerre, art.236.Ber-
ry, des testamens,art. 24. Troyes,art. 116. & en attribuë la
contrainte aux officiers du Roy ou du Diocesain. C'est
vn ancien erreur , qui autrefois à commencé de prendre
racine en France, au temps du grand regne des Ecclesiastiques,qui par diuers pretextes mettoient la main par tout,
& croy que ladicte loy *hæreditas* y a donné occasion , qui
parle de l'auctorité Pontificale : Mais ladicte loy est faicte
par autheurs Gentils, non Chrestiens:& n'y a aucune correspondance pour en tirer argument par nous. Ceste en-
treprise & erreur a esté effacee en plusieurs Prouinces.

Mais elle eſt en vigueur és pays d'obeyſſance, qu'ils appellent,qui ſont celles, qui ſans aucun examen de Iuſtice &
raiſon,ont tenu indiſtinctement tout ce que les Papes ont
ordóné. Iaçoit que depuis quatre cens ans ils ſe ſoient faict
croire qu'ils auoient toute puiſſance au ſpirituel & au temporel. Bourbonnois,art. 296. adiouſte que l'executeur eſt
creu par ſerment des frais d'exeques, Meſſes & aumoſnes.
Niuernois,art. 3. dict ſi les executeurs ne veulent accepter
la charge, le Iuge en peut ſubroger, ſi ce n'eſt que les heritiers s'en veulent charger & bailler caution pour accomplir.

Legataires ne ſont ſaiſis,& ne peuuent prendre par leurs
mains ce qui leur eſt legué : ains doiuent prendre par les
mains des executeurs ou des heritiers , & à leur refus par la
main de Iuſtice. Ainſi dient Niuernois, article 5. qui adiouſte ces mots *ſi le teſtateur n'en auoit autrement diſpoſé.* Sens,
article 73. Auxerre, art. 231. Orleans, article 291. & 298.
Bourbonnois, article 293. & adiouſte qu'apres deliurance
verbalement faicte ils ſont ſaiſis. Meleun, art. 250. qui
dict que l'immeuble touſiours ſe doit deliurer par l'heritier. Troyes,art. 114. comme Meleun, Laon, art. 63. qui
dict deliurer meubles ſans l'heritier : immeubles par l'he-
ritier.Idem Rheims, art. 296. Cecy a quelque correſpon-
dance auec le droict Romain,qui defend aux legataires de
prendre les laigs de leur auctorité , & la raiſon, afin que
l'heritier puiſſe par ſes mains , prendre la falcidie ſans eſtre
ſubject aller rechercher les legataires pour luy remplir ſa
falcidie: & à ceſt effect eſt l'interdict, *quod legatorum. l. vni-*
ca. In fine, in verb. retentione. C. quod legatorum. Et là dict la
Gloſſe,que quand l'heritier n'y a point d'intereſt à cauſe
de la falcidie,que le dict interdict n'eſt receu.

Aucun ne peut eſtre heritier & legataire d'vne meſme
perſonne. Paris, article 300. & adiouſte qu'aucun peut
eſtre donataire entre vifs & heritier collateral. Orleans,
article 288. & dict legataire ou donataire pour cauſe de
mort,& comme Paris, Niuernois, article 11. qui ſemble
nouueau & eſtrange en ladicte Couſtume, qui permet de

dôner en precipu aux enfans de faire partage par difpofition pour caufe de mort entre heritiers. Auxerre, ar. 245.
229. Meleun, article 249. Senlis, article 160. Troyes, art.
112. Blois, article 158. Mais Sens, article 72. dict que le legataire peut accepter le laigs en repudiant l'heredité, pourueu que le laigs n'excede fa portiõ contingente hereditaire. A quoy fe rapporte ce qui eft dict par aucunes Couftumes, que l'on ne peut par teftament aduantager l'vn de fes
heritiers venans à fucceffion plus que l'autre. Sens. art. 73.
Auxerre, art. 230. Troyes, 113. Touraine, art. 302. entre roturiers: finon pour feruices bien prouuez, & iufques à valeur d'iceux. Auuergne, chap. 12. art. 46. dict que s'il eft prelegué à vn des heritiers. Il pourra prendre fon laigs fur le
quart, comme feroit vn autre legataire. Rheims, art. 302.
permet eftre heritier & legataire, & art. 303. dict que l'heritier legataire ne paye pas des debtes d'auantage, pource
qu'il prend plus, fi ce n'eft les charges foncieres anciennes
fur l'heritage prelegué : qui eft fuiuant le droict Romain.
In l. 1. C. fi certum petatur. l'ay quelquefois eftimé que ceft
Article n'eftoit à propos en noftre Couftume de Niuernois, qui permet aux afcendans & à tous autres, de partager & faire affignation de leurs biens entre leurs futurs he-
tiers : qui femble emporter permiffion de faire vne portion
hereditaire plus groffe que l'autre : ce qui emporte l'effect
d'vn prelaigs. Au tiltre des fucceffions, article 17. La mefme Couftume au tiltre des donations, art. 7. permet aux
peres & meres d'auantager aucuns de leurs enfans fauue
la legitime. La mefme Couftume tiltre des donat. art. 11.
permet de donner aux enfans par precipu. Si entre les enfans eft permis d'aduantager, à plus forte raifon pourra
eftre permis à l'efgard des collateraux. Pourquoy i'eftime
qu'il faut prendre ceft Article és termes du droict Romain,
qui eft en la fubtilité, que pour la portion qu'aucun eft
heritier : il n'eft pas legataire, ains pour la portion de fes
coheritiers: car il ne peut prendre laigs fur foy-mefme. *l. le-
gatum eft delibatio. §. 1. ff. de lega. 1.* Ou bien prendre l'Article
en cefte forte, que fi le teftateur a legué à fon heritier,
que le legataire foit tenu de prendre ce laigs en qualité

d'heritier:& comme faifant partie de fa portion hereditaire,en augmentation d'icelle.*vt in l.titia.§.Lucius.ff.de legat.*
2.en forte que cóbien que par apparence il foit legataire,en
effect il ne foit qu'heritier, en prenant comme heritier ce
qui luy a efté delaiffé en forme de laigs.

Inftitution ny fubftitution d'heritier par teftament ny autrement n'ont point de lieu, & nonobftant icelle , l'heritier par la voye d'*inteftat,*fuccede & eft faify. Niuernois des
teftaments, art. 10. Paris,art. 299.interprete cefte couftume, difant que l'inftitution n'eft requife pour la validité
d'vn teftament, & neantmoins que l'inftitution peut valoir,comme laigs, iufques à concurréce de ce qu'il eft loifible difpofer par teftament. Poictou,art. 272. Sens , art. 70.
Auxerre,art. 227. Auuergne,chap. 12.art. 30.Orleans , art.
287.qui dient comme Paris. Et de mefme Touraine , art.
258.Reims, art. 285.Les autres dient fimplement qu'inftitution d'heritier n'a lieu. Senlis , art. 165. adjouftant cefte
raifon,pource que c'eft pays couftumier. Troyes,art. 96. Vi-
try.art. 101.qui adioufte ces mots,*au prejudice de l'heritier prochain habile.*Blois,art. 137.Selon le droict Romain,nul teftament ne pouuoit valoir fans inftitution d'heritier, ny l'inftitution d'heritier eftre faicte autrement que par teftamét.
*l.1.in fine.ff.de vulgari.*En pays couftumier il n'y a point d'heritiers teftamétaires ,tous font par la voye d'*inteftat*, entant
qu'on veut prendre l'heritier proprement heritier.   C'eft
pourquoy l'article eft ainfi mis.Mais par benigne interpretation,on prend la difpofition directe pour oblique , que
l'heritier inftitué foit tenu comme legataire,*vt in l. pater.§.*
vlt.ff.de legat.3.l.fcenola.ff.ad Trebell. Bourbonnois,art. 324.
dit que fubftitution d'heritier n'a lieu par aucune difpofition de derniere volonté , & ne vaut*etiam,*pour laigs teftamentaire. Autant en dit Auuergne,chap. 12. art. 53. Mais
Berry des teftamens, art. 1.5.permet d'inftituer heritier par
teftament.Bourgongne,art. 61.62.dit que le teftateur peut
inftituer heritier és deux tiers de fes biens, & doit laiffer à
fes heritiers de fang,la legitime, qui eft vn tiers. La forme
des teftamens pour faire preuue entiere, a efté ordonnee

O o iij

diuerſement par les couſtumes, mais preſque toutes con-
current ſi la forme qui a eſté preſcripte par la couſtume de
Paris, art.289. que le teſtament ſoit eſcrit tout du long, &
ſigné de la main du teſtateur: Ou paſſé pardeuant deux
notaires, ou pardeuant vn notaire & deux teſmoins: Ou
pardeuant le Curé ou Vicaire principal de la parroiſſe, a-
uec trois teſmoins. Et que leſdits teſmoins ſoient maſles,
idoines, aagez de vingt ans, & non legataires. Et que le teſtament ait eſté dicté par le teſtateur, & depuis à luy releu,
dont ſoit faicte mention par l'eſcrit. Auxerre, art.226. *idem*,
mais ſe contente de deux teſmoins auec le Curé. Sens, art.
69. & ne reçoit le Curé, ſinon quand il n'y a Notaire, re-
ſident au lieu actuellement. Poictou, art.268. comme Paris
& Sens, & adiouſte ſans ſuggeſtion, excepté és cauſes pitoyables, eſquelles ſuffit du Curé, auec deux teſmoins. Niuernois des teſtaments, art. 13. & ne parle de dicter ny de
relire, & dit du Curé ou Vicaire, auec deux teſmoings, en
cas de neceſſité: Et met vn autre cas ou ſigne du teſtateur,
en preſence de deux teſmoins. Blois, art.175. Troyes, article 97. de meſme à Paris, & dit Curé & vn notaire ou
Curé & deux teſmoins. Ou quatre teſmoings, Orleans,
article 389. comme Paris, Bourbonnois, article 289. comme Paris & Niuernois, & met trois teſmoings, quand il eſt
ſeulement ſigné du teſtateur, & comme Troyes. Et pour
laigs pitoyables le droict Canon. Touraine. art.322. comme Paris, & Poictou, & que les teſmoins ſoient cogneus & reſidens, au lieu non ayans intereſt. Meleun, article
244. comme Bourbonnois, Senlis, article 173. comme
Orleans & Bourbonnois. Vitry, art.102. comme Troyes,
Laon, artic.58. & Reims, article 289. comme Bourbonnois
& Laon adiouſte, ou par deuant le Iuge ou Greffier
auec deux teſmoins. Auuergne chap. 12. article 48. ne requiert autre ſolennité que d'vn Notaire & deux teſmoins.
Ou quatre teſmoins, Berry des teſtamens article 8. 9. 10.
quand le teſtament côtient inſtitution d'heritier ou diſpo-
ſitiõ de la moitié des biés requiert auec le Notaire trois teſmoins, non infames aagez de 20. ans & apres la lecture que

le teſtateur ſoit interrogé s'il le veut ainſi. Et art. 16. pour
la forme commune deux Notaires, ou vn notaire & deux
teſmoins, ou le Curé ou deux teſmoins. Bretagne, art. 574.
diſtingue ſi le teſtament eſt fait en ſanté, ſuffit qu'il ſoit eſcrit & ſigné du teſtateur. Si en maladie, ou que le teſtateur
ne ſçache eſcrire: Le Curé & vn Notaire, ou deux Notaires, ou vn Notaire & deux teſmoins . Toutes ces ceremonies ont eſté introduictes pour euiter les faulſetez. Et ainſi
eſt abolie la ſolemnité du droict Romain , qui requiert
ſept teſmoins.

Laigs & donatious faictes au Notaire ou aux teſmoins
du teſtament ſont nulles. Niuernois, art. 13. Berry des teſtamens, art. 17. & adiouſte des enfans ou femmes des notaires, Bourbonnois, art. 291. Auuergne, chap. 12. art. 49. Bretagne , art. cinq cents ſeptante cinq, dit qu'à celuy qui eſcrit legats, pour luy ou ſes adherents, foy ne doit eſtre ad-
iouſtee. Mais Paris, Sens, Auxerre, Tours, Meleun , Laon,
& Reims , dient ſimplement que legataires ou autres
ayans intereſt, ne peuuent eſtre teſmoins. Selon le droict
Romain , ſi aucun eſtant appellé pour eſcrire vn teſtament, eſcriuoit les laigs à luy faicts, ores que le teſtateur
dictaſt , eſtoit puny de faux, comme par la loy Corne-
lie *de falſis. l. 3. Cod. de iis qui ſibi adſcribunt.*

Exheredation eſt permiſe és cas de droict , Orleans,
article deux cens quatre-vingts ſept. Berry des teſtamens,
article cinq. Touraine, article trois cents trois, parle d'exheredation de toutes ſortes d'heritiers. Et pendant le debat
ſur la verité des cauſes d'exheredation , l'heritier legitime eſt ſaiſy. Berry des teſtaments, article cinquieſme.

DES SVCCESSIONS ET *hereditez.*

Elon la couſtume generale de France. Le mort ſaiſit le vif : qui eſt à dire que l'heritier par voye d'*inteſtat* eſt ſaiſy de l'heredité du defunct, ores qu'il n'ait apprehendé de faict. Ainſi dit Paris, art. 318. Niuern. de ſucceſſions. art. 1. Poictou, art. 279. & permet de former complainte. Sens, art. 82. & 118 Auxerre, art. 239. Berry des ſucceſſions, art. 28. Orleans, art. 301. Bourb. ar. 299. Auuergne, cha. 12. ar. 1. Bretagne, art. 514. Touraine, art. 71. Vitry, 259. Meleun, ar. 166. Senlis, 142. Troyes, ar. 90. Laon, art. ar. 71. Reims, ar. 307. Blois, ar. 136. Bourg. art. 59. Selõ le droict Romain ſi l'heritier eſtoit fils de famille en la puiſſance du pere qui eſtoit dit *ſuus hæres*. C'eſtoit aſſez qu'il s'entremiſt en la iouïſſance ſans autre ceremonie, & par ceſte entremiſe eſtoit faict heritier. Mais l'additiõ eſtoit requiſe à tous autres heritiers pour les faire heritiers, qui eſtoit vne ceremonie introduicte par le droict, par laquelle ils eſtoient faicts heritiers pour la proprieté: mais la poſſeſſion n'eſtoit acquiſe à l'heritier, ſinon que de faict il l'euſt apprehendee. *l. cum hæredes. ff. de acq. poſſ.*

Tant qu'il y a deſcendant du corps du defunct, ou autres deſcendans, la ſucceſſion n'eſt deferee aux aſcendans, ny aux collateraux. Niuern. des ſucceſſions. art. 3. Et cela eſt general.

Par aucunes couſtumes les filles qui ſont mariees par pere & mere: ou l'vn d'eux, & dotees ne viennent à la ſucceſſion deſdits pere & mere qui ont doté, ou de l'vn d'eux, tant qu'il y aura hoir maſle, ou hoir deſcendant de maſle, ſoit maſle ou femelle, ſi autrement n'eſt conuenu. Ainſi Niuernois des droicts de mariez, art. 24. Bourbonnois art. 305. Bourgongne, art. 72. qui limite aux hoirs maſles, deſcendus de maſle. Auuergne, chap. 12. art. 25. Poictou. art. 221.

entre

entre roturiers, n'exclud la fille ſi elle ne renonce , ſelon
Niuernois ladite fille peut demander ſupplément de legitime , ſelon les biens des pere & mere lors de leur deceds.
Ainſi dit Sens , art. 267. Mais Bourbonnois & Auuergne
l'excluent dudit ſupplément & des ſucceſſions collaterales dedans repreſentation. Toutes leſdites couſtumes donnent pouuoir auſdits pere & mere, de leur reſeruer le droiɛt
de ſucceder en les mariant. Bourgongne, art. 72. Bourbon.
art. 311. & Auuergne. art. 30. defendent de les rappeller à
hoirrie : mais bien permettent de donner en particulier:
mais Berry des ſucceſſions, art. 35. & poiɛtou, art. 221. per-
mettɛt de rappeller la fille qui a renôcé. Es prouinces où la
couſtume ne defend de rappeller : La queſtion a eſté ſi les
pere & mere peuuent rappeller, & y a grande raiſon de dire,
quand en ceſte dotation & appanage, il n'y a eu que le ſeul
faiɛt des pere & mere, ſans que les fils ſoient interuenus
pour doter & ſtipuler la forcluſion.   Que leſdits pere &
mere puiſſent reuoquer leur volonté, qui n'a eſté liee auec
autre volonté. Selon la raiſon de la *l. ſi quis hac. ff. de ſeruis ex-*
pert. Et comme il eſt traiɛté *in l. quoties. C. de donat. quæ ſub mo-*
do. Bourbonn. art. 307. & Auuergne, chap. 12. art. 31. dient
que la renonciation & excluſion de la fille appance profite
aux ſeuls maſles ou leurs deſcendans. Auſſi ils ſont tenus
de payer ladot de la fille, ou ce qui en reſte à payer. Auuergne adiouſte que le maſle venant à ſucceſſion doit conferer la dot , comme la fille feroit ſi elle venoit à ſucceſſion.
Auuergne, art. 37. met vne belle limitation que la fille n'eſt
excluſe pour auoir eſté fiancee, ſi elle n'eſt mariee du viuant de ſeſdits pere & mere : & autant en dient en effeɛt
Bourbonnois & Niuernois , qui dient ces mots , *fille ma-*
riee & dotee. A quoy y a grande raiſon : car les pere & mere, pour l'excellente amour, & ſoing enuers leurs enfans,
aduiſent de plus pres pour bien colloquer leurs filles en
mariage. Et auec ce ſoing vne fille pourra eſtre mieux
mariee pour cinq cens eſcus de dot, que ſans ce ſoing pour
mil eſcus.   Autres couſtumes, limitent ceſte excluſion
de filles pour auoir lieu és maiſons nobles, pour la con-

P p

feruation de la dignité,& noms des familles. Poictou , article deux cents vingt,dit que fille mariee par pere ou autre afcendant noble ne vient à fucceffion de celuy qui l'a
dotee , *etiam,* par fupplément de legitime. Bretagne,arti-
cle deux cents vingt-fept, dit que la fille noble,qui a moins
que ce quiluy appartient, ne fe peut plaindre, pourueu
qu'elle foit fuffifamment apparagee: c'eft à dire en maifon noble , & de parcille qualité & dignité , ou approchant, comme eft la maifon où elle eft nee. Et à cet effect
foit veuë l'annotation du fieur du Molin, fur le 29.confeil
d'Alexandre, vol. 3. & fur le confeil 180. vol.5. Touraine,
article 284. dit que la fille noble qui a eu don de mariage , n'euft-elle eu qu'vn chappel de rofes , eft exclufe
des fucceffions des afcendans qui l'ont dotee. Anjou , article 241.& le Maine,article 258.mettent vne notable limitation , pourueu qu'elle foit emparagee noblement. Du
Molin interprete qu'elle foit mariee en maifon digne de
celle dont elle eft iffuë. De vray ce mot *emparager*, femble
auoir quelque efficace , pour monftrer que ce doit eftre
party pareil. La fille qui eft ainfi exclufe, ores qu'elle ne
prenne part, eft comptee au nombre des enfans , pour la
computation de la legitime. Ainfi dit Bourbonnois,arti-
cle 310.

Enfans de diuers licts fuccedent à leurs peres & meres par teftes. Niuernois des fucceffions , art.6. Orleans,
article trois cents foixante & vn. Bourbonnois,art.300.
Bourgongne,art.67.

Gens francs peuuent marier leurs enfans par efchange,
& les enfans efchangez ont pareils droicts en la maifon
où ils viennent , quant aux biens ja acquis , comme a-
uoient ceux au lieu defquels ils viennent. Et encores
viennent en pareil droict aux fucceffions , à efcheoir des
afcendans. En autres fucceffions les parens fuccedent les
vns aux autres, felon le degré de lignage. Niuernois,
droicts de mariez,article 25.Bourbonnois,article, 295. qui
met limitation , en la fucceffion des afcendans , qui ont
confenty le mariage. Et outre dict qu'ils font tenus pour

appanez en la maison, dont ils partent en la succession
d'ascendans. Et ce a lieu entre non nobles.

Quand aucun decede sans enfans & descendans de
son corps, les pere & mere, & autres ascendans, selon
les degrez succedent en ses meubles & conquests. Paris,
article trois cents vnze. Niuernois des successions, article
4. Auxerre, article 241. Reims, article, 313. Blois, article
149. Sens, article 81. Auuergne, chapitre 12. article 2. 3.
Touraine, article 310. Meleun, article 258. Senlis, article
141. Troyes, art. 103. Vitry, article 85. Laon, art. 77. Reims,
art. 313. Aucunes coustumes admettent les freres, & sœurs
du trespassé auec les ascendans, Bourbonnois, article 314.
Bourgongne, article 66. c'est suiuant le droict Romain és
Nouelles de Iustinian, *auth. defuncto. Cod. ad Tertull.* Autres
coustumes donnent aux ascendans les meubles en proprieté, & l'vsufruict des conquests du defunct. Berry des successions, art. 3. Orleans, art. 313. Poictou, article 284. mais Poictou & Orleans limitent, en cas que le defunct ait laissé
freres & sœurs, ausquels la proprieté desdits conquests
doit venir. Les coustumes parlent diuersemént de la charge des debtes, quand les ascendans succedent. Niuernois
art. 4. dit si les ascendans prennent les meubles seulemét,
ils les prennent francs de debtes, en cas que les autres
biens y puissent satisfaire. S'ils prennent meubles & conquests, ils payent debtes & frais funeraux, iusques à concurrence des biens. Touraine, art. 310. & Senlis, art. 141. diët
que les ascendans qui prennent meubles & conquests
payent debts mobiliers, qu'ils dient personnels, frais func-
raux & laigs testamentaires mobiliers, Bretagne, art. 565.
à charge des debtes & frais funeraux. Vitry, art. 81. parle
plus temperément, disant que lesdits ascendans doiuent
satisfaire aux charges susdites, *pro rata* des biens qu'ils pré-
nent, auec les autres heritiers, qui est la reigle commune,
mise cy-apres. Aucunes coustumes dient en general, quicõ-
que prend les meubles & conquests par succession doit
payer les debtes mobiliaires. Ainsi Bourbonnois, art. 316.
& adjouste par succession ou contract. Meleun, article

268. Auuergne, chap.12. art. 19. Poictou , art. 248. dict quiconque prend les meubles à titre vniuerfel ou particulier doit payer les debtes mobiliaires & eft cenfé heritier. Mais Berry des fuccefſ. art. 3. dit que les afcendans prennent les meubles en pur gain fans payer debtes finon fubfidiairement à faute d'autres biens. Auſſi les afcendans fuccedent à leurs defcendans decedez fans hoirs pour les heritages qu'ils ont donnez aufdits defcendans. Paris art. 313. qui dit des biens donnez. Niuernois des fuccefſ. art. 5. & des donat. art. 9. Auxerre, art. 241. Berry des fuccefſ. art. 5. & dit qu'ils retournent fans charge de debtes perfonnelles , mais bien fous charges reelles & encores fubfidiairement pour perfonnelles, à faute d'autres biens & iufques à concurrence des biens retouruez. Orleans, art. 315. Laon , article 110. Bourb. ar. 314. pour tous les biens dōnez. Touraine, ar. 311. Meleun, ar. 270. Bourg. art. 65. Mais quant aux autres heritages propres anciens, & venus par fucceffion aufdits enfans , les afcendans n'y fuccedent par la reigle: qui dit propre heritage ne rencontre point, ains viennent aux parens collateraux du cofté dont ils font procedez. Ainfi Paris, art. 312. Sens. art. 85. qui adjoufte vne limitation que les ayeuls fuccedent aux propres de leur cofté, auant les coufins germains, Auxerre, article 241. Orleans , article 314. Meleun , ar. 269. Laon, article 81. Touraine , article , 310. Senlis , art. 141. Troyes, art. 103. Reims, art. 29. Blois, article 150. Bourgongne article 64. Aucunes couftumes exceptent , finon à defaut de collateraux , auquel cas les afcendans fuccedent pluftoft que le fifque. Poictou art. 284. Meleun, art. 269. Touraine, article 310. Reims, article 29. Ce qui eft fondé en vne raifon generale quand aucun eft exclus d'vne forte de fucceffion non pas en haine de foy ny pour inhabilité qui foit en fa perfonne : mais en faueur d'autre perfonne. Que quand cette faueur ceffe : Il reprend fon habilité à fucceder. Autres couftumes exceptent fi c'eftoient propres conuentionnels , c'eft à dire heritages acheptez defdeniers baillez & deftinez par les afcendans pour employer en heritages, lefquels retournent aufdits afcendans. Poictou , art. 185. Tours,

article 311. Meleun, art. 270. Rheims, art. 29. Laon, art.
109. Ce qui a grande raison: car tel heritage est comme subrogé au lieu des deniers, & est profectice venant en effect
de la substance de l'ascendant. Autres Coustumes dient,
quand aucun decede sans descendans & sans ascendens,
que la moitié de ses meubles & conquests vient aux plus
proches du costé paternel , & l'autre moitié aux plus proches du costé maternel. Bourbonnois, art. 315. Bretagne,
art. 565. Auxerre, art. 242. dict si vn parent collateral donne aucuns immeubles à son parent, & le donataire decede
sans hoirs, les choses donnees retournent au donateur.

Les heritages propres procedans du costé paternel
viennent en succession collaterale aux heritiers de ce costé, ores qu'ils soient plus lointains.   Et ainsi les heritages
propres maternels au costé maternel. Niuernois des successiõs, ar. 7. Paris, ar. 326. qui dict qu'ils sont reputez propres d'vn costé, ores que lesdicts heritiers ne soient descen-
duz de l'acquereur. Et ainsi dict Niueruois, quelles choses
sont meubles, ar. 13. & Laõ, ar. 79. Orleans , art. 324. & 325.
selon l'interpretation de Paris & Niuern. Auuergne, ch. 12.
art. 4. Senlis, art. 162. Laon, ar. 78. Bourg. art. 68. Rheims,
ar. 315. Mais Touraine, ar. 288. & Meleun, ar. 264. dict que
les heritiers ne sont reputez de l'estoc, s'ils ne sont descendus du premier acquereur , ou de celuy à qui l'heritage a
autresfois appartenu. Aucunes Coustumes dient, que s'il
n'y a point de parens du costé & ligne dont procedent les
heritages, que les proches parens de l'autre costé y peuuẽt
succeder & exclurre le fisque. Paris, art. 330. Orleans, art.
326. Berry des successions, art. 1. Laon, art. 82. Rheims,
art. 316. Ce qui doit estre obserué en general és pays Cou-
stumiers. Ainsi le tient du Molin en l'annotation sur ledict
article, 316. de Reims & de Monstrüeil, art. 10. & de Berry
des successions. *Intest. art.* 1. Berry audict Article, met vne
belle decision, que ie croy deuoir estre tenuë pour generale. Que les collateraux succedent en quelque degré qu'ils
soient. Et ainsi le tient du Molin, en l'annotatiõ sur le 434.
article de la Coustume de Bourbonnois , nonobstant le

droict Romain , qui parle du septiesme & dixiesme degré.

La Couftume de Niuernois au tiltre des fucceffions,
art. 8. à vne decifion particuliere qu'efchoite d'heritage
ancien, ne monte point en fucceffion collaterale, & y fuccedent pluftoft les defcendans collateraux , ores qu'ils
foient plus loingtains en degré que les afcendans, qui auffi
font collateraux plus prochains. L'exemple en eft, fi aucun decede delaiffant fon oncle d'vn cofté , & de l'autre
cofté delaiffe fon nepueu ou l'enfant de fon nepueu, qui
tous fes parens du mefme cofté dont procede l'heritage.
Le nepueu qui eft au tiers degré, & le fils du nepueu qui eft
au quart degré exclurrôt l'oncle qui eft au tiers degré. Auparauant l'an 1573. on auoit auancé la practique de cefte
Article en autres termes, à fçauoir que le coufin germain
du defunct eftant au quart degré, excluoit l'oncle qui eft
au tiers degré. Et eftoit mal à propos: car le coufin germain
n'eft pas defcendant collateral: & ainfi la declaré la Court
par deux Arrefts, l'vn en la maifon de Guerchy de Marra-
fin, en datte du dernier Iuillet, 1575. & l'autre en la maifon
de Monfieur Bolacre Lieutenant general de Niuernois,
du 20. Iuillet, 1577. Encores ceft intellect, par lequel le
nepueu exclud l'oncle procede d'vn ancien erreur des
Docteurs Vltramontains, qui en la lecture de l'auth. *de hæred. ab inteftato.* §. *fi autem cum fratribus.coll.1. 9.* n'ont pas bien
côpris quelle eftoit la façon de parler des Grecs, qui eftans
copieux en paroles & fentences , ont accouftumé apres
auoir exprimé vne fentence au long, de faire vne repetitiô
à la fin, comme par epilogue. Et ont eftimé que le Verfica-
le *Illud palam*, fuft vne decifion de par foy, qui n'eft qu'vne
appendice & comme repetition du precedent: & felon cefte opinion , ont tenu en general, que le nepueu exclud
l'oncle: & noftre Couftume à la fuitte de ceft erreur, ne s'eft
abandonnee que pour les heritages anciens & propres, &
n'a rien dict quant aux meubles & conquefts. Pourquoy és
meubles & conquefts, l'oncle & le nepueu du defunct fuc-
cederont par moitié, comme tous deux eftans en pareil de-

gré , qui eſt le troiſieſme degré.   Auxerre,art. 243. a dict
qu'en tous biens les nepueux excluent les oncles du defunct , meſmes és propres de leur eſtoc.   Mais Paris,art.
339. Orleans, art. 329. dient que l'oncle & le nepueu du defunct ſuccedent égalemḗt , comme eſtans en pareil degré, & qu'il n'y a repreſentation , & art. 338. Paris, Orleás,
art. 328. & Meleun, art. 267. dient que l'oncle ſuccede à
ſon nepueu auant le couſin germain.

Niuernois des ſucceſſions, art. 9. dict que les pere & mere, & autres aſcendans en ligne directe : combien qu'ils ne
ſuccedent és anciens heritages: neantmoins ont l'vſufruict
des heritages procedez de leurs eſtocs, eſcheuz à leurs enfans par ſucceſſion collaterale. A quoy peut eſtre aucunement rapporté ce qui eſt dict en la Couſtume de Paris, art.
230. que la part des conqueſts des deux mariez, qui aduient
à l'heritier de l'vn d'eux eſt propre heritage à luy, & ſuit ceſte ligne en ſucceſſion : & toutesfois les pere, mere, & autres aſcendans, ſuccedans à leurs enfans, en iouyront par
vſufruict leur vie durăt, au cas qu'il n'y ait aucuns deſcendans de l'acquereur. Autant en dict Orleans, art. 316. Et ce
qui eſt dict au 314. article de ladicte Couſtume de Paris,
que les pere & mere iouyſſent par vſufruict des biens delaiſſez par leurs enfans, qui ont eſté acquis par leſdicts pere
& mere, & par le deceds de l'vn d'eux, ont eſté faicts propres à leurſdicts enfans, qui ſont decedez ſans enfans.

Quand deſcendans ſuccedent à leurs aſcendans en ligne directe, repreſentation a lieu en infiny, ſans aucune limitation de degré : Qui eſt Couſtume preſque generale,
conforme au droict Romain. Paris, art. 319. Sens, art. 96.
Niuern. des ſucceſſions, art. 11. Auxerre, ar. 247. Orleans,
art. 304. Vitry, art. 66. Meleun, art. 261. Blois, art. 138.
139. qui dict, que d'ancienneté n'y auoit repreſentation en
ligne directe & de preſent y eſt. Bourbonnois , art. 306.
Auuerg. ch. 12. ar. 9. Sēlis, ar. 139. Troyes, ar. 92. Laõ, ar. 74.
Flandres & Artois, n'admettent repreſentation en ligne
directe. A ce tiltre le Comté d'Artois fut adiugé à Mahaut
d'Artois, fille de Robert , & en fut exclus Robert fils de

Philippe, ledict Philippe decede auant ledict premier Robert son pere. A la fin de la loy Salique, est la constitution de Childebert Roy, faicte par luy, tenãt ses Estats le 20. an de son regne, par laquelle est dict, qu'en la ligne directe, y aura representation: mais en ligne collaterale non.

En succession collaterale plusieurs Coustumes anciennes ne receuoient representation, & suiuoiẽt le droict Romain ancien des Digestes & du Code, selon lequel n'y auoit representation en collateral. Mais la pluspart d'icelles Coustumes à la nouuelle reuision ont admise representation au cas du droict des nouuelles de Iustinian, quand le defunct est decedé delaissant son frere & ses nepueux, enfãs de son autre frere decedé: qui est le seul cas de representation en collateral. Et ainsi a esté iugé par Arrest solemnel de Parlement, du 23. Decembre, 1526. & par le retenu *In mente* de la Cour, fut arresté pour seruir de loy, selon l'opinion d'Azo, ainsi qu'il est porté par vn Arrest és regiftres du Conseil, du quatorziesme Mars, mil cinq cens cinquante. Et ainsi faut entendre les Coustumes, qui ne determinent pas autrement. Pour ladicte representation sont les Coustumes. Paris, article 320. 321. qui dict, quand le defunct n'a delaissé que nepueux de diuers freres, qu'ils succedent par testes sans representation. Auxerre, ar. 247. Sens. art. 96. Niuernois des successions, art. 13. Berry des successions, art. 43. Orleans, art. 318. 319. comme Paris. Meleun, art. 262. 263. comme Paris, Troyes, art. 92. Vitry, art. 66. Laon, art. 75. 76. comme Paris, Bourbonnois, art. 306.

Aucunes Coustumes ont dict qu'en collateral n'y auoit representation, comme Senlis, art. 140. Blois, art. 139. qui met l'exception si elle n'a esté accordee.

Autres Coustumes mettent la representation infiniement, comme Auuergne, chap. 12. art. 9. Poictou, ar. 277. Touraine, art. 287. Rheims, art. 309. en roture auec declaration que quand tous sont en pareil degré ils succedẽt par testes. Bourgongne, art. 69. 70. Niuernois excepte de la representation, la succession de meubles qui va au plus

prochian

prochain sans representation, art. 13. En succession collaterale dans les termes de representation on succede par lignes: hors icelle on succede par testes. Ainsi dient Niuernois, art. 10. Paris, art. 320. 321. 327. Sens, art. 88. Orleans,
art. 327. Bourbonnois, art. 306. Sera noté quand on dict
freres & sœurs, & enfans de freres & sœurs, il s'entend freres & sœurs du defunct. Niuernois le declare expressément. Bourbonnois ne l'exprime, mais il se doit ainsi entendre.

Selon aucunes Coustumes en succession collaterale, le
frere forcloft sa sœur, & les enfans du frere forcloent leur
tante, sœur du defunct, & les enfans d'elle: Comme Niuernois des successions, art. 14. & art. 15. sont exceptees quelques contrees de Niuernois, esquelles la sœur succede cõme le frere. La forclusion a esté tenuë pour auoir lieu dedans les termes de representation. Et en a esté pris l'argument du mesme texte du quatorziesme article vers la fin,
où est parlé de representation: & encores au milieu en ces
mots, *plus prochaine de la chair du defunct*. Et encores, pource
que l'Article pris plus generalemét seroit du tout odieux.
Et pource que nostre Coustume voisine de Bourbonnois,
n'exclud la fille appanee, sinon és termes de representatiõ.
L'argument de la Coustume voisine est bon. *cap. super eo.*
extra de censib. cap. super eo. extra de cognat spirit. Bourbonnois, art. 305. n'exclud la sœur, sinon quand elle a esté mariee & appanee, & ce dans les termes de representation.

Plusieurs Coustumes en succession de fiefs, excluent les
sœurs & autres femelles, en faueur de leurs freres, ou autres masles en pareil degré. Paris, art. 25. Meleun, art. 98.
Sens, art. 202. Orleãs, art. 99. Senlis, art. 134. Troyes, art.
15. Vitry, art. 59. 67. Laon, art. 163. Rheims, art. 51. 55. 56.
Blois, art. 152. Paris, art. 323. dict que les nepueux enfans
du frere n'excluent leur tante en fiefs, ains leur tante succede auec ses nepueux enfans de son frere : tous lesquels
enfans ne font que pour vne teste. Orleans, art. 321. dict
que la fille venant du masle representant son pere prend
auec son oncle.

Freres germains qui sont conjoincts des deux costez, en succession l'vn de l'autre quāt aux meubles & cõquests, sont preferez à freres paternels ou vterins. Ainsi les enfans de freres germains aux enfans de freres vterins ou paternels: Et à defaut des masles ainsi des femelles. Niuern. des success.art. 16. Poictou, art. 295. Berry, des successions, art. 6. Orleans, art. 330. qui limite iusques aux degrez d'oncles, tantes, nepueux & niepces du def.... & Bourbonn. art. 317. estend bien auant ceste faueur de germanité disant, tant que la ligne du germain dure, soit en representation ou non: que ceux conjoincts d'vn costé sont exclus. Touraine, art. 289. Troyes, art. 93. Blois, art. 155. Bourg. art. 71. qui dit, pour toutes sortes de biēs, que les germains sont preferez iusques aux enfans de freres & sœurs germains.

Aucunes Coustumes admettent également és meubles & conquests, les freres & sœurs de l'vn des costez auec les freres & sœurs conjoincts des deux costez. Comme Paris, art. 240. Sens, art. 84. Auxerre, art. 240. Meleun, article 260. Senlis, art. 168. Vitry, art. 83.

Mais quant aux heritages anciens, la pluspart des Coustumes dient, qu'ils appartiennent aux plus prochains de la ligne & estoc, dont ils sont procedez sans distinction de germanité. Ainsi Niuernois, art. 16. vers la fin. Sens, ar. 84, Auxerre, art. 240. Blois, article 156. Orleans, art. 330. Auuergne, chap. 12. art. 5. Troyes, art. 92. Laon, art. 80. Du Molin en l'annotation sur le 245. article de l'ancienne Coustume d'Orlans dict que la Coustume est generale en France, que la conjonction des deux costez n'est considerable en la succession des propres. Mais Berry des successiōs, art. 6. dict que le frere des deux costez est preferé és heritages propres, au frere du costé dont les heritages sont venus. Et en toutes autres successions collaterales, la conjonction des deux costez n'a point de priuilege par dessus la conjonction d'vn costé.

Collation & rapport ont lieu en succession directe, & non en successiō collaterale. Niuernois des success. art. 20. Sens, art. 264. 265. Auxerre, art. 250. Bourbonnois, ar. 313.

Laon, art. 98. Rheims, art. 324. Cy deſſus au tiltre des donations a eſté traitté quelles choſes ſont ſubjettes à rapport, quelles non.

Les pere, mere & autres, qui ont à laiſſer hœredité, peuuent faire partage ou aſſignation de leurs biens, entre ceux
qui leur doiuent ſucceder : Et ſont les heritiers ſaiſis ſelon
ledict partage apres la mort. Et eſt tel partage reuocable &
ambulatoire iuſqu'à la mort. Niuern. de ſucceſſiõ, art. 17.
Bourbonnois, art. 216. met la limitation, pourueu que ce
ſoit quarante iours auant le treſpas, & ne parle que de pere
& de mere: & permet d'aduantager, ſauue la legitime: & le
reſte comme Niuernois. De ce partage par le pere entre ſes
enfans qui eſt vallable, & n'eſt pas donation, mais diſpoſition teſtamentaire: Eſt dict *in l. ſi. filia. §. ſi pater. ff. famil. erci-*
ſc. l. quoties. C. eodem tit. Ceſt Article ne ſeroit à propos és
Prouinces où les pere & mere & autres, ne peuuent aduantager aucuns de leurs heritiers pluſque les autres. Car vn
d'entr'eux hargneux, auroit occaſion de dire l'vn des lots
eſtre de plus grande valeur ou plus grãde commodité que
l'autre.

Moines & religieux profés, de quelque religion qu'ils
ſoient, ne ſuccedent à leurs parens, ny le monaſtere pour
eux. Niuern. des ſucceſſ. ar. 18. Paris, ar. 337. Poict. ar. 287.
& parle de profeſſion expreſſe ou tacite. Auxerre, art.
249 & parle de religon approuuee. Berry de ſucceſſ. art. 36.
& dict de profeſſion expreſſe ou tacite. Senlis, art. 171. Orleans, art. 334. Bourbonn. art. 318. qui excepte, s'il n'y auoit
expreſſe dedication à l'Egliſe. Auuergne, chap. 12. art. 13.
Troyes, ar. 104. Vitry, art. 77. Rheims, ar. 326. Par l'Edict
d'Orleans faict és Eſtats, 1560. eſt defendu receuoir profeſſion des maſles auant 25. ans, & des filles auant 20. ans. La
profeſſion auãt cet aage n'eſt pas declaree nulle : mais eſt
permis aux profés de diſpoſer de leur bien. Par l'Edict des
Eſtats de Blois, art. 28. on a ſuiuy le Concile de Trente, qui
permet les profeſſiõs à 16. ans. Par l'Edict de Moulins, 1566.
les profeſſions monachales doiuent eſtre prouuees par eſcrit. art. 55. *vnde ſequitur*, que les profeſſions tacites ne ſont

admises,&font neceffaires expreffes profeffions. Es Capitulaires de Charlemagne,*lib.1.cap.*46. & 107. les filles ne doiuent eftre voillees auant les 25.ans d'aage.

Les biens de ceux qui font profeffion en religiõ,appartiennent à l'inftant de leur profeffiõ à leurs plus prochains habiles à fucceder,cõme fi lors ils mouroient par mort naturelle. Ainfi Niuernois de fucceff.art.19. Poictou,ar.287. qui adjoufte, Religiõ approuuee & en pleine liberté. Sens, art.87.& adioufte,s'ils n'auoient difpofé au profit de la religion ou autre perfonne capable eux eftans en aage,& cõme il eft permis par la Couft.Berry, des fucceff.artic. 23.& ne permet de difpofer au profit du monaftere que du tiers. Orleans art.333.Bourb.art.318.Auuergne chap. 12. art. 12. qui dit que les biẽs ne font dediez à l'Eglife s'il n'y a expreffe dedication.Tour.art.296.& parle de religion approuuee & de profeffion expreffe,fans force ou contrainte, Reims art.326. Blois art. 147. & dit profeffion expreffe ou tacite. Nous n'auons receu en France l'*authent. ingreff. C. de facrof. eccl.*felon laquelle les biens de ceux qui font profeffion font acquis aux monafteres efquels ils font profeffion de vray ce feroit chofe important à l'Eftat : car depuis cinq cens ans le tiers de tous biens euft efté acquis aux monafteres, & le fecond & tiers Eftat affoiblis d'autant.

Les prochains lignagiers des gẽs d'Efglife,feculiers leurs fuccedent par la voie d'inteftat,comme on fuccede à perfonnes layes.Niuern. des fucceff.art.21.Paris art. 336.Poictou,art.288.Berry,des fucceff.art.40. fans diftinguer fi ce font biens patrimoniaux,ou efpargne des biens d'Eglife, Bourbonnois,art.319.Senlis, art.170. Auuergne chap. 12. art.55.Troyes,art.106.Vitry,art.85. Reims, art.327. Blois, art.148.C'eft Couftume generale,en France cõtraire aux decifiõs des canoniftes, qui dient que les biẽs que les gens d'Eglife ont en leur puiffance prouenus de l'Efpargne,du reuenu qu'ils ont perceu de leurs benefices, appartiennent à l'Eglife,& de mefme les immeubles qu'ils en ont acquis.*capite primo & quarto,extra de pecul. clericorum.* Selon cet article de couſtume, a eſté iugé par arreſt de la prononciation de my-Careſme 1526. entre Pigeart, & l'Abbé de Colon.

Bannis à perpetuiré ne ſuccedent point. Niuern. article 25. Sens, article 97. Auxerre, 248. Bourbonnois, art. 322. & dit que les plus proches apres eux ſuccedent. Les bannis ſont reputez comme morts, & ſe dit la mort ciuile, qui les rend incapables de ſucceder, & les plus prochains apres leur degré ſuccedēt, l. 1. §. vl. ff. de bon. poſſ. contr. tab. Autremēt eſt des bannis à temps: car ils retiennent leurs biens, & le droict de ſucceder. l. 1. & 4. ff. de interd. & releg.

Eſt obſerué preſque generalement en France, que les pere & mere qui ont enfans ne peuuent faire donations, que ce ne ſoit à charge de la portion legitime enuers leurs enfans. Et quant aux donations faictes à eſtrangers, il eſt plus commun, mais quand les peres & meres, meſinement nobles, marient leurs filles, & leur conſtituent dot. Selon pluſieurs couſtumes les filles ne peuuent demander ſuppléement de legitime, dont a eſté parlé cy deſſus. Communément on a eſtimé la legitime eſtre ſelon la proportion que Iuſtinian en ſes Nouuelles a eſtablie, qui eſt du tiers ou de la moitié, ſelon le nombre des enfans: qui auparauāt eſtoit du quart: laquelle proportion ſemble n'auoir aucune raiſonnable proportion, & analogie: car au nombre de quatre enfans, la legitime eſt la douzieſme Et au nombre de ſix, la legitime eſt auſſi la douzieſme. Qui fait croire que c'eſt vne proportion regie par l'eſprit de Tribonian, que Suidas dit auoir eſté vn marchand de loix. La couſtume de Paris, art. 198. & Orleans, art. 274. auec grande raiſon ont dit que la legitime eſt la moitié de telle proportion que chacun enfant euſt euë en la ſucceſſion de l'aſcendant, s'il n'euſt diſpoſé par donation entre vifs, ou de derniere volonté. Apres que ſur la maſſe totale des biens ont eſté deduicts les debtes & frais funeraux. Mais ſi l'enfant eſtoit exheredé ou deſ-heredité pour iuſte cauſe (Iuſtinian en ſes nouuelles, met quatorze cauſes) il ne peut demander legitime. Mais ceſte exheredatiō n'empeſche pas que l'enfant ne ſoit saify de l'heredité de son pere, iusques à ce que la cause d'exheredation aura esté deuëment verifiee. Ainsi dit Berry des testamens.art.5.la raison depend de la Nouuelle de Iustinian, qui ne permet pas au pere par sa seule volonté d'exhereder son enfant: mais desire qu'il y ait cause, & que la cause soit verifiee. *auth.non licet.C.de liber.praeterit.* Aucunes coust.mettent des cas particuliers d'exheredation, côme si la fille forfait en son corps auparauât l'aage de 24.ans.Ainsi dit Touraine,ar.286.Si elle se marie auant les 25.ans de son aage,sans le sceu,&outre le gré de son pere,ou apres le trespas de son pere,sans le gré de sa mere. Ainsi dit Bourbonn. art.312.Mais Auuergne,chap.12.art.36.dit de la fille qui se marie outre le gré de ses pere & mere,à hôme qui ne soit de qualité digne de son lignage. Mais l'Edict du Roy Henry 2.du mois de Feurier,1556. permet aux peres & meres d'exhereder leurs enfans,qui masles auant l'aage de trente ans, ou femelles auant l'aage de vingt-cinq ans , se seront mariez sans leur gré & consentement,& audit cas d'exheredation les declare priuez & exclus de tous aduanta. ges,qu'ils pouuoient esperer és maisons de leursdits peres & meres.

Peres & meres peuuent en mariant leurs enfans leur donner ce que bon leur semble de leurs biens pour leurs droicts successifs , & les faire renoncer à leurs successions , sauf le droict de legitime aux donataires & autres enfans, à prendre ladite legitime,selon les biens delaissez par le deceds desdits peres & meres.Sens,ar.267.Berry des successions,art.33.& adiouste que ces enfans sont inhabiles à succeder.Et art.35.peuuent estre rappellez à succession,& audit cas seront saisis comme heritiers.

Celuy qui est habile à succeder,s'il est appellé pour declarer s'il est heritier,doit auoir quarante iours pour deliberer. Ce qui est presque general en la pratique iudiciaire,& ainsi dient Sens, art.90.Auxerre,art.245.Orleans,ar. 337. & adiouste s'il n'est adjourné, que ce sera du iour qui luy aura esté ordonné par le iuge. Troyes,art.107.de mesme s'il est appellé dedans l'an. Et pour deliberer plus seurement ledit prochain habile peut requerir inuentaire estre fait aux despens de la succession. Et si celuy qui est decedé estoit marié, les frais seront par moitié. Ainsi dient Sens, art. 90. & Troyes, art. 107. Auxerre 245. dit que l'inuentaire doit estre fait aux despens du requerant. La loy des Romains n'impute pas à estre acte d'heritier, ce que l'heritier presumptif faict pour cognoistre les facultez de l'heredité, à fin de deliberer plus seurement, ou bien ce qu'il faict pour conseruer les biens de l'heredité, durant le temps qu'il a pris pour deliberer, pourueu qu'il le face auec auctorité de iustice. *l. pro hærede. §. seruos. ff. de acquir. hered. l. Aristo. ff. de iure delib.*

Le benefice de se declarer heritier sous inuentaire, pour n'estre tenu des debtes & charges & hereditaires, plus auāt que selon les biens, introduit par le droict nouueau Romain. Est receu en France, & a l'on accoustumé d'obtenir lettres Royaux en Chancellerie à cet effect, iaçoit que du Molin die que c'est ceremonie superfluë, & que la voye ordinaire suffit. Ce benefice d'inuentaire a esté reiglé par diuerses decisions, les vnes en nos coustumes, les autres resultans dudit droict Romain. Berry des successions, art. 9. & sequens, met la forme d'y proceder, que ie croy deuoir estre obseruee generalement. Que celuy qui est habile à estre heritier doit declarer dans quarante iours pardeuant le iuge ordinaire du lieu, qu'il entend estre heritier par benefice d'inuentaire. Et dedans quarante iours, & auant que s'immisser & entremettre, il doit faire inuentaire, bailler caution de la valeur des biens, appeller audit inuentaire expressément & nommément les creanciers cogneus : les non cogneus à cry public, auec delay competent, qui est la pratique prise de la *l. si eo tempore. C. de remiss pignor.* Luy & les domestiques doiuent faire serment d'exhiber tous les biens. S'il ne satisfaict à ce que dessus, ou s'immise és biens auant la closture, ou s'abstrait aucuns biens, perdra le benefice dudit inuentaire, & sera tenu pour heritier simple. La reigle commune est que le lignager qui se dit heritier simple, ores qu'il soit plus lointain en degré de lignage doit

exclurre l'heritier par benefice d'inuentaire. Ainsi dit
Niuernois des successions, art. 28. Bourbonnois, art. 329.
Auuergne, cha. 12. ar. 38. & dit qu'en ce cas l'heritier simple
doit bailler caution. Laon, art. 72. Reims, art. 308. Orleans,
340. Ces trois dient pouruen que cet heritier simple vienne
dedãs l'an, Reims dit dedãs l'an de la presentation des lettres. Laon dedans l'an de l'inuentaire: Orleans dit dedans
l'an apres l'apprehension des biens par inuentaire. Mais
Berry, art. 16. donne dix ans apres la succession deferee. Paris art. 342. Orleans, art. 338. & Berry des successions, art. 27.
dit que l'heritier par benefice d'inuentaire qui est en ligne
directe, n'est exclus par autre parent heritier simple, & Berry dit que l'enfant heritier simple exclud l'heritier testamē-
taire, par benefice d'inuentaire. Le mineur qui se dit heritier simple estant plus lointain, n'exclud l'heritier par inuentaire qui est plus proche, ainsi dient Paris, art. 343. Orleans, art. 339. à quoy y a grande raison: car le mineur, à cause du benefice de restitution en entier, peut facilemēt estre
releué de la gestion d'heritier simple, & partant en effect
est comme heritier par benefice d'inuentaire. Berry des
successions. art. 17. dit que si le pere ou tuteur fait le mineur
heritier simple, il prendra les biens par inuentaire, & ne les
meslera auec les autres biens du mineur, ny ne les em-
ployera aux affaires du mineur, iusques apres les creanciers
& legataires satisfaicts, & art. 21. dit que si les pere & tuteur
font autrement, ils en respondront, tant au mineur qu'aux
creanciers & legataires. Ce qui a grande raison pour estre
obserué par tout, pour euiter les fraudes. Celuy qui s'est
declaré heritier par benefice d'inuentaire, peut se declarer
heritier simple, si autre lignager suruient se disant heritier
simple, & luy sera gardé son degré de lignage: en sorte que
s'il est en pareil degré, il viendra en concurrence: s'il est
plus loing, sera exclus. Berry des succ. art. 23. Orleãs, ar. 341.
Meleun, art. 271. Mais Orleans dit pouruen qu'il se declare
dans quarante iours apres que l'heritier simple sera apparu. L'heritier par benefice d'inuentaire, ou curateur aux
biens vacans, doit vendre les meubles publiquemēt, & au
plus

plus offrant apres publications faictes:mais ne peut vendre les immeubles, sinon auec solennité de criees Orleans art. 342.343. Paris art. 344. Bourgongne, art.73. dit qu'il faut impetrer du Prince le benefice d'inuentaire. Celuy qui est estranger ne peut se dire heritier simple pour exclurre l'heritier par benefice d'inuentaire. Berry des succesſ, art. 22. Auuergne,chap.12.article 39. Bourbonnois, art.330. L'heritier conuentionnel fait en contract & faueur de mariariage, ores qu'il ne soit lignager, peut se declarer heritier par benefice d'inuentaire.Pourueu qu'il n'y ait lignager du defunct, qui vueille estre heritier simple. Niuern.des succeſſions,art.29.Bourbonn.art.223.& 330.Auuergne,ch.12. art.34.35.39. Bourbonn. excepte si ledit heritier institué vouloit delaisser la qualité d'inuentaire, & prendre la qualité d'heritier simple.Et Bourbonn.& Auuergne dient que l'heritier institué & conuentionnel peut repudier.Auuerg. adiouste que vn lignager qui se dira heritier simple, ou par inuentaire exclurra l'heritier conuentionnel estranger,qui se dira heritier par inuentaire.

Les heritiers sont tenus personnellement payer les debtes du defunct, pour les portions qu'ils sont heritiers. Et chacun detenteur des heritages du defunct, hypothequez au debte, peut estre poursuiuy hypothecairement pour le tout. Paris,article 332.333. Ce qui se peut prendre pour general en France. Et en tel cas, quand aucun est obligé personnellement pour sa portion hereditaire, & comme detenteur d'immeubles,peut estre poursuiuy pour le tout,il ne peut se sauuer de l'hypothecaire, en remettant le creancier à discuter les personnellement obligez, mais doit respondre sans discussion, à cause de l'obligation personnelle qui le tient. Vray est quant à l'hypothecaire, qui est action reelle qu'il peut appeller garend formel, qui est son coheritier detenteur d'autres heritages,& aux charges dictes,par l'ordonnance que le iugement donne contre le garend, est executoire contre les garenty. Mais quand les heritiers succedent, les vns aux meubles, les autres aux conquests. Les autres aux propres, ils sont tenus

R r

contribuer aux debtes pour telle part & profit qu'ils y prennent. Paris, article 334. Auxerre, article 246. & adjoufte qu'ils font tenus faire apprecier les biens qu'ils prennent dans quinzaine, autrement font tenus par egale portion, fauf leur recours. Berry des fucceffions, article 32. & adioufte qu'ils ne laiffent d'eftre tenus outre la valeur des biens hereditaires. Orleans, article 360. Troyes, article 111. Vitry, art. 82. qui adioufte la raifon, parce que chacun y vient par droict d'heredité. Laon, art. 65. 83. Reims, art. 301. Dont refulte que cefte diftribution du payement des debtes fur les heritiers de chacune efpece de biens, eft pour le refpect & intereft des heritiers entr'eux, & non au refpect des creanciers, la condition defquels ne doit eftre alteree par la furuenance d'heritiers. *l. 1. §. ex his. ff. de verborum obligatione. l. prætoriæ. §. incertum. ff. de prætor. ftipul.* Paris, & Orleans, dient autant des legataires vniuerfels, pour eftre tenus aux debtes, felon la valeur des biens qu'ils prennent. car felon nos couftumes font plufieurs patrimoines & hereditez d'vne feule perfonne contre les reigles du droict Romain. Donc celuy qui eft legataire de tous les meubles eft comme heritier des meubles, eftant legataire d'vniuerfité de biens, & partant tenu des debtes, par la raifon de la *l. cum fil. us. §. Lucio,* & de la *l. cum pater. §. menfe. ff. de legatis fecundo* : Mais Sens article nonante cinq, dit que l'heritier mobilier doit payer les debtes perfonnelles du defunct (il entend debtes mobiliaires) toutesfois le creancier peut s'addreffer contre l'heritier, du meuble ou immeuble, fauf fon recours. Autant en dit Poictou, art. 291. Bourbonnois, art. 316. & Meleun, art. 268. dient que l'heritier des meubles & conquefts doit payer les debtes mobiliaires: Bourbonnois adioufte, ores qu'il prenne lefdits meubles & conquefts en vertu de contract. Meleun adioufte que tel heritier de meubles & conquefts paye les frais funeraux, & accomplit le teftament, & neantmoins que le creancier s'addreffe où il veut. Auuergne, chap. 12. art. 19. 21. 24. dit prefque de mefme, mais reftraint aux debtes que le defunct a faictes : mais les debtes dont le defunct

comme heritier de pere & mere, & les laigs seront payez par toutes sortes d'heritiers *pro rata*. Le fils aisné, ores que par le moyen de son droict d'aisnesse il prenne plus, toutes-fois ne paye des debtes, non plus que les autres heritiers, Paris, art. 334. Orleans, art. 360. & dit debtes & rentes con-stituees. Senlis, art. 163. Laon, art. 68. 69. & excepte les charges foncieres & anciennes faictes auparauant le temps des pere & mere. Ce qui correspond au droict Ro-main, qui dit que celuy des heritiers, qui par prelaigs ou ad-uantage, prend plus que son coheritier, pourueu que ce ne soit pas aduantage, en quote portion de toute l'here-dité, ne paye des debtes, non plus que l'autre heritier qui prend moins. *l. 1. Cod. si certum pet.* Poictou, art. 291. dit que tous les enfans qui partent les meubles egalement doiuent payer les debtes mobiliaires.

Quand aucun declare en iugement estre heritier ou de-clare n'estre pas heritier, ceste declaration profite à tous : mais celuy qui est declaré heritier par contumace est he-ritier, quant au poursuiuant seulement. Niuernois des suc-cessions, art. 27. Bourbonnois, art. 326. Car les contuma-ces profitent seulement à celuy qui les a poursuiuies. Par argument de la loy derniere. *ff. de interog. act. l. vl. §. quod si. C. de side instru.*

Celuy qui prend les biens du decedé, ou partie d'iceux, s'il est habile à estre heritier, & n'ait autre qualité au droict: il faict acte d'heritier, Paris, art. 317. qui adiouste, ores qu'il luy fust deu, par ce qu'en ce cas il doit demander par iu-stice. Orleans, art. 336. Senlis, art. 150. & dit s'il prend des biens, iusques à cinq sols parisis. Meleun, article 272. & ad-iouste ces mots, *quelque protestation qu'il face.* Niuernois, des successions, article vingt-six, & Bourbonnois, article 325. tirent plus auant, disans qui paye les debtes du defunct & laigs, paye les frais funeraux, où s'entremet à l'admi-nistration des biens. Bourbonnois dit ou faict autre a-cte d'heritier. S'il est habile à succeder, & faict lesdits actes simplement sans protestation precedente: Est repu-té heritier, & ne peut apres repudier: toutesfois semble que

Niuernois parle trop au large. Quant à payer debtes
pource que les deniers peuuent appartenir à celuy qui
paye : la reigle de droiɟt eſt que l'on peut , en payant
pour autruy ſans ſon ſceu & gré le liberer du debte , *leg.*
ſoluendo. ff. de nego. geſt. Pourquoy ſemble que payer le
debte hereditaire , n'eſt pas faire acte d'heritier. Auſſi
frais funeraux peuuent eſtre payez par l'enfant pour le
ſeul debuoir de pieté en tirant les deniers de ſa bourſe.
qui n'eſt pas faire acte d'heritier.*l. at ſi quis .* §. *plerique. ff.*
de religioſ. & *ſumptib. funerum.* Pourquoy ie croy que
pour faire acte d'heritier , il faut toucher aux biens hereditaires.

La portion de l'vn des habiles à eſtre heritier , qui repudie , accroiſt aux autres qui ſe dient heritiers. Paris, article 310. qui adiouſte , ſans prerogatiue d'aineſſe entre les enfans de la portion qui accroiſt. Orleans , article 359. Bourbonnois article 323. Le droict d'accroiſſe-
ment eſt du droict Romain , & eſt de telle ſorte que la portion quittee accroiſt à l'autre portion , qui a eſté accep-
tee , *etiam* outre le gré de celuy qui a eſté accepté. *l. ſi ex*
pluribus. Cod. de ſuis & *legit. leg. ex teſtamento. Cod. de im-*
pub. & *aliis ſubſtit. l. vnica.* §. *his autem. Ita. Cod. de caduc.*
tolle.

Aucunes couſt. adherentes au droict Romain , dient
ſi aucun decede ſans heritier de l'vne ou de l'autre ligne,
les mariez ſuccedent l'vn à l'autre pluſtoſt que les biens
ſoient dicts vacans. Ainſi Poictou,art.299. Berry des ſucceſſions, article 8.

DES PRESCRIPTIONS.

Es Couſtumes ont parlé des preſcriptions diuerſement, les vnes ont ſuiuy le droiƈt Romain pour la preſcription de dix & de vingt ans. Les autres ont reduiƈt toutes preſcriptions à trente ans. Selon leſdites couſtumes ſemblables au droiƈt Romain, ſi aucun ayant acquis vn heritage à iuſte titre, & de bonne foy en à ioui paiſiblement dix ans entre preſens, & vingt ans entre abſens, il a moyen de ſe defendre de la demande qu'vn tiers feroit contre luy pour l'euincer de la proprieté ou par hypothecque. Pourueu que la poſſeſſion ſoit reelle & publique. Ainſi dient Paris, article cents treize 114.115. Poiƈtou, artic. 373. qui excepte l'Egliſe, mineurs, ſeigneurs feodaux & cenſuels, & les ſeigneurs rentiers quand c'eſt la premiere rente fonciere apres le fonds. Auxerre, ar. 188. Vitry, art. 134.135. Laon, art. 141. Blois, art. 192. Senlis, art. 188. Meleun, art. 170.171. Reims, art. 380. La pluſpart deſdiƈtes Couſtumes mettent en vſage la preſcription de trente ans, quand le poſſeſſeur n'a titre comme Paris, art. 118. Auxerre, art. 188. Meleun, art. 172. Laon, ar. 142 Blois, ar. 192. Reims, art. 381. autres couſtumes mettent indiſtinƈtement toutes preſcriptions à trente ans entre lais, & quarante ans contre l'Egliſe. Niuer. des preſcript art. 1. Orleans, art. 260. Berry, des preſcript. artic. 1. & diƈt de 30. ans, *etiam*, contre l'Egliſe, & à la charge de reſtitution en entier. Auuergne chap. 17. art. 1.2.3. mettant la limitation pourueu que ce ſoit contre perſonnes qui ont puiſſance de agir, en iugement contradiƈtoire qui eſt la limitation *in l. 1. C. de annali exceptione.* Bourgongne, artic. 126. Bourbonnois, article 23. auec limitation d'Auuergne, aucunes couſtumes diſtinguent, diſans que les actions perſonnelles ſont preſcriptes par trente ans, &

les hypothecaires par quarante ans. Melun, artic. 74. Vitry,
art. 137. Senlis, art. 189. pour les actions personnelles, & 190.
pour rente ou charge reelle par quarante ans, Reims, 381.
l'hypotheque par quarante ans, & 383. la personnelle par
trente ans. Laon, article 143. que l'hypotheque nantye se
prescript par l'obligé ou ses heritiers, par quarante ans. Orleans, art. 261. dict qui iouyt d'vn heritage ou droict incorporel, sans titre par trente ans, est faict seigneur, sauf le vendeur & obligé, ou son heritier, qui acquiert par quarante
ans.

Selon plusieurs coustu. le droict de cens ne se prescript
par le detenteur contre le seigneur. Paris, art. 124. qui dict
etiam, par cent ans. Sens, art 263. & parle du chef cens. Auxerre, art. 186. qui excepte sinon apres contradiction. Berry,
des prescript. art. 3. Orleans, art. 263. Melcun, art. 173. Senlis. 191. & 279. dict que le cens ne se perd par cryees, ores
que le seigneur ne soit opposant, ce qui est general. Car le
decret est tousiours adiugé à ceste charge. Reims, art. 382.
Blois, art. 55 Mais la quotité ou maniere de payer le cens, &
les arrerages se prescriuent par trente ans. Paris, article
124. Niuernois de prescript. article 2. Berry, de prescript.
article 12. Orleans, article 263. Auuergne, chapitre 17. artic. 6. horsinis Auuergne, art. 7. & Bourbonnois, art. 16. dict
que arrerages sont prescripts par dix ans, autres coustumes dient que le cens est prescript par trente ans. Touraine, article 209. Bourbonnois, article 22. qui excepte celuy qui a recogneu, mais non pas son heritier, & semble
que Niuernois, des cens article 22. met la prescription du
cens à trente ans : mais ie croy que ledit article ne parle de
la directe seigneurie, ou bié se doit entendre que les trente
ans ne commencent pas du temps de la cessation du payement : car par la seule cessation, la possession du seigneur
n'est interuertie, ains commence du temps de l'interuer-
sion & contradiction. Mais vn seigneur peut prescrire contre vn autre seigneur, la seigneurie directe censuelle par
trente ans. S'il n'y a titre ou recognoissance, ou que l'ac-
queteur ait achepté à charge du cens. Paris, article 123.

A quoy se rapporte ce que dict Niuernois titre des fiefs, article 15. que seigneur peut prescrire contre seigneur la seigneurie directe de fief par trente ans, pourueu qu'il y ait eu
deux reprises auec deux diuerses ouuertures, & saisies reelles deuëment notifiees. Ainsi dict Berry des prescript, article 6. que le droict d'estre, & se dire seigneur censier, peut
estre prescrit par celuy qui par 30. ans aura perceu la censiue & droicts seigneuriaux, comme seigneur, & tout cela
se doit entendre quand celuy qui veut prescrire a exercé
actes de iouyssance publiquement & apparemment : Car
les autres occultes, & qui ne sont pas d'exercice, quotidian,
& attribuent vraye possession. *l.quamuis saltus. ff.de acq. poss.*
Bretagne, article 273. dict que droicture & seigneurie se
prescrit sans titre par quarante ans & article 279. dict que
si vn seigneur a acoustumé leuer certains subsides en sa seigneurie, & aucuns s'en veulent dire exempts, ils doiuent
prouuer leur exemption. C'est selon la theorique vulgaire
des docteurs, que quand aucun est fondé en droict vniuersel, qui n'est point droict exorbitant & odieux en prouuant
sa possession en aucuns endroicts, il est en presomption de
possession par tout. Mais si c'est vn droict exorbitant &
odieux auquel le droict commun resiste, il se dict que sa
prescription ne s'estend plus auant que sa possession, & a
lestroict selon le brocard, *tantum prescriptum quantum posses-
sum vt per Panor. in cap. cum venerabilis. extra de relig. domib.*

Si aucun detenteur d'vn lieu composé de plusieurs pieces, aliene vne ou plusieurs desdites pieces, & le seigneur
est payé de sa redeuance comme il souloit. Ce nouueau acquereur qui n'a rien payé, & a tenu la piece, ou pieces comme franches : n'a peu prescrire la liberté de la redeuance
par quelque temps qu'il ait iouï iusques à ce que le seigneur
ait esté deuëment informé de l'alienation. Niuernois és
prescript. artic. 6. Auxerre. art 187. qui dict tant en rente
fonciere que constituee. Berry, des prescript. article 14. qui
dict de mesme, soit que tout l'heritage ou partie ait esté
alienee. Bourbonnois, article 32. La raison peut estre que
le seigneur direct ayant vne fois esté iouissant de la seigneu-

rie directe de tout le tenement, est censé auoir conserué sa
possession sur le tout, par le payement de la redeuance & la
possession de ces pieces desmembrees n'a interuerty son
droict iusques à ce qu'il ait sceu le desmembrement par ce
qu'elle est clandestine à son esgard.

L'homme de mainmorte ne peut prescrire franchise par
quelque temps qu'il demeure hors du lieu de seruitude.
S'il n'y a priuilege au contraire. Bourbonnois, article 25.
Mais Bourgongne, article 81. dict simplement sans reserue.
Et Vitry, ar.146. dict que l'homme de corps qui n'est reclamé par son seigneur & a iouy de franchise par 20. ans, en la
prouince dont il est homme, A acquis franchise, s'il se retire hors la Prouince, il ne prescrit cõme estãt fugitif. Droict
de tailles & coruees deuës à volonté, ne se prescript sinon
apres contradiction. Mais tailles & coruees certaines deuës
sur heritages se prescriuent par trente ans. Auuergne chap.
17. article 15. 16. La raison de la diuersité est que la coruee
deuë sur heritage, certain est comme redeuance annuelle
payable chacun an. La coruee dict l'exaction gist en la volonté du seigneur, est de faculté, & partant ne se prescript
sinon apres contradiction.

La faculté octroyee pour rachepter vn heritage vendu,
toutes fois & quantes se prescrit par trente ans. Ainsi Paris, ar.120. Niuernois, des prescript. ar.3. Berry, des prescript.
art.11. Bourbon. art.20. Orleans, art. 269. Auuergne, chap.
17. art.11. La raison est que telle faculté de rachepter est purement par conuention, & ce qui est de conuention hors la
nature du contract est subjet à prescription comme sont
toutes conuenances. Autrement est du rachapt des rentes
cõstituees à pris d'argët: car la faculté n'en est pas octroyee
par conuention, mais par la nature qui est de l'essence du
contract, parquoy le rachapt s'en peut faire apres cent ans.
Paris, art.119. Et Orleans, ar.268. qui adiouste que s'il n'appert du pris de la constitution, le rachapt en doit estre faict
au denier douze. Iaçoit que l'ordonnance sur le rachapt
des rentes deuës sur maisons de villes, closes du mois d'O-
ctobre, 1539. face audict cas le rachapt au denier quinze.

La maniere

La maniere de leuer difme & la quotité de difme font
prefcriptible contre laigs, par trente ans contre l'Eglife par
quarante ans. Niuernois des prefcript. art. 4. Bourbonnois,
art. 21. Auuergne, chap. 17. art. 18. & parle de trente ans. Cecy eft contraire à l'opinion des canoniftes qui dient que ny
la difme n'y la quotité n'y aucuns accidēts qui y appartiennent, ne peuuent eftre prefcripts. Mais en France felon la
conftitution de Philippe le Bel Roy, nous tenons que le
droïct du difme & tout ce qui y appartient peut eftre pref-
crit par l'ong vfage. Vray eft qu'il s'y obferue quant aux difmes de gros bleds, que la feule ceffation ne fuffit pour la
prefcription fi ce n'eft que le proprietaire des terres mette
en auant l'infeodation auant le concile de Latran, & pour
l'effect d'icelle prenne fa poffeffion immemoriale de n'a-
uoir payé difme cõme layant retenuë à luy. Mais pour les
difmes d'autre fruicts, la prefcriptiõ cõme de quarante ans
fuffit: cõme auffi fuffit pour la prefcription de la quotité &
forme de parceuoir. Et de cefte opinion ont efté les doctes
Theologiens Scholaftiques, & encores on allegue vn docteur canonifte. *Anton. de butrio in cap. parrochianis extra. de
decimis.*

Es biens propres ou autres immeubles appartenans à la
femme mariee qui ne font de la communauté, & dont le
mary a l'adminiftration : La prefcription ne court cõtre la
fẽme durant le mariage. Berry, des prefcript. art. 16. Reims,
art. 260. C'eft felon la raifon mife, *in l. 1. in fine. C. de annali except.* Mais Auuergne, chap. 17. art. 5. dict que la prefcription
court durãtle mariage. Sauf fi le mary ne fuft foluable pour
refpondre de la negligence. Cecy eft pris felon la rigueur
de la loy *fi maritus. ff. de fundo dotali.* Si le mary aliene les biẽs
dotaux de fa femme durant le mariage, fans le confentement d'elle, la prefcription ne court durant le mariage.
Bourbonnois, art. 28. La raifon eft que la femme tãt que le
mariage ne peut auec le refpect qu'elle doit à fon mary faire appeller l'achepteur qui appelleroit le mary d'elle à ga-
rand, & la femme fe mettroit en peril d'offenfer fon mary.
Et la loy eftime eftre impoffible, non feulement ce qui de

faict ne se peut faire, mais aussi ce qui ne se peut faire sans offenser la pieté, honneur & respect que lon doit à aucun. *l. filius qui. ff. de condit. instit.* Et en particulier à lesgard de mary & femme. *in l. reprehendenda. C. de instit. & subst. sub condit fact.* Reims, art. 260. semble donner à la femme, l'action possessoire dedans l'an apres le mariage dissolu.

Quand aucunes choses sont tenuës en commun, & par indiuis l'vn ne peut prescrire le droict de l'autre, soit en possessoire ou en petitoire. Bourbonnois, art. 26. La raison est *in l. merito. ff. pro socio.* Et Bretagne, article 277. dict que nulle longue tenuë ne nuit entre freres & sœurs viuans, quant au faict de leur partage.

La prescription ne court contre le mineur soit qu'on la vueille commencer contre luy, ou qu'elle soit commencee contre son predecesseur majeur. *l. superuacuū. C. inquib. cauf. restit. in integ.* Mais le temps & faculté de rachapt accorde au majeur contrahant court contre les mineurs successeurs. Sauf leur recours contre leur tuteur. Bourbonnois, art. 33. Car en ce cas la faculté de racheter est par conuention faicte auec le majeur, & la suruenance de l'heritier mineur ne adiouste rien de priuilege ny de faueur. *l. polla. C. de iis quibus vt indig.* Et pour le general *in l. 2. §. ex his. ff. de verb. obligat. l. pretori e. §. incertum. ff. de pretor. stipul.* Ceste questiō est traictee & ainsi decidee par Bart. *in l. Æmilius. ff. de minor. & in l. 2. C. si aduers. vendit. pignor.*

Interruption de prescription contre l'vn des freres ou cōmuns possedans par indiuis, aucun heritage, nuit aux autres freres ou cōmuns. Niuernois, des prescript. ar. 5. Bourbonnois, art. 35. Berry, prescript. art. 13. de mesme, & parle de interruption ciuile par adiournement ou conuention iudiciaire. Il semble que cecy s'entend de interruption par action reelle, en ces mots, *possedans par indiuis, aucun heritage,* du Molin en l'adnot. sur ledict art. 13. de Berry, dict cela estre vray quand l'vn des possesseurs est conuenu pour le tout. Quād l'interruption est naturelle par possession reelle, ie croy que indistinctement elle sert contre tous *l. naturalem. ff. de vsucap.*

Des executions ſur biens meubles & immeubles & per-
ſonnes Reſpits, ceſſion de biens hypotheques.

LEs obligations ſous ſeel royal ou autre ſeel authentique de cour laye, emportent executiõ & garniſon
de main, & peut le ſergent executeur garnir nõob-
ſtant oppoſition ou appellation, & ſans preiudice Et a faute de garnir le Iuge de la cauſe, pourra debouter l'oppoſant de ſon oppoſition. Ainſi dict, Niuernois, des execut.
ar.3.Paris,ar.165. Quant aux obligatiõs qui ne ſont paſſees
ſoubs ſeel royal, adiouxte ſi lors de l'obligation l'obligé
eſtoit demeurant au lieu où elle eſt paſſee, mais l'ordonnãce de l'an 1539. dict demeurant au deſtroict où le ſeel eſt authentique. Orleans,ar.430. Auuergne, ch.24.ar.51.& excepte s'il n'eſtoit inhibé, parties ouyes. Blois,art.262. dict que
l'oppoſant ne ſera ouy en ſon oppoſition, iuſques à ce qu'il
ait faict rapporter la main de Iuſtice plaine. Berry des exe-
cut.art.1.13. & art.24. Bourbonnois, art. 97. & excepte ſi
l'ol ligatiõ eſt conditionnelle, auquel cas le Iuge n'ordonnera ſur la garniſon. Cecy ſemble contraire au droict
Romain qui defend de commencer par execution. *l. 1. C.*
de execut. rei iud. mais en effect & en repetant l'antiquité, il
n'eſt contraire : Car l'ancienne obſeruance eſtoit que les
contrahans alloient deuers le garde du ſeel qui auoit Iuriſdiction & apres auoir ouy leurs conuenances les condam-
noit à l'obſeruation d'icelles. Encores les Notaires de Paris, Orleans & Poictou és contracts groſloyez eſquels le
garde du ſeel parle, ſont ces mots, *ſont comparus en droict &*
iugement pardeuant nous : Et ſelon le droict Romain qui a
confeſſé en iugemeut eſt tenu pour iugé & condamné. *l.*
debitoribus. ff. de re iudic.

La ſcedule recogneuë ou verifiee deuëmēt emporte garniſon de main. Niuern.exec art.3. Orleans, art 462. & dict
garniſon & hypotheque, & ſi elle eſt conditiõnelle le Iuge
ordõnera de la garniſon. De vray cela giſt en cognoiſſance
de cauſe ſi la condition eſt acomplie. Blois, art. 296. Berry,

des execut.art.11.pourueu que la chofe deuë foit liquide,&
la fcedule non conditionnelle.La fcedule recogneüe en iugement,ou pardeuant notaire ou tenuë pour confeffee,ou
verifiee apres denegation emporte l'hypotheque. Paris,ar-
tic.107. Berry des execut.art.34.

La garnifon ou prouifion de la chofe deuë és mains du
creancier pourra eftre ordonnee par le Iuge , parties oyes
en baillant caution. Niuernois , art. 3. & plus amplement
l'ordonnance de l'an 1539.Berry,des execut.art.11.& 12.qui
dict que fur ladicte prouifion ne font receuës exceptions
dont la preuue n'eft pas prompte.Ny mefme la delation de
ferment faict par le debteur au creancier , finon qu'il fuft
proche & peuft venir dans huictaine. Ce qui fe rapporte à
la reigle de la loy. 3.§.*ibid.ff.ad exhib.* Bretagne,art. 235. dict
que les beftes prifes par execution doiuent eftre venduës &
les deniers mis és mains du creancier en fe côftituant ache-
teur de biens de iuftice & baillant caution. Auparauât l'ordonnance de l'an 1539.on pratiquoit feulement la garnifon
de main de iuftice , par faifie de meubles depofez en main
tierce.Mais par l'ordônance de l'an 1539. à efté introduicte
la garnifon & prouifion és mains du creancier , non pas des
meubles faifis,mais des deniers procedans de la vente d'i-
ceux.La garnifon de la main de iuftice fe faict par le fergêt
apres la feule vifion de l'obligation authentique.La prouifion és mains du creancier , eft ordonnee par le Iuge apres
fommaire cognoiffance de caufe. L'vne des prouifions eft
ad inftar, du fequeftre en complainte. L'autre *ad inftar*, de la
re creance.

Le fergent executeur d'obligatiô ou fentence doit eftre
acompagné de deux tefmoins , doit bailler les meubles par
luy faifis , en la garde de perfonnage reffeant fur les lieux
qui foit majeur de 25.ans à peine de nullité. Berry ,des exe-
cut.art.26. ce qui eft general. La vente des meubles pris &
faifis par execution,en cas qu'il n'y ait oppofition fera affignee par le fergent,au dixiefme iour à heure deuë & au lieu
accouftumé, lieu public dict l'encant, & au dixiefme iour
le fergent doit proceder à la vente apres proclamations

fera rapport des noms des metteurs & des sommes &
prix des encheres. Et ne fera l'adjudication au plus offrant,
sinon en payant comptant, Niuernois des executions, article 4. 5. cela est general. Poictou, article 428. dit que
les meubles doiuent estre portez au marché de la chastellenie & s'il n'y en a au marché plus proche, à cause de la
frequence du peuple, à ce qu'ils soient vendus à prix iuste.
Berry des execut. art. 3. portez au lieu public de la iustice,
apres neuf heures de matin, deuant dix, estrousse vne heure apres midy. Bourbonnois, art. 111. dit que la vente de
meubles doit estre assignee à quinzaine, pardeuant le iuge
du lieu. Auuergne, ch. 24. ar. 46. 47. dit assigner la vente à
huictaine ou autre iour plus long, le sergent fera la vente :
mais ne deliurera, sinon apres la confirmation du iuge, &
consignation du prix, & art. 50. la vente se fera dedans vn
mois, autrement sera l'execution nulle. Bretagne, art. 243.
dit que les meubles qui aisément peuuent estre desplacez
seront portez au lieu public, si non facilement desplacez
seront vendus sur le lieu, & art. 239. dit que le debteur peut
recouurer ses biens vendus dans huictaine, en rendant le
prix, & douze deniers pour liure auec les frais. Meleun,
art. 319. la vente, auec huict iours francs à iour certain, &
lieu accoustumé. Ces solemnitez semblent diuerses : mais
en effect, c'est afin qu'il se trouue prix raisonnable des meubles, afin d'euiter les fraudes & improbité des sergens, &
afin que le debteur puisse y faire trouuer achepteurs raisonnables.

L'achepteur de biens en iustice, doit estre contrainct
par corps, à payer, Bourbonnois. art. 112. Orleans, 439. Blois
art 255. dedans trois Samedis, payer, & par prison. Berry
des executions, art. 18. & dit de mesme des gardiens de biés
de iustice. Meleun, art. 315. 316. comme Berry, & 317. dit a-
uant que contraindre que le sergent doit faire commandement au domicile, le plus seur, est d'y pratiquer ce que
la loy. Romaine commande, qui est de ne deliurer à l'a-
chepteur sinon en payant comptant: car aussi bien le sergent vendeur ne peut transferer la proprieté, *etiam* par

tradition,ſinon en payant comptant.*l.à dino pio.* §. *ſed ſi emptor in fine. ff. de re iud.*car les perſonnes publiques ne peuuét donner terme ,ny faire credit. *l. ſi procurator. 2. ff. de iure fiſci.* Sergens ne peuuent eſtre gardiens ny achepteurs de gages,pris par execution,directement ou autrement. Niuern. execut. art.5. Ce qui eſt bien raiſonnable pour eſtre general. Le creancier qui premier fait ſaiſir meubles valablement doit eſtre preferé & premier payé.Paris art.178.Auxerre,art.130.qui dit que ſi tous ſont en pareille diligence, de meſme iour ils viennent par contribution.Orleans, article 447. Selon la reigle du droict Romain, qu'entre les creanciers non priuilegiez,la cauſe de celuy qui occuppe, & qui premier fait ſa diligence eſt à preferer.*l. inter omnes. ff. de re iudic. l. ſed an hic. ff. quod cum eo.* Mais l'execution ſur choſe mobiliaire , deſire enleuement & tranſport. Et ſi le meuble n'eſt deſplacé, la ſeconde execution auec deſplacement,ſera preferee à la premiere.Niuernois, des executions , art.14. Orleans, 452. qui excepte ſi les creanciers ne ſont priuilegiez,la raiſon eſt pource qu'en meuble n'y a hypotheque par conuention , ains ſeulement par apprehenſion reelle.*l. non eſt mirum. ff. de pignor. act.* Auuergne , chap. 24.art. 53. parle de la preuention , nonobſtant que les autres creanciers ſoient plus anciens en hypotheque. Melcum art.312.& dit que l'execution où n'y a tranſport eſt preſumee eſtre ſimulee,& ne preiudicie au creancier qui a trouué les meubles en la puiſſance du debteur , *imo* doit eſtre iugee n'auoir rien de realité. Toutesfois en cas de deſconfiture,chacun creancier vient à contribution au ſol la liure ſur les biens meubles du debteur, nonobſtant qu'aucuns creanciers fuſſent plus diligens. Ainſi dit Paris,art.179.Orleans,art.448. Senlis,art 291. Reims, art.396. La deſconfiture eſt quand les meubles & immeubles du debteur ne ſuffiſent pour payer tous ſes creanciers apparens.Ce retenu toutesfois, qu'à l'eſgard des immeubles , touſiours les creanciers hypothecaires ſont payez les premiers. Et ceux qui ne ſont payez par la vente des immeubles, ſont proprement ceux qui viennent à contribution par deſconfiture. Et s'il y a difficulté, les premiers faisissans receuront en baillant caution de rapporter si les autres biens ne suffisent. Ainsi dit Paris, art. 180. & Orleans, art. 449. La desconfiture n'a lieu au preiudice du creancier, trouué saisy du meuble à luy baillé en gage par son debteur. Ainsi dit Paris, art. 181. Orleans, art. 450. pource que le gage est realisé par apprehension de faict. Auxerre, article 130. dit que desconfiture n'a lieu, quand les meubles estans en vne maison sont saisis pour le loüage d'icelle : quand le meuble est en la maison du locateur proprietaire, le gage, aussi est realisé, entant qu'il est chez luy. Ou pour la marchandise extante venduë, sans terme qui est poursuiuie par le vendeur : pource qu'en ce cas le vendeur peut la vendiquer, comme s'il n'y auoit tradition. *l. quod vendidi. ff. de contr.i.'s.empt.l. si quasi.ff.de pignor. act.* Aussi n'a lieu la desconfiture en matiere de depost, si le depost se trouue en nature, Paris, art. 182. Orleans, 451. Selon la mesme raison : car le depositeur a non seulement l'action personnelle de depost : mais aussi a la reuendication, car il demeure proprietaire. Aussi le debte du depost est priuilegié. *l.si ventri.§.in bonis.ff.de priuileg.cred.l.si hominem.§.vlt.ff.depos.*

A la suitte du propos cy-dessus est à remarquer vne reigle en forme de brocard du droict François, que meubles n'ont suite par hypotheque, quand ils sont hors de la possession du debteur. Ainsi dient Paris, article 170. Sens, article 131. qui adiouste ces mots, *mis sans fraude hors la puissance du debteur.* Auxerre art. 129. Berry des execut. art. 9. Bourbonnois, art. 116. Orleans, ar. 447. & dit que le plus diligent est preferé, sauf s'il y a priuilege ou desconfiture. Auuergne, chapitre vingt-quatre, article cinquante deux. Meleun, article 313. Troyes, article 72. Reims, article cent quatre-vingt six, qui excepte sauf pour loyer de maison. Blois article 268. qui met l'exception comme Reims, & adiouste ou autres debtes priuilegiés, pour lesquels les creanciers seront preferez, iusques à ce que les meubles soient vendus, & apres la vente solemnellement

faicte,nul ne sera receu , si ce n'estoit chose furtiue, Bourgongne,art.50.met vne exception à meuble, n'a suitte , si
non pour la plus-value.Ce qu'on dit meuble n'a suitte par
hypotheque, s'entend que l'hypotheque n'est acquise par
la seule conuention,ainsi que dict le droict Romain.*l. 1.ff.
de pignor. act.* mais est requis qu'il y ait apprehension reelle,
auquel cas l'hypotheque y est, & peut-on suiure le gaige.
Qui monstre que c'est la distinction que les anciens Romains faisoient, disans que le gaige qui s'appelle en Latin
pignus est proprement de chose meuble, comme si on la
prenoit auec la main , ou le poing.*l.si rem.§.proprie.ff.de pig-
nor.act.*

Aucuns debtes sont priuilegiez , tant pour n'estre subiects à respit à vn ou cinq ans: Comme pour n'estre subiects à cession , & pour n'estre subjects à la desconfiture.
Quand aux respits, plusieurs coustumes remarquent certains cas, esquels les debteurs ne peuuent iouyr du benefice de respit à vn ou à cinq ans.   Comme quand aucune
chose est adiugee par sentence diffinitiue donnee contra-
dictoirement. Et ainsi dit Paris,ar.111.Sens,ar.259.& dit de
mesme és sentences donnees du consentement des parties.
Auxerre, art. 150. & adiouste comme Sens. Bourbonnois,
art.68. Auuergne, ch.19. art.1.Senlis.art.290. & adiouste
despens adiugez & taxez, Laon , art.278. Reims,art. 392.
Semble que la raison peut estre, ou pour l'auctorité des
choses iugees, qui de grande ancienneté emportoient cō-
traincte precise & par corps , sinon que le condemné feist
cession de biens.*l.1.C.quæ bonis cedere possunt.* Ou pource que
celuy qui a plaidé & contesté est indigne de grace, ainsi cōme est celuy qui a nié la societé.*l.sed hoc ita.ff.de re iud.*& cōme se dit *in actione quod metus causa in quadruplo.*

Le second cas. quand c'est debte pour loüage de maison
ou arrerages de rentes foncieres:ou moison de grain , ou
ferme & accense d'heritages:tous lesquels cas sont de pareille raison.Paris,art.111.Sens,art.259.Auxerre, art. 150.
Berry des executions,art.21.Bourbonnois,art.68.Meleun,
art.322.Senlis, art. 291. Laon, art.278.Reims,art.392.Or-
leans,

leans,art.424. Auuergne , chap.19.art.16.& art. 4. qui excepte fi ce n'eftoit trois ans apres les baux, à tiltre de ferme & accenfe. C'eft pource que tels debtes ne font de trafic & commerce, ains eft le reuenu ordinaire de chacun deftiné à fa nourriture & entretenement. Et n'eft pas raifon que celuy qui l'a perceu ait fermé pour faire ieufner celuy qui auoit fon attente audit reuenu.

Le tiers cas eft de debtes de mineurs, contractez auec
eux ou leurs tuteurs durant leur minorité , & de mefme
d'autres perfonnes qui font en curatelle. Paris, article 111.
Sens, article deux cents cinquante neuf. Auxerre, art.150.
Bourbonnois, article 68. Meleun,art.322. Reims,art. 392.
Cela depend de l'ancienne formule des lettres de refpit ,
que l'on prenoit en Chancellerie , qui portoient charge
expreffe des creanciers puiffans d'attendre, c'eft à dire qui
auec commodité peuuent attendre le payement de leurs
debtes.

Le quatriefme cas pour chofe depofee. Sens , article
259. Auxerre, article 150. & adioufte pour gage non rendu.
Bourbonnois, article 68. Orleans, article 424. Meleun, art.
322. Senlis, article 291. pource que celuy qui ne rend le depoft, commet dol & delict, & eft tenu de furt./.3./. *qui depo-
fitum.Cod.depof.* En France tout dol eft coërcé extraordinairement, & par prifon.

Le cinquiefme pour debte , procedant de delict. Sens,
article 259. Auxerre, article 150. Berry des executions , article 21. Bourbonnois, article 68. Orleans, article 424. Meleun, article 322. Laon , art. 278. Reims. art.392. La raifon
eft que l'adiudicatió procedát du delict, eft fubiecte à coërtion par prifon , fans qu'on en foit deliuré par ceffion de
biens , & fi la pauureté y eft euidente le iuge doit com-
muer la peine pecuniaire en corporelle. Par l'Edict du mois
de Mars, 1549. article 7. Et felon le droict Romain./. *fiquis
id quod.ff.de iurifd. om. iud.* Es Capitulaires de Charlemagne *lib.3.cap.65.* eft dit que celuy qui condamné par delict,
n'a moyé de fatisfaire, doit fe cóftituer ferf en gage, iufques
en payement. *idem cap.67.* Et s'il decede, fes heritiers au-

T t

ront sa succession. *Et lib. quarto capite decimo quarto.*

Le sixiesme cas, marchandise prise en plein marché. Sens art. 259. Laon, article 278. C'est le priuilege des marchez, afin qu'ils soient plus frequentez, & abondent de marchandise.

Le septiesme cas: Pensions de nourriture d'enfãs & escoliers. Berry des execut. ar. 21. Bourb. art. 68. Orleans, article 424. qui adjouste, & d'apprentifs. Le priuilege est en ce que le bien de l'vn a esté employé pour nourrir la personne qui doit.

Le huictiesme cas de celuy qui est obligé ou condemné pour reddition de compte, de biens du public ou d'Eglise. Berry des execut. art. 21. Bourbonnois, art. 68. Orleans, art. 424. Meleun, art. 322. C'est la mesme cause de priuilege cy-dessus touchee, de debte contracté auec mineurs durãt leur minorité. La chose publique & l'Eglise, sont en mesme priuilege que les mineurs. *ca.1. extra. de integ. restit.*

Le neufiesme cas. Obligation ou condénation pour frais funeraux. Berry des execut. art. 21. Selon le droict Romain dont l'autheur de ladite coustume estoit zelateur, les frais funeraux sont priuilegiez pardessus tous debtes. *l. penult. ff. de religios. l. at si quis. §. 1. ff. eod.*

1. Le dixiesme cas. Pour aliments deus à enfans mineurs & pauures. Berry des executions, art. 21. pource que tel debte n'endure dilation, & la formule des respits, & pour les creanciers puissans d'attendre.

L'vnziesme cas. Quand aucun doit pour achapt de viures & victuailles, soit en gros, comme de bled, vin & bestail, soit par le menu. Niuernois des executions, art. 22. qu'outre dit que tels achepteurs ne sont receus à cession de biens. Orleans, art. 418. qui dit quand l'achapt est faict en marché public & donne terme de huictaine à payer. Auxerre, article 150. pour vente de vins. Berry des executions, article 22. Reims, art. 392. & adiouste quãd c'est pour la prouision de l'achepteur debteur. Bourb. art. 68. Laon art. 278. Reims, art. 392. La raison depend de ce qui a esté dict cy-dessus, que ce qui est pour la nourriture de la personne est priui-

legié. Car la premiere confideration de tous les affaires
de ce monde,en ce monde eft pour les hommes, pour l'v-
tilité defquels noftre Seigneur a tout creé. Au Pfeaume
huictiefme.

Le douziefme cas. Pour falaire de feruiteurs & merce-
naires.Bourbonn.art.68.Orleans.art.424.Meleun,ar.322.
La raifon depend de la faincte Efcripture qui defend
auec grande commination, de retenir le falaire du mercenaire.

Le treiziefme cas, fi le mary pourfuit le payement de la
dot de fa femme, ou la femme la reftitution de fa dot.
Bourbonnois,art.69.Auuergne.chap.19.ar.3. Pource que
le mary doit prendre les fruicts & profits de la dot de fa
femme, eu efgard qu'il la nourrit & fupporte les charges
de mariage. Ce qui tient lieu d'aliments. Et la dot de la
fème eft fon propre patrimoine, dont elle doit eftre nour-
rie quand elle eft vefue.

Le quatorziefme cas eft quand le debteur a expreffément renoncé à impetration de refpit. Ainfi dit Auuergne, au chapitre 19.art.3.Ce cas eft plus à doubter. Car le
refpit eft vne commemoratiõ,à chacun de nous de la condition humaine qui eft fubiecte à viciffitudes & à inconueniens.

Le quinziefme cas,fi l'achepteur a encores la marchandife en fa puiffance.Auuergne,chap.19.art.5.La raifon eft
que s'il a la marchandife,il eft fraudateur,& le fraudateur
eft indigne de toute faueur.*leg. vltim. §.vlt.ff. quæ in fraud.
cred.*

Le feiziefme cas:deniers deubs à caufe de vendition d'heritages, Meleun, art.322. Laon,art.278. C'eft bien raifon
que celuy qui iouït de l'heritage paye. Et feroit chofe in-
iufte,que le vendeur n'euft argent ny heritage.

Le dix-feptiefme cas:le debte deu à aucun pour alimès
& medicamens. Reims,art.392. Les raifons ont efté dictes
cy-deffus,num.7.num.11.

Ceffion de biens n'eft receuë en certains cas. Cõme quãd
aucun eft condéné en reparation d'intereft ciuil, procedãt

de delict. Laon, art. 279. Reims art. 393. Si aucun eſt achepteur de biens en iuſtice. Meleun, article 318. Achepteur de victuailles. Niuern. au tiltre des executions, article 22. Autant en faut dire de toutes condemnations & obligations qui procedent de delict, dol ou fraude: car en tels cas la priſon doit ſeruir de peine au fraudateur, & delinquant. *l. vlt. §. vlt. ff. de iis quæ in fraudem credit.* La ceſſion a eſté inuentee pour euiter la priſon. *l. 1. C. qui bonis cedere poſſ.*

Celuy qui a vendu ſa marchandiſe ſans terme, peut pourſuiure la choſe venduë pour eſtre payé. Et ores qu'il euſt donné terme, ſi la meſme choſe eſt ſaiſie par vn autre creancier, il peut interuenir, & eſtre preferé. Paris, article 176. 177. Orleans, article 458. Reims, article 398. Qui a vendu ſans terme, peut vendiquer. *l. quod vendidi. ff. de contrah. empt.* Qui a vendu auec terme, il a priuilege comme ſi le credit auoit eſté extorqué de luy, par dol. *l. ſi quaſi. ff. de pignor. act.*

Deſpens d'hoſtelage liurez aux hoſtes ou à leurs cheuaux, ſont priuilegiez, & ſont à preferer à tous creanciers, ſur les biens & cheuaux hoſtelez. Et l'hoſtelier en a retention. Paris. article 175. Berry des executions, article 19. 20. & adiouſte pour la deſpenſe faicte à la derniere fois, que l'eſtranger y a logé. Bourbonnois, article cent trentecinq. Reims, article 395. La reigle de droict eſt que chacun a retention de la choſe pour la conſeruation, de laquelle il a frayé. *l. creditoris in fine. ff. de furt. l. in hoc. ff. communi diuid.* Mais Meleun, art. 327. dit que tauerniers, qui ſont cabaretiers, n'ont action ny retention de gager, & ne peuuent prendre obligation des habitans des lieux, eſquels ils ſont tauerne.

Cheuaux, armes, & bagage des gentils-hommes, gens d'Ordonnance, ou deban & arriere-ban, qui ſont en voye pour aller au ſeruice du Roy, ne peuuent eſtre arreſtez, ores que ce ſoit en vertu du priuilege des Bourgeois, de ville priuilegiee. Berry execut. ar. 7. Il y en a ordonnance du Roy Henry du vingtieſme. Auril, 1553. Qui excepte

s'il eſt queſtion de debte procedant de vente de cheuaux
& d'armes & de viures. Bretagne article 126. parle plus a-
uant,& dit qu'on ne peut faire arreſter le cheual du gentilhomme ny d'autre homme d'Eſtat,qui eſt pour ſon vſage
à cheuaucher, s'il n'eſt obligé par corps. Et encores audit
cas ne peut-on ſaiſir ſi on peut trouuer meubles. Quelquefois la Cour de Pariement a iugé des executions iniu-
rieuſes,ores que de ſoy elles ne fuſſent tortionaires.Com-
me quand ſur vne perſonne de qualité reſpectable on ſaiſit ſon cheual luy eſtant hors de ſa maiſon,ſi tant eſt qu'on
ait moyen d'executer ſa maiſon. La Cour par vn Arreſt
du premier Feurier 1550. declara iniurieuſe l'execution
faicte ſur vn Conſeiller au temps qu'il eſtoit en ſa ſeance
de Parlement, ſans auoir faict commandement à ſa perſonne.

On ne doit prendre par execution beſtes de charrue &
de labeur,ny les veſtemens à vſage quotidian du debteur,
ny le lict où il repoſe,ny le pain ny la paſte quand on trouue autres meubles. Bretaigne,art.241. Soit veuë la *l.pigno-*
*rum,*auec l'authent.*agricultores.C.quæ res pignori.*

Femme ne doit eſtre miſe en priſon pour debte ciuile,ny
pour le debte & faict de ſon mary, ores qu'elle s'y fuſt ac-
cordee.Bretaigne,art.425.

Executiõs en biens meubles ceſſent par la mort du debteur obligé. Sinon que l'obligation euſt eſté declaree executoire contre l'heritier, ou que la ſucceſſion & heredité
fuſt jacente : auquel dernier cas on peut executer ſur les
biens du defunct jacens & non occupez. Niuernois des
execut.art.2. Paris,art.168. Orleans, art. 433. Meleun,ar-
ticle 321. & exprime ces mots, *executer ſur l'heritier de l'o-*
bligé quand l'obligation eſt declaree executoire. Auuergne,
chap.24.ar.5.dit qu'on peut executer ſur les biens du debteur ou de ſon heritier, declaration prealablement faicte
qu'il eſt heritier. Blois,art.252.dict qu'on ne peut executer
ſur les biens de l'heritier,ains faut venir par action. Et art.
253.254.dict s'il n'y a heritier apparent, ou eſt abſent, on
peut faire arreſter les biens du defunct. Paris, art.169.dict

T t iij

que les biens du mary & de la communauté peuuent eſtre
ſaiſis pour la conſeruation du deu des creanciers, apres cõ-
mandement faict à la vefue & heritiers. La diſtinction &
reſolution de la diuerſité peut eſtre en ceſte ſorte. Quand
le creancier ſaiſit des biens hereditaires, qui ſans difficulté
ſont recogneus eſtre de l'heredité, il ne peut faire tort à perſonne pour la ſeule ſaiſie:car s'il y a heritier il doit, ſi celuy
qui ſe plaint n'eſt pas heritier, il n'a point d'intereſt. Et le
creancier a intereſt tant pour la conſeruation des biés, que
pour auoir le priuilege de ſa diligence. Mais auant que de
vendre, il faut qu'il y ait vn defenſeur legitime, ſoit l'heritier ou curateur à biens vacans. Cela ſe dict quant aux biés
hereditaires:mais quand on veut executer ſur les biens de
l'heritier, ſans diſtinction ſi ce ſont les biens hereditaires
ou les biens propres de l'heritier : car par l'addition d'heredité ce n'eſt plus qu'vne ſorte de biens. En ce cas faut preal-
lablement faire declarer l'obligation executoire auant que
ſaiſir. Selon mon aduis ainſi doiuent eſtre entenduës les ordonnances & les couſtumes. Si l'heritier eſt abſent, le creãcier peut faire ſaiſir les biens du defunct, en faiſant apparoir
promptement de ſon debte. Niuernois, execut. art. 12. Orleans. art. 441. adiouſtant ſi la preuue n'eſt par eſcript, qu'il
en doit faire apparoir dans brief delay. Berry, des execut.
art. 14. dict quand l'heritier eſt eſtranger que le creancier
peut faire arreſter les meubles hereditaires iuſques à ce
qu'il y ait caution baillee. Et que l'heritier eſtranger doit
reſpondre pardeuant le Iuge du lieu des debtes deubs en
la meſme prouince. La raiſon eſt bonne : car tout cela
ne tend qu'à fin de conſeruation de droict & ne nuit à perſonne.

Celuy qui a tranſport & ceſſion d'vn debte ne peut faire executer le debteur, ſinon apres l'auoir certioré de la ceſſion. Niuernois des execut. article 1. Paris, article 108. dict
que le ſimple tranſport ne ſaiſit, & faut ſignifier le
tranſport au debteur, & luy en bailler coppie. Meſcun, article 311. & Blois, article 263. dient que le ceſſionaire ne
peut faire executer, ains doit faire declarer l'obligation

executoire, & informer le debteur. Mais Bourbonnois, article cent vingt sept, permet faire proceder par execution, en iustifiant du transport. Le plus sur est de informer le debteur & luy bailler coppie signee auant que d'executer. A fin qu'il ait asseurance s'il pourra payer bien au cessionnaire.

On ne peut proceder par execution, si la somme ou espece deuë n'est liquide & claire. Paris, article 166. Et peut estre faicte execution pour vin, bled, ou autre espece contenuë en la condemnation, ou obligation : car lespece est liquide en soy, mais la valeur extrinseque n'est pas recogneuë. Toutesfois auant que proceder à la vente des biens pris, faut faire apprecier l'espece pardeuant le Iuge, partie presente ou appellee. Niuernois, des execut. article 20. Paris, article cent soixante six. Bourbonnois, article cent vingt six. Meleun, article trois cens trente, dict que appreciation de grains, doit estre faicte à l'estimation comme de l'annee en laquelle ils estoient deus. Mais en moisons & rentes foncieres, au plus haut pris de l'annee commençant au terme du payement. Ainsi Bourbonnois, article 128. Du Moulin en l'adnotation, dict plus haut pris commun. Ce qui se rapporte au droict Romain, & à la raison du sans commun. A fin que le creancier ne guette l'occasion de deux ou trois sepmaines ou marchez, que le bled aura valu extraordinairement. Ce qui seroit vraye fraude, & caption reprouuce par la loy. *l. pretia. §. vlt. ff. ad leg. falcid.* Mais en rapportant la valeur de toute l'annee, il soit cogneu quel pris le plus haut aura esté le plus commun.

Proxenetes & commis à vendre marchandise d'autruy peuuent estre contraincts par corps, à rendre le prix de la vente ou la chose baillee à vendre. Niuernois, des execut. article vingt & vn. Berry, des execut. article trente & vn. Bourbonnois, article cent trente & vn. Orleans, article quatre cens vingt neuf, pour la prison sans y receuoir respit ny cession. Pour ce qu'ils ne peuuent retenir le prix, sans dol dont la coërtion est par prison.

Celuy qui est obligé par corps peut estre emprisonné sans faire auparauant discussion de ses biens. Et apres l'emprisonnement, le creancier peut faire saisir, & vendre ses biens. Niuernois, des execut. art. 8. 9. Berry des execut. art. 15. & adiouste apres commandement faict à personne en lieu opportun. Et si le debteur est lay doit tenir prison laye: S'il est d'Eglise, la prison du Iuge d'Eglise. Cela est general par tout en France, à cause du priuilege des Clercs: & ar. 6. dict si le debteur est trouué en la rüe, & il requiere le sergét d'aller en sa maison, il y doit aller, les executions doiuent estre faictes auec modestie sans animosité. Chacun ne porte pas tousiours argent sur soy pour payer tous ses debtes: Et art. 17. dit que le creancier peut cumuler diuerses sortes de côtraintes l'vne non cessante pour l'autre. C'est suiuant l'Edict de Moulins de l'an 1566. art. 48. Bourbonnois art. 104. mais ne permet la cumulation s'il n'a esté accordé que l'vne des contraintes ne cessera pour l'autre. Auuergne chap. 24. art. 59. 60. dit comme Bourbonnois, & dit comme Niuernois art. 8. qu'en fournissant meubles exploictables il sera eslargy. Meleun art. 314. comme Niuernois. Et pour la cumulation, Troyes art. 129.

Si plusieurs sont obligez pour mesme debte, chacũ d'eux seul pour le tout : ou si vn ou plusieurs pleiges se sont constituez principaux payeurs chacun d'eux pour le tout, ils sont executables directement sans qu'ils se puissent ayder de diuision ny discussion, jaçoit qu'ils n'y ayent renoncé expressement. Niuernois des execut. art. 10. & Bourbonnois art. 114. pour les principaux obligez: Mais art. 115. dit quát aux pleiges qu'il faut discuter le principal debteur, sinon que le pleige se fust constitué principal debteur, ou que le debteur fust demeurant hors du pays. Bourgongne art. 49. dit que le creancier peut s'adresser au debteur ou au pleige lequel il voudra choisir. Bretaigne art. 212. 214. ne se contente qu'ils soient obligez chacun pour le tout, mais desire qu'ils ayent renoncé à diuision. De vray semble que les docteurs ayent recherché trop exactement ces ceremonies de renoncer à diuision & discussion, nos maieurs François,

se sont

ſe ſont contentez qu'il y ait declaration, par laquelle ſe co-
gnoiſſe que la volonté du debteur a eſté d'eſtre obligé, principalement & pour le tout.

Mercenaires, ouuriers & autres qui ont employé leur labeur ou induſtrie à culture de terres , cueillette de fruiéts,
voiéture de marchandiſe ou autre beſongne pour autruy.
Peuuent ſaiſir fruiéts la marchandiſe ou ce qui eſt reuenu,
ou a eſté cõſerué par leur labeur pour eſtre payez de leurs
ſalaires, & tient la ſaiſie iuſques à payement. Et outre ont
aétion contre ceux qui les ont mis en beſongne. Niuernois,
des execut.art.13.Orleans, art.445. & adiouſte qu'ils n'ont
aétion, ſinon contre ceux qui les ont mis en beſongne. Meleun,artic. 182. & adiouſte faire ſaiſir les fruiéts , ores qu'ils
ſoient deſplacez. Blois, artic.267.qui adiouſte que s'ils ont
baillee la marchandiſe ſans la retenir , ou faire ſaiſir qu'ils
doiuent agir dans quarante iours. Autrement le marchant
ſera creu par ſerment. Bretagne , art. 195. diét comme Niuernois, & que tels mercenaires ſont preferez à tous autres
creanciers en ladite choſe. Et art. 245. diét que les mercenaires peuuent dedans le iour ou l'endemain de leur beſongne prendre des biens pour leur loyer, & les vendre.
Ces priuileges & faueurs oétroyez aux mercenaires ſont
tres iuſtes conſonans à la loy diuine , & à la raiſon de ſens
commun,pour ce que ordinairement ce ſont pauures gens
qui viuent au iour la iournee.

Le locateur d'vne maiſon ou autre heritage peut faire
proceder par execution ſur les biens meubles du conduéteur eſtans en la maiſon,& ſur les fruiéts de l'heritage baillé à loüage. Iaçoit qu'il n'ait obligation par eſcript. Et peut
le locateur contraindre le conduéteur à garnir la maiſon de
meubles. Niuernois des execut.art.16.17.Paris , art.161.&
162.adiouſte *etiam* des biens des ſoubs-locatifs qui leur ſeront rédus en payãt le loyer de la ſoubs-location. Berry des
execut.art.37.38.& art 41. pour la contrainte de garnir ou
de payer vn an , & à faute de ce expulſer par iuſtice. Bourbonnois,art.117.Orleans,art.408.& 419. diét garnir pour
vn an & pour reſtablir les meubles enleuez pour la ſeureté

de trois termes.Meleun,art.179. Senlis,ar.288. qui permet au locateur de gaiger de soy mesme, quand il trouue le cõducteur qui s'en va emportant ses biens, à la charge de le denoncer incontinent à iustice. C'est suiuant ce que dient les docteurs se fondans sur le texte, *in l.ait pretor.* §. *si debitorem.ff.quod in fraud.cred.*Laon,artic.273. Reims,article 387. 388. Blois, article 265. Le locateur est preferé à tous autres creanciers, sur les meubles estans en sa maison. Meleun, art.180.Berry, des executions, art.39. Bourbonn.artic.119. qui excepte s'il y a eu nouation.Laon,art.273. Reims, art. 387. Peut le locateur poursuiure les meubles transportez. Meleun, art.179.Laon, art.273. qui met l'exception pourueu qu'ils n'ayent esté vendus. Reims, art. 387.faisant recueil de toutes les exceptions & l'imitations cy dessus, qui se peuuent accorder, toutes semblent bien raisonnables.

Les fruicts d'vn domaine, ou d'vn heritage peuuent estre saisis & arrestez, à la requeste du proprietaire ou seigneur rétier, pour les loüages fermes accenses & rentes foncieres. Ores qu'il n'y ait obligation expresse par escript. Et s'ils estoient transportez & desplacez, le seigneur les peut poursuiure & faire rapporter: Et sera preferé à tous autres creanciers, & en cas d'opposition l'exploict tiendra. Niuer. des execut.art.19.Paris,art.74.75.171. pour le second chef, & pour trois annees.

Sens,art.120.& 241. & adiouste pour la derniere annee, quant au tiers detenteur. Ce qui est bien raisonnable en se representant, ce qui est dict au droict Romain, que les personnes ne sont pas tant recherchees que les choses. *l. imperatores.ff.de publica.* de vray les fruicts doiuent, mais ce sont les fruicts de la mesme annee,pource que fruict,ce qui reste apres les charges foncieres payees.*l.neque stipendium.ff.de impens.in res dot.fact.* & quant au personnellemét obligé pour les trois annees. Auxerre,art.118. Berry, des execut. art. 33. 44.45.46.47.& au 4.chef adiouste iusques à cautiõ baillee. Bourb.artic.125.comme. Niuernois, sauf le dernier chef de l'exploict tenant.Orleans ar.406. de mesmes pour les trois

annees ou trois quartiers. & 415. 416. pour les meubles
tranſportez,& 421. Bretagne, art.194. pour la preferance
à tous creanciers.Meleun,art.181.& 107.pour l'annee derniere,les autres par action. Laon, art.275. horſmis qu'il en
doit apparoir par eſcript,& art.136. dict que la ſaiſie ne tiē-
dra que pour la derniere annee. Reims,art.389.Blois,artic.
246.249.*etiam* ſur le tiers detenteur. Orleans, art. 434.dict
que pour rente fonciere on peut executer l'obligé perſonnellement pour les arrerages de trente ans. Mais Bourbônois,artic. 415. ne donne execution & prouiſion que pour
dix ans en rentes foncieres. Et peut eſtre faicte execution
non ſeulement ſur les fruicts de l'heritage,mais auſſi ſur les
meubles eſtans en la maiſon.Auxerre,artic.118.Niuernois
des rentes,art.3.Blois,art.246. Sens,art. 120.c'eſt ſelon le
droict Romain qui parle de *inuectis & illatis*. Bourgongne,
artic.116.permet au Seigneur de s'addreſſer à la choſe ſans
diſcuter le perſonnellement obligé *quia magis res quam per-
ſonæ conueniuntur.C.Imperatores.ff. de publicanis*. Si le fermier
eſt en demeure de payer la ferme de toute l'annee precedē-
te ou la pluſpart, le locateur peut faire ſaiſir pour l'annee
ſequente non eſcheuë ſans toutesfois trãſporter les fruicts
ſaiſis hors du lieu.Laon,ar.276.dict que ſi c'eſt l'annee derniere de la ferme,&le fermier ne donne aſſeurance au Seigneur,le Seigneur peut ſaiſir les fruicts pour le terme non
eſcheu:Autant en dict Reims,art.391.Mais Blois, art.249.
ſemble permettre ſimplement de ſaiſir les fruicts pour le
terme prochain à venir. Me ſemble que par tout le Iuge
pourroit auec ſommaire cognoiſſance de cauſe , s'il luy
appert que ce rentier ou fermier ſoit vn mauuais payeur,
vn broüilleur,ou mauuais meſnager , ordonner la ſaiſie
iuſques à ce qu'il ait baillé caution, ſelon la *l.in omnib.ff.
de iudic. leg. ſi fideiuſſor. §. vlt. ff. qui ſatiſd. cog*. Si ç'eſt ſimple rente ou redeuance qui ne ſoit premiere fonciere,
& ſoit aſſignee ſpecialement ſur certain heritage qui eſt
és mains d'vn tiers detenteur , le creancier pourra faire ſaiſir les loyers , penſions & fruicts dudict heritage
pour la derniere annee ſeulement. Ainſi dict Niuernois,

des execut.art.11.Berry,execut.ar.33. Orleans , ar.438.Ce
que ie voudrois entendre en rentes foncieres & non rentes conftituees à prix d'argët, iaçoit qu'il y ait hypotheque
fpeciale:Car l'hypotheque fpeciale n'eft qu'acceffoire , &
le debte eft perfonnel principalement.Mais autres couftumes donnent feulement l'action hypothecaire contre le
tiers detenteur de l'heritage fpecialement obligé fans difcuffion du principal debteur. Laon,art.116. Reims,art.183.
Blois,art.248.Sens,art.134.& art. 121.dict que pour rentes
volantes on ne peut s'addreffer contre le tiers detenteur
s'il n'y a declaration ou recognoiffance.Auxerre,119.&133.
Bourbonnois,art.136. Orleans,art.436. Auuergne,chap.
24.art.2.3.& art.7.dict que le tiers detenteur ne doit eftre
depoffedé en promettant de rendre les fruicts depuis la
mainmife:& art.8.dict de mefme du tiers oppofant afin de
diftraire qui eft iouiffant.Ce qui femble deuoir eftre general par tout,car on ne doit fequeftrer fur le tiers detenteur
non obligé & quand il eft legitime poffeffeur de plus d'an
& iour il doit eftre tenu comme vn defendeur en action
petitoire pour iouir durant le procés & eftre fubject à reftitution de fruicts depuis le procés intenté.*leg.fi fundus.§.in
vendicatione.verf.interdum.ff de pignor.*Sens,art.135. dict que
le creancier de rente affignee generalement doit difcuter
le conftituant auant que s'addreffer au tiers detenteur.
Mais pour interrompre la prefcription peut agir contre le
tiers detenteur en declaration d'hypotheque. Ce qui eft
general par tout. Ceux qui ont achepté bleds,vins & autres victuailles apres deliurance à eux faicte, peuuent eftre
contraints par corps au payement fous le fimple congé du
Iuge,qu'il octroyera à l'affertiö du vëdeur. Et s'il y a terme,
au bout du terme.Et s'il y côtradiction le vendeur doit faire apparoir du marché dans 24.heures. Niuer.des exec.art.
22. Berry,des execut.art 22. & dit feulement quand il n'y a
point de terme.Bourb.art.132.quád il n'y a terme & que le
tout doit eftre vuidé fommairement.Orleans,article 428.
pour ce qui eft achepté en marché public & la prifon apres
huictaine. C'eft comme dict a efté à caufe de la faueur de
la marchandife deftinee pour la neceffité de l'homme.

Ceux qui vont à foires & à marchez & en iugement pour
leurs caufes, ou qui en viennent. Ne doiuent eftre arreftez
pour debte ciuil, ores qu'il foit priuilegié. Bourbonnois, ar.
133. Auuergne, chap. 24. art. 62. & dit qu'ils en font creus
par ferment. A quoy fe rapporte ce qui eft en la loy des
Alemans, faicte par Clothaire, Roy de France, cha.28.ar.1.
& adioufte de n'inquieter celuy qui va vers le Roy, ou en
vient, *etiam* pour crime.

Le feigneur haut iufticier peut faire proceder par execution pour fes droicts domaniaux anciens & accouftumez.
Et y peut eftre ordonnee garnifon en faifant fommairement apparoir du droict. Niuernois, des executions, art.15.
Bourbonn. art. 101. qui adioufte apres que les fubiects ont
efté declarez detenteurs des heritages chargez de la redeuance. Bretagne, art.232. ne permet l'execution fi le feigneur n'eft detenteur des trois annees dernieres. Autremét
doit venir par action, finon qu'il y euft obligation ou iugement.

Auparauant l'ordonnance de l'an 1539. le creancier ne
pouuoit faire vendre les immeubles de fon debteur, finon
apres auoir difcuté fes meubles, au moins fans auoir faict
perquifition defdits meubles, pour cognoiftre fi par la vente d'iceux. Il pourroit eftre fatisfaict, & cet ordre de difcuffion depend de ce qui eft dict *in l.a diuo pio. 7. de reiudicata.*
Mais par ladite ordonnance cefte ceremonie eft abrogee.
Et encores plus par l'Edict de Moulins de l'an, 1566. par lequel eft permis de cumuler plufieurs fortes de côtrainctes.
Ce qui a efté introduict auec iufte raifon, pour empefcher les difficultez & fubterfuges que les debteurs auoiét
accouftumé de pratiquer par cefte occafion. Cefte difcuffion de meubles a efté retenue feulement quand les mineurs, font debteurs, pource que felon la reigle du droict
Romain, on ne peut faire vendre l'immeuble d'vn mineur,
fans cognoiffance de caufe & decret du iuge, laquelle
cognoiffance de caufe gift à fçauoir s'il y a autre moyen
de payer le debte du mineur, fans vendre fon heritage,
auquel effect on contraint le tuteur d'exhiber l'inuentai-

re, & rendre vn compte sommaire, & si par ce compte
sommaire, appert qu'il n'y ait moyen de payer des meubles, ou du *reliqua*, le iuge permet de vendre l'heritage du
mineur. Or quand le creancier veut faire vendre l'immeuble de son debteur, par auctorité de iustice, l'office du iuge
est d'y employer son soing, afin que la vente soit auec toute seureté, pour l'achepteur adiudicataire, & afin que l'auctorité de iustice, ne soit illusoire, auquel effect les coustumes & les ordonnances ont introduit certaines formalitez
qui sont necessaires à obseruer. Aussi quand elles ont esté
obseruees, l'achepteur est asseuré de l'heritage qui luy a
esté adiugé par decret, & ne peut estre poursuiuy pour
debtes, hypotheques & charges, sinõ pour celles côtenuës
au decret. La principale ceremonie est de faire sçauoir &
appeller tous ceux qui peuuent pretendre interest és heritages qu'on veut faire vendre, à sçauoir qu'il faut appeller
nommément, & par exprés ceux qui sont cogneus, comme sont les proprietaires & les detenteurs des heritages.
Et ceux qui ne sont pas cogneus, doiuent estre appellez à
cry public à diuerses fois. Qui est selon la pratique ensei-
gnee par *Bart. in l. si eo tempore. C. de remiss. pignorib.* Et les ceremonies estans obseruees, le iugement qui s'en ensuit, qui
est l'adiudication par decret, a force de chose iugee quant
à tous les iuges du decret plus exactes obseruateurs, apres
le rapport des criees en iugement donne defaut contre
tous ayans interest. Et pour le profit ordonne, que sans
plus les appeller, sera passé outre, & le iugement qui sera
donné, aura force de chose iugee contre tous. Qui est *ad
instar* des sentences dont est parlé au droict Romain, qui
font droict quant à tous *vt in l. de etate. ff. de minorib. l. 1. §. vlt.
ff. de liber. agnos.* Doncques la premiere ceremonie est que
les heritages qu'on veut faire vendre soient saisis & mis
sous la main de iustice, & pource faire que le sergent se
transporte sur les lieux pour saisir realement, & en soit le
proprietaire depossedé. Et pour mettre à effect ce deposse-
dement, qu'vn commissaire soit estably au regime desdits
biens qui les baillera à ferme & à cense sous l'auctorité de

iuftice,au plus offrant & dernier encherifleur,pour autant
de temps que les cries dureront. Ce qui fe faict à trois
fins,l'vne afin que le proprietaire eftant depofledé foit cogneu à tous, que fes biens font en main de la iuftice, pour
eftre vendus. L'autre, afin qu'eftant depofledé,les moyens
luy foient oftez de retarder les cries , & par attediation
il foit femons d'obeir à droict & raifon, comme il eft dit *in
cap.2.extra de dolo & contumacia.*Et la tierce fin , à ce que les
fruicts qui feront recueillis des heritages, foient employez
à payer les creanciers. L'Edict des cries met la nullité en
cas qu'il n'y aura commiflaire eftably, & le debteur ne fera depofledè. Doneques fe dit que durant les cries le debteur proprietaire, ny le tiers detenteur qui n'eft pas oppofant, ny autres oppofans ne doiuent iouyr des heritages,
quelque caution qu'ils offrent, ains doiuent eftre regis par
commiflaires. Ainfi dit Niuernois des execut.art.28. Berry,
des execut.art. 71. Bourbonnois,art.140.& ne parle que
du debteur ou fes heritiers. Il y faut mettre l'exception cy-
deffus,fauf fi c'eft vn tiers detenteur, iouiffant reellement,
lequel peut fe maintenir en iouiffance , fans fe laiffer de-
pofleder,comme eft porté par la verification que la Cour a
faicte fur l'Edict des cries , & à la charge s'il eft euincé par
l'iffuë des cries,d'eftre fubiect à reftitution des fruicts. Au
regime & gouuernement d'heritages criez ne peuuent e-
ftre commis & eftablis commiflaires. Et ne peuuent aufli
eftre fermiers defdits heritages,le iuge,fon greffier,fergent
executeur des cries,Aduocats,ou Procureurs du fiege,fre-
res ou enfans des parties. Niuern.des exe.ar. 29. Berry des
exe.ar.71.& dit outre les fergés des lieux,les enfans , freres,
ou nepueux,ou fermiers du proprietaire.Bourb.ar.141.cela
eft introduict pour euiter les fraudes & collufions, & à ce
que les heritages foient accenfez à prix raifonnable : car
telles fortes de perfonnes peuuent pratiquer plufieurs inuentions,&guetter des occafions,pour auoir meilleur marché .Auuerg.cha.24.ar.6.reçoit le debteur proprietaire à
prendre la ferme en baillant caution. Cela ne femble pas
raifonnable , car l'eftabliflement de Commiflaire n'eft

pas seulement pour les fruicts, mais aussi pour deposseder
& attedier le debteur. Et encores afin de faire cognoistre à
tous que l'heritage est en cries. Les cries doiuent estre
faictes les Dimanches, à yssuë de la Messe Parrochiale, de
la Parroisse en laquelle les heritages sont assis, de quinzaine en quinzaine, iusques à quatre fois, & que affixe soit
mise à la porte d'icelle Eglise Parrochiale, contenant declaration des heritages, auec vn panonceau à la porte de la
maison, s'il y a maison. Et en ce faut suiure ce qui est ordō-
né par l'Edict des cries, de l'an 1551. auquel Edict aucunes
coustumes ont adiousté ou modifié, & est bien à propos si
les coustumes ordonnent quelque chose, outre l'Edict qui
se puisse comparir auec l'Edict, de le suiure : mais ie croy
que les formes portées par l'Edict sont necessaires, & que
l'on ne peut y deroger. La coustume de Niuernois, tiltre
des executions, article 38. desire que durant les deux premieres cries, le sergent face vne proclamation en la plus
prochaine ville de l'assiette des heritages à iour de marché, & y mette des affixes. Cela est bon à faire, & nous
obseruons en Niuernois de le faire, afin que la cognoissance en vienne à plus de personnes. Le sergent executeur
des cries doit estre accompagné d'vn notaire de Cour
laye, & de deux tesmoins. Niuernois des executions, art.
41. Bourbonnois, art. 143. Auuergne, cha. 24. art. 25. dit que
si le sergent n'est pas lettré, il doit estre accompagné d'vn
notaire & d'vn tesmoin. Les Coustumes de Sens art. 128.
Auxerre, art. 126. & Troyes, art. 71. se contentent de deux
tesmoins : & Sens adiouste à peine de nullité. Le sergent
peut poursuiuir & continuer les cries, iusques à la quatriesme incluse, nonobstant oppositions ou appellations.
Niuernois, art. 41. Poictou, art. 443. Bourbonnois, art. 143.
Auuergne, chap 24. art. 34. & excepte, sinon qu'il fust inhibé par le iuge, parties ouyes, de passer outre. Meleun, art.
334. Vn sergent peut continuer les cries encommencees à
faire par vn autre sergent. Sens, art. 127. Auuergne, chap.
24. & 45. Si par aucun accident l'vne des cries ne se fait
pas au mesme iour, auquel elle eschet: il n'est pas besoin de

recom-

recommencer tout, mais sera recōmencé à reprendre du lieu & temps où a commencé la faute. Ainsi dit Sens , art. 127. Mais Auxerre, art. 125. distingue que s'il y a continuation & prolongation outre les iours ordinaires destinez pour les criees qu'il ne faut recommencer, & s'il y a anticipation desdits iours, il faut recommencer. Cela, selon mon aduis gist en l'office du iuge.

Si vne rente fonciere est mise en criees, les criees doiuent estre faictes au mesme lieu , & par la mesme façon que seroient criez les heritages subiects à ladite rente: car la rente fonciere, faict portion du fonds.   Mais si vne rente constituee à prix d'argent deuë par vn particulier, est saisie sur le creancier d'icelle, les criees doiuent estre faictes à la porte de l'Eglise Parrochiale de celuy sur lequel on saisit, qui est le creancier de ladite rente , & les panonceaux mis en sa maison. Ainsi dient Paris, article 348. 349. & Orleans, art. 482. 483.

S'il y a eu iugement de prouision contre le debteur obligé par instrument authentique , ou condemnation à faute de garnir la main, & ait esté dit nonobstant l'appel, & sans preiudice, le creancier pourra faire saisir, crier & vendre les immeubles du debteur, en vertu de ce iugement. Berry des execut. art. 49. Cela est general, car autrement la prouision n'auroit effect, & pourroit le debteur distraire ses meubles & rendre la prouision illusoire. Et il peut empescher la vēte des heritages , en consignant la somme és mains du creancier.

Les baux à ferme des heritages saisis par criees , doiuent estre faicts pardeuant le iuge des criees. Et doiuent estre lesdits baux à la charge d'entretenir les heritages en bon estat, & de bailler caution. Berry des execut. art. 73. C'est suiuāt l'ordōnāce de l'an, 1539. art. 82. toutesfois le iuge des criees, pour faciliter l'accense peut deleguer le iuge des lieux, pour faire ladite accense , à la charge s'il y a opposition, qui emporte d'ifficulté de renuoyer pardeuers luy. Et Auuergne chapitre vingt-quatriesme, article cinq, dit que le bail à ferme doit estre faict au plus offrant , & que les deniers doiuent eftre employez en deduction & diminution de ce qui eft deu. Cela fe dict bien en foy: mais l'execution n'en peut pas eftre faicte finon apres la difcuffion: car lefdits deniers doibuent eftre diftribuez felon le ranc des hypotheques.

Le commiffaire à biens criez doibt payer les cens deus fur les heritages criez durant les criees. (Ie croy qu'il fe doit entendre des arrerages qui efcheent durant les criees, & non les precedens.) Mais les rentes foncieres ne feront payees durant les criees finon apres, fommaire cognoiffance de caufe, par laquelle foit apparu qu'il n'y ait hypotheque precedente le bail à rente. Berry des execut. art. 75. 76. quant aux arrerages des cens & redeuances emportans feigneurie directe, fut iugé par Arreft és criees des heritages des Verons à Neuers, contre Antoine Vaillant, Commiffaire.

Office venal peut eftre faifi & vendu fur l'officier qui le tient à la requefte de fes creanciers, eft reputé immeuble à effect, qu'il a fuitte par hypotecque quand il eft faify fur le debteur auant refignation admife, & peut eftre adiugé par decret: mais les deniers qui en prouiennent font fujectes à contribution comme meubles. Ainfi dict Paris art. 95.

Les oppofitions, afin de diftraire des criees aucuns heritages faifis, ou afin de nullité des criees, ou afin de faire adiuger les heritages, fous charge de rente fonciere ou autre reelle, doiuent eftre formees auant l'adiudication par decret: mais l'oppofition, afin de conferuer droict pour eftre mis en ordre, ou pour eftre payé fur le prix, quand on ne s'eft oppofé à temps pour diftraire, ou pour charge fonciere, eft receuë iufques à ce que le decret foit leué & feellé. Paris, article 354. 356. Auuergne, chapitre vingt-quatre, article. 8. dit que l'oppofant, afin de diftraire iouiffant, ne doit eftre depoffedé en promettât de rédre les fruicts, dont a efté parlé cy-deffus. Cefte façon de parler d'oppofition afin de conferuer a efté inuentee par forme de contrapofition, & non par forme de propriété de parler : car celuy qui eſt oppoſant afin de diſtraire, deſire ſon droict luy eſtre conſerué, comme auſſi faict celuy qui eſt oppoſant pour eſtre payé de ce qui luy eſt deu : mais pource que l'vn ſe dit afin de diſtraire, on a dit l'autre, afin de conſeruer.

Tous oppoſans à criees doiuent eſlire domicile au lieu où les criees ſont pourſuiuies : tel domicile eſleu ne finiſt par la mort du procureur, ou de celuy, en la maiſon duquel eſt eſleu le domicile. Paris , article 360. Auxerre, art. 124. Sens, article 126. adiouſtant, ſi l'oppoſant eſt eſtranger, & qu'à faute d'eſlire domicile, il doit eſtre debouté de ſon oppoſition. Troyes, article 70. qui dit de meſme pour l'eſtranger : Et que c'eſt la charge du ſergent de faire eſlire domicile. Tout cela peut eſtre tenu en general : car il n'eſt pas raiſon que les criees demeurent en ſurſeance. Ce qui ſeroit ſi on ne ſçauoit à qui s'addreſſer.

Cauſes d'oppoſition & production de tous oppoſans doiuent eſtre communiquees au demandeur pourſuiuãt, & au proprietaire, ſur lequel ſe font les criees, ores qu'ils ne le requierent. Et aux autres oppoſans s'ils le requierent. Berry des executions, article 54. Mais il me ſemble qu'il eſt expedient qu'il y ait appointemeut commun à tous, pour contre dire & ſauuer, non ſeulement aux pourſuiuants & proprietaires : mais auſſi à tous les oppoſans, car en effect tous oppoſans ſont demandeurs, & requerant adiudication.

Si le demandeur pour pourſuiuant criees, decede, & ſon heritier ne reprenne le procez. Ou ſi le pourſuiuant delaiſſe la pourſuite. L'vn des oppoſans peut ſe faire ſubroger, & retirer les pieces des mains du pourſuiuant, en le rembourſant des frais raiſonnables qu'il a faicts. Ainſi dient Niuernois des execut.art 49. Berry des executions, art.59.Bourbonnois,art.147. Orleans, art. 477. Auuergne, chap. 24. art.65.Melcun,art.337.

Le decret doit eſtre adiugé quarante iours apres le iugement donné, leſquels quarãte iours, ne courẽt que du iour de la premiere affixe miſe. Paris , article 359. Orleans art.471.Les encheres pour l'adiudication par decret doiuent estre attachees à la porte de l'auditoire. Et encores à la porte de l'Eglise Parrochiale du lieu où sont les heritages assis : & doiuét estre publiees en iugement les plaidz ordinaires tenans. Berry des execu. ar.61. Et Senlis, art.383. dit que l'on est receu à encherir, iusques à ce que le decret soit signé & seellé en iugement du seel du iuge, & auant qu'il soit seellé, apres qu'il sera grossoyé, sera apporté en iugement, & sera signifié à tous, qu'à huictaine ensuiuant, il sera seellé: toutesfois par l'Edict de Moulins, art.49. & enioint à tous Greffiers de clorre les adiudications, sans tenir les decrets en suspens, & est declaré que par faute de seel, les adiudications ne seront suspenduës, ains seront tenuës pour parfaictes, apres les delais expirez. Tous encherisseurs doiuent declarer les lieux de leurs demeurances, estat & qualité. Berry des execut.ar.67. Mais par l'Edict des criees, de l'an 1551.art.9. tous encherisseurs doiuent constituer vn Procureur au mesme lieu, & y eslire domicile, & que ledit procureur le cognoisse, autremét só enchere ne sera receuë.

Toutes adiudications par decret doiuent estre faites à la charge du fief, & de la censiue, combien que les seigneurs ne se soiét opposez à ceste fin: mais doiuét les seigneurs s'oposer pour les arrerages & profits, si aucuns leur sót deus. Et pour lesdits profits & droicts seigneuriaux sont preferez à tous autres creanciers. Paris, art.355.358.& art.357. dit de chef cens. Orleans, art.480. Niuernois des execut.art.44. pour le premier & second chefs. Berry des execut. art. 70. pour le premier chef. Bourb. art.150. pour le premier & second chefs. Auuergne, ch.24.ar.41. pour le premier chef, & adiouste, pourueu que lesdits droicts soient plus anciés que les obligations des creanciers, & art. 42. pour les arrerages faut s'opposer. Troyes, art.127. pour le premier chef, & adiouste des rentes foncieres. Laon, art.144. Aussi par le decret sont purgees & perduës toutes les rentes cóstituees hypotheques & charges qui estoiét sur les heritages si l'adiudication n'est faicte à la charge d'icelles Troyes art. 127. Laon, art.144.

L'adiudication se faict à la charge des frais des criees, lesquels doiuent estre supportez par l'adiudicataire, outre le prix du decret. Dont resulte que les frais des criees sont portion du prix de l'achapt, par la raison de la loy.*debet.ff. de edil. edicto.* par consequent est deu profict au seigneur direct non seulement sur le prix de l'enchere, mais aussi pour la somme de deniers, à quoy se montent les frais des criees. Frais de criees sont ceux qui sont faicts pour la saisie reelle, establissement de commissaires, criees & affixes, façon de peremptoires. Niuernois, des execut.article quarante six. Bourbonnois, article cent cinquante, Niuernois, adiouste interposition & deliurance du decret. Berry, des execut. article septante neuf, s'estend plus auant: car outre lesdits frais de saisie, criees & establissement, il met la signification: la certification des criees, le iugement de discussion, & les actes precedens iceluy. Mais, article septante, dict que les despens faicts à l'occasion des criees ne doiuent y estre comprins. Ie croy que les frais des criees auec ce priuilege doiuent estre dicts, ceux qui profitent en general à toutes les parties, & sans lesquels on n'eust peu paruenir au decret. Et pour ce que l'adiudicataire achepte à la charge de les payer, il se doit dire qu'ils sont portion du prix du decret.*l.quantitas ff.ad leg.falcid.*

.Le dernier encherisseur peut estre contrainct par emprisonnement de sa personne & vente de ses biens, à consigner le prix de son enchere:&neantmoins à faute de consigner pourront les heritages estre recriez, à ses perils & fortunes. Niuernois, des execut.art. cinquante & vn. Bourbonnois, article cent quarante neuf, & donne le terme de huictaine. Berry, des execut. article soixante quatre, soixante cinq, soixante six, & adiouste que les precedens encherisseurs pourront estre receus à reprendre leurs encheres.: demeurant le dernier encherisseur obligé pour sa folle enchere. Et s'ils ne veulent reprendre l'heritage sera recrié à la charge de la folle enchere.

Adiudicataires par decret sur criees, apres auoir payé le prix de leur enchere, sont faicts proprietaires,

X x iij

ores qu'ils n'ayent pris poſſeſſion. Orleans, artic.478. Meleun,art. 358. dict apres decret ſeellé & deliuré par le Iuge,
Selon le droict eſcript Romain comme par la ſeule vendition,la proprieté n'eſtoit transferee, & eſtoit requiſe la tradition. Ainſi apres la choſe iugee eſtoit requiſe apprehenſion de poſſeſſion,*l.3.in fine.ff. de publicana*.

Les creanciers oppoſans à criees qui n'ont aucun droict
d'hypotheque. Si apres les creanciers hypothecaires payez
n'y à aſſez d'argent pour les payer tous doiuent eſtre payez
comme en deſconfiture par contribution au ſol la liure.
Bourbonnois,art.152. Suiuant la loy *pro debito. C. de bonis au-*
ctor. iud. poſſid.

En heritages vendus & adiugez par decret euiction n'a
lieu. Niuernois, des execut. artic. 54. Auuergne, chap 24.
art.38.dict qu'auparauant la redaction de la couſtume euiction y eſcheoit, & que lors on rabatoit à l'achepteur vn
quart du prix pour intereſt de l'euiction. Et que doreſna-
uant n'y aura euiction. Auſſi n'a lieu le remede de deception d'autre moytié de iuſte prix. Bourbonnois,artic. quatre cens huictante ſept. Auuergne chapitre 16. artic. vingt-
deux,pour nouuelle couſtume, pour ce que auparauant y
en auoit doute.

La choſe mobiliaire veuë à l'œil peut eſtre ſaiſie par auctorité de iuſtice, à effect de vendicatiõ. Et ſi elle n'eſt veuë
le detenteur ſera appellé pour l'exhiber. Meleun, art.325.
Reims,art.406. La ſaiſie & ſequeſtration du meuble qu'on
veut vendiquer n'eſt pas vray ſequeſtre, lequel ne ſeroit à
propos en vne action petitoire. Mais ſe faict pour la neceſſité de l'exhibition, tant pour aſſeurer le demandeur que
pour les teſmoins & le Iuge. Pourquoy apres la recognoiſſance,il faut remettre la choſe és mains du poſſeſſeur. Et
Bretagne,article 130. dict que la choſe mobiliaire que lon
craint eſtre deſtournee ou deſguiſee, peut eſtre arreſtee, &
tiendra l'Arreſt iuſques à ce que celuy ſur lequel l'Arreſt
eſt faict ait baillé plege.

Quand le debteur a faict ceſſion de biens, les biens pris
ſur luy ſeront vendus à l'encant, ſans garder autre ſolen-

nité de iuſtice. Orleans, article quatre cens quarante ſix.
Dix iours termes de iuſtice.

Iugemens donnez contre les garends ſont executoires
contre les garentis ſauf des deſpens dommages & intereſts,
dont l'execution ne ſe fera contre les garentis, ſinon apres
diſcuſſion ſur les meubles du garend. Orleans, article quatre cens cinquāte ſept. Meleun, article 320. L'ordonnance
de l'an 1539. art. 20. dict que l'execution de deſpens dommages & intereſts, ſe fera contre le garend ſeulement. *Vide
Molin.* ſur la couſtume de Bourb. art. 99.

Compenſation a lieu d'vn debte clair & liquide à autre
debte clair & liquide : non autrement. Paris, art. 105. Bourbonnois, art. 37. Auuergne, chap. 18. art. 6. Meleun, art. 326.
Reims, art. 397.

Reconuention en cour laye n'a lieu, ſi elle ne depend
de l'action. Et que la demande en reconuention ſoit la defenſe contre l'action premierement intentee. Paris, article
106.

DES CONTRACTS ET
conuenances.

 Es Notaires ne peuuent receuoir au-
cuns contracts hors les fins & metes du
lieu où ils ont eſté inſtituez Notaire à
peine de nullité & de dommages & intereſts. Poictou, article trois cens ſeptante huict. Orleans, article quatre
cens ſoixante trois, la raiſon peut eſtre
pour ce que le pouuoir leur eſt donné ſeulement en ce territoire, où chacun doit obſeruer ſon mandement & cōmiſ-
ſion exactement. Orleans, excepte les Notaires du Chaſtelet de Paris, & d'Orleans, & du petit ſeel de Montpellier, qui ont pouuoir de receuoir contracts par tout le Royaume. I'en ay autrefois ouy alleguer vn Edict du Roy Louys
12. du mois d'Auril 1510. Les Notaires apres auoir eſcript

les contracts,les doiuent relire aux parties,& leur donner à
entendre, les renonciations de diuiſion, diſcuſſion, & du
velleian & autres qui ne ſont entenduës par ſimples gens.
Poictou,article 381.Berry, des Notaires,art.1. dict que les
Notaires doiuent dreſſer la minute auant que prendre la
main & ſerment,& en faire lecture en preſence des parties
& teſmoins:à ce faict l'ordonnance du Chaſtelet de Paris,
Notaires,art.3.7.Bourbonnois,artic.77.comme Poictou,
pour le premier chef,& les clauſes qui ne ſont ordinaires &
qui importent doiuent eſtre eſtenduës tout du long, en la
minute ſans les comprendre au ſtyle ſoubs le,&c. Afin que
les contrahans oyans la lecture de la minute, oyent leſdites
clauſes tout du long. Auſſi fuſt ordonné par Arreſt és grāds
iours de Moulins, le Samedy 25.Octobre 1550. en la cauſe
de Monſieur de Montpenſier. Les teſmoins nommez en
l'inſtrument receu par vn Notaire, doiuent eſtre maſles,&
doiuent eſtre nommez leurs noms qualitez & demeurances. Sens,art.246.Auxerre,article 135.& adiouſte teſmoins
non domeſtiques du Notaire, Bourbonnois, art.75.& outre que les teſmoins doiuent eſtre majeurs de vingt ans, &
qui ſoient cogneus par les Notaires.Et doiuent les Notaires declarer le lieu où ils reçoiuent les contracts. A quoy ſe
rapporte l'Edict de Blois, art.167. Bretagne, artic.715.de
meſme quant à ce dernier poinct, & meſme declarer la
maiſon où ils reçoiuent les contracts. Preſtres & religieux,
ne peuuent eſtre Notaires en Cour ſeculiere & ſi de faict
ils paſſoient quelques contracts, on ne deuroit y adiouſter
foy.Poictou,article 384.long temps auparauant auoit eſté
ainſi ordonné par Arreſt de la Cour és grands-jours de
Moulins,1540.& à ce faict le chap.*ſicut.extra ne cleric.vel mo-
nach.* Contract paſſé ſoubs le ſeel de la cour Eccleſiaſtique
ne porte hypotheque ny execution. Sens, article 133. Orleans,article 431. qui met exception quant à l'execution ſinon apres la permiſſion du Iuge lay. Berry,des Notaires article 2. dict en general, que Notaires de cour d'Egliſe ne
doiuent receuoir contracts entre laigs, ny pour choſes reelles ou miſes. Et leur inſtrument ne porte aucun effect de
realité.

realité. Cela eſt general par tout, parce que la iuriſdiction Eccleſiaſtique n'eſt competente, *etiam inter volen-
tes*, ſi pour cognoiſtre ou produire aucun effect de realité. Ainſi fut iugé par Arreſt en plaidant le Lundy douzieſme May, mil cinq cens trente trois, entre Corbin & Peliſ-
ſon. Soit veuë l'adnotation de du Moulin, ſur les Arreſts
de galli. queſt. 45. Troyes, article 74. & adiouſte qu'il ne peuuent faire inuentaires.

Si le contract porte faculté de rachapt, l'achepteur
prendra à luy, tous les fruicts cueillis depuis le iour de ſon
acquiſition iuſques au rachapt. Et quant aux fruicts prochains à cueillir, il les aura par proportion de temps. Ainſi dit. Poictou, article trois cens ſoixante neuf. Soit veu cy
deſſus au titre de retraict fol. deux cens ſeptante & vn. Mais
Auuergne chapitre ſeize, article vingt & vn, dict ſi le rachapt ou la conſignation ſe faict auant les fruicts cueillis,
que celuy qui rachepte aura les fruicts en payant les la-
bourrages. La commune opinion eſt que les fruicts doiuent eſtre partis *pro rata* du temps, ſelon que lon auoit
les deniers en ſa bourſe, & l'autre ne les auoit en la ſienne.
Car il y a proportion entre les fruicts, & les proufitcs de
deniers qui ſont le vray intereſt. *l. curabit. C. de act. empt.*
Le vendeur auquel a eſté accordee faculté de rachapt par
l'achepteur, doit en cas de refus faire adiourner l'achepteur formellement, & conſigner le prix en main de iuſtice: Autrement le retraict n'eſt faict ſuffiſamment. Poictou, article trois cens ſoixante ſix. La conſignation eſt
neceſſaire à effect de gaigner les fruicts, mais pour interrompre ſuffit d'offrir reallement & à deſcouuert dedans
le temps du rachapt, meſme s'il y à refus de receuoir.

L'action pour eſtre receu à rachepter ſuiuant la faculté octroyee. Le remede pour deception d'outre moitié de
iuſte prix. Ou l'action pour autre cas de reſciſion, peuuent eſtre adreſſez contre le premier acquereur, ou contre le detenteur. Auuergne, chapitre ſeize, article dix-
huict. Cecy emporte la deciſion d'vne queſtion faicte par
les docteurs, *in leg.* 2. *C. de pact. inter empt. & vend. compoſ.*

Y y

pour ce qu'il femble par ladicte loy, que l'action foit pu·
rement perfonnelle.   Mais pour ce que la paction eft ac-
cefloire à vn contract habile à transferer proprieté, lon
doit dire que la paction eft non feulement perfonnelle,
mais reelle, par la raifon de la loy, 3. §. *vlt.ff. qui potiores
in pign. hab.* Ce qui a lieu, mefmement quand les contracts
font receus foubs feel authentique qui emporte hypotheque.

 En vendition & autre alienation de chofe mobiliaire, n'efchet refcifion de contract pour deception d'outre
moytié de iufte prix. Sens, article deux cens cinquante deux. Auxerre, article cent trente fix. Berry, des Iugemens, article trente trois, & adioufte, de mefme pour
bail à loüage au deflous de dix ans, finon qu'il y ait dol ou
fraude: ou qu'il fuft queftion d'alienation d'vniuerfité de
meubles: ou de meubles pretieux. Bourbonnois, article
huictante huict, de mefme horfmis qu'il dict de loüage de
trois ans: Et adioufte que ny autres remedes de reftitution
en entier. Auuergne, chapitre feiziefme article neuf. Ce
que deflus eft general felon l'vfance de ce Royaume, de
faict en chancellerie font ordinairement refufees lettres
de refcifion és cas cy-deflus.

Le mineur ayant quatorze ans accomplis, non ayant
curateur peut contracter fur fon meuble, & bailler à
loüage au deflous de dix ans. Mais s'il eft deceu notablement par fa facilité, il fera reftitué. Berry, des iugemens, article trente quatre, & en tous cas fera releué s'il
y a dol de partie aduerfe. Et combien que par la couftume de Bourbonnois, article cent feptante trois, cent huictante, les mafles en l'aage de vingt ans, & les femelles
en l'aage de feize ans, foient reputez majeurs: toutesfois
s'ils font deceus auant vingt-cinq ans, ils peuuent eftre re-
leuez: cela s'entend és cas efquels on reçoit reftitution
de mineurs, comme deflus. Mais le mineur de vingt-cinq
ans, ne peut difpofer de fon immeuble, *etiam*, en contract
de mariage, ny faire affociation auec conuenance de fucceder fans auctorité de curateur, & decret de Iuge. Au-

uergne, chapitre treize, article deux & trois.

Deliurance de marchandife mobiliaire arguë payement, fi on ne monftre la creance ou promeffe au contraire. Sens, article deux cens cinquante quatre. Auxerre, article cent trente huict, qui adioufte fi le vendeur ne
veut fe rapporter au ferment de l'achepteur.

Si aucun tenant à loüage, vne maifon defaut de payer la
premiere annee, & quinze iours apres fommation, peut
eftre expulfé de fon loüage, s'il ne baille caution. Auxerre,
article cent trente cinq, felon le droict Romain, qui defaut de payer par deux ans, peut eftre expulfé du loüage.
leg. quæro. §. inter.ff. locati. Le conducteur d'vne maifon
apres auoir fommé le locateur qui refufe faire, peut faire
les reparations neceffaires, & les rabatre par fes mains fur
les loüages. Auxerre, art. cent cinquante deux. Troyes art.
deux cens deux. Berry, des execut. art. quarante, & dict de
reparations neceffaires ou conuenuës, Bourb. art. 120. à ce
faict la loy, *ediles. §. quicunque. ff. de via pub. & l. dominus. §. 1.
ff. locati. l. colonus. in princip. eod. tit.* Le conducteur d'vne maifon, ne la peut bailler à autre, au preiudice du locateur,
comme s'il la bailloit à perfonne qui la peuft endommager ou qui menaft train deshonnefte. Berry, des execut.
article quarante trois. Bourbonnois, article cent vingt
trois, la reigle eft generale que le conducteur doit eftre foigneux de n'endommager l'heritage, ny les droicts d'iceluy *l. videamus. §. item profpicere. ff. locati.* Entre les droicts de
l'heritage eft que l'honneur de la maifon foit conferué *l.
non aliter. ff. de vfu & habit.* Conducteurs de domaines &
metayers qui mal verfent & deteriorent l'heritage peuuent
eftre expulfez par auctorité de iuftice apres fommaire cognoiffance de caufe. Berry, execut. article quarante huict, *l.
æde C. locati.* Conducteur de maifon qui n'a dequoy ou refufe
de payer le loüage, ou ne garnit l'hoftel de biens meubles
pour le loyer d'vn an : peut eftre expulfé auec auctorité de
iuftice. Bourbonnois, art. 121. Orleans, art. 417. & dict quãd
il y a deux termes de loyer efcheus. Si durant la ferme &
accenfe d'vne feigneurie, le feigneur direct bailleur ac-

quiert la feigneurie vtile d'vn heritage mouuant de ladite
feigneurie baillee à ferme, il doit au fermier les lots & ventes. Et li le fermier acquiert la feigneurie vtile, le feigneur
pourra retraire trois mois apres la ferme finie en rembourfant, & payant les lots & ventes. Bourbonnois, article
quatre cens feptante fix. Il y a grande raifon : car les lots
& ventes font au ranc des fruicts, *vt fupra* au titre des fruicts
art. 31.

Celuy qui a quittance de redeuance pour trois annees
confecutiues eft quitte des arrerages precedans, en affermant par luy auoir payé. Bourbonnois, art. 419. Auuergne,
chap. 17. art. 8. qui adioufte *etiam*, fi le payement de trois ans
eftoit faict tout à vne fois. Conforme au droict Romain. *l.
quicunque. C. de apoch. publicis. lib.* 10. Le feigneur auquel eft
payee vne redeuance peut requerir à fes defpens luy eftre
faicte lettre, par le debteur qui paye la redeuance. Bourbonnois, article quatre cens vingt *leg. plures apoch. C. de fide
inftrument.*

Femme ne fe peut obliger pour autry fi ce n'eft pour fon
pere ou fa mere, ou pour fon feigneur efpoux, ou pour fes
enfans. Bretagne, art. 218. Es autres prouinces on obferue le velleien, *etiam*, fi elle eft obligee pour fon mary ou
pour fes enfans. Ce qui toutesfois fe doit dire auec temperament. Comme fi le mary qui eft homme de meftier ou
Eftat eft prifonnier pour debte, & la femme s'oblige pour
luy, elle ne s'aidera du velleien. Car elle doit receuoir
proufit de la liberté de fon mary pour gaigner leur vie.
Ainfi fut iugé par Arreft en plaidant le mardy quinziefme Mars mil cinq cens cinquante & vn, i'y eftois prefent, de mefme fi elle s'oblige pour fon fils accufé d'homicide à fin qu'il ait moyen de payer l'intereft ciuil & faire les frais de la remiffion. Ou pour le rachepter de prifon de guerre, car à caufe de fon honneur & picté naturelle, fe doit dire que c'eft fa caufe, auffi bien que de fon
fils. A quoy fert la raifon de la *l. cum is qui. §. fi mulier. ff. de
condict. indeb.*

Si l'vn des debteurs d'vne rente fonciere admortit la

rente, ceux qui ont part en l'heritage chargé de la rente, peuuent recouurer leur part, en remboursant *pro rata* les deniers de l'admortissement. Touraine, ar.192. C'est selon la decision du texte, & de la glosse *in l. vlt. §. quatuor. ff. de lega. secund.*

Apres le vin vendu, remply & marqué, le vin demeure aux perils & fortunes de l'achepteur, ores qu'il soit en la puissance du vendeur. Auxerre, art.142.

Vendeur de cheuaux n'est tenu des vices d'iceux, excepté de morve, pousse, ou courbature, sinon qu'il les ait vendus sains & nets, auquel cas il est tenu des vices apparens & non apparens. Auxerre, art.151. Bourbonnois, art.87. & adjouste qu'il en est tenu huict iours apres la tradition. C'est selon l'ancienne ordonnance de la Police de Paris.

Les rentes constituees à moindre prix que du denier quinze, pourueu qu'elles soient au dessus du denier dix, doiuent estre reduictes au denier quinze, & ne seront iugees nulles & illicites. Berry des cens, art.24. Mais Troyes, art. 58. dit que le franc de rente fonciere & perpetuelle est estimé vingt francs. Et en rente constituee, le franc est estimé dix francs. Anciénemét les rentes constituees estoiét permises au denier dix, comme se void par la coustume de Bourgongne, & par l'ancienne de Niuernois. Encores aujourd'huy sont tolerees en Normandie à ceste raison. Pour l'estimation des heritages au denier vingt, soit notee la *l. Papinianus. §. vnde*, auec le calcul vn peu subtil. *ff. de inofficios. testam.*

Celuy auquel est deferé le serment n'est tenu iurer ny referer, si on ne le veut croire, tant sur la delation, que sur ses responses peremptoires qu'il doit declarer promptement Auuergne, chap.3. art.1. Bourbonnois, art 48.

Quand il y a deception d'outre-moitié de iuste prix en la vente d'heritage, auec faculté de rachepter, & le vendeur demeure detenteur de l'heritage, le côtract est reputé nul, & les fruicts perceus par loüage, sont comptez au sort. Cet article peut estre general, pource qu'vn amas de presomption vaut preuue entiere. Qui est la vraye decision de la *l. procula.ff.de probat.* & non pour la restreindre aux trois cas declarez par Bartole. Auuergne, chap. 16. art. 18. Les vsures sont defenduës à tous, ainsi est dit és Capitulaires de Charlemagne, *lib. 1. cap. 5. & lib. 5. cap. 36.* Et par les deux ordonnances du Roy Philippe le Bel, des annees 1311. 1312. & cõme l'vsure ouuerte est defenduë, ainsi sont les contracts qui soubs le voile de contract licite, donnant moyen de prendre profits *ad instar* d'vsure. Aussi est defendu d'achepter bleds ou autres denrees à lucre, ains seulement quand la chose venduë est presente. En l'appendice deuxiesme des Capitulaires *post lib. 4. nu. 16. fol. 178. & num. 25. fol. 179.* semble pour le general, qu'il n'est pas besoin que la deception soit d'outre moitié, & suffit qu'elle soit notable.

En aucunes prouinces de ce Royaume, la proprieté ne peut estre acquise ny hypotheque constituee sur heritage, sans qu'il y ait realization & ensaisinement ou vestement, par les seigneurs directs, ou par les iuges ordinaires des lieux, auec enregistrement: & y a certaine ceremonie qu'on appelle nantissement ou vest & deuest: & si ladite ceremonie n'est interposee on acquiert seulement droict personnel & non reel. Ainsi se dit en la coustume de Senlis, art. 273. Laon 119. 120. 132. Reims, art. 173. & autres sequens. Ce que dessus n'a lieu en successions par laigs testamentaire, deliuré par l'heritier ou par iustice, en don mutuel, en donation par auancement d'hoirie, ou en faueur de mariage, ny en retraict lignager, ny en franc alleu, ny en hypotheque de biens de tuteurs enuers leurs pupilles, ny de maris enuers leurs femmes. Reims, art. 136. 137. 171. 182. Laon art. 124. Reims, art. 325. Laon, 57.

DES BASTARDS ET AVBAINS.

E feigneur haut iufticier fuccede aux baftards decedez pour les biens qui font en fa terre & feigneurie , quand lefdits baftards decedent fans enfans
procreez d'eux en loyal mariage. Niuernois des fucceff. ar.
23. Berry des fucceff. art 29. Meleun, art. 301. Vitry, art. 1.
Sens, art. 30. en dit autant, mais y a contredict par le procureur du Roy. Aucunes couftumes conformes à vn ancien
arreft de Parlement, ou ordonnance de l'an 1372. repeté
par vn Arreft folemnel du 7. Septembre 1545. contre le
fieur de Culant, mettent certaines conditions, auec lefquelles les feigneurs fuccedent: affauoir que les baftards
foient nais & domiciliez en la haute iuftice des feigneurs, y
foient decedez, & leurs biens y foient affis : ceffans lefquels
cas le Roy fuccede. Ainfi dient Laon, art. 4. Reims, art. 335.
Touraine, art. 321. Mais Valois, art. 3. dit que le Roy fuccede aux baftards. Et Bretagne, art. 450. 451. 452. donne la
fucceffion des baftards au feigneur moyen iufticier , pourueu qu'il ait obeïffance, & les meubles du baftard quelqu'
part qu'ils foient, appartiennent au feigneur iufticier , au
territoire duquel le baftard a fon domicile, & s'il n'a point
de domicile, appartiennent lefdits meubles, au feigneur fu-
zerain , fous lequel le baftard a gaigné fes meubles. Bourgongne, art. 75. donne les biẽs du baftard, au Duc de Bourgongne, foient lefdits biens, en lieu de main-morte ou frãc,
auffi il paye les debtes, & doit le Duc vuider fes mains dans
l'an. Et art. 79. le Duc fuccede aux immeubles du Preftre
baftard , & fon Prelat fuccede aux meubles, cela procede
d'vn ancien brocard vfité en France, que les meubles fuiuent la perfonne. Mais les biens font acquis aux feigneurs
hauts iufticiers, à caufe de leur iurifdictiõ & territoire, & les
Prelats, à caufe de leur iuftice Ecclefiaftique n'ont aucun
territoire, foit veu au fol. 42. Et ar. 76. fi les enfans legitimes
du baftard decedent fans enfans, le Duc prend les herita-

ges, & les heritiers collateraux les autres biens. Bretagne art. 456. dit si le bastard delaisse des enfans bastards, qui n'ayent moyen, ils doiuent estre pourueus sur les biens du pere.

Bastards peuuent se marier. Et les enfans procreez d'eux, en mariage leur succedent. Aussi ils succedent à leurs enfans legitimes. Niuernois des successions, article 22. Orleans, article 311. Auuergne, chap. 12. art. 11. Meleun, article 300. Laon, article 5. Reims, article 337. Sens, article 29. Bourbonnois, article 186. 187. Senlis, article 172. Troyes, article 117. Blois 146. Bretagne, article 459. Mais Auxerre, article 32. dit que les peres ne succedent à leurs enfans, sinon en meubles & conquests; & peuuent succeder aux propres, à l'exclusion du fisque. Et Bourbonnois, art. 187. dit que si l'enfant du bastard decede sans pere ny frere, le seigneur hault iusticier succede, pour la moitié des meubles & conquests. Et les parens maternels pour l'autre moitié (soit noté que par ladite coustume, les meubles & côquests ne vont au plus prochain, mais se departent aux deux lignes (Touraine, art. 320. dit que la succession du bastard se depart roturierement.

Bastards, de quelque qualité qu'ils soient, ne succedent point à leurs parens en ligne directe ou collaterale (sinon ainsi que dit est à leurs enfans legitimes) Niuernois des successions, article 22. Sens, article 31. Orleans, article 310. Auuergne chapitre 12. article 10. Bretagne, article 454. Bourgongne, article 77. Meleun, article 297. qui adiouste que le bastard peut receuoir donation entre vifs, ou par testament de pere mere & parens, pourueu que le don ne soit immense. Et Poictou, article 297. dit que pere & mere peuuent faire donation au bastard, pour son entretenement selon son estat. Bourbonnois, article 185. dit que bastard ne succede *ab intestato*, ne par testament. Auuergne chapitre 14. article 47. permet de donner tant qu'on veut au bastard, qui se marie en faueur de mariage, sauue la legitime aux autres enfans. Touraine, art. 242. permet de donner au bastard entre vifs, ou par testament le quart des

acquests

acquefts à vie, & tous meubles à perpetuité. Le droict Romain, en la nouuelle authentique. *licet. C. de natural. lib.* permet donner au baftard par fon pere, tant qu'il veut, quand le pere n'a aucuns enfans legitimes, furquoy on allegue diuerfité d'Arrefts: mais ie croy quand c'eft vn baftard qui n'eft pas nay de conjonction inceftueufe ou puniffable, & qu'il n'y a point d'enfans legitimes, que ladite authentique peut auoir lieu. S'il eft baftard nay de conjonction puniffable, les pere & mere ne luy puiffent donner, finon pour fes alimés, pour luy faire apprendre meftier ou fciéce, & fi c'eft vne fille, pour la doter, & non plus auant, felon le temperament mis par les Canoniftes *in cap. cum haberet. extra de eo qui dixit in matri. quam polluit per adult.* qui limite l'Auth. *ex complexu. C. de inceft. nupt.* Et nous l'obferuons ainfi en France.

Baftards peuuent acquerir toutes fortes de biens, & peuuent auffi difpofer de leurs biens entre vifs, & par derniere volonté. Niuernois des fucceffions, article 24. (mais des fiefs, article 20. ne peut tenir fiefs, fans congé du feigneur feodal) Laon, article 5. Sens, article 28. Auxerre, article 31. Berry des fucceffions, article 30. Orleans, article 311. Touraine, article 245. felon que les legitimes peuuent difpofer. Meleun, article 299. Reims article 336. Mais Bourbonnois leur permet feulement difpofer entre vifs, art. 184. Bretag. art. 455. dit qu'ils peuuent donner par teftament leurs meubles, finon que ce fuft en fraude du feigneur.

Les baftards peuuent eftre legitimez par refcript du Roy, ou par mariage fequent. Celuy qui eft legitimé par mariage fequent fuccede comme legitime. Niuernois des fiefs, article 20. Auxerre, art. 33. Sens art. 92. & adioufte, pourueu que le baftard foit nay *ex foluto & foluta*, & qu'il fuccede à toutes fortes de parens, *etiam* auec les enfans nais depuis le mariage. Troyes, art. 108. auec la limitation de Sens. Cela eft general en France, pourueu que les pere & mere, lors de leur conjonction fuffent en liberté de pouuoir s'efpoufer, autrement le mariage fequent ne feroit la legitimation, *cap. tanta. extra, qui filij funt legit.* il eft requis que le pere euft la mere en fa compagnie, comme

Z z

eſt vne femme mariee , ſauf la dignité & Sacrement , &
qu'elle ne s'abandonnaſt à autre, *dict.a auth.licet , & l. cum
quis. C.de natur…lib.*

Aubains ſont eſtrangers nais hors le Royaume , & quãd
ils decedent , leurs biens appartiennent au Roy. Sinon
qu'ils ayent eſté naturaliſez , ou que les hauts iuſticiers ,
ayent priuilege de leur ſucceder. Meleun, art.5.Laon, article 10. Reims , article 342. Poictou article 398. Mais
Bourbonnois, article 188. dit que la ſucceſſion des aubains , appartient au Duc de Bourbonnois. Aubains
peuuent acquerir biens en ce Royaume , & diſpoſer d'i-
ceux entre vifs. Et pour cauſe de mort moderément
pour leurs exeques. Laon , article 8.9. Reims, article 340.
341. Sens artic. 9 1. dit qu'vn eſtranger demeurant hors du
Royaume , ne ſuccede à ſon parent regnicole , natif en ce
Royaume:mais luy ſuccedent les autres parens natifs en ce
Royaume,& y demourans , ores qu'ils ne ſoient ſi proches.
Vitry , article ſeptante deux , dit qu'en Nobleſſe ne giſt eſ-
pauité, c'eſt à dire aubainage, pource que les nobles eſtrangers ſuccedent à leurs parens, au Royaume.

SAISINE.

Complaintes n'ont lieu pour choſe mobiliaire
ſeule. Mais quãd le meuble vient en cõſequẽce
de l'immeuble, par vn droict & moyen , 'comme
d'vne maiſon , en laquelle ſont meubles , ou en
cas de ſucceſſion de meubles, ou ſi en la iuſtice d'autruy eſt
pris aucun meuble, dont il fuſt troublé en ſa iuriſdiction.
La complainte en ce cas a lieu. Poictou, art.401. Sens, art.
117. Bourbonnois, art. 91. Orleans, art.489. Auuergne, ch.
2. art 8. dit ſimplement que complainte n'a lieu pour meubles. Faut excepter *niſi fundo, vel rei immobili accedant. l. 1. §.
plane. l. 3. §. conſequenter. ff. de vi , & vi armata.*

Celuy auquel le debuoir annuel a eſté payé, demeure en
poſſeſſion & ſaiſine , contre celuy qui a payé, iuſques à ce
qu'il y ait contradiction : ores que le debteur euſt ceſſé par

long temps, au deſſous de trente ans. Bourbonnois, art. 92.
10. Fab. §. retinende, inſtit. de interdict. dit que la ſeule ceſſation
de payement ne cauſe pas trouble de poſſeſſion, dont s'en-
ſuit que le ſeigneur conſerue, & retient ſa poſſeſſion animo,
tant qu'elle ne luy eſt point contredicte.

Le proprietaire demeure poſſeſſeur, tant de temps qu'il
eſt payé par ſon colon, iaçoit que ledit colon ait voulu in-
teruertir, pourueu qu'il intête ſa côplainte, dedãs l'an apres
le bail finy. Meleũ, ar. 168. Voyez la l. derniere. C. de acq. poſſ.

Iouyſſance & exploicts faicts en choſes cahcees & latentes, qui ne ce peuuent facilement cognoiſtre ne acquierent poſſeſſion. Blois, art. 116. Ainſi ſe dict és choſes dont
l'exercice & iouyſſance n'eſt pas quotidiêne ny apparente
à tous, par la raiſon de la l. quãuis ſaltus. l. peregre. ff. de acq. poſſ.

CHAPTELS DE BESTES.

A couſtume de Niuernois traicte abõ-
damment de ceſte matiere, pource que
le principal meſnage des champs eſt en
nourriture de beſtail. Dõcques elle dit
que toutes ſortes de beſtes peuuẽt eſtre
baillees à chaptel, pour le prix dont les
parties ſõt d'accord par le bail, Niuern.
des chaptels, art. 1. Le preneur de beſtail doit garde nourriture & traittement au beſtail. Et s'il y a perte par ſa faute, il
en eſt tenu ſeul. Niuern. art. 2. 3. Berry des cheptels, art. 4. Si
aucunes beſtes meurent, ou autrement deperiſſent ſans la
faute du preneur, il faut attendre que le reſte des beſtes
puiſſe refaire le cheptel, quia ex agnatis ſupplendus eſt grex. l.
vetus. cum legib. ſeq. ff. de vſuf. Sed ſi totus grex perierit per incur-
ſum hoſtium, vel vim maiorem ſine culpa: chacun perd ce qu'il
a au trouppeau, aſſauoir le bailleur ſon cheptel, & la moitié du profit, & le preneur, l'autre moitié du profit, & n'eſt
tenu le Preneur de ſatisfaire du chaptel en tout ou par-
tie. Quia cuique res ſua perit, & pro ea parte, & eo iure quo ſua eſt. l.

pignus. C. de pignor. act. Le peril & la perte du bestail est en commun comme est le croist, & le profit commun. Toutesfois les greffes, labeurs & laictages appartiennent au preneur. Niuernois, art. 3.4. Bourbonnois, art. 554. dit que le bailleur & le preneur sont tenus par moitié de la deterioration & perte, sinon qu'elle soit aduenuë par la faute du preneur. Berry des cheptels, art. 11. dit que la paction est nulle & illicite, s'il est dit que le peril sera entierement sur le preneur, & article 12. iaçoit que les bestes fuissent baillees à moison & pension annuelle. Le bailleur peut exiger & priser le bestail, depuis le dixiesme iour, auant la natiuité sainct Iean, iusques audit iour. Et le preneur dix iours auant la feste S. Martin. Niuernois article 9. Berry, des chaptels art. 1. dict que le bailleur, & le preneur ne peuuent exiguer deuant trois ans, à compter du bail art. 2. & si le bestail est a moytié, deuant cinq ans.

Apres que le bailleur a prisé, le preneur a dix iours pour retenir ou laisser : & si le preneur prise, le bailleur a semblable temps. Niuernois art. 10. Berry des cheptels art. 3. dict que celuy qui prise doit payer comptant, si les bestes luy demeurent, & si elles demeurent a celuy qui n'a pas prisé, il a huictaine pour payer. Bour. art. 553. Ne baille que 8. iours apres le prisage : mais charge le preneur de bailler cautió du prix, autremét les bestes seront mise en main tierce.

S'il y a conuenance par laquelle il y ait inequalité de proufit ou dommage elle est vsuraire. Niuernois, article 15. Bour. art. 555. Berry, de cheptels art. 11. met vne exemple s'il est dict que les bestes seront entierememét au peril du preneur, & qu'il sera tenu du cas fortuit, la paction est illicite.

Si le preneur vend, ou laisse par execution sur luy faicte vendre le bestail, ou autrement le laisse emmener, le bailleur peut le suiure & vendiquer. Et luy sera faicte prouision en faisant apparoir du bail, & baillant caution. Niuernois, des cheptels art. 16. Berry, des cheptels art. 7.8.10.

F I N.